청태종실록 역주

清太宗實錄 譯註

An Annotated Translation of "Veritable Records of Qing Taizong"

【5권】

청태종실록 역주 淸太宗實錄 譯註 【5권】

An Annotated Translation of "Veritable Records of Qing Taizong"

–

1판 1쇄 발행 2025년 11월 10일

–

역주자 | 이훈 · 김선민 · 이선애

발행인 | 이방원

발행처 | 세창출판사

신고번호 제1990-000013호

주소 03736 서울시 서대문구 경기대로 58 경기빌딩 602호

전화 02-723-8660 팩스 02-720-4579

이메일 edit@sechangpub.co.kr 홈페이지 www.sechangpub.co.kr

블로그 blog.naver.com/scpc1992 페이스북 fb.me/Sechangofficial 인스타그램 @sechang_official

–

ISBN 979-11-6684-443-0 94910

979-11-6684-438-6 (세트)

–

이 역주서는 2022년 대한민국 교육부와 한국연구재단의 지원을 받아 수행된 연구임.

(NRF-2022S1A5A7079888)

–

이 책은 한국연구재단의 지원으로 세창출판사가 출판, 유통합니다.

청태종실록 역주 淸太宗實錄 譯註

An Annotated Translation of "Veritable Records of Qing Taizong"

【5권】

이훈 · 김선민 · 이선애 역주

세창출판사

청태종실록 역주 5권

○ 차례 ○

청태종실록 역주

○총 차례○

제1권

제2권

제3권

제6권

제7권

제8권

제9권

일러두기

1. 본서의 저본은 한문본 『太宗文皇帝實錄』(건륭 4년본, 1985년 中華書局 영인)이다.
2. 번역은 직역을 원칙으로 하되 직역으로 뜻이 통하지 않는 문장은 의역을 하거나 각주에 설명을 더한다.
3. 원문의 간지 연월일은 역문에서 서기년과 음력 월일을 병기한다. 예) 기미년(1619), 을묘일(8.22)
4. 번역문의 문단은 기본적으로 저본에 따르지만 한 문단이 너무 길어서 읽기에 불편한 곳은 적절히 문단을 나눈다.
5. 저본에서 皇帝, 天 등의 존칭어는 줄을 바꾸어 擡頭되어 있지만 본서에서는 이에 대해 별도의 표시를 하지 않는다.
6. 모든 번역은 한글을 원칙으로 한다. 다만 고유명사와 개념어 등은 명확한 의미를 나타내기 위해 괄호 안에 한자를 병기한다. 각주의 경우 국한문을 혼용한다.
7. 만주어와 몽골어 고유명사는 "한글(로마자 전사, 한자)"의 형식으로 표기한다. 로마자 전사는 묄렌도르프 표기 방식을 따른다. 예) 도르곤(dorgon, 多爾袞), 도니 쿨룩(doni kuluk, 多尼庫魯克)
8. 한어와 조선어 고유명사는 "한글표기(한자)"의 형식으로 표기한다. 예) 조대수(祖大壽), 임경업(林慶業)
9. 원문에서 고유명사의 한자 표기가 틀린 경우 역문에서 세미콜론(;) 뒤에 바른 표기를 병기한다. 예) 김득간(金得幹; 金大乾), 강계(剛季; 江界)
10. 번역문에서 숫자는 아라비아숫자로 표기하지만 특정한 관용적 표현은 한글로 표기한다. 예) 삼궤구고두

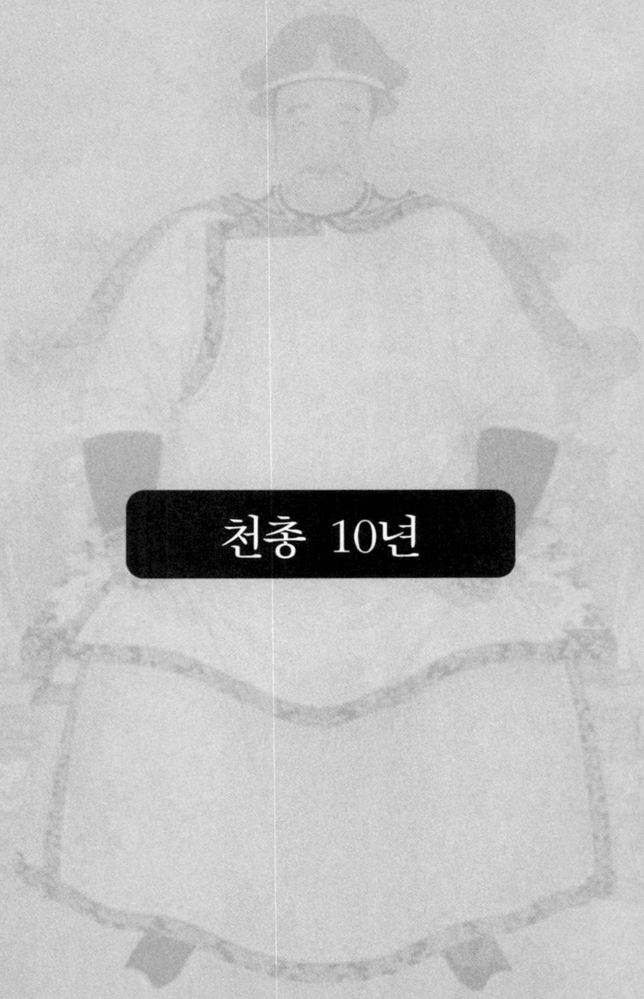

천총 10년

권28

천총 10년 3월 ~ 4월

天聰十年丙子, 三月, 丙午朔, 淸明節, 上率諸貝勒·大臣, 親祭太祖皇帝山陵.

○ 천총 10년 병자년 3월 병오일 초하루(3.1), 청명절(淸明節)에 주상은 버일러들과 대신들을 이끌고 태조 황제의 산릉(山陵)에 친히 제사 지냈다.

○ 丁未, 科爾沁國土謝圖濟農額駙巴達禮偕公主來朝, 上出迎於十里外, 蒲河山設黃幄, 御座, 公主遙拜, 上答禮, 復近前跪, 以戚屬禮見. 土謝圖濟農額駙亦如公主行禮, 又與諸貝勒序齒交拜, 行抱見禮, 畢, 公主·額駙具筵獻上, 復獻雕鞍·駝馬·貂裘·貂皮等物, 酌納之, 即於行在設大宴, 宴之.

○ 정미일(3.2), 코르친국의 투시예투 지농 어푸 바다리가 공주와 함께 내조하니 주상은 10리 밖으로 나가 맞이했다. 포하산(蒲河山)에

황색 천막을 치고 앉자 공주가 멀리서 절하니 주상이 답례했다. 공주가 다시 가까이 와서 무릎을 꿇으니 친속(親屬)의 예로 대했다.[1] 투시예투 지농 어푸 역시 공주와 같이 예를 행하였다. 또한 여러 버일러들이 나이 순서대로 절하고 포견례(抱見禮)를 마친 후, 공주와 어푸는 연회를 갖추어 주상에게 바치고 다시 조각한 안장 · 낙타와 말 · 담비가죽옷 · 담비가죽 등 물건을 바쳤다. 헤아려 받고 행재(行在)에서 큰 잔치를 베풀었다.

○ 戊申, 上召土謝圖濟農額駙偕公主進宮, 大宴之, 公主 · 額駙獻皇后 · 四妃貂皮等物, 酌納之.

○ 무신일(3.3), 주상은 투시예투 지농 어푸와 공주를 궁으로 불러 크게 잔치했다. 공주와 어푸가 황후와 4명의 비(妃)에게 담비가죽 등 물건을 바치니 헤아려 받았다.

○ 辛亥, 改文館爲內三院, 一名內國史院, 一名內秘書院, 一名內弘文院, 分任職掌. 內國史院職掌, 記注皇上起居詔令, 收藏御製文字, 凡皇上用兵行政事宜編纂史書, 撰擬郊天告廟祝文, 及陞殿宣讀慶賀表文, 纂修歷代祖宗實錄, 撰擬壙誌文, 編纂一切機密文移及各官章奏, 掌記官員陞降文冊, 撰擬功臣母妻誥命印文, 追贈諸貝勒冊文, 凡六部所辦事宜可入史冊者, 選擇記載, 一應鄰國遠方往來書札, 俱

1 『만문노당』은 황제의 답례를 상세히 묘사했다. "(공주가) 가까이 나아가 무릎 꿇을 때 한이 마주하여 한쪽 무릎을 꿇고 포옹하며 만났다." 『만문노당역주』3, p.1520.

編爲史冊. 內秘書院職掌, 撰與外國往來書札, 掌錄各衙門奏疏, 及辯寃詞狀, 皇上敕諭文武各官敕書, 並告祭文廟, 諭祭文武各官文. 內弘文院職掌, 注釋歷代行事善惡, 進講御前, 侍講皇子, 並教諸親王, 頒行制度.

○ 신해일(3.6), 문관(文館)을 내삼원(內三院)으로 개편하고, 각각 내국사원(內國史院) · 내비서원(內秘書院) · 내홍문원(內弘文院)으로 이름 짓고 업무를 나누어 맡게 했다. 내국사원의 업무는 황상의 기거(起居)와 조령(詔令)을 기록하고, 황상이 쓰신 기록 및 황상이 수행하신 전쟁과 정사 가운데 마땅히 사서에 기록할 것을 보관하고, 하늘과 묘당에 제사 지내는 축문(祝文)과 어전에 올라 낭독하는 경하의 표문(表文)을 짓고, 역대 조상의 실록을 찬수하고, 비석에 새길 지문(誌文)을 작성하고, 일체의 기밀 문서와 각급 관리의 상주문을 편찬하고, 관원의 승진과 강등에 관한 문서를 기록하고, 공신의 모친과 부인의 고명(誥命)과 인문(印文) 및 여러 버일러들을 추증(追贈)하는 책문(冊文)을 작성하고, 육부(六部)가 처리한 일 가운데 사서에 넣어야 할 것을 선별하여 기록하고, 다른 나라와 왕래한 일체의 서찰을 모두 사서로 편찬했다. 내비서원의 업무는 외국과 주고받는 서찰을 작성하고, 각 아문의 상주문 · 죄를 변호하여 소송한 글 · 황상이 문무 관리들에게 칙유한 칙서 · 공자의 묘에 제사 지내고 문무 관리들에게 조문한 글을 기록했다. 내홍문원의 업무는 과거의 행적 가운데 좋고 나쁜 일을 주석하여 황상께 설명하고, 황자(皇子)에게 강의하고 여러 친왕(親王)들을 가르치고 제도를 반포했다.

○ 癸丑, 遣往喜峰口 · 潘家口齎書前鋒將領碩翁科羅巴圖魯勞薩 ·

甲喇章京吳拜等，遇明邊外哨卒二十五人，斬二十三人，生擒二人，獲馬十匹，以還．先是，遣勞薩·吳拜等齎書往明邊口，瀕行，上諭之曰，爾等所統兵丁之馬匹，俱肥壯，慎勿馳驟致有倒斃．勞薩等違命，縱獵往來，斃馬十九匹．至是，兵部參政蘇爾邁·喀木戚哈審實奏聞，命碩翁科羅巴圖魯勞薩·吳拜均坐以應得之罪，倒斃馬匹，著管前鋒各官賠補，其所俘獲馬十匹，仍給與之．

○ 계축일(3.8), 희봉구(喜峰口)와 반가구(潘家口)로 서신을 가지고 파견된 전봉장령(前鋒將領) 숑코로 바투루 로오사와 잘란장긴 우바이 등이 명나라의 변경 밖에서 초병(哨兵) 25명을 만나 23명을 죽이고 2명을 생포하고 말 10마리를 포획하여 돌아왔다. 이전에 로오사와 우바이 등에게 서신을 맡겨서 명나라의 변구(邊口)로 보내어 막 가려는데 주상이 유시했다. "너희가 거느린 병정의 말을 모두 살찌우고, 급히 달려 쓰러져 죽지 않도록 조심하라." 로오사 등은 명을 어기고 사냥하러 오고 가느라 말 19마리가 죽었다. 이때에 병부참정 수르마이(surmai, 蘇爾邁)와 캄치하(kamciha, 喀木戚哈)가 사실을 조사하여 보고했다. 숑코로 바투루 로오사와 우바이를 모두 받아야 할 죄에 처하고, 죽은 말은 전봉(前鋒)을 관리하는 각 관리에게 배상하게 하고, 포획한 말 10마리는 그대로 주라고 명했다.

○ 乙卯，遣貝勒阿濟格·阿巴泰，率八固山額眞每甲喇官一員，每牛彔小撥什庫一名，甲士十五人，往噶海築城．

○ 을묘일(3.10), 버일러 아지거와 아바타이를 보내 여덟 구사어전의 잘란마다 관원 1명, 니루마다 소(小) 보쇼쿠 1명과 갑사 15명을 데

리고 가하이(gahai, 噶海)에 가서 성을 쌓게 했다.

○ 丙辰, 先是, 以章京楊于渭部下管屯千總李士英, 所屬人民額數加增, 授爲半個牛彔章京. 後據鍾邱毫首稱, 此民原係我所轄, 士英係接任官, 其加增人數, 乃我任內所增等語, 法司審實. 至是, 革士英職, 仍鞭一百.

○ 병진일(3.11), 이전에 장긴 양우위(楊于渭)의 부하로 촌락을 관리하는 천총 이사영(李士英)에게 관할 백성의 수가 증가했다고 하여 반개니루장긴을 제수했다. 이후에 종구호(鍾邱毫)가 고발하여 "이 백성들은 원래 내가 관할하던 자들로, 이사영은 후임관이고 늘어난 백성은 나의 재임 중에 늘어난 것이다."라고 하여 법사(法司)가 조사하니 사실이었다. 이때에 이사영을 혁직하고 채찍형 100대에 처했다.

○ 庚申, 內院諸臣, 倣明制擬新築開城, 城門名曰, 揚威門·昭德門·永安門·興化門·定遠門, 進呈御覽. 上曰, 此等矜誇僭越之字, 素與朕意不合, 興之揚之定之, 悉在於天, 非人力所能強得也, 凡事莫貴於務實, 今當以字義切當者書之. 遂更其名曰, 鞏固門·靖遠門·鎭西門.

○ 경신일(3.15), 내원(內院)의 신하들이 명나라의 제도를 모방하여 성을 신축할 것을 계획하고 성문의 이름을 양위문(揚威門)·소덕문(昭德門)·영안문(永安門)·흥화문(興化門)·정원문(定遠門)으로 지어 주상에게 올렸다. 주상이 말했다. "이는 과장되고 참람된 글자이니 원래 내 뜻과 맞지 않는다. 흥하고 떨치고 정하는 것은 모두 하늘에 달린 것

이니 사람의 힘이 억지로 할 수 없는 것이다. 매사를 진실되게 하는 것보다 귀한 것이 없으니, 지금부터 사리에 맞는 글과 뜻으로 써야 할 것이다." 이에 이름을 바꾸어 공고문(鞏固門)·정원문(靖遠門)·진서문(鎭西門)이라고 했다.

○ 往征瓦爾喀吳什塔等, 遣人奏言. 八旗俘獲壯丁一千一百六十名, 婦女一百四十口, 共計戶口一千三百, 馬二百三十七, 牛百八十, 所獲貂·狐·猞狸猻等皮, 及人參無算.

○ 와르카를 정벌하러 간 우시타 등이 사람을 보내 상주했다. "팔기가 노획한 장정은 1,160명·부녀자는 140명으로 호구(戶口)는 모두 1,300명입니다. 말은 237마리, 소는 180마리이고 얻은 담비가죽·여우가죽·스라소니 가죽과 인삼은 헤아릴 수 없이 많습니다."

○ 是日, 上謂諸臣曰, 喇嘛等口作訛言, 假以供佛持戒爲名, 潛肆邪淫, 貪圖財物, 悖逆造罪. 又索取生人財帛牲畜, 詭稱使人免罪於幽冥, 其誕妄爲尤甚. 喇嘛等不過身在世間, 造作罪孽, 欺誑無知之人耳. 至於冥司, 孰念彼之情面, 遂免其罪孽乎. 今之喇嘛, 當稱爲妄人, 不宜稱爲喇嘛, 乃蒙古等深信喇嘛, 糜費財物, 懺悔罪過, 欲求冥魂, 超生福地, 是以有懸轉輪, 結布旛之事, 甚屬愚謬, 嗣後俱宜禁止.

○ 이날 주상이 여러 신하들에게 말했다. "라마들이 입으로 헛소문을 지어내고, 불공드리고 계율을 지킨다는 이름을 빌려 음사에 빠지고 재물을 탐하고 패역을 저지른다. 또 산 사람에게 재물과 가축을 빼앗아 저승에서 죄를 면해 준다고 속이고 있으니 그 헛되고 망령됨이

매우 심하다. 라마들은 속세에 살면서 죄를 지으며 무지한 자들을 속이고 있을 뿐이다. 저승에 가면 누가 그들의 체면을 알아서 죄를 면해준다는 것인가. 지금의 라마들은 망령된 자들이라 불러야 마땅하니 라마라고 할 수 없다. 그런데도 몽고인들은 여전히 라마를 믿고 재물을 써서, 죄를 참회하고 죽은 자의 영혼을 구하여 좋은 곳에서 환생하기를 바란다. 전륜(轉輪)[2]을 걸고 포번(布旛)[3]을 만드는 것은 매우 우매한 짓이니 앞으로 모두 금지해야 한다."

○ 辛酉, 先是, 遣席唐阿·俄里喀齎書往潘家口, 二人謂邊隘堅固不可前進, 遂還後, 乃命碩翁科羅巴圖魯勞薩等至邊視之, 及布顔·席特庫察看還報言, 邊牆有水口可行. 至是, 命質訊得實, 席唐阿等坐誑上罪一, 怠惰罪二, 怯懦罪三, 遂革席唐阿牛彔章京職, 并解護軍參領任, 俄里喀亦解護軍參領任, 並鞭一百折贖.

○ 신유일(3.16), 이전에 시탕가(sitangga, 席唐阿)와 올리카(olika, 俄里喀)를 보내 서신을 가지고 반가구(潘家口)에 가게 했는데, 두 사람은 변경의 방어가 공고하여 나아갈 수 없다고 하고 돌아왔다. 그 후 숑코로 바투루 로오사 등에게 명하여 변경에 가서 살피게 했다. 부얀과 시터구가 살펴보고 돌아와 보고하기를 "변장(邊牆)에 물 흐르는 곳은 갈 수 있습니다."라고 했다. 이때에 대질 심문하여 사실을 밝혀냈다. 시탕가 등이 주상을 속인 죄를 첫째, 태만한 죄를 둘째, 겁을 낸 죄를 셋째로 하여 시탕가를 니루장긴에서 혁직하고 호군참령에서 해임했다. 올리카 또한 호군참령에서 해임하고 채찍형 100대에 대한 속(贖)을

2 轉輪은 佛法을 상징하는 수레바퀴 모양의 조형물.

3 布旛은 세로로 좁고 긴 천들을 엮어 만든 깃발.

취했다.

○ 乙丑, 先是, 遣英俄爾岱 · 馬福塔 · 尼堪及內外諸貝勒使者齎書, 於朝鮮國王李倧. 英俄爾岱等至朝鮮, 請見其國王, 竟不接見, 與以在內諸貝勒及外藩蒙古諸貝勒書亦不納, 變易常禮, 詭令英俄爾岱等至彼議政府議事, 又設兵晝夜防守, 英俄爾岱等甚疑之, 即率諸使者, 於朝鮮京城中, 奪民馬匹, 城中男女甚恐, 英俄爾岱等奪馬乘之, 突門而出至途, 朝鮮國王遣人持報書, 追付英俄爾岱等. 又以書三封諭其邊臣固守邊疆, 英俄爾岱等併奪之. 至是, 還, 以書獻上. 其報書曰, 頃修春信委遣役臣, 適貴使先至, 感愧彌增, 向者敝邦答書, 欲詳事情, 未免傷煩, 今承來示, 深見大度包容之盛意, 欣荷靡已, 第聞今來貴使與我接待宰臣別有口伸, 乃是敝邦不敢聞之語也, 宰臣既與貴使詳說, 幸惟亮悉.

○ 을축일(3.20), 이전에 잉굴다이 · 마푸타 · 니칸 및 내지와 외번의 버일러들의 사신을 파견하여 조선국왕 이종에게 서신을 보냈다. 잉굴다이 등은 조선에 이르러 국왕을 알현하기를 청했으나 끝내 만나지 못했다. 조선국왕은 내지의 버일러들과 외번몽고 버일러들의 서신도 받지 않았다. 또한 상례(常例)를 어기고 거짓으로 잉굴다이에게 그들의 의정부(議政府)로 와서 의논하게 했으며 밤낮으로 병사를 세워 지키게 했다. 잉굴다이 등이 크게 의심하여 사신들을 이끌고 조선의 경성(京城)에서 민가의 말을 탈취하자 성 안의 사람들이 크게 두려워했다. 잉굴다이 등이 말을 빼앗아 타고 문을 돌파하여 밖으로 나와 길에 이르자, 조선국왕은 사람을 보내 답서를 가지고 잉굴다이 등을 쫓아왔다. 또 조선국왕은 세 통의 서신에서 변경의 신하들에게 변경을 굳게 지키라고 명령했는데, 잉굴다이가 그것을 모두 빼앗았다.

이때에 잉굴다이가 돌아와서 조선국왕의 서신을 주상에게 바쳤다. 그 답서에서 말했다. 「춘신(春信)을 지어 신하에게 맡겨 보내려고 할 무렵 마침 귀국의 사신이 먼저 도착했으니 심히 부끄럽습니다. 앞서 폐방의 답서에 사정을 자세히 설명하여 번거로움을 면치 못했는데, 지금 보내신 서신을 받고 널리 포용하시는 큰 뜻을 보니 기쁨을 참을 수 없습니다. 다만 듣건대 이번에 온 귀국의 사신이 우리의 접대하는 재신(宰臣)에게 별도의 말을 했는데 이는 폐방이 감히 들을 수 있는 말이 아닙니다. 재신이 이미 귀국의 사신에게 자세히 설명했으니 바라건대 헤아려 주십시오.」

其諭邊臣固守邊疆書曰, 備邊諸臣知道, 答汗之書, 使臣英俄爾岱不曾帶去, 寒盟由此而起, 朴魯·張立中往來講說, 英俄爾岱以別書言語達上, 是以來索答書及春禮. 今汗書尾云, 但憑使臣口說, 即是各書中言語, 英俄爾岱曰, 爾若有書奉答, 我即受此禮而回, 不然, 羅德憲·李廓去, 必不容納. 此實欺陵我國, 操縱任彼, 甚是可愧, 我輩當以大義決絕, 自今以後, 不可忽畧, 春季答書不帶何傷, 修整邊牆之外, 別無良法, 彼既怒去, 又差人禮送何爲, 令彼自去, 將我隔絕情形, 使之知之, 我國回書尾中言及, 英俄爾岱與我大臣所言甚異, 敝邦所不忍聞, 貴國當自裁之. 以此書令張立中追送於英俄爾岱.

조선국왕이 변경의 신하에게 변경을 굳게 지키라고 명령한 서신에서 말했다. 「비변사의 신하들은 알 것이다. 한에게 답한 서신을 사신 잉굴다이가 가져가지 않았으니 맹약의 중단이 여기에서 비롯되었다. 박로(朴魯; 朴簹)와 장립중(張立中; 張禮忠)[4]이 오가며 의논할 때, 잉굴다이는 별도의 서신을 올렸는데[5] 이는 답서와 춘례(春禮)의 선물을 얻으려는 것이었다. 지금 한의 서신 말미에 "다만 사신의 말에 의지한다.”라고 한 것이 곧 서신에서 한 말이다. 잉굴다이가 “너희가 만약 서신으로 공손히 답한다면 내가 이 예물을 받아서 돌아가겠다. 그렇지 않으면 나덕헌(羅德憲)과 이확(李廓)이 가도 받지 않을 것이다.”라고 했다. 이는 실로 우리나라를 능멸하고 저들 마음대로 하려는 것이니 심히 부끄럽다. 우리는 마땅히 대의(大義)로 단교했으니 이후로 소홀히 할 수 없다. 봄에 답서를 가져가지 않는다 해도 무슨 손해가 있겠는가. 변장(邊牆)을 수리하는 외에 다른 좋은 방법이 없다. 그들이 이미 화내고 떠났으니 다시 사람을 보내 예물을 보내서 무엇하겠는가. 그들을 스스로 떠나게 했으니 우리가 단교했음을 알게 될 것이다. 우리나라의 답서의 끝에 “잉굴다이가 우리 대신에게 한 말이 매우 기이하여 폐방이 차마 들을 수 없으니 귀국이 스스로 헤아리십시오”라고 말했다. 이 글을 장립중(張立中; 張禮忠)에게 잉굴다이를 좇아가 주게 했다.」

又書曰, 英俄爾岱原係春使, 與汗之書竟不帶去, 不知何故. 執政大臣書及西邊蒙古書, 此二書, 先時往來何曾有此規矩, 又將舊約違背, 故受書之臣, 畏懼不敢受. 又修書一封內稱, 貴國使臣, 不思鄰國之道, 遂發怒而去, 敝邦本無一毫失錯, 專遣使去以表不穀之微意等語, 令張立中攜答書去追. 將書中所言告, 英俄爾岱知道. 若接書帶去, 則已, 不然, 以後遣使帶去. 使臣去後, 修理地方, 隄防邊界, 預爲設備, 此乃安危之總領, 惟上天所主. 今遣來三大臣, 部中, 照壬申年來

---

4 본문의 張立中은 張禮忠을 가리킨다. 張禮忠(?-?)은 역관으로, 자는 경원(敬源), 강화도 출신이다. 능숙한 말솜씨와 명민한 서류처리로 조선의 대외관계에서 많은 사건을 해결하는 데 기여했다. 숭록대부지중추부사(崇祿大夫知中樞府事)에까지 올랐다.

5 잉굴다이가 조선국왕에게 서신을 올렸다는 의미이다.

弔喪之禮贈之, 彼滿洲之使臣, 言向時規例, 青布還少十匹, 如此我實憎惡. 先日, 滿洲在京都, 贈答之物, 不過暫給青布一百匹 · 腰刀三把 · 水獺皮綠皮各二十張, 所與過當, 後乃援以爲例, 今因不滿意, 遂不辭而去, 然我輩自處當有禮, 比先日稍爲增加, 何難之有, 部臣其照此, 追送之.

또 서신에서 말했다. 「잉굴다이는 원래 춘신사(春信使)인데 한에게 주는 서신을 가져가지 않으니 무슨 까닭인지 알 수 없다. 집정대신의 서신과 서변 몽고의 서신, 두 서신은 이전의 왕래에서 법도가 없었다. 이전의 약속을 위배했기 때문에 서신을 받는 신하들이 두려워서 감히 받지 못한 것이다. 또 한 통의 서신을 써서 "귀국의 사신이 가까운 나라의 도리를 생각하지 않고 화를 내며 가 버렸습니다. 폐방은 조금도 잘못한 것이 없습니다. 오직 사신을 보내 저의 작은 뜻을 보이고자 합니다."라고 하고, 장립중(張立中; 張禮忠)에게 답서를 가지고 쫓아가게 했다. 서신에서 말한 바를 잉굴다이는 알 것이다. 만약 글을 받아 가져가면 그만이고, 그렇지 않으면 이후에 사신을 보내 가져가게 하겠다. 사신이 떠난 후에 지방을 수리하고 변경을 방비하여 대비할 것이니, 이번의 안위(安危)를 정하는 것은 오직 하늘이 주관하실 것이다. 지금 파견되어 온 세 대신에게 부(部)에서 임신년(1632)에 조문한 예에 따라 선물을 주었는데, 만주의 사신들은 이전의 정례(定例)보다 모청포가 10필 부족하다고 하니, 이러한 것은 내가 진실로 증오하는 것이다. 앞서 만주인들이 도성에 있을 때 답례로 준 물건은 그저 임시로 준 모청포 100필 · 요도 3개 · 수달가죽과 녹피(綠皮) 각 20장이었다. 그때 준 것이 지나치게 많았는데 후에 이를 정례로 삼더니 이제 불만을 품고 마침내 뿌리치고 가 버렸다. 그러나 우리 스스로 예의를 갖추어야 마땅하니 이전보다 조금 더 주는 것이 어찌 어렵겠는가. 부(部)

의 신하들은 이대로 뒤쫓아 보내라.」

又一書曰, 左側奉命官鄭致書於觀察使, 國運不幸, 忽遇丁卯年之事, 不得已誤與講和, 十年之間, 使命往來, 益肆憑陵, 此先世所未有之慚愧也, 含愧忍辱, 前爲一番, 以雪其恨, 此我拳拳所注念者也. 今滿洲日益強盛, 欲稱大號, 故意以書商議, 我國君臣, 不計強弱存亡之形, 以正理決斷, 不受彼書, 滿洲使臣, 每日在此恐嚇索書, 我輩竟未接待, 悻悻而去. 都內男女, 明知兵戈之禍在於眉睫, 亦以決斷爲上策, 況八布政人, 若聞主上之禍, 出於逼迫, 亦必發怒盟誓死戰報讎, 遠近貴賤, 無不同心. 大人可曉諭各處屯民知悉, 正直賢人各攄謀畧, 激勵勇猛之士, 遇難互相救助, 以報國恩. 命平安道洪觀察使開覽.

또 한 서신에서 말했다. 「좌측봉명관(左側奉命官) 정(鄭)이 관찰사에게 글을 보낸다. 국운이 불행하여 갑자기 정묘년의 일을 당해서 부득이 잘못 화친한 후 10년 동안 사신이 왕래하며 날로 방자하게 능멸하니 이는 선대에 없던 부끄러움이다. 치욕을 참고 한번 나아가 원통함을 씻는 것이 바로 내가 간절히 바라는 바이다. 지금 만주가 날로 강성해져 대호(大號)를 칭하고자 일부러 서신을 보내 의논해 왔다. 우리나라의 군신이 강약과 존폐의 형세를 따지지 않고 올바른 도리로 결단하여 그들의 서신을 받지 않으니, 만주의 사신은 매일 이곳에서 협박하며 답서를 요구하다가 우리가 끝내 받지 않자 성내고 가 버렸다. 도성 안의 사람들은 전쟁의 위협이 다가옴을 잘 알면서도 단교를 상책으로 삼았다. 하물며 팔도(八道)의 관원들은 주상의 우환이 핍박에서 비롯되었음을 들었다면 반드시 분개하여 죽기로 싸워 복수할 것을 맹세해야 할 것이다. 가까운 자와 먼 자, 귀한 자와 천한 자가 모두 한마음일 것이다. 대인(大人)은 각지의 촌민들을 깨우쳐 알게 하고, 정직하고 현명한 사람들에게 각자 지략을 펼치게 하고, 용맹한 병사를 독려하여 환란에 서로 도와서 나라의 은혜에 보답하게 하라. 평안도 관찰사 홍명구(洪命耉)에게 명하니 열어 보라.」

上覽書, 知朝鮮決意斷絕, 召諸貝勒·大臣共閱之, 衆皆怒, 欲興大軍, 殲滅朝鮮. 上曰, 先遣人持書往諭以利害, 令其以諸子大臣爲質, 彼許諾則已, 不則再議征罰. 是役也, 英俄爾岱等遇明皮島兵要於路, 盡擊敗之, 其有功將士分別賞賚. 科爾沁國大妃下擺達爾, 擊斬三人, 身被創, 吳喇忒部落塞冷下山津, 斬一人, 四指受傷至斷, 各賞緞一, 布十五. 塔賴下德黑, 斬五人, 賞緞一布十. 科爾沁國氷圖貝勒下木哈連, 斬四人, 柰曼部落達爾漢貝勒下戴度齊, 斬二人, 身被創, 穆章下擺達爾, 斬四人, 巴林部落滿珠習禮下恩格參, 斬二人, 足受傷, 格龍下朱格得里, 斬四人, 各賞布十. 科爾沁國卓禮克圖貝勒下哈爾蘇戶, 斬三人, 蒙夸達爾漢和碩齊下布塞, 斬三人, 託爾門, 斬三人, 宜爾扎木下宜爾孫德, 斬三人, 土默特部落耿格壘托和代, 斬三人, 各賞布八.

주상이 글을 보고 조선이 분명하게 단교했음을 알고, 버일러들과 대신들을 불러 모두 보게 했다. 무리가 모두 분노하여 대군(大軍)을 일으켜 조선을 멸하자고 했다. 주상이 말했다. "먼저 사람을 보내 글을 가지고 가서 득실로 깨우치고 그 아들과 대신을 인질로 삼자. 그들이 받아들이면 그만이고 그렇지 않으면 다시 토벌을 논하자." 이번 일에서 잉굴다이 등이 명나라의 피도(皮島)의 병사가 길을 막고 있는 것을 보고 모두 격퇴시켰기에, 공을 세운 장수와 병사에게 분별하여 상을 내렸다. 코르친국 대비(大妃) 속하의 바이달(baidal, 擺達爾)은 3명을 공격하여 죽이고 상처를 입었고, 우라트 부락의 서령 속하의 산진

(sanjin, 山津)은 1명을 죽이고 네 손가락이 상처를 입고 끊어졌으므로, 각각 비단 1필 · 포 15필을 상 내렸다. 탈라이(talai, 塔賴) 속하의 더거(dege, 德黑)는 5명을 죽였으므로 비단 1필 · 포 10필을 상 내렸다. 코르친국 빙투 버일러(bingtu beile, 冰圖貝勒) 속하의 무할리얀(muhaliyan, 木哈連)은 4명을 죽였고, 나이만 부락의 다르한 버일러 속하의 다이두치(daiduci, 戴度齊)는 2명을 죽이고 상처를 입었고, 무장(mujang, 穆章) 속하의 바이달(baidal, 擺達爾)은 4명을 죽였고, 바린 부락의 만주시리 속하의 엉커선(engkesen, 恩格參)은 2명을 죽이고 발에 상처를 입었고, 겔룽(gelung, 格龍) 속하의 주거더리(jugederi, 朱格得里)는 4명을 죽였으므로, 각각 포 10필을 상 내렸다. 코르친국 조릭투 버일러 속하의 하르수후(harsuhū, 哈爾蘇戶)는 3명을 죽였고, 몽쿠와 다르한 호쇼치 속하의 부자이(bujai, 布寨)는 3명을 죽였고, 토르몬(tormon, 託爾門)은 3명을 죽였고, 이르잠(irjam, 宜爾扎木) 속하의 이르순더이(irsundei, 宜爾孫德)는 3명을 죽였고, 투메트 부락 겅걸러이 토호다이(genggelei tohodai, 耿格壘托和代)는 3명을 죽였으므로 각각 포 8필을 상 내렸다.

○ 先是, 毛明安下吳巴海達爾漢巴圖魯 · 吳巴賽都喇爾 · 洪珪噶爾珠 · 俄布甘卜庫, 倡首逃往阿祿部落, 阿賴達爾漢, 率外藩蒙古諸貝勒兵六百人, 往追之. 至是, 以所俘, 賞陣亡被創將士有差.

○ 이전에 모오밍간(moominggan, 毛明安) 속하의 우바하이 다르한 바투루(ubahai darhan baturu, 吳巴海達爾漢巴圖魯) · 우바사이 두랄(ubasai dural, 吳巴賽都喇爾) · 홍고이 갈주(honggoi galju, 洪珪噶爾珠) · 오부간 부쿠(obugan buku, 俄布甘卜庫)가 앞장서서 아루 부락으로 달아났다. 알라이 다르한(alai darhan, 阿賴達爾漢)이 외번몽고의 여러 버

일러들의 병사 600명을 이끌고 추격하러 갔다. 이때에 노획한 것을 전장에서 죽거나 다친 장수와 병사들에게 차등 있게 상 내렸다.

○ 丙寅, 賜黑龍江地方進貢貂皮頭目費揚古·卓嫩·吳墨特等九人, 緞衣·帽韡·緞布等物有差.

○ 병인일(3.21), 흑룡강 지방에서 담비가죽을 진공한 두목 피양구(fiyanggū, 費揚古)·조논(jonon, 卓嫩)·우머터이(umetei, 吳墨特) 등 9명에게 비단옷·모자와 신발·비단과 면포 등의 물건을 차등 있게 하사했다.

○ 丁卯, 外藩蒙古十六部落四十九貝勒, 以請上稱尊號來朝, 上御殿, 諸貝勒遙拜, 畢, 貝勒孔果爾出班進前, 行抱見禮, 上出座, 答之. 於是, 諸貝勒以次進前再拜, 抱上膝見, 畢, 以所攜酒餚獻上, 復獻駝馬·蟒緞·貂皮·琥珀數珠·貂裘等物, 酌納之.

○ 정묘일(3.22), 외번몽고 16부락의 49명의 버일러들이[6] 주상에게

6 『만문노당』에 기록된 외번몽고 16부락 49명의 버일러들은 아래와 같다. "40만 몽고국의 칸의 아들 太子 콩코르, 코르친국의 투시예투 지농·조릭투 후왕 타이지·암바 아바가이·콩고르 빙투·자삭투 두렁·다르한 홍 바투루·라마스히 머르건 타이지·동고르 일두치, 잘라이트 국의 몽쿠와 다르한 호쇼치·앙가 일두치, 두르베트 국의 서렁 다르한 타이지·간디스히얍 타이지, 고를로스 국의 구무 하탄 바투루·붐바 일덩, 아오한 국의 푸마 반디·소놈 두렁, 나이만 국의 홍 바투루, 바린 국의 만주시리 타이지·아유시 타이지, 투메트 국의 게겐 칸의 손자 옴부 추후르·소놈 머르건 타이지·겅걸 구영 타부낭·샴바 타부낭, 자루트 국의 다르한 바투루·너이치·쿤둘런 다이칭·카바하이 워이정·고빌투 두

존호를 칭할 것을 청하고자 내조했다. 주상이 전(殿)에 나가자 여러 버일러들이 멀리서 절한 후, 버일러 콩고르가 무리에서 앞으로 나와 포견례를 행하니 주상은 자리에서 나와 답례했다. 이에 여러 버일러들이 차례대로 앞으로 나와 다시 절하고 주상의 무릎을 껴안고 만났다. 그 후 가져온 술과 안주를 주상에게 바치고 다시 낙타와 말·망단·담비가죽·호박 염주·담비가죽옷 등 물건을 바치니 헤아려 받았다.

○ 是日, 朝鮮國王李倧, 遣參議羅德憲·參判李廓, 獻春季禮, 書曰, 陽和初遍, 新祉益茂, 嚮溯之誠, 實不能已. 貴使前還, 區區悃愊, 已悉吐露, 例致土儀, 亦令該司與貴使商議增定, 其他曲折不復一二煩說矣. 大抵隣好之義, 雖不在禮幣多寡, 但庭實將敬誼所當, 然緣敝邦貧匱, 物不稱情, 以致貴國委責, 實深慚靦. 今玆加數, 出於十分罄竭, 想貴國有以諒恕也. 又一書曰, 昔在壬申創鉅之中, 蒙貴國專使弔慰, 茹感已至, 玆又遠致, 厚賻般奠, 前後盛誼, 實出尋常, 愧荷罔喻. 行李之旋, 仍偕賤价, 兼具薄儀, 憑候動止, 區區微悃, 想在崇諒. 前者敝邦人越境採參, 貴國捉捕, 而不即誅戮, 敦鄰之義至矣. 深謝深謝. 此輩既犯禁違法, 死不足惜, 然貴國既已存活, 亦須即許解送, 使敝邦一一究問, 輕重分處, 以示邊民, 庶可懲戢將來, 亦貴國之惠也. 貴使來時, 畧已言及, 肅此別白, 惟在亮裁.

렁·칭 바투루 지르갈랑, 차하르국의 투바 지농, 아루 국의 다르한 조릭투·이르잠 머르건 타이지·달라이 다르한 노얀·무장 후왕 타이지, 옹니우트 국의 두렁 지농·둥 어르더니 다이칭·달라하이 자이상 후왕 타이지·반디 워이정 후왕 타이지, 카라처릭 국의 가르마 후왕 타이지·아라나 놈치, 카라친 국의 구루스힙·서렁 세첸·완단 워이정 마지·둘리후, 우라트 국의 투먼 다르한·투바 어르허 타이지·서렁 일덩."『만문노당역주』3, 숭덕 원년 2월 2일조. pp.1456-1458.

○ 이날 조선국왕 이종이 참의(參議) 나덕헌(羅德憲)과 참판(參判) 이확(李廓)을 보내 봄철 예물을 바쳤다. 서신에서 말했다. 「따뜻한 기운이 퍼지는 때에 새로운 복이 더욱 홍하기를 바라는 마음을 실로 멈출 수 없습니다. 귀국의 사신이 앞서 돌아갈 때 구구하게 폐방의 궁핍한 상황을 모두 토로했습니다. 규정에 의해 보내는 물품에 대해서도 해당 부서에게 귀국의 사신과 의논하여 증액하라고 했습니다. 다른 세세한 사정은 다시 번잡하게 설명하지 않겠습니다. 무릇 이웃과 우호하는 뜻은 예물의 많고 적음에 있지 않고 공물은 공경과 우의에 합당해야 합니다. 그러나 폐방의 빈곤함 때문에 예물이 정성에 맞지 않아 귀국의 질책을 받게 되었으니 실로 부끄럽습니다. 지금 늘린 액수는 국력을 다한 것이니 바라건대 귀국은 헤아려 주십시오.」

또 한 서신에서 말했다. 「지난 임신년(1632)에 상을 당했을 때 귀국이 사신을 보내어 조문해 주셔서 크게 감사했습니다. 이번에 또 멀리서 후한 부의와 성대한 제전(祭奠)을 보내시니 전후로 베푼 후한 성의가 실로 특별하여 감사하기 이를 데 없습니다. 사신이 돌아갈 때 저희 사신과 함께 값싼 물건과 하찮은 의물(儀物)을 갖추어 안부를 물으니, 구구한 정성을 깊이 헤아려 주십시오. 앞서 폐방의 사람이 월경하여 채삼하다가 귀국에게 체포되었으나 바로 죽이지 않으니 이웃의 돈독한 의리가 지극함에 깊이 감사합니다. 이 무리는 금령을 어겼으니 죽어도 아깝지 않습니다. 그러나 귀국이 이미 살렸으니 곧바로 보내어 폐방에서 세세히 심문하고 경중을 나누어 처벌하고 변민(邊民)에게 유시하면 앞으로 경계가 될 것이며 또한 귀국의 은혜가 될 것입니다. 귀국의 사신이 왔을 때 이미 대략 말했으나 감히 따로 말씀드리니 헤아려 주십시오.」

○ 辛未, 都元帥孔有德·總兵官耿仲明·尙可喜等, 各率所屬官員,以請上稱尊號來朝.

○ 신미일(3.26), 도원수 공유덕·총병관 경중명과 상가희 등이 각각 속하의 관원을 데리고 주상에게 존호를 칭할 것을 청하고자 내조했다.

夏四月, 乙亥朔.

○ 여름 4월 을해일 초하루(4.1).

○ 戊寅, 上御內殿, 召外藩蒙古諸貝勒, 設大宴, 宴之.

○ 무인일(4.4), 주상이 내전(內殿)에 가서 외번몽고의 여러 버일러들을 불러 큰 연회를 베풀었다.

○ 己卯, 大貝勒代善, 和碩貝勒濟爾哈朗, 和碩墨爾根戴青貝勒多爾袞, 和碩額爾克楚虎爾貝勒多鐸, 和碩貝勒岳託·豪格, 貝勒阿巴泰·阿濟格·杜度, 超品公額駙楊古利, 固山額眞譚泰, 宗室拜尹圖, 葉克書·葉臣·阿山·伊爾登·達爾漢, 宗室篇古阿格, 蒙古八固山額眞, 六部大臣, 都元帥孔有德, 總兵官耿仲明·尚可喜·石廷柱·馬光遠, 外藩蒙古貝勒科爾沁國土謝圖濟農巴達禮, 扎薩克圖杜稜布塔齊, 卓禮克圖台吉吳克善, 喇嘛斯希·木寨, 杜爾伯特部落塞冷, 扎賴特部落蒙夸, 郭爾羅斯部落布木巴·古木·杜稜濟農, 奈曼部落袞出斯巴圖魯, 巴林部落阿玉石·滿珠習禮, 扎魯特部落內齊·車根, 吳喇忒部落土門·杜巴·塞冷, 喀喇沁部落古魯思轄布·塞冷, 土默特部落塔布囊耿格爾·單把, 及滿洲·蒙古·漢人文武各官恭請上稱尊號. 管吏部和碩墨爾根戴青貝勒多爾袞捧滿字表文一道, 科爾沁國土謝圖濟農巴達禮捧蒙古字表文一道, 都元帥孔有德捧漢字表文一道, 率諸貝勒·大臣·文武各官詣闕跪進. 時上御內樓, 御前侍衛轉聞. 上命滿洲·蒙古·漢人三儒臣捧表入, 諸貝勒·大臣行三跪九叩頭禮, 左右列班候旨. 儒臣捧表至御前, 跪讀表文.

○ 기묘일(4.5), 대버일러 다이샨, 호쇼이 버일러 지르갈랑, 호쇼이 머르건 다이칭 버일러 도르곤, 호쇼이 어르커 추후르 버일러 도도, 호쇼이 버일러 요토·호오거, 버일러 아바타이·아지거·두두, 초품공(超品公) 어푸 양구리, 구사어전 탄타이, 종실 바인투, 역슈·여천·아산·일던·다르한, 종실 피양구 아거(fiyanggū age, 篇古阿格), 몽고의 여덟 구사어전, 육부의 대신, 도원수 공유덕, 총병관 경중명·상가희·석정주·마광원, 외번몽고 버일러 코르친국 투시예투 지농 바다리, 자삭투 두렁 부타치, 조릭투 타이지 욱샨, 라마스히·무자이, 두르베트 부락의 서렁, 잘라이트 부락의 몽쿠와(mongkūwa, 蒙夸), 고를로스 부락의 붐바·구무·두렁 지농, 나이만 부락의 군추스 바투루, 바린 부락의 아유시·만주시리, 자루트 부락의 너이치·처건, 우라트 부락의 투먼·두바·서렁, 카라친 부락의 구루스히얍·서렁, 투메트 부락의 타부낭 경걸·샴바와 만주·몽고·한인 문무 각 관료들은 주상이 존호(尊號)를 칭할 것을 삼가 청했다. 이부를 관할하는 호쇼이 머르건 다이칭 버일러 도르곤은 만주문자로 적은 표문 1건을 받들고, 코르친국 투시예투 지농 바다리는 몽고문자로 적은 표문 1건을 받들고, 도원수 공유덕은 한문 표문 1건을 받들고 여러 버일러들과 대신들과

문무 각 관료들을 이끌고 조정에 나아가 무릎을 꿇고 받들어 올렸다. 이때 주상이 내루(內樓)에 이르자 어전시위(御前侍衛)가 전해 보고했다. 주상이 만주 · 몽고 · 한인 세 유신(儒臣)에게 표문을 들고 들어오라 명하자 여러 버일러들과 대신들은 삼궤구고두의 예를 행하고 좌우로 반열을 지어 서서 지(旨)를 기다렸다. 유신(儒臣)이 표문을 받들고 주상 앞에 이르러 꿇어앉아 표문을 읽었다.

表曰, 諸貝勒 · 大臣 · 文武各官及外藩諸貝勒上言. 恭惟我皇上承天眷佑, 應運而興, 輯寧諸國, 愛育羣黎. 當天下昏亂之時, 體天心, 行天討, 逆者以兵威之, 順者以德撫之, 寬溫之譽, 施及萬方, 征服朝鮮, 混一蒙古, 更獲玉璽, 受命之符, 昭然可見, 上合天意, 下協輿情. 臣等遇景運之丕隆, 信大統之攸屬, 敬上尊號. 一切儀物, 俱已完備, 伏願俯賜俞允, 勿虛衆望. 讀畢, 上諭曰, 數年來, 爾諸貝勒 · 大臣勸朕受尊號, 已經屢奏. 但朕若受尊號, 恐上不協天心, 下未孚民志, 故未允從. 今內外諸貝勒 · 大臣, 復以勸進尊號, 再三固請, 朕重違爾等之意, 弗獲堅辭, 勉從衆議. 朕思既受尊號, 豈不倍加乾惕, 憂國勤政, 唯恐有志未逮, 容有錯誤, 唯天佑啟之. 爾諸貝勒 · 大臣, 既固請朕受尊號, 若不各恪共乃職, 贊襄國政, 於爾心安乎. 於是令儒臣遍諭諸貝勒 · 大臣畢, 衆皆踴躍歡欣, 行三跪九叩頭禮而出.

표문에서 말했다. 「여러 버일러들과 대신 및 문무 각 관료들과 외번의 여러 버일러들이 상언합니다. 삼가 생각건대 우리 황상께서 하늘의 보우하심을 받고 시운(時運)을 따라 홍기하시어 여러 국가를 안무하고 백성들을 아껴 기르셨습니다. 천하가 혼란한 시기에 하늘의 뜻을 체득하고 하늘의 정벌을 행하시어 거스른 자는 무력으로 징벌하고 순종한 자는 덕으로 어루만지니 관대함과 온화함의 명성이 만방에 퍼져 나갔습니다. 조선을 정복하고 몽고를 통일했으며 더욱이 옥새까지 얻었으니 천명을 받은 징표를 분명히 볼 수 있어 위로는 하늘의 뜻에 부합하고 아래로는 모든 사람들의 마음과 조화를 이루었습니다. 신들은 좋은 시운이 크게 융성한 때에 대통(大統)이 돌아온 것을 믿으며 삼가 존호를 올립니다. 모든 의물(儀物)은 이미 완비되었으니 삼가 바라건대 승낙해 주시어 모든 이들의 희망이 헛되지 않도록 하십시오.」

표문을 읽은 후 주상이 유시했다. "수년간 너희 버일러들과 대신들은 짐에게 존호를 받을 것을 권하여 여러 차례 상주했다. 다만 짐은 존호를 받으면 위로는 하늘의 마음에 부합하지 않고 아래로는 백성들의 뜻에 맞지 않을까 염려하여 승낙하지 않았다. 지금 내외의 버일러들과 대신들이 다시 존호를 권하며 재삼 완고하게 청하고 있다. 짐은 그대들의 뜻을 거스르기 어려우니 끝까지 사양하지 못하고 마지못해 여러 사람들의 논의에 따르겠다. 짐이 생각하기에 존호를 받고 나면 어찌 더욱 두려운 마음으로 나랏일을 걱정하고 부지런히 다스리지 않겠는가. 다만 뜻이 있어도 이루지 못하고 혹시 착오가 있을까 염려되니 오직 하늘이 도와 이끌어 줄 것이다. 그대 버일러들과 대신들은 짐에게 존호를 받을 것을 완고하게 청했으니, 각자 직무에 충실하여 국정을 돕지 않으면 그대들의 마음이 편안하겠는가." 이에 유신(儒臣)으로 하여금 버일러들과 대신들에게 두루 유시하게 하자 모인 사람들이 모두 뛸 듯이 기뻐하고, 삼궤구고두의 예를 행한 후 나갔다.

○ 庚辰, 禮部以進上尊號禮儀具奏, 擇吉於四月十一日乙酉, 祭告天地. 舊例用生太牢祀天, 以祭肉分給衆官, 令各擕至家, 熟而享之. 上曰, 古帝王當未知火食之前, 即行祭天之禮, 是以用生牢致享, 後世特踵而行之, 未之有易耳. 況以恭祀上天之胙, 分給衆官, 令各於其家享之, 是反汚褻也. 可熟而薦之, 祭畢, 即於上帝神位前分享, 乃爲潔誠. 於是命定例, 祭天用太牢熟薦.

○ 경진일(4.6), 예부는 주상에게 존호를 올리는 의례에 대해 상주하여, 4월 11일 을유일을 길일로 택하여 천지에 제사를 지내 고하기로 했다. 이전 관례에는 살아 있는 태뢰(太牢)를 이용하여 하늘에 제사 지내고 제사 고기는 모든 관료들에게 나누어 주어 각자 집에 가지고 가서 익혀 먹게 했다. 주상이 말했다. "예전에 제왕이 음식을 불로 익히는 것을 알기 전에 하늘에 제사 지낼 때 살아 있는 태뢰를 써서 제사를 지냈고, 후세에는 그저 따라 하고 바꾸지 않았을 뿐이다. 하물며 하늘에 제사 드린 고기를 관료들에게 나누어 주고 각자 그 집에서 먹게 한 것은 도리어 상천을 모독하는 것이다. 익혀서 제사상에 올리고 제사가 끝난 후 곧바로 상제(上帝)의 신위(神位) 앞에서 나누어 먹으면 정결한 정성이 될 것이다." 이에 예(例)를 정하여 제천에서는 태뢰를 사용할 때 익혀서 제사상에 올리게 했다.

○ 召駐守邊疆年滿各官至盛京, 察其逃人船隻曾否捕獲, 城垣兵器曾否修整, 分別功罪. 駐守海州河口伊勒愼 · 莽柰 · 丹達禮等, 獲逃人一百九十二名 · 船三十隻, 駐守攬盤喀爾喀瑪 · 青善 · 寧固塔 · 薩哈連等, 獲逃人一百六十八名 · 船四隻, 駐守蓋州雅什塔 · 扎弩 · 寨薩 · 根布祿 · 董阿密 · 扈習 · 察罕 · 碩塔 · 齊爾格申 · 圖里 · 海塞等, 獲逃人二百六十名. 以三城守臣稱職, 各賞馬一匹. 駐守鹻場張習巴, 獲逃人一百三十二名, 駐守岫巖賈木蘇, 獲逃人百名 · 船三隻, 駐守海州傅代, 獲逃人一百四十八名 · 船八隻. 駐守牛莊哈爾薩, 獲逃人三十九名 · 船二隻, 駐守東京哈囊阿 · 吳爾噶納, 獲逃人二百九十名. 以五城守臣循分供職, 故無賞罰. 駐守耀州英格訥 · 曹光弼, 駐守興京扈什塔 · 封阿 · 俄尼喇 · 王元忠, 駐守通遠堡眞楚肯 · 王可代, 駐守鞍山胡鈕 · 馬福等坐器械不修, 多有缺失, 各圈禁二日.

○ 변경에 주둔하며 수비하는 기한이 만료된 관리들을 불러 성경(盛京)에 오게 하여 도망자와 선박을 포획했는지 여부, 성벽과 무기가 정비되었는지 여부를 살펴 공과 죄를 분별했다. 해주하구(海州河口)에 주둔한 이러션(irešen, 伊勒愼) · 망나이(mangnai, 莽奈) · 단다리(dandari, 丹達禮) 등은 도망자 192명과 선박 30척을 포획했고, 남반(攬盤)에 주둔한 카르카마(karkama, 喀爾喀瑪) · 칭샨(cingšan, 靑善) · 닝구타(ningguta, 寧固塔) · 사할리얀(sahaliyan, 薩哈連) 등은 도망자 168명과 선박 4척을 포획했고, 개주(蓋州)에 주둔한 야시타(yasita, 雅什塔) · 자누(janu, 扎努) · 자이사(jaisa, 寨薩) · 검불루(gembulu, 根布祿) · 둥가미(dunggami, 董阿密) · 후시(hūsi, 扈習) · 차한(cahan, 察罕) · 쇼타(šota, 碩塔) · 치르거션(cirgešen, 齊爾格申) · 투리(turi, 圖里) · 하이서(haise, 海塞) 등은 도망자 260명을 포획했다. 세 성을 지킨 신료들은 직무를 잘 수행했다 하여 각각 말 1마리를 상으로 내렸다. 감장(鹻場)에 주둔한 장시바(jangsiba, 張習巴)는 도망자 132명을 포획했고, 수암(岫巖)에 주둔한 기얌수(giyamsu, 賈木蘇)는 도망자 100명과 선박 3척을 포획했고, 해주(海州)에 주둔한 푸다이(fudai, 傅代)는 도망자 148명과 선박 8척을 포획했고, 우장(牛莊)에 주둔한 하르사(harsa, 哈爾薩)는 도망자 39명과 선박 2척을 포획했고, 동경(東京)에 주둔한 하낭가(hanangga, 哈囊阿)와 우르가나(urgana, 吳爾噶納)는 도망자 290명을 포획했다. 다섯 성을 지킨 신료들은 본분에 맞추어 직무를 수행했기 때문에 상이나 벌을 주지 않았다. 요주(耀州)에 주둔한 영거너(yenggene, 英格訥)와 조광필(曹光弼), 홍경(興京)에 주둔한 후시타(hūsita, 扈什塔) · 풍가

(fungga, 封阿) · 오닐라(onila, 俄尼喇) · 왕원충(王元忠), 통원보(通遠堡)에 주둔한 전추컨(jencuken, 眞楚肯) · 왕가대(王可代), 안산(鞍山)에 주둔한 후니오(hunio, 胡鈕) · 마복(馬福) 등은 무기가 정비되지 않고 결함이 많은 죄로 각각 2일 동안 구금시켰다.

○ 往征瓦爾喀部落胡辛泰 · 何爾敦還, 獲壯丁一百十有五名, 婦女幼小四百一十口, 馬牛共三十, 元狐 · 貂 · 猞狸猻各色皮張甚多. 其招降戶口及軍士, 命禮部大臣出城五里宴之, 并賞出征將士有差.

○ 와르카 부락을 정벌하러 갔던 후신타이(hūsintai, 胡辛泰)와 홀돈(holdon, 何爾敦)이 돌아왔다. 획득한 장정이 115명, 부녀자 및 어린아이 410명, 말과 소를 합쳐 30마리, 흑황색 여우 · 담비 · 스라소니의 각종 가죽이 매우 많았다. 항복한 호구(戶口)와 군사들에게는 예부의 대신을 성의 5리 밖으로 보내서 연회를 베풀게 하고, 아울러 출정한 장수와 병사들에게 차등 있게 상을 내려 주게 했다.[7]

○ 索倫部落薩哈爾察地方額駙巴爾達齊率十四人來朝, 貢貂皮.

○ 솔론 부락 사할차 지방의 어푸 발다치(efu baldaci, 額駙巴爾達齊)가 14명을 이끌고 내조하여 담비가죽을 바쳤다.

7 『만문노당』에는 이때에 포로로 잡은 남자가 115명이고 여자가 140명, 어린아이가 57명으로 기록되어 있어 실록의 기록과 약간 다르다. 『만문노당역주』3, 7권, 숭덕 원년 4월 10일조, p.1582.

○ 和碩額爾克楚虎爾貝勒多鐸出獵, 獲祭天麅鹿以獻.

○ 호쇼이 어르커 추후르 버일러 도도가 사냥을 나가 제천에 쓰일 큰 사슴을 포획하여 바쳤다.

○ 壬午, 以受尊號告祭天地, 上率諸貝勒 · 大臣, 齋戒三日.

○ 임오일(4.8), 존호를 받았음을 천지에 고하고 제사 지내기 위해 주상은 버일러들과 대신들을 이끌고 3일 동안 재계했다.

○ 乙酉, 上以受尊號祭告天地, 受寬溫仁聖皇帝尊號, 建國號曰大淸, 改元爲崇德元年. 是日黎明, 上率諸貝勒 · 滿洲 · 蒙古 · 漢官出德盛門, 至壇, 上下馬立. 陳設祭物畢, 導引官滿洲一員 · 漢人一員, 引至壇前. 上東向立, 導引官復從西側引至壇西南. 上自西南升階, 在東側西向立. 贊禮官贊就位, 上至正中, 向上帝神位立. 贊禮官贊上香, 上從東階升至香案前跪. 導引官奉香, 上親三上香畢, 從西階下, 復位, 北向正立. 贊禮官贊跪, 上率諸大臣行三跪九叩頭禮. 贊禮官復贊跪, 上率諸大臣皆跪. 東側捧帛官三員, 跪奉上帛, 上獻畢, 授西側捧帛官三員, 一官跪受, 從中階升, 置香案上. 東側捧爵官三員, 以酒三爵, 相繼跪奉上. 上三獻畢, 授西側捧爵官, 皆跪受. 亦從中階升, 置神位前祭品案上. 執事官俱於壇內西側東向立, 贊禮官贊跪, 贊叩, 俱行三跪九叩頭禮. 贊禮官贊跪, 上率諸大臣皆跪, 讀祝官捧祝文至壇上, 北向跪, 讀祝文.

○ 을유일(4.11), 주상이 존호를 받음을 천지에 고하고 제사 지내며 관온인성황제(寬溫仁聖皇帝) 존호를 받고, 국호를 제정하여 대청(大淸)이라 하고, 숭덕(崇德) 원년(元年)으로 개원(改元)했다. 이날 새벽에 주상은 여러 버일러들과 만주 · 몽고 · 한인 관료들을 이끌고 덕성문(德盛門)을 나와 제단(祭壇)에 이르러 말에서 내려섰다. 제물(祭物)을 모두 차리자 도인관(導引官) 만주인 1명과 한인 1명이 주상을 제단 앞으로 인도했다. 주상이 동쪽을 향해 서자 도인관은 다시 서쪽에서부터 제단의 서남쪽으로 인도해 왔다. 주상은 서남쪽에서부터 계단을 올라와 동쪽 측면에서 서쪽을 향해 섰다. 찬례관(贊禮官)이 지정된 자리에 서라고 알리자 주상은 가운데에 와서 상제(上帝)의 신위(神位)를 향해 섰다. 찬례관이 향을 피우라고 알리니 주상은 동쪽 계단에서부터 올라와 향안(香案) 앞에 가서 꿇어앉았다. 도인관이 향을 받들자 주상은 친히 세 번 향을 피운 후 서쪽 계단으로 내려와 다시 자리를 잡고 북쪽을 향해 바로 섰다. 찬례관이 꿇어앉으라고 알리자 주상은 여러 대신들을 이끌고 삼궤구고두의 예를 행하였다. 찬례관이 다시 꿇어앉으라고 알리니 주상은 여러 대신들을 이끌고 모두 꿇어앉았다. 동쪽의 봉백관(捧帛官) 3명이 무릎을 꿇고 주상에게 비단을 올리자 주상이 바치고 서쪽의 봉백관 3명에게 주니 한 봉백관이 꿇어앉아 받아서 가운데 계단으로 올라가 향안(香案) 위에 두었다. 동쪽의 봉작관(捧爵官) 3명은 세 잔에 술을 따르고 잇달아 꿇어앉아 주상에게 올렸다. 주상이 세 번 바치고 서쪽의 봉작관에게 주니 모두 꿇어앉아 받아서 역시 가운데 계단으로 올라가 신위 앞 제수품을 놓는 상 위에 두었다. 집사관(執事官)은 함께 제단 안의 서쪽에서 동쪽을 향해 서고, 찬례관이 꿇어앉으라고 알리고 고두하라고 외치자 모두 삼궤구고두의 예를 행하였다. 찬례관이 꿇어앉으라고 알리자 주상은 여러 대신들을 이끌고 모두 꿇어앉았고 독축관(讀祝官)이 축문을 받들고 제단 위에 가서 북쪽을 향해 꿇어앉아 축문을 읽었다.

其文曰, 維丙子年四月十一日, 滿洲國皇帝臣皇太極敢昭告於皇天后土之神曰, 臣以眇躬嗣位以來, 常思置器之重, 時深履薄之虞, 夜寐夙興, 兢兢業業, 十年於此. 幸賴皇穹降佑, 克興祖父基業, 征服朝鮮, 混一蒙古, 更獲玉璽, 遠拓邊疆. 今內外臣民, 謬推臣功, 合稱尊號, 以副天心. 臣以明人尙爲敵國, 尊號不可遽稱, 固辭弗獲, 勉徇羣情, 踐天子位, 建國號曰大淸, 改元爲崇德元年. 竊思恩澤未布, 生民未安, 涼德懷慚, 益深乾惕. 伏惟帝心昭鑒, 永佑邦家, 臣不勝惶悚之至, 謹以奏聞. 讀畢, 讀祝官置祝文案上, 退西側東向立. 贊禮官贊跪, 贊叩, 上率衆行三跪九叩頭禮畢, 贊禮官贊復位, 上退至東側西向立. 諸貝勒 · 大臣左右序立, 捧帛官 · 讀祝官 · 捧爵官各捧祭物, 以次自中階而下, 捧至西側燔燎所. 捧帛 · 讀祝官皆跪, 焚帛及祝文, 捧爵官亦以酒跪奠於前. 於是徹祭物置壇前, 上於壇東側西向坐, 命諸貝勒 · 大臣 · 文武各官各依次列坐, 上飮福受胙畢, 諸貝勒 · 大臣均賜食徹饌. 贊禮官贊排班, 上率衆排班, 贊跪, 行一跪三叩頭禮.

축문에서 말했다. 「유세차 병자년 4월 11일, 만주국 황제 신(臣) 홍타이지는 황천(皇天)과 후토(后土) 신께 감히 밝혀 고합니다. 신(臣)은 보잘것없는 몸으로 제위를 이어받은 이래 항상 나라를 다스리는 것의 중요함을 생각하고 늘 살얼음을 밟듯이 걱정하여 밤늦게 자고 새벽에 일어나 삼가고 두려워한 것이 10년이 되었습니다. 다행히 하늘의 보우하심에 힘입어 조부(祖父)의 기업(基業)을 잘 일으켜서 조선을 정복했고 몽고를 통일했으며 또 옥새를 얻고 멀리 변강을 개척했습니다. 지금 내외의 신민(臣民)들은 신의 공을 지나치게 높여 존호를 칭하는 것이 하늘의 마음에 부합한다고 합니다. 신은 명나라 사람이 여전히 적국(敵國)이므로 존호를 성급히 칭할 수 없다 하며 완고하게 사양하고 받지 않았는데, 마지못해 사람들의 마음을 따라 천자(天子)의 자리에 오르고 국호를 제정하여 대청(大淸)이라 하고 숭덕(崇德) 원년(元年)으로 개원(改元)했습니다. 삼가 생각하니 은택이 퍼지지 않아 백성들이 편안하지 않고 덕이 부족한 것에 부끄럽고 두려움이 더욱 깊어집니다. 삼가 바라건대 상제(上帝)께서 마음으로 밝게 살피시어 영원히 방가(邦家)를 도우신다면 신은 황송함을 금할 수 없을 것입니다. 삼가 상주합니다.」

축문을 읽은 후 독축관(讀祝官)은 축문을 상 위에 두고 서쪽으로 물러나 동쪽을 향해 섰다. 찬례관이 꿇어앉으라고 알리고 고두하라고 외치니 주상은 사람들을 이끌고 삼궤구고두의 예를 행하였다. 찬례관이 자리로 돌아오라고 알리자 주상은 물러나 동쪽에 이르러 서쪽을 향해 섰다. 버일러들과 대신들은 좌우로 차례대로 서고, 봉백관(捧帛官)과 독축관 및 봉작관(捧爵官)이 각각 제물(祭物)을 들고 뒤이어 가운데 계단으로 내려와 서쪽의 번요소(燔燎所)[8]에 이르렀다. 봉백관(捧帛官)과 독축관은 모두 꿇어앉아 비단과 축문을 불태웠고, 봉작관(捧爵官)은 또한 그 앞에 꿇어앉아 술을 올렸다. 이에 제물을 치워 제단의 앞에 두고, 주상은 제단의 동쪽에서 서쪽을 향해 앉아 버일러들과 대신들 및 문무 각 관료들에게 순서에 따라 줄지어 앉게 했다. 주상이 음복하고 제사 고기를 받은 후 버일러들과 대신들에게 고르게 음식을 하사하고 제찬(祭饌)을 내렸다. 찬례관이 등급에 따라 늘어서라고 알리자 주상은 사람들을 거느리고 섰고, 꿇어앉으라고 외치니 일궤삼고두의 예를 행하였다.

祭告天地畢, 乃行受尊號禮. 築壇於天壇之東, 備大駕鹵簿. 玉璽四

8 燔燎는 섶을 불사르면서 하늘에 제사를 지내는 것이다. 燔燎所는 燔燎를 거행하는 장소를 가리킨다.

顆, 黃傘五柄, 團扇二柄, 纛十桿, 旗十桿, 大刀三對, 戟三對, 立瓜一對, 卧瓜一對, 星一對, 吾杖三對, 馬十匹, 金交椅 · 金杌 · 香盒 · 香爐 · 金水盆 · 金唾盒 · 金瓶 · 樂器全設, 導引官引上由中階升壇, 御金椅. 諸貝勒 · 大臣左右序列畢, 奏樂, 贊禮官贊跪, 贊叩, 衆行三跪九叩頭禮. 贊禮官復贊跪, 衆皆跪. 左班和碩墨爾根戴青貝勒多爾袞 · 科爾沁貝勒土謝圖濟農巴達禮捧寶一, 和碩額爾克楚虎爾貝勒多鐸 · 和碩貝勒豪格捧寶一, 右班和碩貝勒岳託 · 察哈爾汗之子額駙額爾克孔果爾額哲捧寶一, 貝勒杜度 · 都元帥孔有德捧寶一, 各以次跪獻於上. 上受寶, 授內院官, 置寶盒內. 方奉寶時, 即進儀仗, 列於上左右, 奉寶諸貝勒等復位. 贊禮官贊跪, 贊叩, 衆行三跪九叩頭禮畢. 贊禮官復贊跪, 衆皆跪. 於是滿洲 · 蒙古 · 漢官捧三體表文, 立於壇東, 以上稱尊號建國改元事, 宣示於衆曰, 我皇上應天順人, 聿修厥德, 收服朝鮮, 統一蒙古, 更得玉璽, 符瑞昭應, 鴻名偉業, 丕揚天下. 是以內外諸貝勒 · 大臣, 同心推戴, 敬上尊號曰寬溫仁聖皇帝, 建國號曰大淸, 改元爲崇德元年. 宣諭畢, 贊禮官贊跪, 贊叩, 復行三跪九叩頭禮. 贊禮官贊復位, 諸貝勒 · 大臣各復位立.

천지에 제사를 지내 고하는 예가 끝나자 곧 존호를 받는 예가 거행되었다. 천단(天壇)의 동쪽에 단을 쌓고, 대가(大駕)와 의장(儀仗)을 준비했다. 옥새(玉璽) 4개, 황산(黃傘) 5개, 단선(團扇) 2개, 독(纛) 10개, 기(旗) 10개, 대도(大刀) 3쌍, 극(戟) 3쌍, 입과(立瓜) 1쌍, 와과(卧瓜) 1쌍, 성(星) 1쌍, 오장(吾杖) 3쌍, 말 10마리, 도금한 접이식 등받이의자(金交椅), 도금한 등받이 없는 의자(金杌), 향합(香盒), 향로(香爐), 금수분(金水盆), 금타합(金唾盒), 금병(金瓶), 악기(樂器)를 모두 배치하니 도인관이 인도하여 주상은 가운데 계단으로 단에 올라가 금 등받이 의자(金椅)에 앉았다. 버일러들과 대신들이 좌우로 줄지어 서자 음악을 연주했다. 찬례관이 꿇어앉으라고 알리고 고두하라고 외치니 사람들이 삼궤구고두의 예를 행하였다. 찬례관이 다시 꿇어앉으라고 알리자 사람들이 모두 꿇어앉았다.

왼쪽 줄의 호쇼이 머르건 다이칭 버일러 도르곤과 코르친 버일러 투시예투 지농 바다리가 보새(寶璽) 1개를 받들고, 호쇼이 어르커 추후르 버일러 도도와 호쇼이 버일러 호오거가 보새 1개를 받들고, 오른쪽 줄의 호쇼이 버일러 요토와 차하르 칸의 아들 어푸 어르커 콩고르 에제이가 보새 1개를 받들고, 버일러 두두와 도원수 공유덕이 보새 1개를 받들고 각자 순서대로 꿇어앉아 주상에게 바쳤다. 주상은 보새를 받아 내원(內院)의 관원에게 주어 보합(寶盒) 안에 두었다. 보새를 막 바칠 때에 곧 의장(儀仗)이 나아가 주상의 좌우에 배열했고, 보새를 받든 버일러들은 자리로 돌아왔다. 찬례관이 꿇어앉으라고 알리고 고두하라고 외치니 여러 사람들이 삼궤구고두의 예를 행하여 마쳤다. 찬례관이 다시 꿇어앉으라고 알리자 여러 사람들이 모두 꿇어앉았다.

이에 만주 · 몽고 · 한인 관료가 세 문자로 된 표문을 받들고 단의 동쪽에 서서 주상이 존호를 칭하고 국호를 제정하고 개원(改元)한 일을 여러 사람들에게 널리 알려 말했다. "우리 황상께서 천명에 응하고 인심을 따라 그 덕을 잘 닦아 조선을 수복(收復)하고 몽고를 통일하고 또한 옥새를 얻었으니 상서로운 징조가 밝게 응하여 위대한 명성과 훌륭한 업적이 천하에 크게 떨쳤다. 이에 내외의 버일러들과 대신들은 한마음으로 추대하여 주상에게 존호를 올려 관온인성황제라 하고, 국호를 제정하여 대청(大淸)이라 하며 숭덕(崇德) 원년(元年)으로 개원(改元)한다." 선유(宣諭)가 끝나자 찬례관이 꿇어앉으라고 알리고 고두하라고 외치니 다시 삼궤구고두의 예를 행하였다. 찬례관이 자리로 돌아가라고 알리니 버일러들과 대신들은 각자 위치로 돌아가 섰다.

方行禮時，朝鮮使臣羅德憲·李廓不拜．上曰，朝鮮使臣羅德憲·李廓無禮處，難以枚擧．是皆朝鮮國王有意搆怨，欲朕先起釁端，戮其使臣，然後加朕以背棄盟誓有名，故令其如此耳．不知朕之素行，從不逞一時之小忿，如此瑣屑也．即兩國已成讎敵，兵刃相加，爭戰之際，以事遣人，亦無即戮其來使之理，況朝會乎．其勿問．諭畢，於壇前樹鵠，命善射者射之．射畢，列儀仗，作樂，還宮．

바야흐로 예를 거행할 때에 조선의 사신 나덕헌(羅德憲)과 이확(李廓)이 절하지 않았다. 주상이 말했다. "조선 사신 나덕헌과 이확이 무례한 것은 일일이 열거하기 어렵다. 이는 모두 조선국왕이 고의로 원한을 맺으려는 것이다. 짐이 먼저 갈등의 발단을 만들어서 그 사신을 죽이면 이후에 짐이 맹세를 어겼다는 명분을 보태려고 이렇게 하라고 시킨 것이다. 짐이 평소 행동할 때 이렇게 작은 일에 일시적인 작은 분노도 드러내지 않음을 알지 못한 것이다. 즉 양국이 원수가 되어 무기를 서로 겨누고 전쟁을 할 때에도 일이 있어 사신을 보내면 곧바로 죽이지 않는 것이 도리인데 하물며 조회에서 죽이겠는가. 죄를 묻지 말라." 유시가 끝나자 단 앞에 과녁을 세우고 활을 잘 쏘는 사람에게 명해 활을 쏘게 했다. 활쏘기가 끝나자 의장을 진열하고 음악을 연주하며 환궁했다.

○ 是日，遣超品公額駙楊古利·固山額眞譚泰·宗室拜尹圖·葉克書·葉臣·阿山·尹爾登·宗室篇古·達爾哈·石廷柱·馬光遠及外藩貝勒下官員卜庫台吉·得格類扎爾固齊·孟庫孫·杭哈爾·阿爾珠海·泥堪·內院官希福·剛林·羅碩等捧祝文，以營建太廟事祭告太祖山陵．其文曰，孝子嗣皇帝皇太極敢昭告於皇考神位前，曰，臣敬遵典禮, 表揚皇考皇妣功德, 肇建太廟. 謹擇吉於四月十二日, 安設神位, 以昭上祀之禮. 又仰體皇考孝心, 稽之禘嘗鉅典, 追尊始祖, 高祖, 曾祖, 祖以王號, 安設四代祖考祖妣神位, 又設伯祖禮敦巴圖魯配位. 伏祈皇考神靈, 鑒茲誠悃. 又設功臣費英東, 額亦都配位, 從祀皇考左右. 惟望皇考垂慈, 來格來歆. 讀畢, 行三跪九叩頭禮, 焚祝文. 楊古利等還.

○ 이날 초품공(超品公) 어푸 양구리, 구사어전 탄타이, 종실 바인투 · 역슈 · 여천 · 아산 · 일던, 종실 피양구 · 다르한, 석정주 · 마광원 그리고 외번 버일러 속하 관원인 부쿠 타이지 · 더걸러이 자르구치 · 뭉쿠순(mungkusun, 孟庫孫) · 항할(hanghal, 杭哈爾) · 알주하이(aljuhai, 阿爾珠海) · 니칸(nikan, 泥堪), 내원(內院)의 관원 히퍼 · 가린 · 로쇼 등을 파견하여 축문(祝文)을 바쳐 태묘를 건축한 일을 태조의 산릉(山陵)에 알렸다. 그 축문에서 말했다. 「효자 사황제(嗣皇帝) 홍타이지는 삼가 황고(皇考)의 신위(神位) 앞에서 고합니다. 신은 공경히 전례(典禮)를 준수하여 황고와 황비(皇妣)의 공덕을 표양하고 처음으로 태묘를 건립했습니다. 삼가 4월 12일을 길일로 택하여 신위를 설치함으로써 상사(上祀)[9]의 예를 밝혔습니다. 또한 우러러 황고의 효심을 받들어 체상(禘嘗)[10]과 거전(鉅典)[11]을 상고하여 시조, 고조, 증조, 조부께 왕호를 추존했으며 4대 조고(祖考)와 조비(祖妣)의 신위를 설치했고 또한 백조(伯祖) 리둔 바투루(lidun baturu, 禮敦巴圖魯)의 배위(配位)를 설치했습니다. 엎드려 황고의 신령께서 이 성심을 살펴 주시기

9 上祀는 나라에서 지내는 제사 가운데 가장 큰 제사.

10 禘嘗은 임금이 종묘에 햇곡식을 올리는 제사.

11 鉅典은 조정의 大法.

를 기도합니다. 또한 공신 피옹돈과 어이두의 배위(配位)를 설치하여 황고의 좌우에 종사(從祀)하게 했습니다. 황고께서 인자한 보살핌을 베풀어 주시고 흠향해 주시기를 바랍니다.」 읽은 후 삼궤구고두의 예를 행하고 축문을 불태웠다. 양구리 등이 돌아왔다.

○ 丙戌, 上率諸貝勒·大臣詣太廟. 追尊始祖爲澤王, 高祖爲慶王, 曾祖爲昌王, 祖爲福王, 追封伯祖禮敦巴圖魯爲武功郡王. 恭上皇考太祖尊謚, 曰承天廣運聖德神功肇紀立極仁孝武皇帝, 皇妣太后尊謚, 曰孝慈昭憲純德眞順成天育聖武皇后. 廟號太祖, 陵曰福陵. 追封功臣費英東爲直義公, 額亦都爲弘毅公, 配享太廟. 先於盛京城東建太廟, 前殿安奉太祖太后神位, 後殿正中安奉始祖神位, 左安奉高祖神位, 右安奉曾祖神位, 左末安奉祖神位, 皆南面. 右末安奉伯祖禮敦巴圖魯神位, 東向.

○ 병술일(4.12), 주상은 여러 버일러들과 대신을 이끌고 태묘를 참배했다. 시조[12]를 택왕(澤王)으로, 고조[13]를 경왕(慶王)으로, 증조[14]를 창왕(昌王)으로, 조부[15]를 복왕(福王)으로 추존하고, 백조(伯祖) 리둔바투루를 무공군왕(武功郡王)으로 추봉했다. 공경히 황고 태조께 시호 승천광운성덕신공조기입극인효무황제(承天廣運聖德神功肇紀立極仁孝武皇帝)를 올리고, 황비 태후께 시호 효자소헌순덕진순성천육성무황후(孝慈昭憲純德眞順成天育聖武皇后)를 올렸다. 묘호를 태조(太祖), 능

12 시조는 누르하치의 6대조인 먼터무(mentemu, 孟特穆)이다. 조선에서는 망가터물, 猛哥帖木兒·猛哥帖木·末應巨加物 등으로 기록했다.

13 고조는 푸만(fuman, 福满)이다.

14 증조는 기오창가(giocangga, 覺昌安)이다.

15 조부는 탁시(taksi, 塔克世)이다.

을 복릉(福陵)으로 했다. 공신 피옹돈을 직의공(直義公)으로, 어이두를 홍의공(弘毅公)으로 추봉하여 태묘에 배향(配享)했다. 먼저 성경(盛京) 동쪽에 태묘를 세우고, 전전(前殿)에 태조와 태후의 신위를 모시고, 후전(後殿) 가운데에 시조의 신위를 모시고, 좌측에 고조의 신위를 모시고, 우측에 증조의 신위를 모시고, 좌측 말단에 조부의 신위를 모시고 모두 남쪽을 향하게 했다. 우측 말단에 백조(伯祖) 리둔 바투루의 신위를 모시고 동쪽을 향하게 했다.

是日, 各神位前陳設黑色太牢, 少牢, 及一切祭物. 畢, 辰刻, 上出內治門, 將至太廟門之西. 上下馬, 御金椅. 有頃, 導引官引上先詣後殿行禮, 升西階, 立於東側, 西向. 贊禮官贊就位, 上至殿正中, 北向神位立. 諸貝勒 · 大臣俱左右序立. 贊禮官贊上香, 引上升殿東階, 至始祖神位香案前跪, 復起立. 導引官以香跪奉上, 上自始祖及列祖神位前, 各三上香. 畢, 降自西階, 復位, 北向立. 贊禮官贊跪, 贊叩, 行三跪九叩頭禮. 贊禮官復贊跪, 上率衆跪. 東側捧帛官以獻始祖, 始祖妣帛二端跪奉上. 上受帛, 獻畢, 授西側捧帛官. 捧帛官跪受, 跪置香案上. 其次高祖, 次曾祖, 次祖, 次伯祖神位前, 各獻帛二端, 加獻始祖儀. 獻帛畢, 列祖列妣前, 先命大臣各獻酒一爵. 次東側捧爵官以酒跪奉上, 上擧爵以獻, 授西側捧爵官, 捧爵官跪受置案上. 列祖列妣神位前, 各獻爵一. 畢, 讀祝官以次跪, 讀祝文.

이날 각 신위 앞에 검은색 태뢰(太牢)와 소뢰(少牢)와 모든 제물(祭物)을 차렸다. 그 후 진시(辰時)에 주상은 내치문(內治門)에서 나와 태묘문(太廟門)의 서쪽에 이르렀다. 주상이 말에서 내려 금의자에 앉았다. 얼마 뒤에 도인관이 인도하여, 주상은 먼저 후전(後殿)에서 참배하여 예를 행하고 서쪽의 계단에 올라 동쪽에 서서 서쪽을 향했다. 찬례관(贊禮官)이 자리에 서라고 외치자, 주상은 전(殿)의 가운데에 이르러 북쪽으로 신위를 향해 섰다. 버일러들과 대신들은 모두 좌우에 순서대로 섰다. 찬례관은 향을 올리라고 외치고 인도하여, 주상은 전(殿)의 동쪽 계단에 올라 시조 신위의 향안(香案) 앞에 무릎 꿇고 다시 일어섰다. 도인관이 향을 가져와서 무릎 꿇고 주상에게 드리자 주상은 시조부터 여러 조상의 신위 앞에 각각 3번 향을 올렸다. 그 후 서쪽 계단으로 내려와서 다시 원래 자리로 돌아와 북쪽을 향하여 섰다. 찬례관이 무릎 꿇으라고 외치고 고두하라고 외치자 삼궤구고두의 예를 행하였다. 찬례관이 다시 무릎 꿇으라고 외치자 주상은 사람들을 이끌고 무릎을 꿇었다. 동쪽의 봉백관(捧帛官)은 시조(始祖)와 시조비(始祖妣)에게 드릴 비단 2필을 주상에게 올렸다. 주상은 그것을 받아서 바친 뒤에 서쪽 봉백관에게 주었다. 봉백관은 무릎 꿇고 받아서 무릎 꿇고 향안 위에 두었다. 다음으로 고조, 다음에 증조, 다음에 조부, 다음에 백조(伯祖)의 신위 앞에 각각 비단 2필을 올렸고 추가로 시조에게 의물을 바쳤다. 비단을 올린 뒤에 열조(列祖)와 열비(列妣) 앞에서 먼저 대신들에게 각자 술 한 잔을 올리도록 명했다. 다음 동쪽의 봉작관(捧爵官)이 무릎 꿇고 술을 주상에게 올리자 주상이 술잔을 들어 바치고 서쪽의 봉작관에게 주었다. 봉작관은 무릎 꿇고 받아서 향안 위에 두었다. 여러 열조(列祖)와 열비(列妣)의 신위 앞에 각각 술 한 잔을 바쳤다. 그 후 독축관(讀祝官)은 순서대로 무릎 꿇고 축문(祝文)을 읽었다.

祭始祖文云, 維丙子歲四月十二日, 八世孫嗣皇帝敢昭告於始祖神位前. 曰, 洪惟始祖肇造鴻基, 克恢大業, 振豐功而克敵, 開曆服以貽謀爰, 致國勢昌隆, 子孫榮盛. 茲謹倣古制, 追揚前烈, 尊爲澤王, 立廟奉祝, 丕顯令名, 貽庥萬世. 惟望祖靈降鑒, 俯垂默佑, 國祚永昌. 祭高祖文云, 五世孫嗣皇帝皇太極敢昭告於高祖神位前. 曰, 洪惟高祖肇基王跡，垂裕後昆，撫衆旅以成都，集弘庥而啟聖，爰致國勢昌隆，子孫榮盛．茲謹倣古制，追揚前烈，尊爲慶王，立廟奉祀，丕顯令名，貽庥萬世．惟望祖靈降鑒，俯垂默佑，國祚永昌．

시조에게 올린 글에서 말했다. 「유세차 병자년 4월 12일 8세손 사황제(嗣皇帝)는 삼가 시조의 신위 앞에서 아룁니다. 삼가 생각건대 시조께서 처음으로 큰 터전을 만드시고, 대업을 넓히시고, 높은 공을 떨치어 적을 이기시고, 국운을 여시고 계획을 남기시어 국세가 홍륭하고 자손이 번성하게 되었습니다. 이제 삼가 옛 제도를 본받아 선조의 공을 드높여 택왕(澤王)으로 추존하고 묘를 세워 봉사(奉祀)하여 아름다운 명성을 만세에 남깁니다. 오직 조상의 영혼이 헤아려 주시고 굽어살펴 묵묵히 도우시어 국운이 영원히 번성하기를 바랍니다.」

고조에게 올린 글에서 말했다. 「5세손 사황제(嗣皇帝) 홍타이지는 삼가 고조의 신위 앞에서 아룁니다. 삼가 생각건대 고조께서 처음으로 대업의 터전을 굳게 하시고, 후세에 덕행을 남기시고, 군대를 어루만져 도성을 만드시고, 성세를 이루어 성덕(聖德)을 펴시어, 국세가 홍륭하고 자손이 번성하게 되었습니다. 이제 삼가 옛 제도를 본받아 선조의 공을 드높여 경왕(慶王)으로 추존하고 묘를 세워 봉사(奉祀)하고 아름다운 명성을 만세에 남깁니다. 오직 조상의 영혼이 헤아려 주시고 굽어살펴 묵묵히 도우시어 국운이 영원히 번성하기를 바랍니다.」

祭曾祖文云，四世孫嗣皇帝皇太極敢昭告於曾祖神位前．曰，洪惟曾祖丕啟鴻模，式弘疆宇，征四鄰而讋服，綏兆庶以敉寧，爰致國勢昌隆，子孫榮盛．茲謹倣古制，追揚祖功，尊爲昌王，立廟奉祀，丕顯令名，貽庥萬世，惟望祖靈降鑒，俯垂默佑，國祚永昌．

증조에게 올린 글에서 말했다. 「4세손 사황제(嗣皇帝) 홍타이지는 삼가 증조의 신위 앞에서 아룁니다. 삼가 생각건대 증조께서 처음으로 대업을 여시고 강역을 넓히시고 주변을 토벌하여 그들을 복종시키고, 백성을 어루만져 편안하게 하시어, 국세가 흥륭하고 자손이 번성하게 되었습니다. 이제 삼가 옛 제도를 본받아 선조의 공을 드높여 창왕(昌王)으로 추존하고 묘를 세워 봉사하고 아름다운 명성을 만세에 남깁니다. 오직 조상의 영혼이 헤아려주시고 굽어 살펴 묵묵히 도우시어 국운이 영원히 번성하기를 바랍니다.」

祭祖考文云, 孝孫嗣皇帝皇太極敢昭告於祖考神位前. 曰, 洪惟祖考纘承懿緒, 佑啟宏圖, 綿福澤於萬年, 誕神靈而首出, 爰致國勢昌隆, 子孫榮盛. 茲謹倣古制, 追揚祖功, 尊爲福王, 立廟奉祀, 丕顯令名, 貽庥萬世. 惟望祖靈降鑒, 默賜啟迪, 國祚永昌.

조부에게 올린 글에서 말했다. 「효손 사황제(嗣皇帝) 홍타이지는 삼가 조부의 신위 앞에서 아룁니다. 삼가 생각건대 조부께서 조상의 사업을 계승하시고 대업을 도와 인도하시며 만세에 복과 은택을 이어주시고 신령을 낳아서 먼저 나오게 하시니, 국세가 흥륭하고 자손이 번성하게 되었습니다. 이제 삼가 옛 제도를 본받아 선조의 공을 드높여 복왕(福王)으로 추존하고 묘를 세워 봉사하여 아름다운 명성을 만세에 남깁니다. 오직 조상의 영혼이 헤아려 주시고 굽어살피시고 묵묵히 인도하시어 국운이 영원히 번성하기를 바랍니다.」

祭伯祖武功郡王文云, 皇帝皇太極敢昭告於伯祖神位前. 曰, 惟我伯祖竭誠爲國, 懋著崇勳, 茲酌倣古制, 用昭往烈, 追封爲武功郡王, 配享廟廷, 永彰令譽. 讀祝畢, 奉祝文置案上. 贊禮官贊跪, 贊叩, 行三跪九叩頭禮. 讀祝官捧祝, 執爵官捧爵, 執帛官捧帛, 從中階下, 至西側燔燎所焚之, 徹饌.

백조(伯祖) 무공군왕(武功郡王)에게 올린 글에서 말했다. 「황제 홍타이지는 삼가 백조(伯祖)의 신위 앞에서 아룁니다. 우리 백조(伯祖)는 나라를 위해 충성을 다 바쳐 공적이 크고 숭고합니다. 이제 옛 제도를 헤아려 본받아 선조의 공을 드높여 무공군왕(武功郡王)으로 추존하고 태묘에 배향(配享)하여 영원히 아름다운 명성을 밝힙니다.」

축문을 읽은 뒤 받들어 향안 위에 두었다. 찬례관(贊禮官)이 무릎 꿇고 고두하라고 외치자 삼궤구고두의 예를 행하였다. 독축관은 축문을 받들고 집작관(執爵官)은 술잔을 받들고 집백관(執帛官)은 비단을 받들고 가운데 계단으로 내려와 서쪽의 번요소(燔燎所)에 이르러 불태웠고 제찬(祭饌)을 치웠다.

祭列祖禮畢, 乃詣前殿太祖太后神位前行禮. 導引官引上至西側, 東向立. 導引官復引上由西側西階升至東側, 西向立. 贊禮官贊就位, 上至正中, 北向立. 贊禮官贊上香, 導引官引上升東階至太祖太后神位香案前跪. 導引官以香跪奉上, 上三上香. 畢, 降自西階, 復位, 北向立. 贊官贊跪, 贊叩, 上率衆行三跪九叩頭禮. 贊禮官復贊跪, 上跪, 衆皆跪. 東側捧帛官以帛二端跪奉上, 上獻畢, 授西側捧帛官. 捧帛官跪受, 自中階升至太祖太后神位前, 置香案上. 東側捧爵官以酒六爵, 依次跪奉上, 上以次獻. 畢, 授西側捧爵官. 捧爵官跪受, 自中階升捧置神位前, 仍至西側, 東向立. 贊禮官贊跪, 贊叩, 上率衆行三跪九叩頭禮. 贊禮官贊跪, 上率衆跪. 讀祝官捧祝文, 跪讀於太祖太后神位前.

조상들에게 올리는 제사가 끝난 후, 전전(前殿)의 태조(太祖)와 태후(太后)의 신위 앞에서 예를 행하였다. 도인관(導引官)이 인도하여 주상은 서측으로 가서 동쪽을 향해 섰다. 도인관이 다시 인도하여 주상은 서측의 서쪽 계단에서 동측으로 올라 서쪽을 향하여 섰다. 찬례관이 자리에 서라고 외치자 주상은 가운데로 와서 북쪽을 향하여 섰다. 찬례관이 향을 올리라고 외치자 도인관이 인도하여 주상은 동쪽 계단으로 올라 태조와 태후의 신위(神位)에 이르러 향안 앞에 무릎 꿇었다. 도인관이 향을 가지고 무릎 꿇고 주상에게 드리자 주상은 3번 향을 올렸다. 그 후 서쪽 계단으로 내려와서 원래 자리로 돌아와 북쪽을 향해 섰다. 찬례관이 무릎 꿇으라고 외치고 고두하라 외치자 주상은 사람들을 거느리고 삼궤구고두의 예를 행하였다. 찬례관이 다시 무릎 꿇으라고 외치자 주상은 무릎을 꿇었고 모든 사람이 무릎을 꿇었다. 동쪽의 봉백관이 비단 2필을 주상에게 올리자 주상은 그것을 받아서 바친 뒤에 서쪽 봉백관에게 주었다. 봉백관은 무릎 꿇고 받았고 가운데 계단으로 태조와 태후의 신위 앞에 올라 향을 향안 위에 두었다. 동쪽의 봉작관이 술 6잔을 순서대로 무릎 꿇고 주상에게 올리자 주상은 순서대로 바치고 서쪽의 봉작관에게 주었다. 봉작관은 무릎 꿇고 받았고 중간 계단으로 올라 신위 앞에 올렸고 이어서 서측으로 가서 동쪽을 향해 섰다. 찬례관이 무릎 꿇으라고 외치고 고두하라고 외치자 황제는 사람들을 이끌고 삼궤구고두의 예를 행하였다. 찬례관이 무릎 꿇으라고 외치자 주상은 사람들을 이끌고 무릎을 꿇었다. 독축관은 축문을 받들고, 태조와 태후의 신위 앞에서 무릎 꿇고 축문을 읽었다.

文曰, 維丙子歲四月十二日, 孝子嗣皇帝敢昭告於皇考皇妣神位前. 曰, 臣纘承皇考大業十年以來, 兢兢業業, 夙夜乾惕, 以圖仰副先志. 是以開拓封疆, 不辭況瘁, 撫綏兆庶, 殫力經營. 茲以安內攘外, 收服朝鮮, 統一蒙古, 兼獲玉璽, 符瑞昭應. 內外諸貝勒 · 大臣, 僉議宜承天應運, 勸臣進稱尊號. 爰建國號曰大清, 改元爲崇德元年, 此皆仰賴皇考皇妣之福蔭也. 臣緬懷皇考皇妣德備生成, 功隆覆育, 應眞符而開創. 輯群瑞以尊親. 爰遵古制, 仰協天心, 敬上皇考尊謚曰承天廣運聖德神功肇紀立極仁孝武皇帝, 皇妣尊謚曰孝慈昭憲純德眞順成天育聖武皇后, 立廟祭享, 垂庥萬禩. 伏祈皇考皇妣神靈降鑒, 俯垂默佑, 俾子孫綿遠, 國祚永昌. 謹告.

그 글에서 말했다. 「유세차 병자년 4월 12일 효자 사황제(嗣皇帝)는 삼가 황고(皇考)와 황비(皇妣)의 신위 앞에 아룁니다. 신은 황고의 대업을 계승한 후 10년 동안 항상 조심하고 하루 종일 부지런히 힘쓰고 두려워하며 조상의 뜻에 부응하고자 했습니다. 그리하여 강역을 넓히고 수고로움을 피하지 않고 백성을 어루만지며 힘을 다해 경영했습니다. 이제 안을 편안히 하고 밖을 제어했으며 조선을 복종시켰고 몽고를 통일했으며 또한 옥새를 얻어 부서(符瑞)가 부합하므로 내외의 버일러들과 대신들이 모두 하늘의 뜻을 받아야 한다고 논의하여 신에게 존호를 칭할 것을 권했습니다. 이에 국호를 대청(大淸)으로 하고 숭덕원년(崇德元年)으로 개원했습니다. 이는 모두 황고와 황비의 복음(福蔭)에 의지한 것입니다. 신이 생각건대 황고와 황비는 백성을 살리는 덕을 갖추시고, 공이 커서 만물을 덮어 기르며, 진부(眞符)에 응하여 개창하셨습니다. 여러 길조를 모아 어버이를 공경하고, 옛 제도를 준수하고, 하늘의 마음을 우러러 좇아 공경히 황고께 승천광운성덕신공조기입극인효무황제(承天廣運聖德神功肇紀立極仁孝武皇帝) 존호를 올리고 황비께 효자소헌순덕진순성천육성무황후(孝慈昭憲純德眞順成天育聖武皇后) 존호를 올리며 묘를 세워 제향하니, 물려주신 은택이 만대에 이르기를 바랍니다. 엎드려 바라건대 황고와 황비의 신령은 강림하여 살펴 주시고 굽어보아 도와주시어 자손이 오래 번성하고 국운이 영원히 번창하기를 기원합니다. 삼가 아룁니다.」

讀祝畢, 又以追封功臣費英東·額亦都告祭太祖神位前. 其文曰, 孝子嗣皇帝皇太極敢昭告於皇考神位前. 曰, 臣聞恩隆眷舊, 典重酬庸, 既昭嘉績於生前, 宜享恩榮於身後. 玆以費英東·額亦都上佐皇考, 勳猷丕著. 爰倣古制, 追封費英東爲直義公, 額亦都爲弘毅公, 配享皇考神位左右, 揚厥令名, 垂之奕代. 讀畢, 贊禮官贊跪, 贊叩, 上率諸貝勒·大臣行三跪九叩頭禮. 贊禮官贊復位, 上復位, 於東側西向立, 諸貝勒·大臣皆左右序立. 於是以功臣費英東, 額亦都木牌入太廟. 費英東位左側, 額亦都位右側.

축문을 읽은 후 공신 피옹돈과 어이두를 추봉하기 위하여 태조의 신위 앞에서 아뢰었다. 그 글에서 말했다. 「효자 사황제(嗣皇帝) 홍타이지는 삼가 황고의 신위 앞에 아룁니다. 신이 듣건대, 큰 은혜를 옛 신하에게 베풀고 법도에 맞게 공에 보답하여 생전에 공적을 빛내고 사후에 영광을 누리게 해야 합니다. 이에 피옹돈과 어이두는 황고를 도와 공적이 탁월하였으므로 옛 제도에 따라 피옹돈을 직의공(直義公)으로, 어이두를 홍의공(弘毅公)으로 추봉하고 황고 신위의 좌우에 배향하여 그 아름다운 이름을 드높이고 만대에 전합니다.」 읽은 뒤 찬례관이 무릎 꿇으라 외치고 고두하라고 외치자, 주상은 버일러들과 대신들을 이끌고 삼궤구고두의 예를 행하였다. 찬례관이 원래 자리로 돌아오라고 외치자, 주상은 원래 자리로 돌아와 동쪽에서 서쪽을 향하여 섰고 버일러들과 대신들은 모두 좌우에 순서대로 섰다. 이어서 공신(功臣) 피옹돈과 어이두의 목패(木牌)를 태묘에 모셨다. 피옹돈의 신위가 좌측이고 어이두의 신위가 우측이었다.

陳設祭物畢, 讀祝官入內旁立, 先宣追贈費英東祝文. 其文曰, 維大清崇德元年歲次丙子四月十有二日, 寬溫仁聖皇帝諭祭功臣費英東之靈. 曰, 偉烈懋昭, 贊經綸於肇跡, 榮封特晉, 光俎豆於千秋. 爾費英東佐我皇考, 正直報効, 竭盡忠義, 雖受寵渥於生前, 尤宜褒榮於身後. 今特贈爾爲直義公, 配享太廟, 永垂令譽. 次宣追贈額亦都祝文, 其文曰, 寬溫仁聖皇帝諭, 祭功臣額亦都之靈. 曰, 偉烈懋昭, 贊經綸於肇跡, 榮封特晉, 光俎豆於千秋. 爾額亦都佐我皇考, 勇力軼群, 殊勳丕著, 雖受寵渥於生前, 尤宜褒榮於身後, 今特贈爾爲弘毅公, 配享太廟, 永垂令譽.

제물을 차린 뒤에 독축관은 안에 들어가서 옆에 서서 먼저 피옹돈을 추증하는 축문을 읽었다. 그 글에서 말했다. 「유세차 대청 숭덕 원년 병자년 4월 12일, 관온인성황제는 공신(功臣) 피옹돈의 혼령에 유제(諭祭)합니다. 공적을 세우고 개국 시기의 통치를 도운 자는 영예로운 지위에 봉해지거나 특별히 승진하여 길이 제사를 누리게 됩니다. 그대 피옹돈은 우리 황고(皇考)를 도와 정직하게 진력하고 충의를 바쳤으니, 비록 생전에 은혜를 받았으나 또한 사후에도 포영(褒榮)을 받아야 합니다. 이제 특별히 그대를 직의공(直義公)으로 추증하고 태묘에 배향하여 아름다운 명성을 영원히 전합니다.」

다음에 어이두를 추존하는 축문을 읽었다. 그 글에서 말했다. 「관온인성황제는 공신 어이두의 혼령에 유제(諭祭)합니다. 공적을 세우고 개국시기의 통치를 도운 자는 영예로운 지위에 봉해지거나 특별히 승진하여 길이 제사를 누리게 됩니다. 그대 어이두는 우리 황고를 도와 정직하게 진력하고 충의를 바쳤으니, 비록 생전에 은혜를 받았으나 또한 사후에도 포영(褒榮)을 받아야 합니다. 이제 특별히 그대를 홍의공(弘毅公)으로 추증하고 태묘에 배향하여 아름다운 명성을 영원히 전합니다.」

讀畢, 捧帛捧爵官各捧帛爵. 讀祝官捧祝文, 自中階下西行至西側燔燎所焚祝帛, 奠酒, 於是徹太祖太后神位前祭物. 徹畢, 遂徹直義公, 弘毅公祭物, 自側下階至燔燎所旁焚祝帛, 奠酒. 贊禮官贊復位, 上復位, 正中北向立, 衆復就班. 贊禮官贊跪, 贊叩, 行一跪三叩頭禮. 禮畢, 上坐於太廟西側, 樹鵠令善射者較射. 射畢, 陳設儀仗, 作樂, 由內治門還宮.

읽은 후 봉백관과 봉작관은 각각 비단과 술잔을 올렸다. 독축관은 축문을 올리고 중간 계단으로 내려와서 서쪽으로 가서 서측의 번요소(燔燎所)에서 축백(祝帛)을 불태우고 술을 올렸고 이어서 태조(太祖)와 태후(太后) 신위 앞의 제물을 치웠다. 이어서 직의공(直義公)과 홍의공(弘毅公)의 제물을 치웠고 측면 계단으로 내려와서 번요소(燔燎所)에서 축백(祝帛)을 불태우고 술을 올렸다. 찬례관이 자리로 돌아오라고 외치자 주상은 자리로 돌아와 가운데에서 북쪽을 향하여 섰고 사람들은 다시 반열로 돌아왔다. 찬례관이 무릎 꿇으라고 외치고 고두하라고 외치자 일궤삼고두의 예를 행하였다. 예를 마친 뒤 주상은 태묘의 서측에 앉아 과녁을 세우고 활을 잘 쏘는 사람에게 활쏘기를 겨루게 명했다. 활쏘기를 마친 뒤 의장(儀仗)을 세우고 음악을 연주하며 내치문(內治門)을 통해 궁에 돌아왔다.

○ 丁亥, 諸貝勒·大臣, 以上祭告天地, 受寬溫仁聖皇帝尊號, 追尊列祖, 暨太祖·太后頌揚功德, 建立太廟禮成, 上表慶賀. 諸貝勒·大臣, 滿洲·蒙古·漢人文武官員班列殿上奏樂. 上御殿, 先滿洲贊禮官贊排班, 滿洲諸貝勒·大臣俱排班, 贊禮官贊就位, 諸貝勒·大臣俱就位. 贊禮官贊跪, 贊叩, 俱行三跪九叩頭禮. 贊禮官復贊跪, 諸貝勒·大臣俱跪. 和碩墨爾根戴青貝勒多爾袞捧表跪進. 滿洲侍臣接至御前跪讀表文. 其文曰, 恭遇奉天承運寬溫仁聖皇帝, 祭告天地, 允稱尊號, 副羣臣萬民之望, 追揚太祖太后功德. 上溯列祖虔進隆稱, 立廟享祀, 以昭示萬世光賁, 史冊俾祖功宗德, 垂休無窮. 又追封功臣, 以彰勞績, 臣等不勝歡忭, 謹奉表稱賀.

○ 정해일(4.13), 버일러들과 대신들은 주상이 천지에 제사를 올려 고하고 관온인성황제의 존호를 받고 여러 조상 및 태조와 태후를 추존하며 공덕을 칭송하고 태묘를 건립한 예를 다한 것에 대해 표문을 올려 경하했다. 버일러들과 대신들, 만주·몽고·한인 문무 관원들이 등급에 따라 전(殿)에 줄지어 서서 음악을 연주했다. 주상이 전(殿)에 나아가니 먼저 만주 찬례관이 등급에 따라 늘어서라고 외치자 만주의 버일러들과 대신들이 모두 등급에 따라 섰고 찬례관이 지정된 자리에 서라고 외치자 버일러들과 대신들이 모두 위치에 섰다. 찬례관이 무릎 꿇으라고 외치고 고두하라고 외치자 모두 삼궤구고두의 예를 행하였다. 찬례관이 다시 무릎 꿇으라고 외치자 버일러들과 대신들은 모두 무릎을 꿇었다. 호쇼이 머르건 다이칭 버일러 도르곤이 표문을 받들어 무릎 꿇고 바쳤다. 만주 시신(侍臣)이 받아서 주상의 앞에 놓고 무릎 꿇고 표문을 읽었다. 그 글에서 말했다. 「삼가 살피건대 봉천승운관온인성황제(奉天承運寬溫仁聖皇帝)께서 천지에 제사를 올려 고하여 존호를 칭할 것을 허락하시고 여러 신하들과 만민의 희망에

부응하여 태조와 태후의 공덕을 추양했습니다. 위로 여러 조상을 거슬러 올라가 공경하며 높은 칭호를 바치고 태묘를 세워 제사를 지냄으로서 만세에 밝게 드러내시고 역사를 크게 밝히고 조종의 공덕을 영원히 상서롭게 하셨습니다. 또한 공신을 추봉하여 공적을 표창하니 신들은 기쁨을 참을 수 없어 삼가 표문을 올려 경하드립니다.」

讀畢, 贊禮官贊跪, 贊叩, 諸貝勒·大臣行三跪九叩頭禮. 贊禮官贊復位, 滿洲諸貝勒·大臣皆復位. 次蒙古贊禮官贊排班, 外藩蒙古諸貝勒·大臣俱排班. 贊就位, 俱就位. 贊跪, 贊叩, 俱行三跪九叩頭禮. 贊禮官又贊跪, 諸貝勒·大臣皆跪, 嫩科爾沁國土謝圖濟農巴達禮捧表跪進, 蒙古侍臣接至御前, 跪讀畢, 行三跪九叩頭禮. 贊禮官贊復位, 蒙古諸貝勒·大臣俱復位. 次漢贊禮官贊排班, 諸漢官俱排班. 贊就位, 俱就位. 贊跪, 贊叩, 俱行三跪九叩頭禮. 贊禮官又贊跪, 衆官皆跪. 都元帥孔有德捧表跪進, 漢侍臣接至御前, 跪讀畢, 行三跪九叩頭禮. 贊禮官贊復位, 諸漢官俱復位.

읽은 후 찬례관이 무릎 꿇으라고 외치고 고두하라고 외치자 버일러들과 대신들이 삼궤구고두의 예를 행하였다. 찬례관이 다시 자리에 서라고 외치자 만주의 버일러들과 대신들은 모두 다시 자리에 섰다. 다음으로 몽고 찬례관이 등급에 따라 늘어서라고 외치자 외번몽고의 버일러들과 대신들이 모두 등급에 따라 섰다. 지정된 자리에 서라고 외치자 모두 위치에 섰다. 무릎 꿇으라고 외치고 고두하라고 외치자 모두 삼궤구고두의 예를 행하였다. 찬례관이 다시 무릎 꿇으라고 외치자 버일러들과 대신들이 모두 무릎 꿇었다. 논 코르친국 투시예투 지농 바다리가 표문을 받들고 무릎 꿇은 채 바치고 몽고의 시신(侍臣)이 받아서 주상의 앞에 놓고 무릎 꿇고 읽은 후 삼궤구고두의 예를 행하였다. 찬례관이 다시 자리에 서라고 외치자 몽고의 버일러들과 대신들은 모두 다시 자리에 섰다. 다음으로 한인 찬례관이 등급에 따라 서라고 외치자 여러 한인 관원들이 모두 등급에 따라 섰다. 지정된 위치에 서라고 외치자 모두 위치에 섰다. 무릎 꿇으라고 외치고 고두하라고 외치자 모두 삼궤구고두의 예를 행하였다. 찬례관이 다시 무릎 꿇으라고 외치자 관원들은 모두 무릎 꿇었다. 도원수 공유덕이 표문을 받들고 무릎 꿇은 채 바쳤다. 한인 시신(侍臣)이 받아서 주상의 앞에 놓고 무릎 꿇고 읽은 후 삼궤구고두의 예를 행하였다. 찬례관이 다시 자리에 서라고 외치자 여러 한인 관원들이 모두 다시 자리에 섰다.

御前侍立滿官, 向滿洲班次宣諭曰, 寬溫仁聖皇帝有制, 滿洲諸貝勒·大臣進前. 贊禮官贊班齊, 衆皆序立. 贊禮官贊跪, 衆皆跪. 滿洲文臣捧上諭, 至諸貝勒·大臣前. 西向立, 宣讀. 諭曰, 寬溫仁聖皇帝敕諭. 朕以涼德, 祗承丕緒, 加以尊號, 懼無以慰衆望. 爾等勸進再三, 屢辭弗獲, 今敬告天地, 允受尊號. 爾諸貝勒·大臣, 當同心輔政, 恪共厥職, 以匡朕之不逮, 正己率屬, 各殫忠誠, 立綱陳紀, 毋圖小利. 倘能建立功名, 朕當隆以爵賞. 尤須撫衆恤民, 君臣一德, 庶幾上合天心, 下遂民志. 如此, 則明良喜起, 政治咸熙, 萬民樂利, 天益佑助之矣. 布告天下咸使聞知. 宣畢, 諸臣奏曰, 聖諭及此, 國家之福也.

어전에 시립(侍立)한 만주 관원들이 만주의 반차(班次)를 향해 선유하여 말했다. "관온인성황제의 제(制), 만주의 버일러들과 대신들은 앞으로 나오라." 찬례관이 가지런히 서라고 알리자 여러 사람들이 모두 순서대로 섰다. 찬례관이 무릎 꿇으라고 외치자 여러 사람들이 모두 무릎 꿇었다. 만주의 문신들이 상유를 받들고 버일러들과 대신들의 앞에 이르렀다. 서쪽을 향해 서서 선유를 읽었다. 유시했다. 「관온인성황제의 칙지, 짐이 덕이 부족한데 대업을 받들어 존호를 더하니 여러 사람의 희망을 어루만지지 못할까 두렵다. 그대들이 재삼 완고히 권했으나 여러 차례 사양하며 받지 않았다가 지금 천지에 삼가 고하여 존호를 받을 것을 허락했다. 그대 버일러들과 대신들은 마땅히 한마음으로 국정을 보좌하고 삼가 직책을 수행하여 짐의 불민함을 바로잡고 권속을 올바르게 이끌며 각자 충성을 다하고 기강을 바로 세워 작은 이익을 도모하지 말라. 공명을 세우면 짐은 마땅히 작위를 내리고 상을 주어 높일 것이다. 더욱이 반드시 인민을 보살피고 긍휼히 여겨 군주와 신하가 같은 덕을 가지면, 위로는 천심에 부합하고 아래로는 인민의 뜻을 따르게 될 것이다. 이렇게 하면 명철한 군주와 현량한 신하가 화합하여 성세를 이루어 정치는 흥성하며 만민이 복락과 이익을 누릴 것이고 하늘은 더욱 도울 것이다. 천하에 선포하여 모두가 알게 하라.」 선유한 후 대신들이 상주하여 말했다. "성유(聖諭)가 이와 같으니 국가의 복입니다."

於是滿洲贊禮官贊跪, 贊叩, 諸貝勒 · 大臣行三跪九叩頭禮. 贊禮官贊復位, 滿洲諸貝勒 · 大臣俱復位. 次宣諭蒙古諸貝勒, 次宣諭諸漢官, 敕諭文同. 至是, 滿洲 · 蒙古 · 漢人執事文官 · 都察院官 · 贊禮官各行三跪九叩頭禮畢. 上命諸貝勒 · 大臣 · 文武官員坐, 衆各就幄次, 向上叩頭, 序坐. 大宴畢, 上命滿洲 · 蒙古 · 漢人諸貝勒 · 大臣及侍衛之善射者較射. 射畢, 諸貝勒 · 大臣復行三跪九叩頭禮. 上還宮.

이에 만주 찬례관이 무릎 꿇으라고 외치고 고두하라고 외치자 버일러들과 대신들이 삼궤구고두의 예를 행하였다. 찬례관이 다시 자리에 서라고 외치자 만주의 버일러들과 대신들은 모두 다시 자리에 섰다. 다음으로 몽고 버일러들에게 선유했고 그다음으로 한인 관원들에게 선유했다. 칙유문은 위와 같다. 이어서 일을 담당하는 만주 · 몽고 · 한인 문관, 도찰원의 관원, 찬례관들은 각각 삼궤구고두의 예를 행하였다. 주상이 버일러들과 대신들과 문무관원들에게 앉으라고 명했다. 사람들은 각자 장막에 차례대로 서서 주상을 향해 고두하고 순서대로 앉았다. 큰 잔치를 마치고 주상은 만주 · 몽고 · 한인 버일러들과 대신들 및 시위들 중 활을 잘 쏘는 자들에게 활쏘기 시합을 하게 했다. 활쏘기를 마치고 버일러들과 대신들은 다시 삼궤구고두의 예를 행하였다. 주상이 환궁했다.

○ 以上尊號禮成, 頒詔大赦. 詔內恩欵, 除犯上 · 燒毁宗廟山陵宮闕 · 逃叛 · 謀殺故殺 · 蠱毒魘魅 · 盜祭天器物御用諸物 · 殺傷祖父母父母兄 · 賣弟妻 · 告夫 · 內亂 · 強盜, 十惡不赦外, 其餘罪犯, 悉赦之. 其隱匿人口 · 財物者, 但令給還原主, 無罪. 彼此稱貸之事, 仍舊償還. 其先經審結贓罰, 應追者, 仍行追取. 有雖經審理, 罪罰未定者, 赦免. 赦後有犯者, 仍行議罪. 有以赦前事首告者, 反坐. 即以前盜竊隱匿等事首告者, 亦不准理, 赦後有犯, 此者, 仍行議罪.

○ 존호를 올리는 예를 마쳤기에 대사면의 조서를 내렸다. 「조서의 은혜는 아랫사람으로서 윗사람을 범하는 것, 종묘나 산릉이나 궁궐을 불태워 훼손하는 것, 도망치거나 배반하는 것, 살인을 모의하거나 고의로 살인하는 것, 독으로 사람을 사망에 이르게 하거나 주술로 사람을 사망에 이르게 하는 것, 하늘에 제사 지낼 기물이나 황제가 쓰는 각종 물건을 훔치는 것, 조부모나 부모나 형을 죽이거나 상해를 입히는 것, 동생의 처를 내다 파는 것, 지아비를 고발하는 것, 집안 내에서 상간하는 것, 강도 등 십악(十惡)은 제외하여 사면하지 않고 그 나머지 죄인들은 모두 사면한다. 인구와 재산을 숨긴 경우 원래의 주인에게

돌려주면 죄가 없는 것으로 한다. 서로 돈을 빌려주고 갚는 일은 이전처럼 상환한다. 이전에 심리하여 벌로 장물을 내게 하여 추징해야 하는 경우는 그대로 추징한다. 비록 심리했더라도 죄의 벌을 정하지 않았으면 사면한다. 사면한 후에 범죄를 저지른 자는 이전대로 죄를 의논한다. 사면하기 전의 일을 고발하는 자가 있으면 같은 벌을 준다. 이전에 물건을 훔치거나 숨긴 일을 고발하는 자가 있어도 심리하는 것을 허락하지 않으며 사면된 후에 범죄를 저지르면 그자는 이전대로 죄를 의논한다.」

○ 內院官擬設御前儀仗請旨. 上曰, 儀仗止美觀瞻, 非於國有益於兵有用也. 命酌量裁定之. 於是定議. 用金漆椅一·金漆杌一·蠅拂四, 執役者, 綠衣·黃帶·黑羝帽·銅頂上插黃翎. 金唾盒一·金壺一·貯水金瓶一·金盆一·香爐二·香盒二, 執役者, 綠衣·黃帶·青補褂·夏涼帽·冬貂帽. 曲柄傘一·直柄傘四·扇二·節四星二·立瓜二·臥瓜二·吾杖六·紅杖四, 執役者, 綠衣·黃帶·黑羝帽·銅頂上插黃翎·冬穿虎皮褂. 大刀六·長戟六·撒袋六·纛十·旗十·鞍馬十, 執役者, 夏用披領·涼帽·冬用虎豹皮褂·貂帽. 鑼二·鼓二·畫角四·簫二·笙二·架鼓四·橫笛二·龍頭橫笛二·檀板二·大鼓二·小銅鈸四·小銅鑼二·大銅鑼四·雲鑼二·鎖吶四, 執役者, 八十四人. 綠衣·黃褂·紅帶六·瓣紅羝帽·銅頂上插黃翎. 以上儀仗, 共用二百七十人.

○ 내원의 관원들이 어전의장(御前儀仗)을 세울 것을 의논하여 지(旨)를 청했다. 주상은 "의장은 아름답게 보일 뿐 나라에 유익하거나 병사(兵事)에 유용하지 않다."라고 말하고 헤아려 판단하도록 명했다. 이에 의논하여 정했다. 금칠한 등받이 의자 1개, 금칠한 등받이 없는

의자 1개, 파리채 4개를 사용하는 역(役)을 맡은 자는 녹색 옷, 황색 요대, 검은색 양털모자, 구리 정자(頂子) 위에 황색 깃털을 꽂은 것을 착용한다. 금타합(金唾盒) 1개, 금호(金壺) 1개, 저수금병(貯水金甁) 1개, 금분(金盆) 1개, 향로 2개, 향합 2개를 사용하는 역(役)을 맡은 자는 녹색 옷, 황색 요대, 청색 보자(補子)[16]를 꿰맨 마고자, 여름모자, 겨울 담비가죽모자를 착용한다. 손잡이가 굽은 우산 1개, 손잡이가 곧은 우산 4개, 부채 2개, 절(節) 4개, 성(星) 2개, 입과(立瓜) 2개, 와과(臥瓜) 2개, 오장(吾杖) 6개, 홍장(紅杖) 4개를 사용하는 역(役)을 맡은 자는 녹색 옷, 황색 요대, 흑색 양털 모자, 구리 정자(頂子) 위에 황색 깃털을 꽂은 것, 겨울에 입는 호랑이가죽 마고자를 착용한다. 대도(大刀) 6개, 긴 창 6개, 화살집 6개, 독(纛) 10개, 기(旗) 10개, 안장을 갖춘 말 10마리를 사용하는 역(役)을 맡은 자는 여름에 쓰는 관복 어깨 장식과 여름모자, 겨울에 쓰는 호랑이가죽과 표범가죽 마고자와 담비가죽 모자를 착용한다. 징 2개, 북 2개, 화각(畫角) 4개, 퉁소 2개, 생황 2개, 가고(架鼓) 4개, 피리 2개, 용머리 피리 2개, 단판(檀板) 2개, 큰 북 2개, 작은 동발(銅鈸) 4개, 작은 동라(銅鑼) 2개, 큰 동라(銅鑼) 4개, 운라(雲鑼) 2개, 쇄눌(鎖吶) 4개를 사용하는 역(役)을 맡은 자 84명은 녹색 옷, 황색 요대, 홍색 요대 6개, 판홍(瓣紅)색 양털모자, 구리 정자(頂子) 위에 황색 깃털을 꽂은 것을 착용한다. 이상의 의장을 사용하는 사람은 모두 270명이다.

○ 定宮殿名, 中宮爲淸寧宮, 東宮爲關雎宮, 西宮爲麟趾宮, 次東宮爲衍慶宮, 次西宮爲永福宮. 臺東樓爲翔鳳樓, 臺西樓爲飛龍閣. 正殿爲崇政殿, 大門爲大淸門, 東門爲東翼門, 西門爲西翼門. 大殿爲

16 補子는 관원복의 배와 등에 붙이는 胸背를 가리킨다.

篤恭殿, 其內門, 兩翼門, 及大清門. 設守門人役, 命嚴加看守, 稽察出入人等, 內門止許守門人役常直, 勿容閒人, 直日官稽察之. 又命各官及侍衛·護軍, 晨夕入朝, 皆集於大清門, 門內外, 或坐或立. 不許對闕背闕, 不許坐立御道中, 惟於御道左右, 相向坐立. 自大貝勒以下, 出入由左右兩階, 不許由御道行.

○ 궁전의 명칭을 정하여 중궁은 청녕궁(淸寧宮), 동궁은 관저궁(關雎宮), 서궁은 인지궁(麟趾宮), 차동궁(次東宮)은 연경궁(衍慶宮), 차서궁(次西宮)은 영복궁(永福宮)으로 했다. 대(臺)의 동쪽에 있는 누각은 상봉루(翔鳳樓), 대(臺)의 서쪽에 있는 누각은 비룡각(飛龍閣)으로 했다. 정전은 숭정전(崇政殿)으로 하고 대문은 대청문(大淸門)으로, 동문은 동익문(東翼門), 서문은 서익문(西翼門)으로 했다. 대전은 독공전(篤恭殿)[17]으로 했고, 독공전의 내문, 두 익문(翼門), 대청문에는 문을 지키는 역직(役職)을 설치하여 경호하고 출입하는 사람들을 자세히 살피게 했다. 내문에는 문을 지키는 인력을 항상 배치하여 용무가 없는 사람을 들이지 않았으며 숙직하는 관리가 살피고 감시하게 했다. 또한 각 관원과 시위, 호군은 조석으로 조정에 들어와 모두 대청문에 모이고 문 안팎에서 앉거나 서 있게 했다. 궐을 마주 보거나 등 돌리는 것을 불허하고 황제가 지나다니는 길에 앉거나 서는 것을 불허하며 오직 황제가 다니는 길의 좌우측 길에서 서로 마주 보고 앉거나 서 있게 했다. 대버일러 이하는 좌우 양쪽 계단으로 출입하고 황제가 다니

---

17 篤恭殿은 심양 궁궐의 大政殿을 가리킨다. 누르하치 통치기인 1625년 축조되었다. 처음에는 amba yamun(大衙門) 혹은 amba dasan i yamun으로 불리다가 천총10년(1636) 4월 국호를 daicing gurun으로 정하면서 amba dasan i diyan(大政殿)으로 개칭했고, 한어로는 篤恭殿이라고 했다. 지붕이 팔각이기 때문에 속칭 jakūn hošonggo ordo(八角殿)라고도 했다.

는 길로 통행하는 것을 불허했다.

○ 己丑, 多濟里·扈習往征瓦爾喀部落, 獲壯丁三百七十五名·婦女幼小共八百三十口, 馬牛共十七·貂皮百張·猞狸猻·狐·狸各種皮張, 以還. 命禮部官, 迎於五里外, 宴之. 并賞出征將士有差.

○ 기축일(4.15), 도지리·후시가 와르카 부락을 정벌하러 가서, 장정 375명, 부녀자와 어린아이 총 830명, 말과 소 총 17마리, 담비가죽 100장, 스라소니·여우·너구리 등의 각종 가죽을 노획하여 돌아왔다. 예부의 관원에게 명하여 5리 밖에서 맞이하고 잔치를 베풀게 했다. 아울러 출정한 장수와 병사들에게 차등 있게 상을 내렸다.

○ 是日, 上以受尊號禮成, 賜滿洲·蒙古·漢人官員, 銀兩有差.

○ 이날 주상은 존호를 받는 예를 마쳤으므로 만주·몽고·한인 관원들에게 은량을 차등 있게 하사했다.

○ 遣朝鮮使臣羅德憲·李廓歸國, 遺其國王李倧, 貂皮百五十張. 賜二使臣, 及隨從二百八十五人, 馬匹·貂皮·人參·銀兩有差. 并以二書, 命德憲廓攜往. 一書曰, 弔死問喪, 乃兄弟通好之情, 非望報也. 所具菲儀致祭, 聊以展忱, 何以復勞嘉禮, 受之非宜, 即令附還.

○ 조선 사신 나덕헌(羅德憲)과 이확(李廓)이 귀국할 때 그 국왕 이종에게 담비가죽 150장을 보냈다. 두 사신 및 수행하는 285명에게는

말·담비가죽·인삼, 은을 차등 있게 하사했다. 아울러 2통의 서신을 나덕헌과 이확에게 가져가도록 했다. 한 통의 서신에서 말했다.「장례에 조문하는 것은 형제간의 우호하는 정이니, 보답을 바란 것이 아니다. 간소한 제물을 갖추어 제사 지내 정성을 보였는데, 어찌 다시 좋은 예물에 힘썼는가? 받는 것은 도리가 아니니 즉시 돌려보낸다.」

又一書曰, 前內外諸貝勒致書爾國, 爾云曩無此例, 竟置不覽. 其接待我國使臣, 遽變成例. 如予國佩刀, 不令離體, 今以爾婦喪往弔, 俱令解之, 此何意也. 且令我大臣赴爾宰臣衙門議事, 我大臣向有赴宰臣衙門議事之例耶. 此實欲啟釁端耳. 前諸貝勒使臣所齎之書, 雖出諸貝勒之意, 亦稟命於予而行者. 若云諸貝勒原無通問之例而卻之, 則曩者兵臨爾國, 王遁島中, 不嘗書使往來, 對天盟誓, 結爲兄弟乎. 前事未遠, 豈遂遺忘. 王特心懷變詐, 欲啟兵端, 故不留覽諸貝勒之書耳. 今雖巧言飾非, 天實鑒之, 天豈可欺乎. 初吾兩國原無仇怨, 爾國無故助明, 肆逞干戈, 謀害我國. 故天心直我而佑之, 爾國兵將盡爲我擒. 予念卹鄰之道, 不忍加誅, 仍以客禮優養. 儻爾國之兵若勝, 寧肯如吾國之優養乎. 雖然, 此係往事, 予無復置念也.

至我國征明時, 蒙天垂佑, 以遼東賜我. 王復容留明人於爾地, 助給糧糈, 誘納叛亡, 助明侮予. 予故怒而興兵, 伐爾之由, 蓋以此也. 豈似爾國無故興兵者乎. 及諸貝勒盟好之後, 班師來歸, 王以同姓之人, 僞稱親弟遣質, 豈非爾之飾詐耶. 我諸貝勒旋師之時, 俘掠爾國人民, 並非予意, 是以聞而斥之, 所俘人民, 悉加愛養. 有復逃者, 予令從容緝之, 其未獲之人, 即免追求, 亦此故也. 予念前好, 將先年陣獲之將, 仍歸於爾, 爾反戮之, 其所遣隨從漢人, 盡執以付明國. 此等皆我推恩釋遣之人, 非爾戰勝所得, 胡爲盡付之, 與予爲敵之明國耶. 曩年爾國曾云, 我兩國既結爲兄弟, 我與明人貿易, 若得貨之佳者, 轉售之貴國, 未始無益也. 及聞商人有以佳物出市者, 乃反殺之, 兄弟之義, 果若是乎. 初約不得容留明人於陸地, 爾復背約留之境內, 就中策應以助明. 又禁止我國大臣, 不容坐椅, 又縱爾國人, 常擾吾地, 我所屬東陲瓦爾喀人, 有逃往爾國者, 屢索不與. 積此過愆, 全不自覺, 因始令增納所進歲額, 予豈先年不知增取歲進貨物乎. 予常敬爾, 爾反侮予, 增取之由, 良以此耳. 爾見予國逃附明國之人, 必引而致之, 明國歸附予國之人, 必追而執之, 爾之所行, 果合義理乎. 曩元帥孔有德·總兵耿仲明來降時, 爾國助明截殺, 及我國往迎諸貝勒至彼, 爾國明識之, 而復與交鋒. 是爭戰之端, 皆自爾國啟矣. 予嚴戢吾民, 不得越境, 有犯秋毫. 爾縱國人, 屢在吾地, 採參漁獵, 是妄亂之端, 復啟於爾矣. 今又聽書生之言, 背棄天地昭鑒之盟誓, 恐非計之得耳. 此書生若果效忠於爾, 當爾國無端起兵侵我之時, 何爲不行諫止耶. 凡人讀書, 能明析是非, 通達權變, 奠安生民者, 此乃君子致君澤民, 盡忠報國之道也.

若不相度時勢, 無爲國爲民經綸權變之才, 而徒以虛言飾偽, 正如膠柱而鼓瑟, 不過拘守篇章, 毫不知軍民疾苦, 上辜人主, 下負軍民. 此眞姦佞之小人耳. 古云, 君以禮使臣, 臣以忠事君, 凡以爲軍民也, 軍民之仰賴於君若臣, 猶父母也. 今十年和好之誼一旦毁棄, 所謂君臣之憂國憂民者, 恐不如是矣. 彼書生既敗兩國之好, 大興爭戰之端, 將令此書生搦管前驅乎. 抑令諸軍荷戈以戰乎. 設軍民罹禍此書生詎能操儒者之言, 以相救乎. 王宜深思而熟計之, 兄弟和好之誼, 誠可惜耳. 昔魏武侯浮西河而下, 中流顧謂吳起曰, 美哉山河之固, 此魏國之寶也, 吳起對曰, 在德不在險, 昔三苗氏, 左洞庭, 右彭蠡, 德義不修, 禹滅之. 夏桀之居, 左河·濟, 右泰·華, 伊闕在其南, 羊腸在其北, 修政不仁, 湯放之. 商紂之居, 左孟門右太行, 常山在其北大河經其南, 修政不德, 武王殺之. 由此觀之, 在德不在險, 君若不修德, 舟中之人皆敵國也. 今王不修德義, 恃海島之險, 聽書生之言, 敗兄弟和好之誼. 儻兩國搆兵, 以及於難, 潰逃奔北之際, 王之臣民, 皆王之敵國. 王當此危急之時, 縱欲殺此慫慂之書生, 以願緩須臾, 良恐悔之, 無及矣.

蒙古察哈爾汗不修德政, 聽讒臣之間言, 與我搆兵, 予往征之, 窮迫而遁, 其讒臣反脅其主之妻子, 并取牲畜等物, 叛彼來歸. 今王之文臣勸王逆天背盟, 一旦邦家危阽, 勸王之臣, 及王之軍若民, 尙復知顧王乎. 其勢必各相竊據, 皆爲王難矣. 且爾國以明爲天子, 豈明國朱姓之始, 卽有爲帝王者乎. 古云, 皇天無親, 惟德是輔. 又云, 民罔常懷, 懷於有仁. 由此觀之, 匹夫有大德, 可爲天子, 天子若無德, 可爲獨夫. 是故大遼乃東北夷而爲天子, 大金以東夷滅遼擧宋而有中原, 大元以北夷混一金宋而有天下, 明之洪武乃皇覺寺僧而有元之天下. 凡此諸國, 皆爾朝鮮世修職貢者, 以此推之, 則享有天下, 惟有德之故, 非世爲君長之故也. 自古邦國, 豈有常弱常強之理. 爾國以明爲君, 搆怨於我, 是取明國之禍爲已禍, 其果能勝之乎.

爾國既欲先起釁端, 予復何待. 夫爾國所恃者, 不過舟與島耳. 然舟不能自爲舟也, 人力造之舟, 行水上非自能行也, 亦人力行之. 爾國以島中可居, 故往居之, 豈爾可至之地, 他人獨不能至耶. 爾八路人民, 俱往海島, 其田豈足耕乎. 坐享太平忽尋干戈, 設若國散民離, 各歸他國, 吾恐反與爾國爲難矣. 兩國結爲兄弟, 十年以來, 予以自揣, 毫無變更, 今王聽書生之言, 敗和好之誼, 以起兵端. 予若興兵, 則順者撫之, 逆者誅之. 無知之民, 逃避山谷, 國破民殘, 此非予之故, 王實自召之耳. 天人共鑒, 不明且悉乎.

予屢觀來使進見之禮, 且聽其陳說, 漸改舊規. 及我國使臣回時亦云, 王之諸臣, 變更成例, 辭意矜誇, 殊似新經改易者, 至於見王則又較常不爽也. 若此者或王固知之, 而故令爾諸臣變更以慢我, 亦未可知,抑或王之諸臣, 設心欲敗兩國之好, 亦未可知. 王此番所遣使臣羅德憲李廓, 其無禮更難悉數. 此皆爾有意敗盟, 尋嫌搆隙, 而欲以敗盟之名, 移之於我, 令予先啟釁端, 殺爾使臣, 爾遂將毁棄盟誓之惡, 歸咎於我耳. 但我國所行從無此等猥瑣之謀. 兩國縱爲仇敵, 惟俟兵刃既接以誅之, 其間命使往來, 豈有殺之之理. 若如此行之非義也. 且既云仇敵, 卽當毅然一戰, 以決強弱勝負. 豈有殺一二往來使臣, 而謂之強者乎. 此適示人以度量之淺, 予豈爲之乎.

또 한 통의 서신에서 말했다. 「전에 내외의 버일러들이 서신을 너희 나라에 보냈는데, 너는 과거에 이런 정례(定例)가 없다며 끝내 버려두고 보지 않았다. 우리나라의 사신들을 접대할 때 성례(成例)를 갑자기 바꾸었다. 예컨대 우리나라는 칼을 몸에서 떨어뜨리지 않는데, 지금 그대 부인의 상에 조문하러 갔을 때 모두 풀라고 했다. 이것은 무슨 의도인가? 또 나의 대신들에게 너의 재상의 아문[18]으로 가서 일을 의논하게 했는데, 우리 대신들이 재상의 아문으로 가서 일을 의논한 정례(定例)가 있는가? 이는 실로 전쟁의 빌미를 만들려는 것이다. 전에 버일러들의 사신이 가져간 글은, 비록 버일러들의 뜻에서 나온 것이지만 나의 뜻을 물어 행한 것이다. 만약 버일러들이 본래 통교한 정례(定例)가 없어서 받아들이지 않는다고 한다면, 이전에 우리 군대가 너희 나라를 공격하여 왕이 도망간 섬에 서신과 사신이 왕래해서 하늘에 맹세하고 형제가 되지 않았는가. 이전의 일이 멀지 않은데 어찌 잊었는가? 왕은 단지 속이려는 마음을 품고 전쟁을 일으키고자 버일러들의 서신을 버려두고 보지 않은 것이다. 지금 교묘한 말로 잘못을 숨기려 해도 하늘이 실로 보고 있으니 하늘을 어찌 속일 수 있는가? 처

18 의정부를 가리킨다.

음에 우리 양국은 본래 원한이 없었는데 너희 나라가 이유 없이 명나라를 도와 망령되이 전쟁을 일으켜 우리나라를 모해했다. 이에 천심이 우리를 옳다고 여기고 도왔다. 너희 나라의 병사와 장수들이 모두 우리에게 사로잡혔을 때, 우리는 이웃을 가엽게 여기는 도리를 생각하여 차마 죽이지 않고 손님을 대하는 예의로 그들을 살려 주었다. 만약 너희 나라의 군대가 이겼으면 기꺼이 우리나라처럼 살려 주었겠는가. 비록 그렇다 해도 이는 지난 일이니 나는 다시 생각하지 않았었다.

우리나라가 명나라를 공격할 때에 하늘이 도와서 요동을 우리에게 주었는데, 왕은 다시 명나라 사람들을 너의 땅에 살게 하고 식량을 주었으며 배반하고 도망친 자들을 유인하고 불러들여 명나라를 돕고 나를 모욕했다. 나는 이에 분노하여 군대를 일으킨 것이니 너희를 공격한 이유는 대개 이것이다. 어찌 너희 나라처럼 이유 없이 군대를 일으키겠는가? 버일러들이 화호를 맹세한 후에 회군할 때, 왕은 성이 같은 사람을 친동생이라고 속여 인질로 보냈으니 네가 속인 것이 아닌가? 우리 버일러들이 개선할 때에 너희 나라의 백성들을 포로로 잡고 약탈한 것은 나의 뜻이 아니었기에, 이를 듣고 그들을 질책했으며 노획한 사람들을 모두 아끼고 보살폈다. 다시 도망친 자가 있으면 나는 천천히 잡으라고 했고 잡지 못한 자는 쫓는 것을 그만두라고 한 것도 이러한 이유 때문이다.

나는 이전의 화호(和好)를 생각하여 과거에 전투에서 잡힌 장수들을 이전처럼 너에게 돌려주었는데 너는 도리어 그들을 죽이고, 수행하라고 보낸 한인들을 모두 잡아서 명나라에 주었다. 이들은 모두 우리가 은혜를 베풀어 보낸 사람들이지 너희가 전투에서 이겨서 얻은 것이 아닌데 어찌 모두 나의 적인 명나라에 주었는가? 전에 너희 나라가 말하기를 "우리 양국은 이미 형제가 되었으니, 우리와 명나라가 무역할 때 만약 좋은 물건을 얻어서 귀국에 팔면 이익이 될 것입니다."라고 했다. 그런데 듣자하니 상인들 중 좋은 물건을 팔면 오히려 죽였으니 형제의 의리가 과연 이런 것인가? 처음에 약속하기를[19] 명나라 사람들을 육지에 머물게 하지 않는다고 했는데 너는 다시 약속을 배반하고 그들을 영역 안에 들였으니 이는 계책으로 서로 호응해서 명나라를 돕는 것이다. 또한 우리 대신이 의자에 앉는 것을 금했다. 또 너희 나라 사람들을 마음대로 하게 해서 항상 우리 땅을 침범했다. 나에게 속한 동쪽 변방의 와르카 사람들 중 너희 나라로 들어간 경우가 여러 번 있는데도 찾아서 돌려주지 않았다. 이러한 잘못이 쌓여도 전혀 알지 못하니, 이 때문에 비로소 세폐를 증가하여 바치게 한 것이다. 내가 과거에 세폐를 증가하여 받는 방법을 어찌 몰랐겠는가? 나는 항상 너를 예우했는데 너는 오히려 나를 모욕하니 증액하여 받는 이유가 이것이다.

너는 나의 나라에서 도망쳐 명나라에 귀부한 사람들을 보면 반드시 데려다 명에 보내고, 명나라에서 나의 나라에 귀부한 사람들은 반드시 쫓아가 잡으니, 너의 소행은 과연 의리에 맞는가? 이전에 원수(元帥) 공유덕·총병관 경중명이 투항하여 올 때 너희 나라는 명나라를 도와 그들을 가로막고 죽였다. 우리나라에서 맞이하러 간 버일러들이 그곳에 이르자 너희 나라는 그것을 알고도 다시 우리와 교전했다. 이 전쟁의 발단은 모두 너에게서 시작되었다. 나는 백성을 엄히 단속하고 변경을 넘지 못하게 하여 범죄가 조금도 없었다. 너는 백성을 풀어놓아서 여러 차례 우리 땅을 침범했으며 인삼을 캐고 고기를 잡고 사냥을 했으니, 이러한 망령된 일도 너에게서 시작되었다. 지금 또 서생의 말을 듣고 천지가 분명히 알고 있는 맹세를 저버리면 잘못된 계책을 취하는 것일 뿐이다. 서생이 과연 그대에게 충성한다면 너희 나라가 이유 없이 전쟁을 일으켜 우리를 침범할 때에 어찌 간언하여 말리

19 정묘호란 때의 조약을 가리킨다.

지 않았는가? 무릇 사람이 글을 읽어서 시비를 분명히 가리고 상황에 따라 대처하여 백성을 편안히 할 수 있으면, 이것이 군자가 군주에게 충성하고 백성을 이롭게 하며 충성을 다해 나라의 은혜에 보답하는 도리이다.

만약 시세를 파악하지 못하고 국가와 백성을 위해 나라를 경영하며 상황에 따라 대처하는 능력은 없으면서, 한갓 헛된 말로 꾸며대고 속이고 융통성 없이 책의 내용만 고집하고 군민(軍民)의 고통을 조금도 헤아리지 않는다면, 위로는 군주에게 죄를 짓고 아래로는 군민을 저버리는 것이니 이들은 간교하고 아첨하는 소인이다. 옛말에 "군주가 예로 신하를 대우하고, 신하가 충으로 군주를 섬기는 것은 모두 군민을 위한 것이다. 군민이 군주와 신하에게 의지하는 것은 마치 부모에게 의지하는 것과 같다."라고 했다. 지금 10년의 화호(和好)의 의리를 하루아침에 폐기하니, 이른바 나라와 백성을 걱정하는 군신(君臣)이라면 이와 같지 않을 것이다. 서생들이 양국의 우호를 무너뜨리고 전쟁의 단서를 크게 일으키는데 장차 이러한 서생들로 하여금 붓을 쥐고 앞장서게 할 것인가? 아니면 모든 군대로 하여금 창을 쥐고 싸우게 할 것인가? 군민에게 화가 미치면 서생이 어찌 유학자의 말로 구할 수 있겠는가. 왕은 심사숙고하라. 형제의 화호(和好)의 의리가 진실로 아까울 따름이다.

옛날 위무후(魏武侯)[20]가 배를 타고 서하(西河)를 내려가던 도중에 오기(吳起)를 돌아보며 말하기를, "아름답도다. 산하(山河)의 험준함이여. 이는 위국(魏國)의 보배로구나."라고 하니, 오기(吳起)가 대답하기를, "덕이 중요한 것이지 험준함이 중요한 것이 아닙니다. 옛날 삼묘씨(三苗氏)에게는 서쪽으로 동정호(洞庭湖)가 있고 동쪽으로 팽려호

---

20 魏武侯: BC 395-370년 재위.

(彭蠡湖)가 있었지만 덕과 의를 닦지 않아 우왕(禹王)이 멸망시켰습니다. 하(夏) 나라의 걸왕(桀王)이 살던 곳에는 서쪽으로 황하와 제수(濟水)가 있고, 동쪽으로 태화산(泰華山)이 있고, 이궐산(伊闕山)이 남쪽에 있었고, 양장산(羊腸山)이 북쪽에 있었지만, 인(仁)으로 통치하지 않자 탕왕(湯王)이 쫓아냈습니다. 상(商) 나라의 주왕(紂王)이 살던 곳에는 서쪽으로 맹문산(孟門山)이 있고, 동쪽으로 태행산(太行山)이 있고 상산(常山)이 북쪽에 있고, 대하(大河)가 남쪽을 흘렀지만 덕으로 통치하지 않자 무왕(武王)이 죽였습니다. 이것으로 보건대 덕이 중요한 것이지 험준함이 중요한 것이 아니니 군주가 덕을 닦지 않으면 이 배 안의 사람들은 모두 적입니다."라고 했다.

지금 왕은 덕과 의를 닦지 않고 섬[21]의 험준함만을 믿고 서생의 말을 들어 형제의 화호의 의리를 끝내 저버렸다. 만약 양국에 전쟁이 일어나서 화가 미쳐서 도망갈 때 왕의 신하와 백성은 모두 왕의 적이 될 것이다. 왕이 위급한 때를 맞으면 비록 전쟁을 주장했던 서생들을 죽여서 잠시 전쟁을 늦추려고 하면서 진실로 두려워하고 후회해도 소용없을 것이다. 몽고 차하르 칸이 덕(德)으로 통치하지 않고 간신의 이간하는 말만 듣고 우리와 전쟁을 일으켰다가, 내가 가서 정벌하니 쫓겨서 달아났다. 그 간신들은 도리어 주인의 처자식을 협박하고 가축 등의 물건을 가지고 그를 배반하고 내귀했다. 지금 왕의 문신들은 왕에게 하늘을 거스르고 맹약을 저버리라고 권했는데, 갑자기 나라가 위태로워지면 왕에게 권했던 신하들과 왕의 군사와 백성이 여전히 왕을 돌아보겠는가? 반드시 각자 부당하게 점거하는 형세가 될 것이니 모두 왕의 어려움이 될 것이다.

또 너희 나라는 명나라를 천자(天子)로 여기지만 어찌 명나라의 주

---

21 강화도를 가리킨다.

씨(朱氏)가 처음부터 제왕(帝王)이었겠는가. 옛말에 이르기를 "하늘은 편애하는 자가 없고, 오직 덕 있는 자를 도울 뿐이다."라고 했고, 또 이르기를, "백성은 항상 그리워하는 사람이 없고, 오직 어진 이를 그리워한다."라고 했다. 이것으로 보건대, 필부(匹夫)라도 큰 덕이 있으면 천자가 될 수 있고, 천자라도 덕이 없으면 독부(獨夫)[22]가 된다. 그러므로 대요(大遼)는 동북이(東北夷)였지만 천자가 되었고, 대금(大金)은 동이(東夷)였지만 요(遼)를 멸망시키고 송(宋)을 밀어내어 중원을 차지했으며, 대원(大元)은 북이(北夷)였지만 금(金)과 송(宋)을 병합하고 천하를 얻었다. 명나라의 홍무제(洪武帝)는 황각사(皇覺寺)의 승려였지만 원나라의 천하를 차지했다. 이 여러 나라 모두에 너희 조선은 대대로 조공을 바쳤다. 이것으로 헤아려 보면 천하를 차지하는 것은 오직 덕이 있기 때문이지, 원래부터 군장(君長)이었기 때문이 아니다. 옛날부터 어떤 나라가 항상 약하거나 강할 리 있겠는가. 너희 나라는 명나라를 군주로 섬기고 나와 원한을 맺었는데 이는 명나라의 화를 자신의 화로 만드는 것이니 이를 과연 감당할 수 있는가?

너희 나라가 먼저 전쟁의 발단을 일으키고자 하니 내가 무엇을 기다리겠는가? 너희 나라가 믿는 것은 단지 배와 섬뿐이다. 그런데 배는 스스로 배가 될 수 없고 사람의 힘으로 만드는 것이고, 물 위를 다니는 것은 스스로 다닐 수 없고 사람의 힘으로 다니는 것이다. 너희 나라는 섬 안에 머무를 수 있다고 하여 가서 머무르려 하지만 어찌 네가 갈 수 있는 곳을 다른 사람은 갈 수 없겠는가? 너희 팔도(八道)의 인민이 모두 바다 가운데의 섬에 가서 그 토지에서 농사짓고 살 수 있겠는가? 평화롭게 살다가 갑자기 전쟁을 일으켜서 행여 나라가 망하고 백성이 각자 다른 나라로 귀부해 버리면, 나는 도리어 너희 나라에 해가 될까

22 獨夫는 포악한 정치를 하여 국민에게 외면을 당한 군주를 가리킨다.

걱정한다. 두 나라가 형제로 맺어지고 10년이 되도록 나는 스스로 헤아려 조금도 변하지 않았다. 지금 왕은 서생의 말을 듣고 화호의 도리를 깨트리고 전쟁의 단서를 일으켰다. 내가 만약 군사를 일으키면 귀순하는 자는 살려 줄 것이고 거역하는 자는 주살할 것이다. 무지한 백성은 산골짜기로 도망쳐 들어가고, 나라가 망하고 백성이 해를 입을 것이니, 이는 내 탓이 아니고 실로 왕이 자초한 것이다. 하늘과 사람이 함께 보아서 분명히 알지 않겠는가?

내가 누차 온 사신이 진현하는 예를 보고 또 그들이 늘어놓는 말을 들어 보니, 너희는 점차 이전의 정례(定例)를 바꾸었다. 우리나라의 사신도 돌아와서 말하기를 "왕의 신하들이 관례를 바꾸고 말투는 거만해서 자못 새로 바뀐 듯하나 왕을 만나면 이전과 달라진 것이 없다고 말합니다."라고 했다. 만약 이런 것을 왕이 잘 알고 있으면 고의로 신하들에게 바꾸게 하여 나를 능멸하는 것인지도 모르고, 혹은 왕의 신하들이 의도적으로 양국의 화호를 깨트리려는 것인지도 모른다. 왕이 지난번에 파견했던 사신 나덕헌(羅德憲)과 이확(李廓)의 무례함은 헤아릴 수 없다. 이는 모두 네가 맹세를 파기하려는 생각으로 구실을 찾아서 맹세를 파기한 명분을 나에게로 떠넘기고자 하는 것이다. 나로 하여금 먼저 전쟁의 발단을 열어서 너희 사신을 죽이게 하고 네가 맹세를 파기한 잘못을 나에게 돌리려는 것이다. 그러나 우리나라는 이런 자잘한 음모를 꾸미지 않는다. 양국이 설령 적대하여 전쟁을 벌여 서로 죽이는 중이라도 명을 받고 왕래하는 사신을 어찌 죽일 수 있겠는가. 이런 행동은 의롭지 않다. 이미 적대했으면 의연하게 전쟁을 해서 강약과 승부를 결정하는 것이지, 어찌 한두 명의 왕래하는 사신을 죽이고 강하다고 할 수 있겠는가? 이는 도량이 작다는 것을 사람들에게 보이는 것이니 내가 어찌 그리하겠는가?」

上復特頒明旨示之曰，爾王若自知悔罪，當送子弟爲質．不然朕卽於某月某日，擧大軍以臨爾境，爾時雖悔何及乎．內院承政希福等諫曰，我國理直，彼之罪，可以明責之．至我國興師之期，豈可明告，若明告以期，則彼益固守其封疆矣．上諭希福等曰，朕明告以興師之期者，非爾等所知，日後我自收其益，於是以興師之期，明示朝鮮使臣及商人等而遣之．

주상이 또 특별히 명지(明旨)를 반포하여 말했다.「그대 왕이 스스로 죄를 뉘우친다면 자식이나 동생을 인질로 보내야 한다. 그러지 않으면 짐은 곧 몇월 몇일에 대군을 일으켜 너의 영역으로 갈 것이니, 네가 그때에 후회한다 해도 소용이 있겠는가?」

내원승정(內院承政) 히퍼 등이 간언했다. “우리나라의 이치가 바르니 저들의 죄를 분명히 꾸짖을 수 있지만, 우리나라가 출정하는 시기를 어찌 분명히 알리겠습니까? 만약 그 시기를 분명히 말하면 저들은 더욱 영토를 굳게 지킬 것입니다.” 주상이 히퍼 등에게 유시했다. “짐이 출병 시기를 명확히 알려 준 이유를 너희가 알 필요 없다. 나중에 우리에게 이익이 될 것이다.” 이에 군대가 출동하는 시기를 조선 사신들과 상인들에게 분명히 알려서 보냈다.

○ 庚寅，命固山額眞拜尹圖・譚泰・葉克書・葉臣・伊爾登・阿山・額駙達爾哈・篇古阿格等，往閱噶海所築城，並令築臺．仍諭如駐守軍士器械有敝壞者，換給之．

○ 경인일(4.16), 구사어전 바인투・탄타이・역슈・여천・일던・아산・어푸 다르한・피양구 아거 등에게 명하여 가하이에 축조한 성

을 가서 보고 대(臺)를 쌓게 했다. 이어서 주둔하면서 지키는 군사의 무기가 허술한 것이 있으면 바꾸어 주라고 유시했다.

○ 是日, 外藩蒙古左翼科爾沁國土謝圖濟農巴達禮·冰圖·卓禮克圖台吉吳克善·扎薩克圖杜稜布塔齊, 以上受尊號禮成, 率諸貝勒, 進盛筵於篤恭殿, 復獻駝馬·貂裘等物, 俱卻之.

○ 이날 외번몽고 좌익 코르친국 투시예투 지농 바다리·빙투·조릭투 타이지 욱샨·자삭투 두렁 부타치는 주상이 존호를 받는 예를 마쳤으므로 버일러들을 이끌고 독공전(篤恭殿)에서 큰 잔치를 열어 바쳤다. 다시 낙타와 말, 담비가죽옷 등의 물건을 바쳤으나 모두 돌려주었다.

○ 壬辰, 外藩蒙古右翼貝勒阿祿部落濟農·塔賴楚虎爾, 柰曼部落衮出斯巴圖魯, 扎魯特部落內齊, 巴林部落阿玉石, 土默特部落古魯思轄布·耿格爾, 以上受尊號禮成, 率諸貝勒, 進盛筵於篤恭殿, 復獻駝馬, 俱卻之.

○ 임진일(4.18), 외번몽고 우익의 버일러들인 아루 부락의 지농과 탈라이 추후르, 나이만 부락의 군추스 바투루, 자루트 부락의 너이치, 바린 부락의 아유시, 투메트 부락의 구루스히얍과 겅걸이 주상께서 존호를 받는 예를 마쳤다고 하여 버일러들을 이끌고 독공전(篤恭殿)에서 큰 잔치를 열어 바쳤다. 다시 낙타와 말을 바쳤으나 모두 돌려주었다.

○ 癸巳, 有弋人獲銅嘴雀, 盛三籠來獻. 上曰, 此雀雖有好音, 可以悅耳, 然玩物喪志, 昔賢垂誡, 不宜近也, 遂却之.

○ 계사일(4.19), 새를 사냥하는 사람이 동취작(銅嘴雀)을 잡아서 3개의 조롱에 넣어 바쳤다. 주상이 말하기를, "이 작은 새는 좋은 음색을 가지고 있어 귀를 즐겁게 해 주지만 놀이감에 빠지면 큰 뜻을 잃게 되기에 옛 성현들도 경계하여 가까이 두지 않았다."라고 하고, 마침내 되돌려주었다.

○ 是日, 召左翼外藩蒙古科爾沁國諸貝勒, 大宴於清寧宮.

○ 이날 좌익 외번몽고인 코르친국의 버일러들을 불러 청녕궁(清寧宮)에서 큰 잔치를 베풀었다.

○ 乙未, 召右翼外藩蒙古巴林 · 扎魯特 · 敖漢 · 柰曼 · 阿祿 · 喀喇沁 · 土默特諸貝勒, 大宴於清寧宮.

○ 을미일(4.21), 우익 외번몽고인 바린 · 자루트 · 아오한 · 나이만 · 아루 · 카라친 · 투메트의 버일러들을 불러 청녕궁(清寧宮)에서 큰 잔치를 베풀었다.

○ 丙申, 俄木布楚虎爾, 自土默特部落貿易還.

○ 병신일(4.22), 옴부 추후르(ombu cūhur, 俄木布楚虎爾)가 투메트 부락에서 무역하고 돌아왔다.

○ 丁酉, 分叙諸兄弟子姪軍功, 冊封大貝勒代善爲和碩禮親王, 貝勒濟爾哈朗爲和碩鄭親王, 墨爾根戴青貝勒多爾袞爲和碩睿親王, 額爾克楚虎爾貝勒多鐸爲和碩豫親王, 貝勒豪格爲和碩肅親王, 岳託爲和碩成親王, 阿濟格爲多羅武英郡王, 杜度爲多羅安平貝勒, 阿巴泰爲多羅饒餘貝勒, 各賜銀兩有差.

○ 정유일(4.23), 여러 형제와 자식과 조카들의 군공을 분류하여 서훈했다. 대버일러 다이샨을 호쇼이 예친왕(hošoi doronggo cin wang, 和碩禮親王)으로, 버일러 지르갈랑을 호쇼이 정친왕(hošoi ujen cin wang, 和碩鄭親王)으로, 머르건 다이칭 버일러 도르곤을 호쇼이 예친왕(hošoi mergen cin wang, 和碩睿親王)으로, 어르커 추후르 버일러 도도를 호쇼이 예친왕(hošoi erke cin wang, 和碩豫親王)으로, 버일러 호오거를 호쇼이 숙친왕(hošoi fafungga cin wang, 和碩肅親王)으로, 요토를 호쇼이 성친왕(hošoi mutebure cin wang, 和碩成親王)으로, 아지거를 도로이 무영군왕(doroi baturu giyūn wang, 多羅武英郡王)으로 , 두두를 도로이 안평 버일러(doroi elehun beile, 多羅安平貝勒)로, 아바타이를 도로이 요여 버일러(doroi bayan beile, 多羅饒餘貝勒)로 책봉하고 각각 은량을 차등 있게 하사했다.

○ 分叙外藩蒙古諸貝勒軍功, 封科爾沁國巴達禮爲和碩土謝圖親王, 吳克善爲和碩卓禮克圖親王, 固倫額駙額哲爲和碩親王, 布塔齊爲多羅扎薩克圖郡王, 滿朱習禮爲多羅巴圖魯郡王, 柰曼部落袞出斯巴圖魯爲多羅達爾漢郡王, 孫杜稜爲多羅杜稜郡王, 固倫額駙班第爲多羅郡王, 孔果爾爲冰圖王, 東爲多羅達爾漢戴青, 俄木布爲多羅達爾漢卓禮克圖, 古魯思轄布爲多羅杜稜, 單把爲達爾漢, 耿格爾爲多羅貝勒, 各賜雕鞍 · 甲胄 · 金銀器皿 · 綵緞 · 文綺有差.

○ 외번몽고 버일러들의 군공을 분류하여 서훈했다. 코르친국의 바다리를 호쇼이 투시예투 친왕(hošoi tusiyetu cin wang, 和碩土謝圖親王)으로, 욱샨을 호쇼이 조릭투 친왕(hošoi joriktu cin wang, 和碩卓禮克圖親王)으로, 구룬 어푸 에제이를 호쇼이 친왕(hošoi cin wang, 和碩親王)으로, 부타치를 도로이 자삭투 군왕(doroi jasaktu giyūn wang, 多羅扎薩克圖郡王)으로, 만주시리를 도로이 바투루 군왕(doroi baturu giyūn wang, 多羅巴圖魯郡王)으로, 나이만 부락의 군추스 바투루를 도로이 다르한 군왕(doroi darhan giyūn wang, 多羅達爾漢郡王)으로, 순 두렁을 도로이 두렁 군왕(doroi dureng giyūn wang, 多羅杜稜郡王)으로, 구룬 어푸 반디를 도로이 군왕(doroi giyūn wang, 多羅郡王)으로, 콩고르를 빙투왕(bingtu wang, 冰圖王)으로, 둥(dung, 東)을 도로이 다르한 다이칭(doroi darhan daicing, 多羅達爾漢戴青)으로, 옴부를 도로이 다르한 조릭투(doroi darhan joriktu, 多羅達爾漢卓禮克圖)로, 구루스히얍을 도로이 두렁(doroi dureng, 多羅杜稜)으로, 샴바를 다르한(darhan, 達爾漢)으로, 경걸을 도로이 버일러(doroi beile, 多羅貝勒)로 봉하고, 각각 조각한 안장 · 갑옷과 투구 · 금과 은으로 만든 그릇 · 채단(綵緞) · 문기(文綺)를 차등 있게 내렸다.

○ 是日, 上以受尊號禮成, 賜外藩蒙古諸王 · 貝勒 · 貝子, 綵緞 · 銀器 · 甲胄 · 雕鞍等物, 有差. 仍大宴於崇政殿.

○ 이날 주상이 존호를 받는 예를 마쳤으므로 외번몽고의 여러 왕 · 버일러 · 버이서들에게 채단(綵緞) · 은그릇 · 갑옷과 투구 · 조각한 안장 등의 물건을 차등 있게 내리고 이어 숭정전(崇政殿)에서 크게 잔치했다.

○ 戊戌, 以三戴考績, 陞一等甲喇章京伊勒愼爲三等梅勒章京. 書其誥命之後曰, 三載考績, 以其於海州河口, 獲船二十七隻 · 逃人一百七名, 著有勞績, 由一等甲喇章京, 陞爲三等梅勒章京. 二等甲喇章京布爾堪病故, 以其兄子譚泰襲職.

○ 무술일(4.24), 3년의 공적을 따져서 일등 잘란장긴 이러선(irešen, 伊勒愼)을 올려서 삼등 머이런장긴으로 삼았다. 그 고명(誥命)을 써 준 뒤에 말했다. "3년 동안의 공적을 따져 보니, 해주하구(海州河口)에서 선박 27척과 도망인 107명을 얻어 현저히 노력한 공적이 있으므로 일등 잘란장긴을 삼등 머이런장긴으로 올렸다." 이등 잘란장긴 부르칸(burkan, 布爾堪)이 병사했으므로 그 형의 아들 탄타이(tantai, 譚泰)에게 습직하게 했다.

○ 辛丑, 扎福尼 · 道蘭, 往征瓦爾喀部落, 獲壯丁二百九十五人, 婦女幼小共六百九十三口, 牛馬共二十九, 貂 · 狐 · 猞狸猻等皮以還. 因賜出征將士有差.

○ 신축일(4.27), 자푸니(jafuni, 扎福尼) · 도올란(doolan, 道蘭)이 와르카 부락에 출정하여 장정 295명, 부녀자와 어린아이 모두 693명, 소와 말 모두 29마리, 담비 · 여우 · 스라소니 등의 가죽을 획득하여 돌

아왔다. 이에 출정했던 장수와 병사들에게 차등 있게 내렸다.

○ 是日, 叙都元帥孔有德, 總兵官耿仲明·尚可喜軍功, 封孔有德爲恭順王, 耿仲明爲懷順王, 尚可喜爲智順王, 賜宴崇政殿, 并賜銀兩有差. 其部下官員, 亦論功陞賞有差.

○ 이날 도원수 공유덕, 총병관 경중명·상가희의 군공을 서훈하여, 공유덕을 공순왕(恭順王)에, 경중명을 회순왕(懷順王)에, 상가희를 지순왕(智順王)에 봉했다. 숭정전(崇政殿)에서 잔치를 베풀고 은량(銀兩)을 차등 있게 내렸다. 그 속하의 관원들도 논공(論功)하여 승직시키고 차등 있게 상 주었다.

○ 壬寅, 朝鮮國使臣羅德憲還. 至通遠堡, 貽書於守臣. 守臣以聞書曰, 朝鮮春季來使羅德憲·李廓, 明告滿洲國駐守通遠堡大人. 我等奉主命出使, 貴國忽生異心, 以勢逼迫. 但吾首不能自斷, 一切羞辱俱已受盡, 此古今所無之事也. 今幸得至我界, 甘受國法而死尚復何言, 臨行時英俄爾岱·馬福塔二人, 與我國書, 封之甚固. 我恐書中言語, 與舊規不同, 欲啟而視之. 二大臣不從, 繫書於馬逐我, 出城至十里河, 啟視見書, 套上稱呼·押印, 果與舊規不合, 其書中以爾我稱之, 責備詈罵, 毫無兄弟相敬之意, 視如奴隸, 我國大臣, 何忍觀之. 若帶此書回國, 是自辱其君父也. 雖萬死尚有餘辜. 因至爾城將書并紙一百卷, 綠皮二十張包裹置於魚米䭾內, 故推馬病留在歇家, 其家盡知之. 伏望貴城大人, 將䭾內書取出轉達, 皇帝亦知我不辱其國也. 貴國以非禮之書, 逼我攜來, 我等亦以書不合舊規, 故此留下, 伏乞照亮.

○ 임인일(4.28), 조선국의 사신 나덕헌(羅德憲)이 돌아갔다. 통원보(通遠堡)에 이르러 수신(守臣)에게 서신을 주었다. 수신(守臣)이 보고한 서신에서 말했다.「조선의 춘계내사(春季來使) 나덕헌과 이확은 만주국의 통원보를 지키는 대인(大人)에게 고합니다. 우리는 군주의 명을 받들고 사신으로 왔는데 귀국은 갑자기 다른 마음이 생겨서 위세로 핍박하니 우리의 머리를 스스로 자를 수 없어서 온갖 수모를 모두 받았습니다. 이는 고금에 없던 일입니다. 지금 다행히 우리의 변계에 이르렀으니 달게 국법을 받아 죽는 것 외에 달리 무슨 말을 하겠습니까. 떠나려 할 때 잉굴다이 · 마푸타 두 사람이 우리에게 국서를 주었는데 봉인한 것이 매우 견고했습니다. 우리는 서신 안의 말이 옛 정례(定例)와 같지 않을까 두려워 열어서 보고자 했으나, 두 대신이 따르지 않고 말에 서신을 묶고 우리를 재촉해 보냈습니다. 성을 나와 십리하(十里河)에 이르러 그 서신을 열어 보니 겉봉의 호칭과 찍은 인장이 과연 옛 정례(定例)와 같지 않고, 서신에서 '너', '나'라고 하면서 질책하고 꾸짖었습니다. 터럭만큼도 형제의 서로 공경하는 뜻이 없었고 우리를 노예 취급했으니 우리나라의 대신들이 어찌 차마 볼 수 있겠습니까. 만약 이 서신을 가지고 귀국하면 이는 스스로 군부(君父)를 욕되게 하는 것이니, 비록 만 번 죽임을 당해도 오히려 허물이 남을 것입니다. 그래서 당신의 성에 이르러 그 서신을 100권의 종이와 녹피(綠皮) 20장으로 싸매어 물고기와 쌀의 짐 속에 두고 일부러 말이 병났다고 하면서 머물렀던 집에 남겨 두었으니, 그 집에서 모두 알 것입니다. 삼가 바라건대, 귀성(貴城)의 대인께서 짐 속의 서신을 취하여 전달해 주면 황제께서도 우리가 나라를 욕되게 하지 않을 것임을 알 것입니다. 귀국에서 우리를 핍박하여 예에서 벗어난 서신을 가져가게 했으나, 우리는 서신이 옛 정례(定例)와 합치하지 않으므로 이를 두고 가는 것입니다. 삼가 바라건대 헤아려 주십시오.」

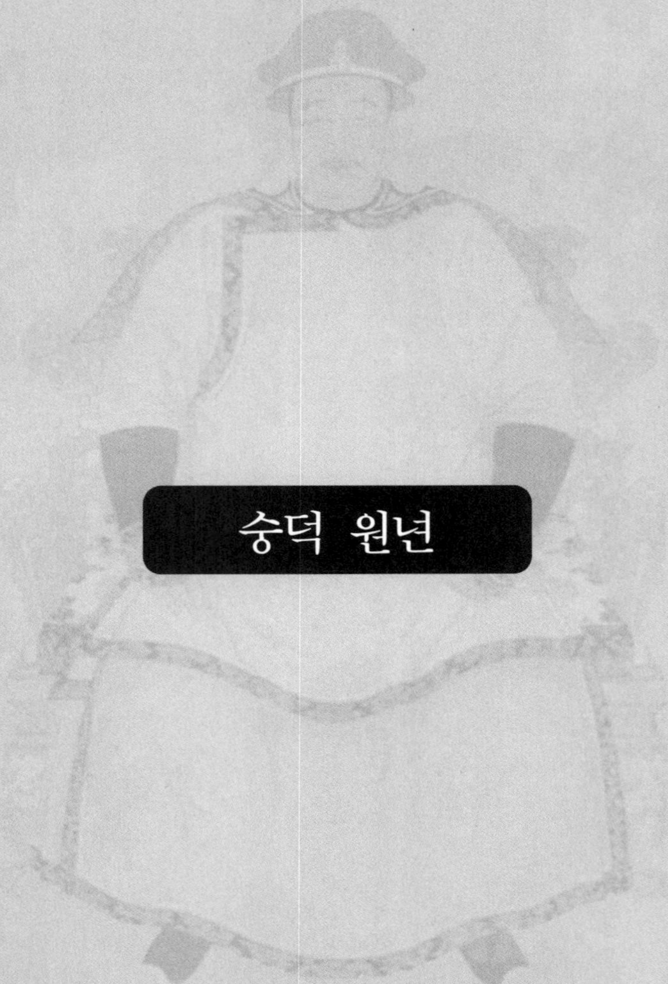

숭덕 원년

권29

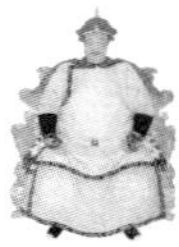

숭덕 원년 5월

崇德元年, 丙子, 五月, 甲辰朔, 定內外親王·郡王·貝勒等儀仗, 仍照品級分賜銀兩, 令其製造. 科爾沁國和碩土謝圖親王巴達禮·和碩公主歸國, 賜元狐裘·貂裘·貂鑲女朝衣·糚蟒等服·帽·鞾·帶·金銀器皿·雕鞍·甲胄·蟒緞等物甚厚, 命和碩睿親王多爾衮·和碩肅親王豪格出城, 設大宴餞之. 又命屯齊·和託·鞏阿岱諸阿格等送出邊界.

○ 숭덕 원년 병자년 5월 갑진일 초하루(5.1), 내외 친왕(親王), 군왕(郡王), 버일러 등의 의장(儀仗)을 정하고 이어서 품급(品級)에 따라 은을 하사하여 그것을 만들게 했다. 코르친국의 호쇼이 투시예투 친왕 바다리와 호쇼이 공주가 귀국할 때 여우가죽옷·담비가죽옷·담비가죽 테 두른 여조의(女朝衣)·망(蟒) 등의 무늬로 장식한 옷·모자·신발·요대·금과 은으로 만든 그릇·조각한 안장·갑옷과 투구·망단(蟒緞) 등의 물건을 매우 후하게 하사하고, 호쇼이 예친왕(睿親王) 도르곤·호쇼이 숙친왕 호오거에게 명하여 성을 나가서 큰 잔치를 베풀고 전별하게 했다. 또 툰치(tunci, 屯齊), 호토(hoto, 和託), 궁가다이

(gūnggadai, 鞏阿岱) 등 여러 아거들에게 명하여 변경을 나가서 전송하게 했다.

○ 乙巳, 阿賴達爾漢, 追毛明安下逃人, 至使鹿部落喀木尼漢地方, 獲男子十八人, 婦女十一口, 來獻.

○ 을사일(5.2), 알라이 다르한(alai darhan, 阿賴達爾漢)이 모오밍간(moominggan, 毛明安) 속하의 도망자를 추격하여 사록부락(使鹿部落) 캄니간(kamnigan, 喀木尼漢)의 지방에 이르러 남자 18명과 부녀자 11명을 노획하여 바쳐 왔다.

○ 丙午, 議敍內院官員, 陞三等甲喇章京內國史院承政希福爲二等甲喇章京內弘文院大學士, 三等甲喇章京內秘書院承政范文程爲二等甲喇章京, 仍爲內秘書院大學士. 二等甲喇章京鮑承先爲內秘書院大學士, 舉人內國史院承政剛林爲牛彔章京, 仍爲內國史院大學士. 其頂帶服色, 及隨從人役, 俱與梅勒章京同. 羅碩·羅繡錦爲內國史院學士, 詹霸仍爲內秘書院學士, 胡球·王文奎爲內弘文院學士, 其頂帶服色, 及隨從人役, 俱與甲喇章京同. 內秘書院舉人恩格德, 仍同九人, 入內院辦事.

○ 병오일(5.3), 내원(內院)의 관원들의 공을 의논하여 삼등 잘란장긴 내국사원승정(內國史院承政) 히퍼를 이등 잘란장긴 내홍문원대학사(內弘文院大學士)로, 삼등 잘란장긴 내비서원승정(內祕書院承政) 범문정을 이등 잘란장긴으로 삼고 이전대로 내비서원대학사(內秘書院大學士)로 삼았다. 이등 잘란장긴 포승선(鮑承先)을 내비서원대학사로

삼고, 거인(擧人) 내국사원승정 가린을 니루장긴으로 삼고 이전대로 내국사원대학사(內國史院大學士)로 삼았다. 정대(頂帶)·복색(服色)과 수종하는 인역(人役)을 모두 머이런장긴과 동등하게 했다. 로쇼(lošo, 羅碩)와 나수금(羅繡錦)을 내국사원학사(內國史院學士)로 삼고, 잠바(jamba, 詹霸)는 이전대로 내비서원학사(內秘書院學士)로 삼았으며, 후키오(hūkio, 胡球)와 왕문규(王文奎)를 내홍문원학사(內弘文院學士)로 삼았다. 그 정대(頂帶)·복색(服色)과 수종하는 인역(人役)을 모두 잘란장긴과 동등하게 했다. 내비서원의 거인(擧人) 엉거더이(enggedei, 恩格德)는 이들 9명과 함께 내원에 들여서 일을 맡게 했다.

○ 議多羅饒餘貝勒阿巴泰罪, 阿巴泰受制於妻, 上兩次有旨, 命嫁其女, 皆以妻言不從. 因命和碩親王·多羅郡王及衆大臣審擬, 阿巴泰妻罪應死, 上宥之. 阿巴泰聽妻言, 兩次違旨, 應罰銀四百兩入官. 又阿巴泰當明巡撫袁崇煥對敵時, 不與和碩肅親王豪格迎戰而散, 多羅武英郡王阿濟格見之, 曾鞭其馬首. 時已定罪, 蒙恩寬宥, 乃阿巴泰以事久遺忘, 反誑稱與袁崇煥交戰有功, 應再罰鞍馬十匹·銀四百兩議. 上從之.

○ 도로이 요여 버일러 아바타이의 죄를 의논했다. 아바타이는 처의 통제를 받고 주상이 두 차례 칙지를 내려 그 딸을 출가시키라고 명했는데 모두 처의 말을 듣고 따르지 않았다. 이 때문에 호쇼이 친왕, 도로이 군왕과 여러 대신들로 하여금 심리하게 했는데, 아바타이의 처는 사형죄에 해당했지만 주상은 너그럽게 용서했다. 아바타이는 처의 말을 듣고 두 차례 칙지를 어겼으므로 벌은 400냥을 내어 관에 몰수하게 했다. 또 아바타이가 명나라의 순무 원숭환과 대적할 때 호쇼이 숙친왕 호오거와 함께 응전하지 않고 떨어져 있었는데 도로이 바

투루 군왕 아지거가 보고 그 말머리를 채찍질했었다. 당시 죄를 정했는데 관대히 용서하는 은혜를 입었다. 그런데 아바타이는 일이 오래되었다고 이를 망각하고 도리어 원숭환과 교전한 공로가 있다고 속여 말했기 때문에 다시 안장을 갖춘 말 10마리와 벌은 400냥을 정하니 주상이 따랐다.

○ 遣達賴塔布囊齎祭品, 往祭達爾漢巴圖魯色本.

○ 달라이 타부낭(dalai tabunang, 達賴塔布囊)을 파견하여 제물을 가지고 가서 다르한 바투루 서분(darhan baturu sebun, 達爾漢巴圖魯色本)에게 조문하게 했다.

○ 俄屯·昂金往征瓦爾喀部落, 俘獲男子三百六十一, 婦女三百六十二, 幼稚一百四十七, 馬牛一百有二, 人參, 貂·猞狸猻·狐·獺等裘以還. 命賞出征軍士銀各八兩.

○ 오톤(oton, 俄屯), 앙긴(anggin, 昂金)이 와르카 부락을 정벌하여 얻은 남자 361명, 부녀자 362명, 어린아이 147명, 말과 소 102마리, 인삼, 담비·스라소니·여우·수달 등의 가죽옷을 가지고 돌아왔다. 출정한 군사에게 은 8냥씩을 상으로 주라고 명했다.

○ 壬子, 貝勒薩哈廉薨. 薩哈廉和碩禮親王代善第三子也. 通曉滿漢蒙古文義, 明達聰敏, 掌理禮部事務, 一切皇猷, 多所贊助. 至是, 薨年三十有三. 方薩哈廉病篤時, 和碩鄭親王濟爾哈朗·和碩豫親王多鐸・和碩肅親王豪格及諸大臣，恐上臨視悲慟，遣內弘文院大學士希福・內國史院學士羅碩奏言，古制凡有疾病之家，人君無枉駕親臨之事．雖皇上篤愛懿親恩施優渥，但今既受尊號正大位，宜倣古帝王之制．且當病臥之際，皇上屢遣大臣，時時存問，皇上復親視數次，恩禮不爲不隆矣．伏乞聖裁，俯納臣等之請．嗣後凡有疾病之家，悉停親臨悲慟．上曰，爾等所諫固是．但當我國肇造之初，族姓兄弟，尙爾憂樂與共．今既正大位，更宜敦睦宗親．況諸兄弟之子，視朕猶父，朕亦視之猶子．子有故，父不往視可乎．今後凡未與政事，幼子及婦人輩，有事故者，朕自不親臨也．諸王・貝勒・大臣皆敬服．是日辰刻，上臨視薩哈廉疾，有頃，薩哈廉薨．上不勝震悼，諸王力勸，乃出坐，未幾復入，哭擧洒三，奠慟益甚．和碩禮親王代善，敦勸上出，跪請還宮，不允．入哭者四，悲慟不已．諸王及固山額眞等跪勸曰，聖躬至此已久，即宜還宮．至午乃還猶不入宮，於庭中設幄坐，不御飮食．代善聞之，遣昂邦章京阿山・梅勒章京圖爾格奏言，臣已飮食矣．請聖駕入宮．於是至戌刻，上乃入淸寧宮，輟朝三日．

○ 임자일(5.9), 버일러 사할리얀이 죽었다. 사할리얀은 호쇼이 예친왕(禮親王) 다이샨의 셋째 아들이다. 만문과 한문, 몽고문에 모두 밝았고, 사리에 통달하고 총명하여 예부의 사무를 맡아 모두 황제에게 큰 도움이 되었다. 이때에 죽으니 향년 33세였다. 막 사할리얀의 병환이 위독해졌을 때, 호쇼이 정친왕 지르갈랑・호쇼이 예친왕(豫親王) 도도・호쇼이 숙친왕 호오거와 여러 대신들은 주상이 몸소 가서 보고 비통해 할 것을 염려하여, 내홍문원대학사(內弘文院大學士) 히퍼・내국사원학사(內國史院學士) 로쇼를 보내어 상주했다. "옛 제도에 질병이 있는 집에 임금이 직접 가는 일은 없었습니다. 비록 황상께서 도탑게 아끼고 친족을 사랑하여 두터운 은혜를 베푸는 것이지만 지금 이

미 존호를 받았고 대위(大位)를 바르게 했으니 옛 제왕의 제도를 본받아야 마땅합니다. 또 당시 사할리얀이 병으로 누워 있는 사이 황상께서는 여러 번 대신을 보내어 때때로 안부를 물으셨고, 황상께서도 여러 차례 친히 가서 보셨으니 은례(恩禮)가 큽니다. 삼가 성상의 재가를 바라오니, 신들의 청을 받아들이셔서 이후 병에 걸린 사람의 집에 몸소 가셔서 비통해 하는 것을 모두 멈추어 주십시오."

주상이 말했다. "너희가 간언한 것은 진실로 옳다. 다만 우리나라를 처음 창건하던 때에도 일족의 형제는 변함없이 근심과 즐거움을 함께했다. 지금 대위(大位)를 바르게 했으니 더욱 종친과 화목해야 한다. 하물며 여러 형제의 자식은 짐을 아비와 같이 보고, 짐 또한 그들을 자식처럼 본다. 자식에게 일이 있는데 아버지가 가 보지 않을 수 있겠는가? 지금 이후 정사에 참여하지 않는 어린 자식과 부인들이 죽으면 짐은 가지 않겠다." 여러 왕・버일러・대신들이 모두 존경하여 복종했다.

이날 진시(辰時)에 주상이 친히 사할리얀의 병을 보러 갔으나 조금 있다가 사할리얀이 죽었다. 주상이 깊은 슬픔을 이기지 못하자, 여러 왕이 힘껏 권하여 자리에서 일어나게 했으나 오래지 않아 다시 들어가 곡하면서 세 번 술을 올리고 제전(祭奠)에서 더욱 심하게 울었다. 호쇼이 도롱고 친왕 다이샨은 주상이 나갈 것을 간곡히 권하고 꿇어앉아 궁에 돌아갈 것을 청했으나 윤허하지 않았다. 들어가서 네 번 곡했는데, 슬퍼하며 부르짖기를 멈추지 않았다. 여러 왕과 구사어전들이 꿇어앉아 권하여 말했다. "성스러운 옥체가 이곳에 온 지 오래되었으니, 곧 궁에 돌아가심이 마땅합니다." 오시(午時)가 되자 돌아갔으나 그래도 궁에 들어가지 않고 조정 안에 천막을 치고 앉아서 마시지도 먹지도 않았다. 다이샨이 이를 듣고 암바장긴 아산・머이런장긴 투르거이 등을 보내 상주했다. "신(臣)은 이미 마시고 먹었습니다. 황상께서 궁에 들어갈 것을 청합니다." 이에 술시(戌時)에 이르러 주상은 청녕궁에 들어갔다. 3일간 조정을 임시로 폐했다.

○ 癸丑, 有以新櫻桃獻上者, 命遣內秘書院大學士范文程·內國史院學士羅碩·內弘文院學士胡球·管理內府事務官寧塔哈·禮部啟心郎祁充格, 薦於太廟. 仍命嗣後凡新進果品·五穀, 先薦太廟, 然後進御著爲令.

○ 계축일(5.10), 처음 열린 앵두가 주상께 진상되자 내비서원대학사(內祕書院大學士) 범문정·내국사원학사(內國史院學士) 로쇼(lošo, 羅碩)·내홍문원학사(內弘文院學事) 후키오(hūkio, 胡球)·관리내부사무관(管理內府事務官) 닌타하이(nintahai, 寧塔哈)·예부계심랑(禮部啟心郎) 키충거(kicungge, 祁充格)를 보내 태묘에 올리게 했다. 이어 명하여 이후에는 모든 새로 바치는 과일과 오곡은 먼저 태묘에 올린 후에 주상에게 진상하도록 법으로 정했다.

○ 乙卯, 國中訛言, 將以童子合鐵鑄鐘, 民家各匿其子, 閉戶不令出. 內弘文院大學士希福·內秘書院大學士范文程·舉人恩格德聞之謂, 匪人捏造謠言, 奏請察究. 上曰, 朕未嘗有旨鑄鐘. 縱鑄鐘有用童子之例, 事屬不仁, 朕豈肯爲此不仁之舉乎. 可令工部諸臣速行查察. 以後若有此等, 傳布訛言者, 定行處死.

○ 을묘일(5.12), 나라 안에서 장차 사내아이를 쇠와 합하여 종을 만든다는 헛소문이 있어, 민가에서는 자식을 숨겼고 문을 닫아 불러도 나타나지 않았다. 내홍문원대학사(內弘文院大學士) 히피·내비서원대학사(內秘書院大學士) 범문정·거인(舉人) 엉거더이는 이를 듣고 말했

다. "옳지 못한 사람이 헛소문을 날조하고 있으니 살필 것을 청합니다." 주상이 말했다. "짐은 일찍이 종을 만들라는 지(旨)를 내린 적이 없다. 만약 종을 만들 때 사내아이를 사용하는 예가 있다면 잔인한 일이니, 짐이 어찌 이러한 잔인한 행동을 옳게 여기겠는가? 공부(工部)의 여러 대신들에게 신속히 조사하게 하라. 이후에 만약 이처럼 헛소문을 퍼뜨리는 자가 있으면 정해진 대로 사형에 처한다."

○ 丁巳, 上諭都察院諸臣曰, 爾等身任憲臣, 職司諫諍. 朕躬有過, 或奢侈無度, 或誤譴功臣, 或逸樂遊畋, 不理政務, 或荒躭酒色, 不勤國事, 或廢棄忠良, 信任姦佞, 及陟有罪, 黜有功, 俱當直諫無隱. 至於諸王·貝勒·大臣, 如有荒廢職業, 貪酒色, 好逸樂, 取民財物, 奪民婦女, 或朝會不敬, 冠服違式, 及欲適己意, 託病偷安, 而不朝參入署者, 該禮部稽察. 若禮部徇情容隱, 爾等即應察奏. 或六部斷事偏謬, 及事未審結, 誑奏已結者, 爾等亦稽察奏聞. 凡人在部控告, 該部王及承政, 未經審結, 又赴告於爾衙門者, 爾等公議當奏者奏, 不當奏者, 公議逐之. 明國陋規都察院衙門, 亦通行賄賂之所. 爾等當互相防檢, 有即據實奏聞. 若以私讐誣劾, 朕察出定加以罪. 其餘章奏, 所言是, 朕即從之, 所言非, 亦不加罪. 必不令被劾者, 與爾面質也, 爾等亦何憚而不直陳乎. 至於無職庶人, 禮節錯誤, 不必指奏. 我國初興, 制度多未嫺習, 爾等教誡而寬釋之可也.

○ 정사일(5.14), 주상이 도찰원(都察院)의 여러 대신들에게 유시했다. "너희는 헌신(憲臣)[1]으로서 간쟁의 임무를 맡고 있다. 짐에게 과실

---

1 憲臣은 관리를 규찰하는 직책이다.

이 있어 사치하여 법도가 없거나, 공신을 잘못 견책하거나, 편안히 즐기며 사냥하고 놀아 정무를 다스리지 않거나, 주색에 빠져서 국사(國事)를 열심히 하지 않거나, 충성스럽고 좋은 자를 폐하고 간사하고 아첨하는 자를 믿고 맡겨서 죄가 있는 자를 등용하고 공이 있는 자를 내치면 모두 직접 간언하여 숨김이 없어야 한다. 여러 왕과 버일러와 대신들이 만약 직무를 버린 채 주색을 탐하고 편안히 즐기는 것을 좋아하거나, 백성에게 재물을 취하고 백성의 부인을 빼앗거나, 조회에서 불경하거나, 관복을 격식에 어긋나게 입거나, 자기 마음대로 하려고 병을 핑계로 게으름을 피우고 조참(朝參)이나 부서에 오지 않는 경우 예부에서 자세히 살펴야 한다. 만일 예부에서 정에 이끌려 죄를 용서하면 너희는 즉시 살펴 아뢰어야 한다. 혹 육부에서 일을 결단함에 편중되게 잘못하거나, 아직 판결하지 못했음에도 판결했다고 속여 상주한 경우에, 너희는 또한 자세히 살펴서 아뢰어야 한다. 무릇 누군가 부에 고발했으나 해당 부 왕과 승정이 심사와 결정을 거치지 않고 다시 너희 아문에 나아가 고하면, 너희는 공적으로 의논하여 상주해야 할 것은 상주하고, 상주하지 말아야 할 것은 공적으로 의논하여 물리도록 한다. 명나라의 나쁜 관행은 도찰원 아문에서도 뇌물이 통하는 것이다. 너희는 서로 단속하고 사실에 의거한 바를 상주해야 한다. 만약 사사로운 원한으로 속여서 조사하면, 짐은 조사하여 죄를 더할 것이다. 그 나머지 장주(章奏)는 말한 바가 옳으면 짐은 따를 것이고 말한 바가 그르더라도 죄를 더하지 않을 것이다. 반드시 탄핵당한 자가 너희와 대질하지 않도록 할 것이니, 너희가 어찌 꺼리고 직접 간언하지 않겠는가. 관직이 없는 서인에 대해서는 예절에 잘못이 있어도 지목하여 아뢸 필요가 없다. 우리나라가 처음 일어나 제도에 익숙하지 않은 것이 많으니, 너희는 훈계하고 용서하여 풀어 주는 것이 옳다."

○ 防守蓋州章京齊爾格申等率兵十名, 沿海捕緝逃人. 遇我國逃人七名漢人, 以船來迎, 齊爾格申涉水射之, 斃其執鳥鎗者一人, 并爲首逃人一名. 獲其船, 船中備禦一員及十三人, 皆生擒之. 其人言山東新任元帥陳洪範, 統兵十萬船四百隻, 來旅順口·北汎口·通江三處駐劄. 遂解所獲備禦一員及十三人, 至盛京.

○ 개주(蓋州)를 수비하는 장긴 치르거션(cirgešen, 齊爾格申) 등은 병사 10명을 이끌고 연해에서 도망자를 붙잡았다. 우리나라에서 도망한 한인 7명이 배를 타고 오는 것을 마주쳐서 치르거션이 물을 건너와서 그들을 쏘아, 조총을 든 사람 1명과 도망자 가운데 우두머리 1명을 죽였다. 그 배를 포획하여 배 안의 비어 1원과 13명을 모두 생포했다. 그 사람이 말하기를 산동(山東)에 새로 부임한 원수 진홍범(陳洪範)이 병사 10만 명과 배 400척을 통솔하여 여순구(旅順口)·북신구(北汎口)·통강(通江) 세 곳에 주둔해 있다고 했다. 마침내 잡은 비어 1명과 13명을 압송하여 데리고 성경(盛京)에 갔다.

○ 先是, 昂邦章京以下撥什庫以上, 俱照品級, 免其壯丁官糧, 至修築城池及雜差, 仍令應役. 茲以上受尊號, 覃恩自公, 昂邦章京以下, 小撥什庫及一應在官人役, 并兵丁以上, 俱照品級, 免其壯丁差徭.

○ 이전에 암바장긴 이하 보쇼쿠 이상은 모두 품급에 따라 그 장정과 관량(官糧)을 면해 주었으나 성지(城池)를 수축하고 잡역을 하는 것은 이전대로 요역(徭役)에 응하게 했었다. 지금 주상이 존호를 받았으니, 은혜를 내려 공(公)으로부터 암바장긴 이하, 소(小) 보쇼쿠와 모든 관인들, 그리고 병정 이상은 모두 품급에 따라 장정과 요역을 면해 주

었다.

○ 壬戌, 追封貝勒薩哈廉爲和碩穎親王. 上率諸王及文武大臣等往祭之. 上親奠酒慟哭. 遣官讀冊文曰, 崇德元年五月十九日, 皇帝制曰, 爾薩哈廉, 乃吾兄之子, 掌理秩宗, 贊襄典禮. 宣力國家, 厥勳甚茂. 爰倣古制, 追封爾爲和碩穎親王, 俾功名垂於萬世. 讀畢, 上復痛哭三奠, 侍臣無不泣下. 於是命和碩禮親王代善先歸第, 上乃還宮.

○ 임술일(5.19), 버일러 사할리얀을 추봉하여 호쇼이 영친왕(穎親王)으로 삼았다. 주상은 여러 왕과 문무대신들을 이끌고 가서 제사를 지냈다. 주상은 친히 술잔을 올리고 통곡했다. 파견된 관리가 책문을 읽었다. 「숭덕 원년 5월 19일 황제가 제(制)하여 말한다. 그대 사할리얀은 내 형의 자식이었고 예부[2]를 관리하여 전례(典禮)가 이루어지도록 도왔다. 국가 일을 열심히 처리하여 그 공이 매우 크다. 이에 옛 제도를 본받아 그대를 추봉하여 호쇼이 영친왕으로 삼아서 공명(功名)을 만세에 전한다.」 읽은 후 주상은 다시 통곡하며 3번 잔을 올리니, 시종하는 신하가 모두 눈물을 흘렸다. 이에 호쇼이 예친왕(禮親王) 다이샨에게 먼저 집에 돌아가게 했고, 주상도 환궁했다.

○ 癸亥, 上偕和碩禮親王代善·和碩成親王岳託, 往渾河觀漁. 以薩哈廉薨, 故紓代善憂也. 漁畢, 以所得魚, 賜察哈爾蒙古新附各官及新附漢官, 還宮.

---

2 원문의 秩宗은 禮部의 별칭이다.

○ 계해일(5.20), 주상은 호쇼이 예친왕(禮親王) 다이샨·호쇼이 성친왕(成親王) 요토와 함께 혼하(渾河)에 가서 물고기 잡는 것을 구경했다. 사할리얀이 사망했기 때문에 다이샨의 근심을 풀고자 했다. 고기잡이를 마치고 잡은 물고기를 차하르 몽고의 새로 귀부한 각 관리와 새로 귀부한 한인 관리에게 주고 궁으로 돌아왔다.

○ 駐防岫巖尼牙漢錫翰, 率本城七十人, 沿海偵探, 遇明兵二百, 敗還, 一人被殺. 坐是各鞭一百, 貫耳鼻. 革尼牙漢牛彔章京職, 解駐防任.

○ 수암(岫巖)에서 주둔하여 지키는 니야한(niyahan, 尼牙漢)과 시한(sihan, 錫翰)은 수암성의 70명을 이끌고 바다를 따라 정탐하다가 명나라 군사 200명을 만났는데 패하여 돌아왔고, 1명이 피살되었다. 죄를 다스려 각각 채찍 100대를 때리고, 귀와 코를 뚫었다. 니야한을 니루장긴에서 혁직하고, 주둔하여 지키는 임무에서 해임했다.

○ 己巳, 上命內院大學士范文程·希福·剛林, 學士羅碩·詹霸·羅繡錦, 至和碩親王·多羅郡王·多羅 貝勒府, 立下馬樁於門外.

○ 기사일(5.26), 주상은 내원대학사(內院大學士) 범문정·히푸·가린, 학사(學士) 로쇼·잠바·나수금(羅繡錦)에게 호쇼이 친왕·도로이 군왕·도로이 버일러의 부(府)에 가서 문 밖에 하마(下馬)를 알리는 말뚝을 세우라고 명했다.

○ 以大凌河各官, 爲各部院承政. 張存仁爲都察院承政, 祖澤洪爲吏部承政, 韓大勳爲戶部承政, 姜新爲禮部承政, 祖澤潤爲兵部承政, 李雲爲刑部承政, 裴國珍爲工部承政.

○ 대릉하(大凌河)의 각 관원을 각 부원(部院)의 승정으로 삼았다. 장존인(張存仁)을 도찰원승정(都察院承政)으로, 조택홍(祖澤洪)을 이부승정으로, 한대훈(韓大勳)을 호부승정으로, 강신(姜新)을 예부승정으로, 조택윤(祖澤潤)을 병부승정으로, 이운(李雲)을 형부승정으로, 배국진(裴國珍)을 공부승정으로 삼았다.

○ 先是, 席爾泰戍守寧古塔, 私娶降民之女爲妻. 至盛京, 兵部查核數目, 不行擧報. 及分與正藍旗時, 方言此女爲彼所娶, 竟欲奪取, 毆筆帖式. 法司審訊得實. 鞭一百, 貫耳, 革牛彔章京職.

○ 이전에 시르타이(sirtai, 席爾泰)는 닝구타를 지키면서 투항한 백성의 딸을 함부로 취해 처로 삼았다. 성경(盛京)에 가서 병부에서 항목을 조사할 때 보고하지 않았다. 정람기에 나누어 줄 때 비로소 이 여자는 자신이 아내로 취한 여자라고 하며 다시 빼앗으려다가 비트허시를 때렸다. 법사(法司)에서 조사하여 사실을 파악하고, 채찍 100대를 때리고 귀를 뚫었으며 니루장긴을 혁직했다.

○ 三等昂邦章京額駙恩格德爾, 病故, 以其子額爾克戴青襲職. 額爾克戴青三等甲喇章京職, 以其弟瑣爾哈襲替.

○ 삼등 암바장긴 어푸 엉거더르(efu enggeder, 額駙恩格德爾)가 병사하여, 그의 아들 어르커 다이칭(erke daicing, 額爾克戴靑)[3]에게 습직하게 했다. 어르커 다이칭의 삼등 잘란장긴 직은 그의 동생 소올가(soolga, 瑣爾哈)가 세습하여 대체했다.

○ 和碩親王 · 多羅郡王 · 多羅貝勒等, 以賜儀仗, 皆入淸寧宮丹墀謝恩, 行三跪九叩頭禮. 次衆官欲謝恩. 禮部官奏曰, 官員甚衆, 俱入淸寧宮丹墀行禮, 恐不能容. 甲喇章京以下等官, 應於大淸門外行禮, 候上裁定. 上曰, 似此行禮, 甚不合朕意. 向例惟獲罪官員, 方在外遠處謝恩. 豈可因人多不容, 遂令門外行禮乎. 因俱令進宮行禮.

○ 호쇼이 친왕 · 도로이 군왕 · 도로이 버일러 등에게 의장(儀仗)을 하사하자, 모두 청녕궁에 들어가서 궁궐 계단에서 사은하여 삼궤구고두의 예(禮)를 행하였다. 다음으로 관원들이 사은하고자 하니 예부 관원이 상주했다. "관원들이 매우 많기에 모두 청녕궁의 궁궐 계단에서 예를 행하면 다 수용할 수 없을까 염려됩니다. 잘란장긴 이하의 관원은 대청문(大淸門) 밖에서 예를 행해야 하니, 주상께서 결정함을 기다리겠습니다." 주상이 말했다. "그렇게 예를 행하는 것은 짐의 뜻과 맞지 않는다. 관례에서는 오직 죄를 지은 관원만이 밖에 멀리에서 사은하는 것이다. 어찌 사람이 많아 수용할 수 없다는 이유로 끝내 문 밖에서 예를 행하게 하겠는가?" 이에 모두 궁에 들어와 예를 행하게 했다.

---

3 어르커 다이칭: ?-1661. 보르지기트 씨. 아버지는 몽골 내칼카 5부의 하나인 바유트 부의 타이지인 엉거더르, 어머니는 슈르하치의 딸 순다이 공주이다. 1624년 바유트 부가 遼陽으로 이주한 후 아버지와 함께 만주정황기로 편제되었다. 지르갈랑의 장녀와 결혼했다. 1636년 아버지가 사망하자 작위를 계승했다. 1657년 少保 겸 太子太保에 올랐다.

○ 先是, 親王郡王以旗纛事, 遣各固山額眞奏上. 還告諸王畢將出, 伊爾登謂衆固山額眞曰, 爾等不急王事, 乃急爾等之事拂衣而行乎. 又衆固山額眞坐大清門外伊爾登曰, 諸王謂爾等諸固山額眞不及古之大臣. 又諸王令護軍統領額駙楊古利及圖爾格奏上時, 衆固山額眞謂伊爾登曰, 爾兄乃獲罪之人, 不宜入奏. 伊爾登遂將此言告於諸王. 固山額眞篇古阿格曰, 爾以圖爾格爲無罪耶. 彼時吾與阿山俱在, 可證也. 伊爾登曰, 汝等可厭. 皆幸禍之流. 於是固山額眞篇古阿格 · 拜尹圖阿格 · 譚泰 · 葉臣 · 阿山 · 石廷柱以此言首告, 審實以伊爾登讒謗諸王 · 固山額眞, 革梅勒章京世職, 解固山額眞, 任罰銀百兩. 又以伊爾登述諸王有諸固山額眞等, 不及古大臣之言, 問額駙達爾哈. 達爾哈言, 王曾對我與伊爾登言之是實. 及伊爾登出, 復云, 王獨對我言之, 伊爾登不與聞也. 達爾哈言語反覆, 坐以應得之罪. 又圖爾格啟奏回時, 伊爾登謂曰, 衆固山額眞言, 爾乃獲罪之人, 不當往. 圖爾格曰, 若如此言, 可往刑部, 對質諸固山額眞. 初未嘗有令往刑部對質之言, 而圖爾格欲質諸法司, 出言生事, 坐是罰銀五十兩.

○ 이전에 친왕과 군왕이 기(旗)와 독(纛)의 일 때문에 각각의 구사어전을 보내 주상에게 아뢰었다. 돌아와서 왕들에게 고한 후 나가려고 했는데, 일던(ilden, 伊爾登)이 구사어전들에게 말했다. "너희는 왕의 일은 급하지 않고 너희 일은 급해서 옷자락을 떨치고 가느냐?" 또 구사어전들이 대청문 밖에 앉아 있자 일던이 말했다. "왕들이 너희 구사어전들이 옛 대신들에 미치지 못한다고 말한다." 또 여러 왕들이 호군통령 어푸 양구리와 투르거이로 하여금 상주하게 했을 때 구사어전들이 일던에게 말했다. "너의 형 투르거이는 죄를 지은 사람이니 상주를 하지 말아야 한다." 일던이 이 말을 왕들에게 고하려 하자 구사어전 피양구 아거가 말했다. "너는 투르거이가 무죄라고 생각하는가?

그때 나는 아산과 함께 있었으니 증거로 삼을 수 있다." 일던이 말했다. "너희는 괘씸하다. 모두 화(禍)를 요행으로 삼는 무리이다." 이에 구사어전 피양구 아거 · 바인투 아거 · 탄타이 · 여천 · 아산 · 석정주는 이 말을 고발했다. 사실을 살펴보니 일던이 여러 왕과 구사어전을 비방했으므로, 머이런장긴 세습직을 혁직하고 구사어전 직을 해임하고 벌은(罰銀) 100냥의 죄에 처했다. 또 일던이 "여러 왕이 너희 구사어전들이 옛 대신들에 미치지 못한다고 말한다."라고 한 것을 어푸 다르한에게 물으니 다르한이 말했다. "왕이 일찍이 나와 일던에게 그것을 말한 것이 사실이다." 그런데 일던이 나가자 다시 말했다. "왕은 오직 나에게만 그것을 말했고 일던은 함께 듣지 않았다." 다르한의 말이 이랬다저랬다 하기에 받아야 할 죄에 처했다. 또 투르거이가 상주하고 돌아올 때, 일던이 말했다. "여러 구사어전의 말은 네가 죄를 지은 사람이므로 가는 게 부당하다는 것이다." 투르거이가 말했다. "만약 이 말과 같다면 형부에 가서 여러 구사어전과 대질해야 한다." 처음에는 형부에 가서 대질시킨다는 말이 없었는데 투르거이가 법사(法司)에서 대질하고자 말을 꺼내 문제를 일으켰으므로 벌은(罰銀) 50냥의 죄에 처했다.

○ 以伊爾登兄圖爾格, 爲鑲白旗固山額眞. 上諭之曰, 圖爾格兄弟三人, 俱爲固山額眞. 竝獲罪, 今復用爾爲固山額眞者, 非從爾兄弟起見也. 因爾才能, 加恩特用. 爾嗣後若不勉力, 則用他人矣.

○ 일던의 형인 투르거이를 양백기 구사어전으로 삼았다. 주상이 유시했다. "투르거이 형제 3명이 모두 구사어전인데 모두 죄를 지었다. 지금 너를 다시 구사어전으로 삼아 쓰는 것은 너의 형제 때문이 아니다. 너의 재능으로 인해 은혜를 더하여 특별히 쓰는 것이다. 네가

이후에 열심히 힘쓰지 않으면 다른 사람을 쓸 것이다.”

○ 庚午, 上以出師征明, 御翔鳳樓召和碩睿親王多爾衮·和碩豫親王多鐸·和碩肅親王豪格·和碩成親王岳託及出征多羅武英郡王阿濟格·多羅饒餘貝勒阿巴泰·超品公額駙楊古利·固山額眞宗室拜尹圖·譚泰·葉書·阿山·圖爾格·宗室篇古·額駙達爾哈, 併不出征之固山額眞石廷柱等, 分列左右, 諭之曰, 爾出征王·貝勒·大臣, 凡師行所至, 宜公同計議而行, 切勿妄動. 爾諸臣遇殘破城池, 及我兵前所攻克良鄉·固安等城, 如欲進攻, 度可取則取, 不可取則勿取, 各以所見明確言之. 儻不明言, 恐日後追怨輒私相議曰, 我曾如此言之, 但言而不聽耳. 夫初未明言及事後而謂曾有, 是說其誰信之. 今若各抒所見明確言之而衆人猶有爭論不決之處, 宜聽武英郡王剖斷, 毋得違背. 朕觀凡人進兵時, 多始慎終怠, 所以有疎虞之患, 能於此處, 念之不忘, 庶乎其可矣. 又我國新附之人甚多. 先征大同·宣府時, 每牛彔分取男婦及牛, 諸將互相爭競, 以致所獲不均. 此行若多所俘獲, 每牛彔派取男婦六人·牛二頭, 其附滿洲牛彔下蒙古貝勒之人及內外新編入牛彔內者, 亦照此派取. 如一無所俘獲者, 毋得派取. 至軍士或以所獲之物, 私獻本主, 不得濫行收取, 須與從征者均分之. 其所取者, 亦不過金銀紬緞, 及堪用衣服而已. 又先征大同時, 察哈爾國土巴濟農率所部人全駐於彼地, 比命爾武英郡王往取, 而師行甚緩, 鮮所俘獲, 此番勿再緩行. 又彼處漢人若出城野戰, 破之甚易. 往者蒙古俄齊爾桑·巴圖魯詹·額駙多爾濟, 曾率數騎敗宣府兵五百人. 朕以此告爾等者, 蓋欲爾等知其大畧也. 至後所遣每旗官一員, 每牛彔甲士一名, 原令往擕俘獲, 若入明邊, 至長城下, 即令之還, 勿以少所俘獲而不令還, 俘獲雖少, 亦不下萬餘, 我國有萬餘俘獲, 亦不爲不利矣. 俄齊爾桑者, 扎魯特部落貝勒. 巴圖魯詹者, 阿祿科爾沁部落白身, 額駙多爾濟者, 蒙古兀魯忒部落貝勒, 皆爲上所親信任用之人云.

○ 경오일(5.27), 명나라를 정벌하러 출병한다고 주상이 상봉루(翔鳳樓)에 가서 호쇼이 예친왕(睿親王) 도르곤, 호쇼이 예친왕(豫親王) 도도, 호쇼이 숙친왕 호오거, 호쇼이 성친왕 요토 및 출정하는 도로이 무영군왕 아지거, 도로이 요여 버일러 아바타이, 초품공(超品公) 어푸 양구리, 구사어전 종실 바인투 · 탄타이 · 역슈 · 아산 · 투르거이, 종실 피양구, 어푸 다르한과 출정하지 않는 구사어전 석정주 등을 불러 좌우로 나누어 배열하고 유시했다.

"너희 출정하는 왕 · 버일러 · 대신들은 출정하여 가는 곳에서 함께 논의하여 행해야 한다. 절대로 경거망동해서는 안 된다. 너희 신하들은 파괴된 성과 우리 군대가 전에 함락했던 양향(良鄕) · 고안(固安) 등의 성에 가서 진공할 경우, 취할 수 있을 것 같으면 '취하자', 취하지 못할 것 같으면 '취하지 말자'라고 각자 견해를 명확히 말하라. 만약 분명히 말하지 않으면 후일 원망하며 걸핏하면 사사로이 구실을 삼으면서 '내가 그렇게 말했는데도 듣지 않았다.'라고 할 것이다. 처음에 분명히 말하지 않고 일이 끝난 후에 그전에 말했었다고 하면 그 말을 누가 믿겠는가. 지금 만약 각자 견해를 토로하여 명확하게 말했는데 사람들이 여전히 쟁론을 벌여 결정되지 않으면 무영군왕의 결정에 따라야 하고 위배해서는 안 된다. 짐이 보기에 사람들이 진공할 때 대부분 처음에는 신중하다가 끝에는 나태해진다. 소홀하여 실수하는 병폐가 여기에서 생길 수 있으니 이를 명심하고 잊지 않으면 일이 가능할 것이다.

또한 우리나라에 새로 귀부한 사람이 매우 많다. 예전에 대동(大同)과 선부(宣府)를 정벌했을 때 각 니루에서 남자와 부녀자 · 소를 나누어 취했는데 장수들이 서로 다투어서 얻은 것이 균등하지 않았다. 이번 출정에서 만약 노획물이 많으면 각 니루마다 남자와 부녀자 6명·소 2마리를 나누어 취하라. 만주 니루에 부속되어 있는 몽고 버일러의 사람과 새롭게 내니루와 외니루에 편입된 자 역시 이에 따라 나누어 취하라. 만일 노획물이 하나도 없으면 분배하지 말라. 군사가 획득한 물건을 사사로이 자신의 주인에게 헌납해도 함부로 받아서는 안 된다. 반드시 출정한 자들과 균등하게 나누어 취하라. 취하는 것은 금은·주단(紬緞)과 의복으로 쓸 수 있는 것만 취하라. 또한 예전에 대동에 출정했을 때 차하르국 투바 지농이 부민(部民)을 이끌고 전부 그 땅에 주둔했었다. 근래에 너 무영군왕에게 가서 데려오라고 했는데 출정이 너무 느려서 노획한 것이 매우 적었다. 이번에 또 느리게 행군하지 말라. 또한 그곳의 한인이 성을 나와서 야전하면 그들을 격파하기가 매우 쉬울 것이다. 예전에 몽고 오치르상(ocirsang, 俄齊爾桑)·바투루 잔(baturu jan, 巴圖魯詹)·어푸 도르지(dorji, 多爾濟)가 몇 기(騎)만 이끌고 선부의 병사 500명을 격파했다. 짐이 이것을 너희에게 알리는 것은 너희가 그 대략을 알기를 바라기 때문이다. 나중에 파견한 각 기(旗)의 관원 1명, 각 니루의 갑사(甲士) 1명은 원래 노획을 데려오라고 보낸 것이니 만약 명나라의 변계에 들어가서 장성 아래에 이르면 즉시 돌아오게 하라. 노획물이 적다고 돌아오지 못하게 하지 말라. 노획이 비록 적다 해도 1만 남짓 이상일 것이니 우리나라에서 1만 남짓의 노획을 이익이 아니라고 할 수 없다."

오치르상은 자루트 부락 버일러이고, 바투루 잔은 아루 코르친 부락의 백신(白身)이었다. 어푸 도르지는 몽고 우루트 부락의 버일러인데 모두 주상이 신임하여 가까이에서 부린 사람들이다.

○ 癸酉, 遣多羅武英郡王阿濟格·多羅饒餘貝勒阿巴泰·超品公額駙楊古利・固山額眞宗室拜尹圖及譚泰・葉克書・葉臣・阿山・圖爾格・宗室篇古・額駙達爾哈等，往征明國．卯刻，上出撫近門，列大駕鹵簿，詣堂子行禮．又於堂子外，列護軍八纛，拜天，行三跪九叩頭禮畢，上親送至演武場誡諭出師諸王・貝勒・貝子・固山額眞等，遣之行．

○ 계유일(5.30), 도로이 무영군왕 아지거・도로이 요여 버일러 아바타이・초품공 어푸 양구리・구사어전 종실 바인투 및 탄타이・역슈・여천・아산・투르거이・종실 피양구・어푸 다르한 등을 보내 명나라를 정벌하러 갔다. 묘시에 주상이 무근문(撫近門)을 나가 대가(大駕)와 노부(鹵簿)를 배열하고 당자(堂子)에 행차해 예를 행하였다. 또한 당자(堂子) 밖에서 호군의 여덟 독(纛)을 배열하고 하늘에 배례하여 삼궤구고두의 예를 마쳤다. 주상이 친히 연무장까지 가서 배웅하면서 출병하는 여러 왕과 버일러・버이서・구사어전들에게 경계하라고 유시하고 보냈다.

권30

숭덕 원년 6월 ~ 8월

崇德元年, 丙子, 六月, 甲戌朔, 諭阿祿部落塔賴之子穆章曰, 以爾父年高嗜酒, 故兩旗并爲一旗, 爾穆章須一體整理. 兩旗人有貧有富, 凡賦役務期均平, 毋有岐視, 即所以恭敬爾父也. 朕於爾父子, 原無分別, 爾如不敬父母更敬何人. 凡物皆可求而有之, 父母之年, 何可再得耶.

○ 숭덕 원년 병자년 6월 갑술일 초하루(6.1), 아루 부락의 탈라이(talai, 塔賴)의 아들 무장(mujang, 穆章)에게 유시했다. "너의 부친은 나이가 많은데 술에 빠져 있으니 두 기(旗)를 합쳐 하나의 기(旗)로 하고 너 무장이 모두 관리하라. 두 기(旗)의 사람 중에 가난한 자도 있고 부유한 자도 있으니 부역(賦役)을 공평하게 하고 차별이 없도록 힘써야 한다. 그것이 너의 부친을 공경하는 것이다. 짐은 너희 부자에게 원래 차별이 없었다. 네가 만약 부모를 공경하지 않으면 누구를 공경하겠는가. 물건은 모두 구할 수 있지만 부모의 수명을 어떻게 다시 얻을 수 있겠는가."

○ 都察院承政張存仁疏言, 臣自大凌河偷生改節樂歸皇上者, 原欲有所自效耳. 因在南朝職居疏遠, 而姦佞盈朝臣, 雖位至副總兵, 素志莫展. 聞我皇上聰明英武, 故決意歸降, 欲共聖明之主, 創立大業, 以抒臣二十年未伸之志, 自入國以來, 留心揆度, 人之賢姦 · 事之可否 · 宜興之利 · 宜除之害, 俱已細心籌畫. 但皇上未即用臣, 臣不敢出位妄言. 今既蒙皇上推誠, 委任令司言職. 切思皇上創立此衙門, 臣首膺斯任, 如臣正直, 後人必有過於臣之正直者, 如臣邪佞, 後人不免亦有邪佞者. 昨臣一聞命下, 憂喜交集. 所喜者, 得居喉舌之地, 得罄所懷之蘊, 幸而皇上俯鑒微忱, 言聽計行, 異日功名成就, 亦得垂光史冊.

○ 도찰원승정 장존인(張存仁)이 소(疏)를 올려 말했다. 「신(臣)이 대릉하에서 구차하게 목숨을 구하고자 충절을 바꾸어 황상께 귀의한 것은 원래 저의 역량을 다해 공헌하려는 것이었습니다. 남조(南朝)에서는 중요한 관직에 있지 않았고 조정의 신하들은 간사하고 아첨하는 자들로 가득 차 있어 비록 지위는 부총병(副總兵)에 이르렀지만 본래의 뜻을 펼치지 못했습니다. 우리 황상께서 총명하고 영무(英武)하시다는 소문을 듣고 귀항을 결의하여 성명(聖明)하신 주군께서 창립하신 대업을 돕고 신이 20년간 펼치지 못했던 뜻을 펼치고자 했습니다. 나라에 귀의해 온 이래 유심히 헤아려 사람의 현량함과 간사함, 일의 옳고 그름, 일으켜야 할 이익과 제거해야 할 해악을 모두 세심하게 생각해 놓았습니다. 그러나 황상께서 신을 등용하시지 않아 신은 감히 직분에서 벗어나 함부로 말씀드리지 못했습니다. 지금 황상께서 성심으로 대해 주시어 언직(言職)을 관장하는 직위를 맡기셨습니다. 간절히 생각건대 황상께서 이 아문을 세우시고 신이 처음으로 이 직임을 맡게 되었으니 신이 정직하면 후인(後人) 가운데 반드시 신의 정직을

넘어서는 자가 있을 것이요, 만약 신이 간사하면 후인 가운데 간사한 자가 있을 것입니다. 어제 신은 황상께서 명을 내리셨다는 것을 듣고 근심과 기쁨이 교차했습니다. 기쁜 것은 간관(諫官)의 지위를 얻어 품은 생각을 모두 말할 수 있게 되었으니 다행히 황상께서 저의 부족한 마음을 굽어 살피시고 말을 듣고 계획을 실천하고 훗날 공명을 성취하여 역사책에 영광을 남길 수 있을 것입니다.

臣所憂者, 擧國尙逢迎, 而臣獨直戇, 擧國務朦朧, 而臣獨無隱, 擧國見不平之事, 而竟若罔聞, 觸是非之地, 而趨避不暇. 臣將欲低眉媚世, 以全軀保位, 不惟大失其本心, 且大負我皇上知遇之恩. 今於受命之初, 若不陳奏明白, 一旦用臣之心, 行臣之事, 人不敢彈劾者, 而臣彈劾之, 人不敢更張者, 而臣更張之, 擧國之人, 必共加攻擊. 皇上肯出昭曠之見, 是臣萬幸. 萬一皇上因衆口致疑, 必將曰, 擧國皆如此, 而張存仁獨如彼, 豈有衆皆非而張存仁獨是之理. 雖聖恩不加顯戮, 亦必貶斥. 彼時臣志不得遂, 事不得終, 身名兩失, 雖生猶死. 思念至此, 不覺汗下沾衣, 椎心泣血也. 若夫隨衆然諾, 不招是非, 其事甚易. 發姦摘伏, 抗節直言, 其事甚難. 臣非顚愚之人, 何故不爲其易而獨爲其難. 誠見夫不如此, 不足以盡職業.

신이 근심하는 것은 온 나라가 영합하는데 신 홀로 정직하고 우직한 것이고, 온 나라가 모호하게 숨기기에 힘쓰는데 신만 홀로 숨기지 않는 것이고, 온 나라가 불공평한 일을 보아도 듣지 못한 것처럼 하는데 시비거리를 건드리고 피하지 못하는 것입니다. 신이 장차 세상에 따르고 영합하여 몸과 자리를 보전하고자 하면 저의 본심을 크게 잃을 뿐만 아니라 우리 황상의 중용하신 은덕을 저버리는 것입니다. 지금 명을 받은 초기에 명백하게 아뢰지 않고 일단 신의 뜻을 펼치고 신의 일을 행하여 사람들이 감히 탄핵하지 못하는 것을 신이 탄핵하고 사람들이 감히 고치지 못하는 것을 신이 고치면 반드시 온 나라 사람들이 함께 공격할 것입니다. 그때 황상께서 영명하신 견해를 내시면 그것은 신의 매우 큰 행운입니다. 그러나 만일 황상께서 사람들의 말로 인해 의심하면 필시 '온 나라가 모두 이렇다고 하는데 장존인만 저렇다고 한다. 어찌 무리가 모두 그르고 장존인만 옳을 리가 있겠는가.'라고 말씀하실 겁니다. 비록 성은으로 죽이지는 않는다 해도 필시 내치실 것이니 그때에는 신의 뜻을 이루지 못하고 일을 끝낼 수 없으며 몸과 명성 둘 다 잃어 비록 살아도 죽은 것과 같을 것입니다. 생각이 여기에 미치니 저도 모르게 땀이 흘러 옷을 적시고 가슴을 치고 눈에서 피가 흐릅니다. 만약 무리를 따라 무조건 응하면서 시비를 자초하지 않으면 그 일은 매우 쉽습니다. 간사함을 밝혀내고 숨어 있는 것을 적발하여 절개를 지키고 직언한다면 그 일은 매우 어렵습니다. 신은 어리석은 사람이 아닌데 어째서 쉬운 것을 하지 않고 홀로 어려운 일을 하겠습니까. 성심으로 이렇게 하지 않으면 맡겨진 직무를 다하기에 부족할 것입니다.

臣今既受斯職, 願吐心露肝, 爲皇上作一番經畫, 伏乞皇上爲臣主持. 臣以三死許國. 如臣不實心任事, 苟且塞責畏首畏尾, 即以負君之罪, 誅臣, 一也. 如臣借公行私, 顧瞻情面遺誤國政, 即以欺君之罪, 誅臣, 二也. 如臣貪財受賄, 私家利己, 即以貪婪之罪, 誅臣, 三也. 如臣不犯三事, 而被姦佞誣陷, 願皇上大振乾斷, 誅佞人以戒讒嫉, 微臣幸甚, 國家幸甚. 上覽奏曰, 此疏所言, 或有所指. 但朕素不聽讒毁, 一切是非, 必由於親見, 從未惑於從旁離間之語. 且朕志裁定於上, 諸臣蒙澤於下, 雖有姦邪, 孰能售其讒哉.

신은 지금 이 직임을 받아 마음을 다하여 황상을 위해 한 번 계획하고자 합니다. 엎드려 청컨대 황상께서 신을 위해 주관해 주시기를 바랍니다. 신은 세 번 죽어서 나라를 위하겠습니다. 만약 신이 성실한 마음으로 일에 임하지 않고 구차하게 그럭저럭 넘기면서 앞뒤를 재며 몸을 사리면 주군을 저버린 죄로 신을 죽이십시오. 이것이 하나입니다. 만일 신이 공무를 핑계 대며 사사로움을 행하고 눈치를 보고 체면을 봐주어 국정을 그르치면 군주를 속인 죄로 신을 죽이십시오. 이것이 둘입니다. 만일 신이 재물을 탐하여 뇌물을 받아 가문과 자신을 이롭게 하면 탐욕의 죄로 신을 죽이십시오. 이것이 셋입니다. 만약 신이 이 세 가지 일을 범하지 않았는데 간사한 무리들에 의해 모함에 빠진다면 원컨대 황상께서 판단하시고 간사한 무리들을 주살하시어 질시와 모함을 경계하게 하시면 신에게 심히 다행이고 나라에 큰 다행일 것입니다.」

주상이 상주를 읽은 뒤 말했다. "이 상소에서 한 말은 아마도 누군가를 가리키는 것이다. 그러나 짐은 본래 참소를 듣지 않는다. 모든 시비는 반드시 내가 직접 본 것에 따를 뿐이지, 옆에서 이간하는 말에 미혹된 적이 없다. 또한 위로는 짐의 뜻이 결정하고 아래로는 신하들이 은택을 입었는데 비록 간사한 무리가 있다 해도 누가 참소를 할 수 있겠는가."

○ 以布爾噶都爲一等昂邦章京, 畢喇錫爲三等昂邦章京, 喇思哈布爲三等梅勒章京, 卓爾畢泰爲二等甲喇章京, 額墨爾齊爲牛彔章京. 賜布爾噶都敕書曰, 爾布爾噶都原係蒙古喀喇沁管固山事貝勒. 蒙古國亂, 自本國身先歸命後, 隨征燕京爲鄉導, 及入明邊, 以導引有功, 令駐守歸順之羅文峪城. 會明吳副將 · 丁副將率兵三千來攻, 擊敗之. 餘騎奔入一堡, 次日復攻克之, 生擒丁副將及官五員來獻. 又攻克一堡. 察哈爾兵, 將土默特西蘭圖部下人馬驅去, 追襲之, 足被創. 又率本部落來歸. 因是賜名代達爾漢, 授爲一等昂邦章京. 畢喇錫敕書曰, 爾畢喇錫之父布顏貝勒, 乃蒙古喀喇沁之執政大貝勒. 蒙古國亂來歸於朕. 爾父歿後, 爾畢喇錫率本部兵從征東揆, 又率部落人來歸, 因是授爲三等昂邦章京. 喇思哈布敕書曰, 爾喇思哈布原係蒙古喀喇沁管固山事貝勒. 蒙古國亂來歸, 率本部兵從征東揆. 又率部落來降, 因是授爲三等梅勒章京. 卓爾畢泰敕書曰, 爾卓爾畢泰原係蒙古土默特部落貝勒. 蒙古國亂, 遣人納款. 後爾父爲察哈爾所執, 會我師征燕京, 遂不及尋父, 率妻子來歸. 因是授爲二等甲喇章京. 額墨爾齊敕書曰, 爾額墨爾齊, 乃蒙古喀喇沁部落下閒散人. 與代達爾漢來歸, 征燕京時, 爲我右翼四固山兵鄉導, 入邊. 因是授爲牛彔章京.

○ 부르가두(burgadu, 布爾噶都)를 일등 암바장긴으로, 비라시(birasi, 畢喇錫)를 삼등 암바장긴으로, 라스합(lash'ab, 喇思哈布)을 삼등 머이런장긴으로, 졸비타이(jolbitai, 卓爾畢泰)를 이등 잘란장긴으로, 에멜치(emelci, 額墨爾齊)를 니루장긴으로 삼았다.

부르가두에게 하사한 칙서의 말.「너 부르가두는 원래 몽고 카라친의 구사의 일을 관장하는 버일러였다. 몽고국이 혼란해지자 그 나라에서 홀로 먼저 귀의한 후, 연경 정벌에 길잡이로 종군해 명 변계에 들어가서 길잡이 한 공이 있어 귀순한 나문욕(羅文峪) 성에 주둔시켰다. 이때 명나라의 오 부장(吳副將)·정 부장(丁副將)이 3,000명의 군사를 이끌고 공격해 오는 것을 응전하여 격퇴했다. 남은 기병이 한 보(堡)로 달아나 들어갔는데 다음날 공격해 함락하고 정 부장(丁副將)과 관원 5명을 사로잡아 바쳤다. 또 보(堡) 1개를 함락했다. 차하르 병사가 투메트 시란투(sirantu, 西蘭圖) 부(部) 속하의 사람과 말을 몰아서 가는 것을 추격해 공격하다가 다리에 부상을 입었다. 또한 자신의 부락을 이끌고 내귀했다. 이 때문에 다이 다르한(dai darhan, 代達爾漢) 칭호를 하사하고 일등 암바장긴을 제수한다.」

비라시(birasi, 畢喇錫)에게 하사한 칙서의 말. 「너 비라시의 부친 부얀(buyan, 布顏) 버일러는 몽고 카라친의 집정 대버일러였다. 몽고국이 혼란해지자 짐에게 내귀했다. 너의 부친이 죽은 후 너 비라시는 부락의 병사를 이끌고 둥쿠이(dungkui, 東揆) 정벌에 종군했다. 또 부락민을 이끌고 내귀했다. 이 때문에 삼등 암바장긴을 제수한다.」

라스합에게 하사한 칙서의 말. 「너 라스합은 원래 몽고 카라친에서 구사의 일을 관장하는 버일러였다. 몽고국이 혼란해지자 내귀하여 부락 병사를 이끌고 둥쿠이 정벌에 종군했다. 또 부락민을 이끌고 내항했다. 이 때문에 삼등 머이런장긴을 제수한다.」

졸비타이에게 하사한 칙서의 말. 「너 졸비타이는 원래 몽고 투메트 부락의 버일러였다. 몽고국이 혼란해지자 사람을 보내 내귀 의사를 밝혔다. 나중에 너의 부친이 차하르에게 잡혔을 때 우리 군사와 연경을 정벌하느라 결국 부친을 찾지 못하고 처자를 이끌고 내귀했다. 이 때문에 이등 잘란장긴을 제수한다.」

에멜치에게 하사한 칙서의 말. 「너 에멜치는 몽고 카라친 부락의 한산인(閒散人)이었다. 다이 다르한과 함께 내귀하여 연경을 정벌할 때 우리 우익 4개 구사 군사의 길잡이가 되어 변경에 들어갔다. 이 때문에 니루장긴을 제수한다.」

○ 丁丑, 賜阿賴達爾漢收服之喀木尼漢地方葉雷及其從役十七人, 衣服·帽·鞾·撒袋等物有差.

○ 정축일(6.4), 알라이 다르한(alai darhan, 阿賴達爾漢)이 정복한 캄

니간(kamnigan, 喀木尼漢) 지방의 열러이(yelei, 葉雷)와 그를 따라 온 역인(役人) 17명에게 의복·모자·신발·화살집 등의 물품을 차등 있게 하사했다.

○ 戊寅, 命前鋒將領碩翁科羅巴圖魯勞薩·蘇達喇·席特庫·努山·鄂碩·卦爾察席特庫等, 率甲士一百十八人, 往明國沿邊躡踪. 於是和碩成親王岳託引諸將謁上, 上諭曰, 明國聞我兵至, 必來邊外哨探, 汝等須用心防禦, 從察罕諾爾·打草灘·敖漢城南, 赴蘇布地杜稜城, 自此可令卦爾察席特庫率兵往察罕城偵探. 爾等此去, 若得其向外踪跡, 視其踪跡多寡, 酌量派人, 命其隨後追之, 或得或不得, 務定一約會之處. 飭令前往, 凡於各處遇敵, 敵雖分路竄走, 我兵不可驟回. 必視敵所向, 星夜窮追, 截其必經之道, 敵人晝行, 必遇而執之矣. 還兵之日, 可從去路北邊而還. 爾等往返晝行, 不難預備, 雖遇敵亦無可懼. 但恐秣馬偶憩之頃及夜分之候, 一或弛備, 慮敵人猝至, 不可不加防範耳. 爾成親王其以朕言書, 示出征將士知之.

○ 무인일(6.5), 전봉장령(前鋒將領) 숑코로 바투루 로오사·수달라·시터쿠·누산·오쇼·구왈차 시터쿠 등에게 명하여 갑사(甲士) 118명을 이끌고 명나라의 변계를 따라 흔적을 수색하게 했다. 이에 호쇼이 성친왕 요토가 장수들을 이끌고 주상을 알현하자 주상이 유시했다. "명나라는 우리 군대가 온다는 소식을 듣고 필시 변외에 초탐하러 올 것이다. 너희는 신경 써서 방어해야 한다. 차간 노오르(cagan noor, 察罕諾爾)·타초탄(打草灘)·아오한의 성 남쪽에서 수부디 두렁의 성에 가서 그곳에서부터 구왈차 시터쿠에게 병사를 이끌고 차간 성(cagan hoton, 察罕城)으로 가서 정탐하게 하라. 너희가 이번에 가서 밖으로 간 적의 흔적을 발견하면 그 종적의 많고 적음을 보고 사람을

헤아려 파견해서 추적하되, 추적하든 추적하지 못하든 만날 장소를 미리 정하라. 칙령에 의해 진격하여 각지에서 적을 만나면 적이 길을 나누어 도주하더라도 우리 병사는 급히 돌아오지 말고 반드시 적이 향하는 곳을 보고 밤을 새워 추적하라. 적이 지나갈 길을 막으면 적병이 낮에 행군할 때 반드시 만나서 잡을 수 있을 것이다. 회군할 때에는 간 길을 따라 북변으로 돌아오라. 너희가 가고 올 때 낮에 행군하면 대비하기 어렵지 않고 적을 만나도 두려울 것이 없다. 다만 말을 먹이고 쉬고 있을 때, 또 야밤에 혹시 방비가 느슨해졌을 때 적군이 갑자기 올까 염려되니 방범을 강화해야 한다. 너 성친왕은 짐의 말을 글로 적어서 출정한 장수와 병사들에게 보여 알려라."

○ 己卯, 命和碩豫親王多鐸 · 管禮部事和碩肅親王豪格, 管戶部事.

○ 기묘일(6.6), 호쇼이 예친왕(豫親王) 도도와 예부의 일을 관장하는 호쇼이 숙친왕 호오거에게 호부의 일을 관장하게 했다.

○ 是日, 諭曰, 我國之人, 向者未諳典禮, 故言語書詞上下貴賤之分, 或未詳晰. 朕閱古制, 凡上下問對, 各有分別. 自今俱宜倣古制行之.

○ 이날 유시했다. "우리나라 사람은 예전에 전례(典禮)를 알지 못하여 언어와 글에 상하와 귀천의 구분이 더러는 불명확했다. 짐이 옛 제도를 열람해 보니 무릇 윗사람과 아랫사람이 묻고 답하는 데 각기 분별이 있었다. 지금부터 모두 옛 제도를 본받아 행해야 한다."

○ 上御翔鳳樓偶寢夢, 偕皇后東行俄而至一殿, 上與禮親王代善及姪穎親王薩哈廉偕坐. 上默念穎親王已故, 何爲在此, 遂避還盛京路, 遇儀仗左右排列, 忽有人自後至, 請曰穎親王乞聖上賜牛一, 上許之. 駕行不數武, 忽碩託又自後至奏曰, 穎親王令臣求皇上賜牛, 上曰, 已與之矣. 及覺, 上以所夢問內院大臣希福 · 剛林 · 詹霸 · 胡球, 衆奏曰, 此皇上悼念之切所致耳. 上曰, 不然, 朕未嘗思之, 當別有故也. 於是希福等檢閱會典, 凡親王薨初祭, 賜一牛. 希福等甚異之, 穎親王初祭時, 未曾用牛, 因以奏聞, 上因命禮部備牛致祭.

○ 주상이 상봉루(翔鳳樓)에 가서 침소에 들어 꿈을 꾸었다. 꿈에서 황후와 함께 동쪽으로 가다가 갑자기 한 전각에 이르렀는데 주상이 예친왕(禮親王) 다이샨, 조카 영친왕(潁親王) 사할리얀과 함께 앉아 있었다. 주상이 가만히 생각해 보니 영친왕은 이미 죽었는데 어찌 이곳에 있을까 하여 마침내 피해서 성경(盛京)으로 돌아오는 길에 의장(儀仗)이 좌우에 배열되어 있는 것을 마주쳤다. 홀연히 뒤에서 한 사람이 와서 "영친왕이 성상(聖上)께 소 1마리를 내려 주시기를 청합니다."라고 하자 주상이 이를 허락했다. 어가가 몇 걸음 가지 않았는데 홀연히 쇼토가 다시 뒤에서 나타나 상주하여 말했다. "영친왕이 신으로 하여금 황상께 소를 내려 주시기를 간청하게 했습니다." 주상이 "이미 그에게 주었다."라고 말했다. 잠에서 깬 뒤 주상은 꿈꾼 것을 내원대신 히퍼 · 가린 · 잠바 · 후키오에게 물으니, 그들이 아뢰기를 "이는 황상께서 애통해하시는 것이 절절해서 생긴 일입니다."라고 했다. 주상은 "그렇지 않다. 짐은 사할리얀을 생각한 적이 없다. 분명 다른 이유가 있을 것이다."라고 했다. 이에 히퍼 등이 회전(會典)을 검토해 보니 친왕이 홍서(薨逝)하면 초제(初祭)에 소 1마리를 하사한다고 했다. 히퍼 등이 매우 신기해하며 영친왕의 초제 때에 소를 쓰지 않았다고 주상

에게 아뢰자 주상이 예부에 명해 소를 준비해 제사 지내게 했다.

○ 辛巳, 論征瓦爾喀諸將功賞人口 · 馬匹 · 貂皮 · 布疋有差.

○ 신사일(6.8), 와르카를 정벌한 장수들의 공을 논해 인구(人口) · 말 · 담비가죽 · 포필(布疋)을 차등 있게 상 내렸다.

○ 甲申, 上遣官以牛祭和碩穎親王薩哈廉, 文曰, 皇帝諭祭和碩穎親王. 爾身雖沒, 爾靈實昭, 所請太牢之禮, 已感於夢. 朕考古禮, 親王薨逝初祭有用牛之例, 前者不知, 故未嘗用. 今旣見夢, 又合古禮, 朕甚奇之, 特遣大臣, 祀以太牢, 以慰爾心.

○ 갑신일(6.11), 주상이 관원을 보내 호쇼이 영친왕 사할리얀에게 소를 잡아 제사를 지냈다. 제문에서 말했다. 「황제가 호쇼이 영친왕을 위해 제사를 지낸다. 너의 몸은 비록 죽었으나 너의 영령이 분명히 태뢰(太牢)의 예(禮)를 청한 것을 꿈에서 깨달았다. 짐이 고례(古禮)를 살펴보니 친왕이 훙거했을 때 초제(初祭)에 소를 잡아 쓰는 정례(定例)가 있었다. 예전에는 알지 못하여 소를 쓰지 않았으나 지금 꿈에 나타난 데다 또한 고례(古禮)와 맞으니 짐은 매우 기이하게 생각하여 특별히 대신을 보내 태뢰(太牢)로써 제사를 지내 너의 마음을 위로한다.」

○ 封和碩穎親王薩哈廉長子阿達禮, 爲多羅郡王, 賜之冊印.

○ 호쇼이 영친왕 사할리얀의 장자 아달리(adali, 阿達禮)[1]를 도로이

군왕으로 봉하고 책인(冊印)을 하사했다.

○ 丙戌, 以國舅阿什達爾漢爲都察院承政, 尼堪爲蒙古衙門承政.

○ 병술일(6.13), 국구(國舅) 아시다르한을 도찰원승정으로 삼고 니칸을 몽고아문승정으로 삼았다.

○ 以明大凌河各官歸附, 仍照原銜, 分別授職, 賜之世襲敕書. 錦州副將祖澤潤, 爲三等昂邦章京, 准再襲十二次. 錦州副將祖可法, 爲一等梅勒章京, 准再襲十次. 錦州副將祖澤洪, 爲一等梅勒章京, 准再襲十次. 寧遠副將張存仁, 爲一等梅勒章京, 准再襲十次. 錦州副將孫定遼, 爲二等梅勒章京, 准再襲九次. 寧遠副將韓大勳, 爲二等梅勒章京, 准再襲九次. 錦州副將曹恭誠, 爲二等梅勒章京, 准再襲九次. 錦州副將裴國珍, 爲三等梅勒章京, 准再襲八次. 前屯衛副將鄧長春, 爲三等梅勒章京, 准再襲八次. 錦州副將陳邦選, 爲三等梅勒章京, 准再襲八次. 錦州副將李雲, 爲三等梅勒章京, 准再襲八次. 遵化副將薛大湖, 我軍圍大凌河時, 同張監軍來援, 爲我軍所執, 授爲二等甲喇章京, 不世襲. 劉家營參將姜新, 我軍圍大凌河時, 率兵同張監軍來援, 陣獲收養, 後命於總兵祖大壽處往來爲使, 授爲二等

1 아달리: adali, 阿達禮. 1624-1643. 만주정홍기인. 누르하치의 증손자. 다이샨의 셋째 아들 사할리얀의 장남. 1636년 부친 사할리얀이 사망한 후 穎郡王 작위를 세습했다. 1638년 칼카 공격에 참전했다. 1640년 지르갈랑과 함께 義州에 주둔하면서 몽골 돌로트 부를 영접하고 1641년 錦州 공격에 참전하는 등 공적을 세웠다. 1643년 청 태종이 사망한 후 친형 쇼토와 함께 도르곤을 황제로 옹립하려고 모의하다가 처형당했다.

甲喇章京, 不世襲.

○ 명 대릉하의 관원들이 귀부했으므로 원래의 직함에 따라 분별하여 관직을 제수하고 세습의 칙서를 하사했다. 「금주부장(錦州副將) 조택윤(祖澤潤)을 삼등 암바장긴으로 삼고 다시 12번 습직을 허락한다. 금주부장 조가법(祖可法)을 일등 머이런장긴으로 삼고 다시 10번 습직을 허락한다. 금주부장 조택홍(祖澤洪)을 일등 머이런장긴으로 삼고 다시 10번 습직을 허락한다. 영원부장(寧遠副將) 장존인(張存仁)을 일등 머이런장긴으로 삼고 다시 10번 습직을 허락한다. 금주부장 손정요(孫定遼)를 이등 머이런장긴으로 삼고 다시 9번 습직을 허락한다. 영원부장 한대훈(韓大勳)을 이등 머이런장긴으로 삼고 다시 9번 습직을 허락한다. 금주부장 조공성(曹恭誠)을 이등 머이런장긴으로 삼고 다시 9번 습직을 허락한다. 금주부장 배국진(裴國珍)을 삼등 머이런장긴으로 삼고 다시 8번 습직을 허락한다. 전둔위부장(前屯衛副將) 등장춘(鄧長春)을 삼등 머이런장긴으로 삼고 다시 8번 습직을 허락한다. 금주부장 진방선(陳邦選)을 삼등 머이런장긴으로 삼고 다시 8번 습직을 허락한다. 금주부장 이운(李雲)을 삼등 머이런장긴으로 삼고 다시 8번 습직을 허락한다. 준화부장(遵化副將) 설대호(薛大湖)는 우리 군대가 대릉하를 포위했을 때 장 감군(張監軍)[2]과 함께 지원하러 왔다가 우리 군대에 사로잡혔다. 이등 잘란장긴을 제수하고 습직하지 않는다. 유가영참장(劉家營參將) 강신(姜新)은 우리 군대가 대릉하를 포위했을 때 병사를 이끌고 장 감군(張監軍)과 함께 지원하러 왔는데, 우리가 전장에서 사로잡아 살려주었다. 나중에 총병 조대수 측에 왕래하며 사신의 역할을 했으므로 이등 잘란장긴을 제수하고 습직하지 않는다.」

2　張春을 가리킨다.

○ 戊子, 上御崇政殿. 大凌河各官, 以授職賜敕謝恩. 刑部承政郎球奏曰, 毛達色曾與傅爾丹, 往追俄木布楚虎爾下逃人, 因其未獲. 究問往追各官, 毛達色供言, 我並未往. 及察往追逃人各官冊籍, 實有毛達色名. 應坐誑上, 罪鞭一百, 革牛彔職爲民, 奏聞. 命依議行. 時扈駕官巴圖魯詹·額爾克戴青, 不至職守之地. 比至, 都察院承政阿什達爾漢·多爾濟達爾漢諾顏見之, 即於御前面斥之曰, 爾等乃扈駕之人, 奈何擅違職守, 而後至乎. 遂逐出大清門外, 送刑部擬罪以聞, 上誡而宥之.

○ 무자일(6.15), 주상이 숭정전(崇政殿)에 들었다. 대릉하의 관원들이 관직을 제수하고 칙서를 내린 것에 대해 사은했다. 형부승정 랑키오(langkio, 郎球)가 상주하여 말했다. "모오다서(moodase, 毛達色)는 일찍이 푸르단(furdan, 傅爾丹)과 함께 옴부 추후르(ombu cūhur, 俄木布楚虎爾)의 도망친 자를 추격하러 갔는데 포획하지 못했습니다. 추격하러 갔던 관원들을 조사하자, 모오다서는 '내가 함께 가지 않았다.'라고 진술했습니다. 그런데 도망친 자를 추격하러 갔던 관원을 기록한 명부를 살펴보니 실제로는 모오다서의 이름이 있었습니다. 모오다서는 주상을 속인 죄에 해당하므로 채찍 100대를 때리고 니루의 관직을 혁직하여 민(民)으로 삼아야 합니다." 상주하니 논의한 대로 이행하라고 명했다. 이때 호가관(扈駕官) 바투루 잔(baturu jan, 巴圖魯詹)과 어르커 다이칭(erke daicing, 額爾克戴青)이 지켜야 할 자리에 오지 못했다. 그들이 도착하자 도찰원승정 아시다르한(asidarhan, 阿什達爾漢)·도르지 다르한 노얀(dorji darhan noyan, 多爾濟達爾漢諾顏)이 이를 보고 어전(御前)에서 질책하며 "너희는 황제를 호위하는 사람들인데 어찌 함부로 지켜야 할 자리에 뒤늦게 도착했는가?"라고 말했다. 마침내 그들을 대청문(大清門) 밖으로 쫓아내고, 형부(刑部)로 보내어 죄를 심의

해야 한다고 아뢰니 주상이 훈계하고 용서해 주었다.

上御清寧宮. 都察院承政阿什達爾漢等奏云, 有一僕人告主, 及審所告是實, 將原告撥與他人爲奴. 上曰, 此等事固應奏聞, 但爾等大臣, 不惟如此小事應奏, 今後雖朕有過失, 及親王 · 郡王以下衆官員內, 有行事乖張欺壓小民, 怠政壞法等罪, 俱當陳奏. 民人內有自謂前知禍福, 及師巫邪術左道惑衆之人, 俱當即行奏聞. 若止奏在下細民之事, 將在上之人之事匿不奏聞, 非忠直之道也. 阿什達爾漢奏曰, 誠如聖諭, 臣等不身先正直, 何以責人, 荷蒙皇上委任, 有所聞見, 敢隱而不奏乎. 祖可法奏曰, 臣等惟皇上是懼耳. 餘復何懼哉. 凡人有爲惡妄行, 親見者即曰親見, 風聞者即曰風聞, 必當入奏. 張存仁奏曰, 祖可法所言非也, 進諫格非, 忠直爲國之臣, 雖批鱗折檻亦所不懼, 豈有更懼他人之理乎. 見有過誤又何隱焉. 上曰, 然. 凡人果能正直以行, 雖上天鬼神尚不能搖動, 人主可得而奪之乎. 古云, 以忠直行之, 氣數不能撓, 世變不能遷, 此之謂也.

주상이 청녕궁에 들었다. 도찰원승정 아시다르한 등이 상주하여 말했다. "종복 하나가 주인을 고발했는데, 고발한 것을 조사하니 사실이어서 고발자를 다른 사람에게 주어 노예로 삼도록 했습니다." 주상이 말했다. "이러한 일들은 진실로 상주해야 마땅하다. 다만 너희 대신들은 이렇게 사소한 일뿐만 아니라 이후에 짐이 비록 과실이 있거나 친왕(親王) · 군왕(郡王)과 그 이하의 관원들 중에서 일 처리가 순조롭지 못하고 백성들을 억압하며 정사를 태만히 하고 법도를 무너뜨리는 등의 죄가 있으면 모두 상주해야 한다. 백성 가운데 재앙과 복을 미리 안다고 말하며 무당의 사술(邪術)과 좌도(左道)로 사람들을 미혹시키는 자가 있으면 모두 즉시 상주해야 한다. 만약 아래 백성의 일만을 상주하고 윗사람의 일을 숨기고 상주하지 않으면 충직의 도가 아니다." 아시다르한이 상주하여 말했다. "진실로 성유(聖諭)와 같습니다. 저희가 먼저 정직하지 않으면 어찌 다른 사람을 책망할 수 있겠습니까. 황상께 위임받았는데 보고 들은 바를 감히 숨기고 상주하지 않겠습니까." 조가법(祖可法)이 상주하여 말했다. "신들은 오직 황상이 두려울 뿐입니다. 그 밖에 두려운 것이 어디 있겠습니까. 사람들 중에 악하고 망령된 행동을 하는 자를 직접 보면 직접 봤다고 말하고 소문으로 들으면 소문을 들었다고 반드시 아뢰겠습니다." 장존인(張存仁)이 상주하여 말했다. "조가법이 말한 것은 옳지 않을 뿐 아니라 간언도 격식에 맞지 않습니다. 나라를 위하는 충직한 신하는 비록 황상이 노여워해도 강경하게 간언하고 두려워하지 않아야 하는데, 어찌 도리어 다른 사람을 두려워할 이유가 있겠습니까. 과오를 보고 어찌 숨기겠습니까." 주상이 말했다. "그렇다. 사람이 정말로 정직하게 행동하면 하늘과 귀신도 동요시킬 수 없는데 임금이 그것을 꺾을 수 있겠는가. 옛말에 '충직하게 행하면 운수(運數)에 흔들리지 않고 세태의 변화에 동요되지 않는다.'라고 한 것은 이것을 말한 것이다."

○ 丁酉, 以吳巴海曾率兩旗兵, 往征厄勒約索 · 厄黑庫倫地方, 俘獲人口甚多, 編爲戶口. 嘉其善於用兵, 由一等甲喇章京, 陞爲三等梅勒章京. 以俄屯係廢官, 同吳巴海出征有功, 授爲牛彔章京.

○ 정유일(6.24), 우바하이(ubahai, 吳巴海)가 일찍이 두 기(旗)의 병사들을 이끌고 얼러 요서(ele yose, 厄勒約索) · 어허 쿠런(ehe kuren, 厄黑庫倫) 지역으로 출정하여 노획한 인구가 매우 많아 호구(戶口)로 편성했다. 병사를 잘 운용한 것을 가상히 여겨 일등 잘란장긴에서 삼등 머이런장긴으로 승진시켰다. 오톤(oton, 俄屯)은 폐관(廢官)되었으나

우바하이와 함께 출정한 공이 있어 니루장긴을 제수했다.[3]

○ 都察院參劾刑部官郎位, 貪污不法, 當急屛黜, 以彰國紀. 下法司鞫問, 得實, 擬辟以聞. 命免死, 追贓革職爲民.

○ 도찰원에서 형부(刑部)의 관원 낭위(郎位)가 탐욕스럽고 법을 어겼으므로 급히 축출해 국가의 기강을 분명하게 해야 한다고 탄핵했다. 법사(法司)로 내려 보내 신문하자 그것이 사실이었으므로 사형죄에 해당한다고 상주했다. 주상이 사형은 면해 주되 감추어 둔 재산을 몰수하고 혁직하여 민(民)으로 삼으라고 명했다.

○ 戊戌, 土默特部落古祿格楚虎爾 · 大諾爾布 · 杭古 · 漢談 · 小諾爾布 · 託果巴克什 · 圖美隆 · 白奇 · 布顏代 · 塞冷 · 喀爾察海 · 額參巴圖魯 · 多爾濟塔布囊台吉 · 托博克達賴 · 兆伊烏巴三察 · 畢禮克託果 · 達賴綽爾濟 · 達爾察 · 通事拜都賴等十九人, 來朝貢駝 · 馬 · 綵緞等物.

○ 무술일(6.25), 투메트 부락의 굴루거 추후르(guluge cūhur, 古祿格楚虎爾) · 대(大) 노르부(amba norbu, 大諾爾布) · 항구(hanggū, 杭古) · 하탄(hatan, 漢談) · 소(小) 노르부(ajige norbu, 小諾爾布) · 토고 박시(togo baksi, 託果巴克什) · 투머이 룽(tumei lung, 圖美隆) · 버키(beki, 白奇) · 부얀다이(buyandai, 布顏代) · 서렁(sereng, 塞冷) · 카르차하이

3 오톤은 『만문노당역주』2 천총 6년 2월 29일조, p.1147 기록에 의하면 천총 4년 明과 벌어진 永平전투에서 張春에게 패퇴한 죄로 niru janggin에서 廢官되었다.

(karcahai, 喀爾察海)・에센 바투루(esen baturu, 額參巴圖魯)・도르지 타부낭 타이지(dorji tabunang taiji, 多爾濟塔布囊台吉)・토복 달라이(tobok dalai, 托博克達賴)・조오의 우바산차(joo i ubasanca, 兆伊烏巴三察)・빌릭 토고(bilik togo, 畢禮克託果)・달라이 초르지(dalai corji, 達賴綽爾濟)・다르차(darca, 達爾察)・통역관 바이둘라이(baidulai, 拜都賴) 등 19명이 내조하여 낙타・말・채단(綵緞) 등의 물품을 공물로 바쳤다.

○ 鄂爾多斯部落額林臣濟農, 來朝貢駝隻・綵緞等物.

○ 오르도스 부락의 어린천 지농(erincen jinong, 額林臣濟農)[4]이 내조해 낙타와 채단(綵緞) 등의 물품을 공물로 바쳤다.

○ 佟三牛彔下生員劉奇遇・劉弘遇奏言, 臣等兄弟, 初係明國生員, 爲祖總兵參謀. 時聞太祖皇帝深仁大德, 任用賢才. 故臣等率家人慕義來歸, 於三岔河適遇太祖大軍西征, 即以明國兵馬數目, 及戰守事宜奏聞. 太祖遣俄本兌諭臣等曰, 若得廣寧, 即授爾以官. 其時攻克廣寧, 歸順各官俱蒙陞授, 而臣等止蒙查給妻子, 命隸佟三屬下居住. 彼時, 即欲乞恩, 以歸附功微, 不敢瀆奏. 後復以臣等子弟三人, 編入冊籍應役, 迄今未蒙豁免. 夫出力供役, 理所當然, 但臣等家貧衣食不給, 若與衆人一體應役力有不能. 况陣獲官生, 悉蒙給以庄田・人

4 어린천 지농: 1600-1656. 다얀 칸의 6대손. 오르도스의 지농이었던 보쇽투의 아들. 1627년 아버지의 뒤를 이어 지농이 되었다. 1630년 차하르 릭단 칸에 의해 지농을 폐위당했다. 1635년 후금에 신복했다. 1649년 도로군왕(多羅郡王)에 봉해졌고, 오르도스는 6旗(후에 7기로 증설)로 분할되어 예케주맹(伊克昭盟)을 형성했다. 어린천은 예케주맹의 초대 盟長이었다.

畜, 免其徭役, 厚加撫養. 臣等歸附, 雖不足矜憫, 恐遠方之來附者或將以臣等爲口實, 伏望聖恩憐念, 豁免差徭, 較之授以官職感恩更甚也. 上覽奏, 命大學士范文程·希福·剛林等, 考試劉奇遇兄弟. 文程等以劉弘遇可用爲文職奏聞, 因命弘遇爲內弘文院副理事官, 免其兄弟徭役各三丁.

○ 동삼(佟三) 니루에 속한 생원(生員) 유기우(劉奇遇)·유홍우(劉弘遇)가 상주하여 아뢰었다. 「신(臣) 저희 형제들은 처음엔 명나라의 생원으로 조대수 총병의 참모가 되었습니다. 그때 태조 황제의 어진 덕이 깊고 커서 현명하고 유능한 인재를 등용한다고 들었습니다. 그래서 신들은 가인(家人)을 데리고 의(義)를 흠모하여 내귀했는데, 삼차하(三岔河)에서 서정(西征)하는 태조의 대군을 만나 명나라 병사와 말의 숫자 및 전투와 수비의 적절한 조치에 대해 상주했습니다. 태조께서 오본도이(obondoi, 俄本兌)를 보내 신들에게 유시하기를 "만약 광녕(廣寧)을 얻으면 너희에게 관직을 제수할 것이다."라고 하셨습니다. 당시 광녕을 공격해 점령한 후 귀순한 관원들에게 모두 등급을 올려서 관직을 제수하셨지만, 신들에게는 단지 처자를 찾아 주시고 동삼(佟三) 속하에 예속시켜 거주하게 하셨습니다. 그때에 은전(恩典)을 간청하려 했으나 귀부하던 때에 세운 공적이 적어 감히 상주하지 못했습니다. 이후에 다시 신들의 자제 3명이 호적에 편입되어 역(役)을 감당하게 되었는데 지금까지 면제받지 못했습니다. 무릇 공역(供役)에 힘쓰는 것은 당연한 이치이지만, 신들은 집안이 빈곤해 의식(衣食)이 충분하지 않으니 여러 사람과 마찬가지로 역을 감당하는 것은 불가능합니다. 하물며 전투에서 생포한 관원과 생원에게 모두 장전(莊田)과 사람과 가축을 지급하고 요역(徭役)까지 면제해 주셔서 무양(撫養)을 더욱 후하게 하셨습니다. 저희가 귀부하여 비록 불쌍히 여기기엔 부족하고

먼 곳에서 귀부할 자들이 행여 신들을 구실로 삼을까 염려되지만, 엎드려 바라건대 성은(聖恩)으로 불쌍히 여기시어 요역을 면제해 주시고 관직을 견주어 내려 주시면 은혜에 감격함이 더욱 클 것입니다.」 주상이 상주문을 보고 대학사(大學士) 범문정 · 히퍼 · 가린 등에게 명하여 유기우(劉奇遇) 형제의 능력을 시험하게 했다. 범문정 등이 유홍우(劉弘遇)가 문직(文職)에 등용할 만하다고 아뢰니, 유홍우를 내홍문원(內弘文院)의 부이사관(副理事官)으로 삼고 그 형제의 요역을 각자 3정(丁)씩 면제해 주었다.

○ 庚子, 上命分內三院學士 · 擧人 · 生員, 都察院參政, 六部啟心郎, 贊禮官, 管倉生員, 稅課生員爲四等, 賜人口牲畜. 以內國史院學士羅繡錦, 內弘文院學士王文奎, 都察院理事官吳景道 · 王之哲, 爲一等, 各賜人六戶 · 騾一 · 牛二 · 驢一. 以內國史院梁正大 · 楊方興, 內弘文院齊國儒 · 馬國柱, 內秘書院雷興 · 李棲鳳, 吏部焦安民 · 董天機, 戶部朱國柱 · 高士俊, 禮部武延祚 · 孫應時, 兵部趙福星 · 丁文盛, 刑部申朝紀 · 王廷選, 工部馬鳴佩 · 王來用, 爲二等, 各賜人五戶 · 牛二 · 驢一. 以內國史院宜成格, 內弘文院王鐸, 內秘書院赫德, 贊禮官徐邦才 · 邢成祚, 爲三等, 各賜人四戶 · 牛二 · 驢一. 以內國史院張應魁, 管倉生員金一鳳 · 王來覲 · 王廷用 · 孫茂蘭 · 劉世元 · 周士英 · 王允昇 · 張民望, 稅課生員成大業 · 李春開 · 梁柄 · 陳興 · 陳復新 · 崔光前 · 劉萬鎰 · 吳國祚, 爲四等, 各賜人三戶 · 牛二 · 驢一.

○ 경자일(6.27), 주상이 명하여 내삼원학사(內三院學士) · 거인(擧人) · 생원(生員) · 도찰원참정(都察院參政) · 육부계심랑(六部啟心郎) · 찬례관(贊禮官) · 관창생원(管倉生員) · 세과생원(稅課生員)을 4등급으로 나누어 사람과 가축을 하사했다. 내국사원학사 나수금(羅繡錦), 내

홍문원학사 왕문규(王文奎), 도찰원이사관(都察院理事官) 오경도(吳景道)·왕지철(王之哲)은 일등으로 삼아 각각 6호(戶)의 사람과 노새 1마리·소 2마리·나귀 1마리를 하사했다. 내국사원의 양정대(梁正大)·양방흥(楊方興), 내홍문원(內弘文院)의 제국유(齊國儒)·마국주(馬國柱), 내비서원(內秘書院)의 뇌흥(雷興)·이서봉(李棲鳳), 이부의 초안민(焦安民)·동천기(董天機), 호부의 주국주(朱國柱)·고사준(高士俊), 예부의 무연조(武延祚)·손응시(孫應時), 병부의 조복성(趙福星)·정문성(丁文盛), 형부의 신조기(申朝紀)·왕정선(王廷選), 공부의 마명패(馬鳴佩)·왕래용(王來用)은 이등으로 삼아 각각 5호(戶)의 사람과 소 2마리·나귀 1마리를 하사했다. 내국사원의 이청거(icengge, 宜成格), 내홍문원의 왕탁(王鐸), 내비서원의 허더(hede, 赫德), 찬례관 서방재(徐邦才)·형성조(邢成祚)는 삼등으로 삼아 각각 4호의 사람과 소 2마리·나귀 1마리를 하사했다. 내국사원의 장응괴(張應魁), 관창생원 김일봉(金一鳳)·왕래근(王來覲)·왕정용(王廷用)·손무란(孫茂蘭)·유세원(劉世元)·주사영(周士英)·왕윤승(王允昇)·장민망(張民望), 세과생원 성대업(成大業)·이춘개(李春開)·양병(梁柄)·진흥(陳興)·진복신(陳復新)·최광전(崔光前)·유만일(劉萬鎰)·오국조(吳國祚)는 사등으로 삼아 각각 3호의 사람과 소 2마리·나귀 1마리를 하사했다.

○ 秋七月, 癸卯朔, 碩翁科羅巴圖魯勞薩·蘇達喇·鄂碩·席特庫·努山·卦爾察席特庫等, 躡踪至明冷口, 遇明哨卒十四人, 斬三人, 生擒一人, 獲馬十五匹以還, 即以馬匹賞出征將士.

○ 가을 7월 계묘일 초하루(7.1), 숑코로 바투루 로오사(šongkoro baturu loosa, 碩翁科羅巴圖魯勞薩)·수달라·오쇼·시터쿠·누산·구왈차 시터쿠 등이 적을 추적하여 명나라의 냉구(冷口)에 이르렀을 때

명나라의 정탐병 14명을 만나 3명을 베고 1명을 생포했으며 말 15마리를 얻어서 돌아왔다. 이에 출정한 장수와 병사들에게 말을 상으로 주었다.

○ 甲辰, 鄂爾多斯部落土巴台吉及其弟, 各攜家口來朝, 獻駝·馬·緞·茶等物. 俱却之, 賜宴於清寧宮.

○ 갑진일(7.2), 오르도스 부락의 투바 타이지(tuba taiji, 土巴台吉)와 그 동생이 각기 집안 식구들을 이끌고 내조하여 낙타·말·비단·차 등의 물품을 바쳤다. 모두 돌려주고 청녕궁에서 잔치를 베풀어 주었다.

○ 丙午, 科爾沁國貝勒伊爾都齊偕其妻, 送女於和碩肅親王豪格爲福金, 將至, 命豪格往迎之, 復命和碩睿親王多爾袞·和碩豫親王多鐸·和碩成親王岳託, 率諸大臣郊迎十里, 賜大宴.

○ 병오일(7.4), 코르친국의 버일러 일두치와 처(妻)가 딸을 호쇼이 숙친왕 호오거에게 보내 푸진으로 삼도록 했다. 도착할 무렵 호오거에게 가서 맞이하도록 명하고, 다시 호쇼이 예친왕(睿親王) 도르곤·호쇼이 예친왕(豫親王) 도도·호쇼이 성친왕(成親王) 요토에게 명하여 여러 대신들을 이끌고 교외 10리 밖에서 맞이하고 큰 잔치를 베풀게 했다.

○ 己酉, 貝勒伊爾都齊, 及其妻, 入淸寧宮, 朝見畢, 其筵進上, 復獻貂鑲朝衣 · 女朝衣 · 貂裘 · 駝馬. 上酌納之, 賜大宴, 仍命八家, 各以次宴之.

○ 기유일(7.7), 버일러 일두치와 그의 처가 청녕궁에 들어와 주상을 알현한 후 주상에게 연회를 올렸다. 또 담비가죽으로 테를 두른 조의 · 여조의(女朝衣) · 담비가죽옷 · 낙타와 말을 바치니 주상이 헤아려 받고 큰 연회를 베풀었다. 이어서 팔가(八家)에 명하여 각기 차례대로 연회를 베풀게 했다.

○ 癸丑, 和碩肅親王豪格, 納科爾沁國貝勒伊爾都齊女. 諸和碩親王 · 多羅郡王 · 多羅貝勒 · 固山貝子, 及文武羣臣, 左右序列, 上御崇政殿, 豪格行三跪九叩頭禮畢, 大宴.

○ 계축일(7.11), 호쇼이 숙친왕 호오거가 코르친국 버일러 일두치의 딸을 아내로 맞았다. 여러 호쇼이 친왕 · 도로이 군왕 · 도로이 버일러 · 구사이 버이서와 문무 신하들이 좌우에 차례대로 늘어섰다. 주상이 숭정전에 들자 호오거는 삼궤구고두의 예를 행한 후 크게 잔치했다.

○ 丙辰, 上諭大學士希福 · 剛林 · 范文程曰, 科爾沁國土謝圖額駙, 有名馬, 號曰杭愛. 我曾以甲十副易之, 彼不與. 蒙古察哈爾汗向彼索馬勢如強奪, 止予一冑, 竟取之. 從此科爾沁諸貝勒, 爲之解體. 察哈爾汗, 又以一冑送阿祿部落濟農, 索馬千匹. 阿祿濟農曰, 豈有一冑而易馬千匹者乎. 此直欲起釁而來侵犯我耳, 不可不與. 遂與馬五百匹. 從此阿祿諸貝勒, 亦爲解體. 科爾沁國卓禮克圖親王, 有一鷹, 能橫捕飛鳥. 察哈爾汗, 又遣人往索. 卓禮克圖親王欲不與, 土謝圖額駙勸令與之. 既取其鷹, 一無所償, 並送鷹之人, 亦不令見. 如此貪橫, 人心安得而服耶. 今各處蒙古, 每次來朝, 厚加恩賞. 因此俱不忍離我而去, 雖去時猶屬戀戀, 而蒙古各國, 亦從此富足安閒. 由此揆之, 以力服人, 不如令人中心悅服之爲貴也. 希福等奏曰, 治之以德則化, 治之以刑則敗, 此之謂也.

○ 병진일(7.14), 주상이 대학사(大學士) 히퍼 · 가린 · 범문정에게 유시했다. "코르친국 투시예투 어푸에게 명마(名馬)가 있는데 항가이(hanggai, 杭愛)라고 부른다. 내가 일찍이 갑옷 10벌과 그것을 바꾸려 했지만 저들은 주지 않았다. 몽고 차하르 칸이 저들에게 말을 요구하는 형세는 마치 강탈해 가는 것 같았으니, 겨우 투구 하나를 주고 끝내 그것을 취했다. 이로부터 코르친의 여러 버일러들이 이탈했다. 차하르의 칸은 또 아루 부락의 지농에게 투구 하나를 보내고 말 1,000마리를 요구했다. 아루의 지농은 '어찌 투구 하나로 말 1,000마리와 바꾼단 말인가? 이는 곧 분쟁을 일으켜 나를 침범하러 오려는 것이니 주지 않을 수 없구나.' 하고 끝내 말 500마리를 주었다. 이로부터 아루의 버일러들도 이탈했다. 코르친국의 조릭투 친왕에게는 매 1마리가 있었는데 나는 새도 잡을 수 있었다. 차하르 칸은 또한 사람을 보내 요구했다. 조릭투 친왕은 주지 않으려고 했지만 투시예투 어푸가 권하여 주게 했다. 차하르 칸은 매를 얻고도 전혀 보상을 하지 않았으며, 매를 보내온 사람을 보려고도 하지 않았다. 탐욕과 횡포가 이와 같으니 인심이 어찌 감복하겠는가? 지금 몽고 각처에서 매번 내조할 때 마다 은상(恩賞)을 후하게 내리니 모두가 차마 나를 떠나가지 못하며, 비록 떠

나는 때에도 오히려 연연해 하니, 몽고 각국은 또한 이로부터 충분히 부유하고 평안하다. 이로써 헤아려 보건대, 힘으로 사람을 복종시키는 것은 사람의 마음으로부터 기꺼이 복종하게 하는 것보다 좋지 않다." 히퍼 등이 아뢰었다. "덕으로 다스리면 조화롭고 형벌로 다스리면 패망한다고 하니 이것을 두고 일컫는 것입니다."

○ 己未, 遣蒙古衙門官艾松古, 往科爾沁國調兵. 羅畢, 往敖漢·柰曼·扎魯特·吳喇忒部落調兵. 諭之曰, 今欲興師往征明國, 凡外藩蒙古諸貝勒, 每旗各發兵一百, 即於所約之地, 與大軍會.

○ 기미일(7.17), 몽고아문 관원 아이숭구를 보내 코르친국에 가서 병사를 징발하게 했다. 로비를 보내 아오한·나이만·자루트·우라트 부락에 가서 병사를 징발하게 했다. 그들에게 유시했다. "지금 군사를 일으켜 명나라를 정벌하고자 하니, 모든 외번몽고의 버일러들은 각 기마다 병사 100명을 징발하고, 곧 약속한 곳에서 대군과 합류하라."

○ 庚申, 遣席白德, 往阿祿四子部落塔賴, 及翁牛特·巴林等部落調兵.

○ 경신일(7.18), 시버더이(sibedei, 席白德)를 보내 아루 사자(四子) 부락의 탈라이와 옹니우트·바린 등 부락에 가서 병사를 징발하게 했다.

○ 是日，祭和碩穎親王薩哈廉. 命諸和碩親王·多羅郡王·多羅貝勒·固山貝子，及文武官員，俱往行禮.

○ 이날 호쇼이 영친왕 사할리얀의 제사를 지냈다. 여러 호쇼이 친왕·도로이 군왕·도로이 버일러·구사이 버이서와 문무 관원에게 모두 가서 예를 행하게 했다.

○ 辛酉，出征明國多羅武英郡王阿濟格·多羅饒餘貝勒阿巴泰，遣內國史院學士羅碩·筆帖式扎蘇喀，齎疏奏言. 臣等於六月二十七日入邊. 兩黃旗自巴顏德木地方入，兩白旗·正藍旗自坤都地方入，兩紅旗·鑲藍旗自大巴顏地方入，入邊之第八日，相會於延慶州. 明人先知我出師之期，出示遍諭居民，有藏匿山谷及洞中者罪之，遂皆收集入城，又我兵前番所過地方，已經殘破，故所俘獲無多. 欲先將所獲，遣兵護還，恐兵少則途中可虞，多遣又分兵勢，是以未果. 至訊所獲明人，並視所得塘報，有止令固守城池，俟滿洲兵出，務出奇計，或擊其中，或擊其後等語. 臣等於未入長城之先，取其二城，敗敵七次，俘獲人畜，共計一萬五千二百三十. 擬於七月初七日，進兵入長城，謹此奏聞.

○ 신유일(7.19), 명나라에 출정한 도로이 무영군왕 아지거·도로이 요여 버일러 아바타이가 내국사원학사 로쇼·비트허시 자수카를 보내서 소(疏)를 가져와 상주했다. 「신들은 6월 27일에 변경에 진입했습니다. 두 황기는 바얀 뎀(bayan dem, 巴顏德木) 지방으로 들어갔고, 두 백기와 정람기는 쿤두(kundu, 坤都) 지방으로 들어갔고, 두 홍기와 양람기는 다 바얀(da bayan, 大巴顏) 지방으로 들어가, 변경으로 진입

한 지 8일째에 연경주(延慶州)에서 합류했습니다. 명나라 사람이 우리의 출병 시기를 미리 알고 주민들에게 두루 유시하여 산골짜기나 마을에 숨은 자가 있으면 벌할 것이라고 하고, 모두 거두어 성으로 들어갔습니다. 또한 우리 군대가 이전에 지났던 지역이므로 이미 파괴되었기 때문에 노획할 만한 것이 많지 않았습니다. 먼저 노획한 것은 병사를 시켜 보호하여 돌아가게 하려고 했으나, 병사가 적으면 가는 길이 염려되고 다수를 보내면 병력이 나뉠 것을 걱정하여 시행하지 않았습니다. 생포한 명나라 사람을 심문하여 얻은 당보(塘報)를 살펴보니, 다만 성지(城池)를 고수하면서 만주군대가 출병하기를 기다려 기계(奇計)를 내어 만주군대의 가운데를 공격하기도 하고 후미를 공격하기도 하라는 등의 말이 있었습니다. 신들은 장성에 들어가기 전에 두 성을 취하고 일곱 차례 적병을 격퇴하여 사람과 가축 총 15,230을 노획했습니다. 7월 7일에 군대가 장성에 진입할 예정입니다. 삼가 상주합니다.」

○ 是日, 召諸公主宴於清寧宮, 各賜綵緞.

○ 이날 여러 공주를 불러 청녕궁에서 잔치하고 각각에게 채단(綵緞)을 하사했다.

○ 賜土默特部落貢使古祿格楚虎爾等, 貂裘 · 貂褂 · 帽韡 · 甲冑 · 雕鞍 · 弓刀 · 撒袋 · 白金有差.

○ 투메트 부락의 조공사신 굴루거 추후르 등에게 담비가죽옷 · 담비가죽 마고자 · 모자와 신발 · 갑옷과 투구 · 조각한 안장 · 활과

칼·화살집·백금을 차등 있게 하사했다.

○ 召鄂爾多斯部落額林臣濟農·車克車木等, 進清寧宮, 賜宴. 仍賜鞍馬·鞓帶·順刀·貂裘等物.

○ 오르도스 부락의 어린천 지농·척처무(cekcemu, 車克車木) 등을 불러 청녕궁에 나아가 잔치를 베풀었다. 이어 안장을 갖춘 말·가죽띠·단도·담비가죽옷 등의 물건을 하사했다.

○ 乙丑, 遣土默特部落貢使古祿格楚虎爾等還, 以博碩克圖汗子及博碩克圖汗順義王印, 付之攜去. 仍命額爾德尼達爾漢囊蘇, 率每旗二人偕行.

○ 을축일(7.23), 투메트 부락의 조공사신 굴루거 추후르 등을 돌려보내면서 보쇽투 칸의 아들과 보쇽투 칸 순의왕(順義王)의 인장을 그에게 맡겨서 가져가게 했다. 이어 어르더니 다르한 낭수(erdeni darhan nangsu, 額爾德尼達爾漢囊蘇)에게 명하여 기(旗)마다 2명씩 거느리고 함께 가게 했다.

○ 丁卯, 上御殿, 聽政畢, 移御座稍前, 令羣臣近前. 復召巴布海前跪, 諭曰, 巴布海, 常不入朝門, 縱來亦不安坐, 即思家而歸. 昔年遣阿拜阿格, 與巴布海同往東京, 致祭祖廟, 巴布海不俟阿拜同行, 急遽前往. 不俟初九日祭期, 亦不俟犧牲所應用之牛, 取他牛宰之, 於初八日致祭, 即於是夜馳歸. 夫朕以兄弟懿親, 特命代朕行禮. 自宜盡誠盡敬, 孝饗先靈, 乃倉卒將事, 中夜馳歸, 有是理乎. 誤宰他牛, 勢必償還牛主. 後阿拜阿格至, 以擕去祭牛償牛主, 牛主以牛小不受, 告於該部. 部臣擬罰巴布海銀三十兩入官, 除償牛外, 再出銀十兩, 給與牛主. 巴布海若稍有知覺之人, 此事卽於部中完結, 速行償納可也. 乃復抗違法令, 遲至三年不償, 亦不納罰銀. 牛主復告, 部臣並擬前罪, 罰銀六十兩入官, 倍償二牛, 並銀二十兩給之. 巴布海又抗執不服, 欲免己罪, 諉之阿拜阿格, 向朕陳奏. 朕觀其如此愚昧令人驚訝, 故諭令爾等知之. 且聞伊受制於妻, 卽一閒散婦人, 一拂蠅幼女不容留侍房中. 伊妻弟塔瞻, 係其至戚, 亦多不平, 曾言姊家難以行走. 夫人生誰無夫婦, 伉儷之義, 固當如是乎. 況巴布海之妻, 乃額駙楊古利之女. 楊古利, 朕之親臣也, 自應素嫺閫教, 縱有小過, 朕豈不加恩宥. 乃情性乖張, 大違禮法, 朕不得不深惡之耳. 諭畢, 歎息不已. 諸王等奏曰, 愚昧至巴布海極矣. 豈特在彼爲可恥, 卽臣等亦爲之羞愧. 上曰, 此事所以悉語汝等者, 特欲於大廷廣衆羞辱而誡飭之耳. 上又諭曰, 諸固山貝子爾等敬聽朕言. 昔太祖時我等聞明日出獵, 卽豫爲調鷹蹴毬, 若不令往, 泣請隨行. 今之子弟, 惟務出外遊行, 閒居戲樂. 在昔時無論長幼, 爭相奮勵, 皆以行兵出獵爲喜, 爾時僕從甚少, 人各牧馬披鞍, 析薪自爨. 如此艱辛, 尚各爲主效力. 國勢之隆, 非由此勞瘁而致乎. 今之子弟, 遇行兵出獵, 或言妻子有疾, 或以家事爲辭者多矣. 不思勇往奮發, 而惟躭戀室家, 偷安習玩, 國勢能無衰乎. 諸王 · 大臣奏曰, 誠如聖諭. 臣等謹識弗忘.

○ 정묘일(7.25), 주상이 전(殿)에 가서 정무를 본 후 어좌를 조금 앞으로 옮겨 신하들에게 가까이 앞으로 오게 했다. 다시 바부하이를 불러 앞에 무릎 꿇게 하고 유시했다. "바부하이는 항상 조문(朝門)에 들지 않고, 설령 오더라도 편히 앉아 있지 못하니 이는 집에 돌아갈 생각

을 하는 것이다. 예전에 아바이 아거와 바부하이를 함께 동경(東京)에 보내 조묘(祖廟)에 제사 지내게 했는데, 바부하이는 아바이와 함께 가기를 기다리지 못하고 급히 먼저 갔다. 초 9일 제기(祭期)를 기다리지 못하고 제사에 사용할 소를 기다리지도 못해서 다른 소를 얻어 잡아 초 8일에 제사를 치르고 그 밤에 달려 돌아가 버렸다. 짐은 형제이자 아끼는 종친에게 특별히 짐을 대신하여 예를 행하게 한 것이다. 몸소 정성과 공경을 다하여 선령(先靈)에 효향(孝饗)해야 하는데, 도리어 급하게 제사를 치르고 밤중에 달려 돌아갔으니 이러한 도리가 있는가? 잘못하여 다른 소를 잡은 것은 소 주인에게 배상해야 할 일이었다. 후에 아바이 아거가 도착해서 제사 소를 가지고 가서 소 주인에게 갚아 주었으나 소 주인은 소가 작다 하여 받지 않고 해당 부(部)에 일을 고했다. 부의 신하들은 헤아려 바부하이에게 은 30냥을 관에 내고, 보상할 소 외에도 다시 은 10냥을 소 주인에게 주라고 벌했다. 바부하이가 만약 조금이라도 지각 있는 사람이었다면 이 일을 부(部)에서 완결 짓고 속히 납부했을 것이다. 그러나 다시 저항하고 법령을 어겨 3년을 미루고 보상하지 않았으며 벌은(罰銀)도 납부하지 않았다. 소 주인이 다시 고발하자 부(部)의 신하들은 이전의 죄를 함께 헤아려 벌은 60냥을 관에 내게 했으며, 곱절로 소 2마리와 은 20냥을 주인에게 주게 했다. 바부하이는 또 저항하고 불복했으며 자신의 죄를 면하고자 아바이 아거에게 책임을 미루는 말을 짐에게 늘어놓았다. 짐은 이러한 우매함을 보고 놀라고 의아스러웠으므로 유시하여 너희에게 알게 하는 것이다.

또 듣기에 바부하이 너는 처에게 통제를 받아서 한산(閒散) 부인 한 명, 파리 쫓는 어린 여자 아이 한 명조차 방 안에 머물며 시중드는 것도 용납하지 않는다고 한다. 너의 처남인 타잔(tajan, 塔瞻)[5]은 가까운 인척인데도 많이 불편하여 누나의 집에 가기가 어렵다고 말했다. 무릇 사람이 살면서 누구인들 부부가 아니며, 부부의 의리가 이와 같음이 당연한가. 하물며 바부하이의 처는 어푸 양구리의 딸이다. 양구리는 짐의 친신(親臣)이므로, 그의 딸은 스스로 부녀자의 도리를 익혀야 마땅하니 설령 작은 허물이 있다 한들 짐이 어찌 용서하지 않겠는가. 허나 성정이 어그러지고 예법을 크게 어겼으므로 짐은 부득불 심히 미워할 따름이다." 유시를 마치고 탄식을 멈추지 않았다.

여러 왕들이 아뢰었다. "바부하이의 우매함이 극심합니다. 어찌 그자만 부끄럽겠습니까? 신들도 몹시 부끄럽습니다." 주상이 말했다. "이 일을 너희에게 모두 말하는 까닭은 조정의 많은 사람들을 부끄럽게 만들어 경계하고 타이르려는 것이다." 주상이 다시 유시했다. "여러 구사이 버이서 너희는 짐의 말을 경청하라. 이전에 태조 때 우리는 다음날 사냥 나갈 것을 들으면 미리 매를 조련시키고 공을 찼으며, 만약 가지 못하게 하면 울면서 간절히 청하여 따라 나섰다. 지금의 자제들은 오직 나가서 유람하러 다니는데 힘쓰고, 한가하게 지내고 놀며 즐긴다. 예전에는 장유(長幼)를 막론하고 서로 다투어 힘을 다했으며, 모두 출병하거나 사냥 나가는 것을 기쁨으로 삼았다. 그때는 따르는 종의 수가 극히 적어서 각자 말을 몰고 안장을 놓고 장작을 패고 스스로 밥을 지었다. 이렇게 고생했지만 오히려 각자 주인을 위해 힘을 다했다. 국세가 융성해진 것은 이러한 고생으로 말미암아 이루어진 것이 아니겠는가? 지금의 자제들은 출병하거나 사냥을 나가면 누구는 처자에게 병이 있다고 말하고, 누구는 집안일을 핑계로 삼는 일이 허다하다. 용맹하게 나아가 힘을 떨칠 것을 생각하지 않고, 오직 부인에게만 빠져서 안일함만을 탐하고 놀기만을 되풀이하니, 국세가 쇠락하지 않을 수 있겠는가?" 여러 왕과 대신들이 아뢰었다. "진실로 성유(聖

---

5 타잔: tajan, 塔瞻. 만주정황기인. 슈무루(šumuru, 舒穆祿) 씨. 양구리(yangguri, 楊古利)의 둘째 아들. 1637년 양구리의 超品公(jergi ci lakcaha gung) 작위를 계승했고 內大臣(dorgi amban)이 되었다.

諭)와 같습니다. 신들은 삼가 기억하고 잊지 않겠습니다."

○ 是日, 都察院疏劾吏部承政李延庚款蹟. 凡催辦一切事體, 俱用家人充驍騎校·小撥什庫. 楊春華襲職時, 索銀五十兩. 生員張昌應家富, 相與交好, 遂於去年擧之禮部, 未得見用, 欲用爲吏部啟心郎, 被管倉官·收稅官告揭乃止. 又通同金玉和, 彼此互擧子弟, 是以皇上之官爵, 徇私家之情面矣. 延庚言無誠信, 人實姦邪, 止知身家之利, 毫無報國之心. 謹據吏部一切不公不法之事奏聞. 得旨, 下刑部勘問, 俱得實. 延庚·玉和, 並論死, 上命寬免. 解延庚吏部承政任, 降甲喇章京爲牛彔章京, 罰銀百兩. 解玉和禮部承政任, 降梅勒章京爲甲喇章京, 罰銀五十兩.

○ 이날 도찰원에서 상소하여 이부승정 이연경(李延庚)의 여러 행위를 탄핵했다. 「모든 일을 처리할 때 집안사람들을 효기교·소(小)보쇼쿠에 충원했습니다. 양춘화(楊春華)가 습직할 때에는 은 50냥을 요구했습니다. 생원 장창응(張昌應)은 집이 부유하여 서로 친교를 맺고 마침내 작년에 예부에 천거했는데 쓰이지 못했고, 이부계심랑에 등용하고자 했으나 관창관(管倉官)과 수세관(收稅官)에게 고발되자 중단했습니다. 또한 김옥화(金玉和)와 공모하여 서로 자제를 천거했습니다. 이는 황상의 관작으로 사가(私家)의 체면을 보아준 것입니다. 이연경은 말이 성실하지 않고 사람이 실로 간사하며, 사사로운 이익만 알고 보국(報國)의 마음은 조금도 없습니다. 이부(吏部)의 모든 불공정하고 불법한 일에 의거하여 삼가 상주합니다.」 주상의 지(旨)를 얻어 형부로 보내 심문하니 모두 사실이었다. 이연경·김옥화를 사형죄로 논했으나, 주상은 너그러이 사형을 면해 주었다. 이연경은 이부승정 직책에서 해임하고 잘란장긴에서 니루장긴으로 강등시키고, 벌

은 100냥에 처했다. 김옥화는 예부승정 직책에서 해임하고 머이런장긴에서 잘란장긴으로 강등시키고, 벌은 50냥에 처했다.

○ 庚午, 賜貝勒伊爾都齊及其妻, 鞍馬 · 甲冑 · 各色衣服 · 帽鞾 · 珊瑚數珠 · 銀器 · 綵緞 · 文綺等物, 召進淸寧宮, 賜宴.

○ 경오일(7.28), 버일러 일두치와 그 아내에게 안장을 갖춘 말 · 갑옷과 투구 · 갖가지 의복 · 모자와 신발 · 산호 염주 · 은그릇 · 채단 · 문기(文綺) 등의 물품을 하사하고, 청녕궁으로 불러서 연회를 베풀었다.

○ 八月, 壬申朔, 遣貝勒伊爾都齊及其妻歸國. 命和碩豫親王多鐸 · 和碩肅親王豪格於五里外, 設宴餞之.

○ 8월 임신일 초하루(8.1), 버일러 일두치와 그 아내를 보내 귀국하게 했다. 호쇼이 예친왕(豫親王) 도도와 호쇼이 숙친왕 호오거에게 명하여 5리 밖에서 연회를 마련하고 전송하게 했다.

○ 甲戌, 都察院奏言, 皇上盛德寬仁, 所在聞風歸附, 遠人旣至, 悉加優賜, 給以房產, 此仁之至也. 臣等聞工部撥房舍, 與來附之人, 復造新屋, 以還原主, 未奉明旨, 私擴墻垣, 比舊甚大, 誠恐有悞民事. 伏乞聖裁. 上覽奏, 以示諸王. 諸王奏曰, 似此勞民踰制, 察究果實, 當以法懲之. 上曰, 部臣未諳練者亦多. 若事事加罪, 反增茫昧, 可集該部諸臣嚴飭之, 令其謹識毋忘, 後有違者, 定治以罪.

○ 갑술일(8.3), 도찰원에서 상주했다. 「황상의 후덕하심과 인자하심을 도처에서 듣고 귀부하여 먼 곳의 사람이 오면 모두 하사품을 후하게 내리시고 집을 내리셨으니, 이는 지극한 인자하심입니다. 신들이 듣기에 공부(工部)에서 집을 선별하여 귀부한 사람에게 주고 다시 새집을 지어서 원주인에게 돌려주지만, 명지(明旨)를 받들지 않고 사사로이 담을 헐어 넓혀서 이전보다 더욱 크게 합니다. 참으로 백성에 관한 일을 그르치게 될까 염려됩니다. 엎드려 황상의 재가를 바랍니다.」 주상이 상주를 보고 왕들에게 보여 주었다. 왕들이 아뢰었다. "이렇게 백성들을 수고롭게 하고 제도를 넘어서는 행위는 규명하여 사실로 밝혀지면 법으로 징계해야 합니다." 주상이 말했다. "부(部)의 신하들 중에 아직 일에 숙달되지 못한 자도 많다. 만약 일마다 죄를 묻는다면 오히려 모호한 부분만 늘어날 것이니, 해당 부(部)의 여러 신하들을 모아서 엄히 신칙하고 잘 알아서 잊지 않게 하라. 후에 어기는 자가 생기면 응당 치죄할 것이다."

○ 是日, 蓋州城門獲匿名帖, 守臣揭取以聞. 帖云, 副將蔡永年, 與明國合謀, 每月申文明國, 請師修築旅順口, 令各島修整堅固. 一聞發兵, 卽移文沈總兵, 並會祖總兵, 一齊恢復海 · 蓋 · 遼 · 瀋四城. 蓋欲勾引我國, 坑陷官軍, 重修旅順, 驚恐居民, 搖動中外人心也. 且兩國旣已安寧, 爾永年每月送信, 明輔於此, 暗通於彼. 雖生於漢地, 實長於我邦, 謀反謀叛, 中懷二心, 是侵陵我國者, 皆爾永年也. 永年受我國副將之職, 又作誘兵之計. 殆自逞詐僞, 而以計敗兩國也. 夫旣受一朝之爵祿, 又何必希恩於兩國. 喪失綱常, 倖圖官職, 情罪非輕, 理應重辟. 爾宜愼之. 上覽畢曰, 此必仇人欲陷永年者, 可以此帖示永年.

○ 이날 개주(蓋州)의 성문에서 익명의 첩(帖)을 얻었다. 수신(守臣)은 첩(帖)을 취해서 보고했다. 첩(帖)에서 말했다. 「부장 채영년(蔡永年)은 명나라와 모의하여 매달 명나라에 문서를 보내서 군대로 여순구(旅順口)를 수축하라고 청하고 각 섬을 견고하게 수리하게 했다. 출병한다는 이야기를 듣자 심 총병(沈總兵)에게 문서를 보내고 조 총병(祖總兵)과 회동하여 해주(海州)·개주(蓋州)·요양(遼陽)·심양(瀋陽) 네 성을 모두 수복하라고 했다. 우리나라를 도발하여 관군을 함정에 빠트리고, 여순을 중수하여 그곳에 사는 백성들을 공포에 떨게 하며, 중외(中外)의 인심을 동요시키려고 한 것이다. 또한 양국은 이미 평화로운데 너 채영년은 매달 서신을 보내 겉으로는 이쪽을 돕는 것처럼 하고 몰래 저쪽과 내통했다. 비록 한지(漢地)에서 태어났으나 실제로는 우리나라에서 자랐는데도 배반을 꾀하고 모반하는 두 마음을 품었으니, 우리나라를 침범하여 능욕하려는 자는 모두 너 채영년이다. 채영년은 우리나라의 부장 직을 받았는데도 또다시 병사를 유인할 계책을 세웠다. 이는 방자하게 기만하고 계책으로 양국을 무너뜨리려는 것이다. 무릇 한 왕조의 작위와 녹봉을 받으면서 어찌 다시 두 나라의 은혜를 바라는가. 도리를 어기고 요행히 관직을 꾀했으니 사정과 죄상이 가볍지 않으므로 중죄에 처해야 한다. 너는 조심하라.」 주상이 읽은 후 말했다. "이는 분명 원수진 자들이 채영년을 모함하려는 것이다. 이 첩(帖)을 채영년에게 보여 주어라."

○ 先是, 駐守鱇場鄭古特·湯珠, 率兵三十人前往躡踪, 遇明兵, 不敢戰而還. 又前哨阿山牛彔下薩賴, 爲敵所傷, 不覓其屍, 棄之而歸, 後薩賴復甦. 下法司質審, 俱實. 論鄭古特·湯珠死, 籍其家. 上命鎖繫其手足, 禁錮兩月. 至是, 刑部衙門覆請, 命免死, 並免籍沒, 貫耳鼻. 鄭古特, 革牛彔章京職, 鞭一百, 罰銀五十兩. 湯珠, 鞭一百, 罰銀五十兩.

○ 이전에 감장(鹻場)에 주둔하는 정구터(jenggute, 鄭古特)와 탕주(tangju, 湯珠)는 병사 30명을 이끌고 적의 흔적을 추적하다가 명나라의 병사를 만났는데도 싸우지 않고 돌아왔다. 또한 전초(前哨) 아산 니루 속하의 살라이(salai, 薩賴)가 적에게 상해를 입었는데도 시체를 찾지 않고 버려둔 채로 돌아왔다. 살라이는 나중에 살아났다. 법사(法司)에 내려서 대질하고 심문하게 하니, 모두 사실로 드러났다. 정구터와 탕주는 사형죄로 논하고 가산을 적몰하게 했다. 주상은 이들의 손발을 사슬로 묶고 2개월 동안 감금하도록 명했다. 이때에 형부 아문에서 다시 청했는데 사형죄와 적몰을 면해 주고 귀와 코를 뚫을 것을 명했다. 정구터는 니루장긴 직을 혁직하고 채찍 100대를 때리고 벌은 50냥을 부과했다. 탕주는 채찍 100대를 때리고 벌은 50냥을 부과했다.

○ 乙亥, 碩託阿格, 自首於刑部, 言其家一婦有娠, 被責身死. 及鞫訊, 乃殺死以滅口者. 於是罰碩託銀百兩, 並罰一婦人入官, 以抵殺人之罪. 仍奪三牛彔人, 及在外牛彔人, 俱撥給和碩成親王岳託. 復令碩託, 凡出兵行獵, 及出入, 俱隨成親王, 不許擅離.

○ 을해일(8.4), 쇼토(šoto, 碩託) 아거가 형부에 자수하여, 집안의 한 부녀자가 임신을 하여 꾸짖음을 받고 자살했다고 진술했다. 심문을 하니, 여인을 죽여 입을 막으려 했던 것이었다. 이에 쇼토에게 벌은 100냥을 부과하고 부녀자 1명을 관에 몰수하는 벌을 주어 살인죄를 갚게 했다. 이어 3개 니루의 사람과 외니루의[6] 사람을[7] 몰수하여 모두

호쇼이 성친왕 요토에게 지급했다. 다시 쇼토에게 출병하거나 사냥하거나 출입할 때에 모두 성친왕을 따라다니게 하고 그 속하에서 마음대로 이탈하는 것을 불허했다.

○ 是日, 駐守海州河口伊勒慎·託克屯珠·傅代, 駐守牛莊吳魯喀, 駐守耀州英格訥, 聞明國有捕魚船至, 遂率甲士一百五十人, 乘小舟, 自遼河而下, 遇三船. 獲人三十二, 並緞疋等物以獻. 卽以所獲賞同行將士, 編其人爲民.

○ 이날 해주하구(海州河口)에 주수(駐守)하는 이러선(irešen, 伊勒慎)·톡톤주(toktonju, 託克屯珠)·푸다이(fudai, 傅代), 우장(牛莊)에 주수(駐守)하는 울루카(uluka, 吳魯喀), 요주(耀州)에 주수(駐守)하는 영거너(yenggene, 英格訥)가 명나라의 한 고기잡이배가 왔다는 말을 듣고 갑사(甲士) 150명을 이끌고 작은 배를 타고 요하(遼河)에서 내려가다 배 3척을 발견하고 사람 32명과 비단 등의 물건을 획득하여 바쳤다. 획득한 물건은 동행한 장수와 병사들에게 상으로 내리고 포획된 사람들은 민(民)으로 편제했다.

○ 半個牛彔章京白希病故, 以其子錫翰襲職. 三等甲喇章京達楊阿, 征瓦爾喀時陣亡, 以其兄馬爾都襲職.

---

6 본문의 在外牛彔人(외니루인)은 『만문노당』에 ‘delhetu nirui manju’(덜허투 니루의 만주인)로 기록되어 있다. delhetu niru(內府佐領)는 內府에 속한 하층 니루로, booi niru와 같다. 『만문노당역주』 3, p.1946.

7 이후 신사일 기록에 의하면 외니루의 2戶를 몰수했다. 『청태종실록』 권30, 숭덕 원년 신사조.

○ 반개니루장긴 버히(behi, 白希)가 병으로 사망하여 아들 시한(sihan, 錫翰)에게 습직시켰다. 삼등 잘란장긴 다양가(dayangga, 達楊阿)가 와르카를 정벌하러 갔을 때 전사했으므로 형 마르두(mardu, 馬爾都)에게 습직시켰다.

○ 丁丑, 遣官祭先師孔子文曰, 維崇德元年, 歲次丙子, 秋八月壬申朔, 越六日丁丑, 皇帝遣內秘書院大學士范文程, 致祭於至聖先師孔子神位前曰, 惟至聖, 德配天地, 道貫古今, 刪述六經, 垂憲萬世, 昭宣文治, 歷代尊崇. 謹以楮帛牲醴庶品之儀, 式陳明薦, 冀歆享焉. 更命倣舊制, 以復聖顏子·宗聖曾子·述聖子思·亞聖孟子, 配享.

○ 정축일(8.6), 관원을 보내어 선사(先師) 공자(孔子)에게 제사를 올렸다. 제문(祭文)에서 말했다. 「유세차 숭덕 원년 병자년 가을 8월 임신일 초하루로부터 6일 지난 정축일에, 황제가 내비서원대학사 범문정을 보내 지성선사(至聖先師) 공자(孔子)의 신위에 제사를 지내 말합니다. 생각건대 지성(至聖)의 덕은 천지와 나란하고 도는 고금을 관통하며 저술하신 육경(六經)은 만세에 전해 내려오고, 널리 밝히신 문치(文治)는 대대로 존숭되어 왔습니다. 삼가 지전(紙錢)과 제수(祭需) 등의 물품들을 진열하고 올리니 흠향하소서. 아울러 옛 제도를 본받도록 명하여 복성(復聖) 안자(顏子)·종성(宗聖) 증자(曾子)·술성(述聖) 자사(子思)·아성(亞聖) 맹자(孟子)를 배향합니다.」

○ 辛巳, 上命禮親王代善·鄭親王濟爾哈朗·豫親王多鐸·睿親王多爾袞·安平貝勒杜度, 及諸大臣, 議和碩成親王岳託·和碩肅親王豪格罪. 諸王·大臣等議, 岳託曾遣蘇達喇奏上云, 我父怨我, 乞以黃馬與我，仍還我父．又在大凌河時，莽古爾泰於御前露刃，情罪重大，岳託奏曰，藍旗貝勒，獨坐而哭，殊可憫．不知皇上與彼有何怨恨耶．又欲市恩於哨卒，先許其有賞，後乃於上前奏請云，可賞哨卒否．是欲妄冀上恩邀爲己有也．又鄭親王屬下綽通，馳馬致斃．岳託問之曰，殆被創而死耶．鄭親王証以爲是則是矣．岳託卽以被創而死奏聞於上．是欲皇上疑鄭親王偏護私人致鄭親王見惡於上也．又碩託阿格，向年自灤州逃回獲罪，奪其奴僕戶口，後岳託瞻徇碩託情面，奏上請還之．又碩託殺家中婦人以滅口，法司審擬奪其在外牛彔二戶人及三牛彔人．岳託乃令本部啓心郎穆成格奏請於上，乞還其子女之乳母．是徇庇有罪之碩託而枉法瀆奏也．岳託又嘗語固山額眞納穆泰曰，肅親王曾向我云，我凡有所言宜成格爲姦細，爾凡有所言穆成格爲姦細，往往探聽我二人之言，卽行陳奏．其述豪格之言於納穆泰如此，又囑納穆泰勿復奏聞．旣而岳託又以其言復告貝勒德格類，及鄭親王云，肅親王誠有是言也．及德格類·鄭親王問豪格，對云，我所言不如是也．宜成格向伊妻言，我與索渾妻有姦，其妻遂告根舒，根舒復告於我．我彼時疑宜成格夫婦心變，恐是宜成格夫妻造言捏誣．故有此語．豪格之言又如此，岳託不行責讓，又不奏聞於上．是欲離間父子增長事端也．又復向鄭親王及德格類言之者，是欲推求其惡事也．豪格果以此言告之，岳託乃不卽奏上，是怨上欲外求黨與也．岳託坐此數罪，應論死，或免死監禁，籍其家．

○ 신사일(8.10), 주상이 예친왕(禮親王) 다이샨 · 정친왕 지르갈랑 · 예친왕(豫親王) 도도 · 예친왕(睿親王) 도르곤 · 안평 버일러 두두, 그리고 여러 대신들에게 호쇼이 성친왕 요토 · 호쇼이 숙친왕 호오거의 죄를 의논하게 했다.

여러 왕 · 대신들이 의논했다. 「예전에 요토는 수달라(sudala, 蘇達

喇)를 보내어 주상에게 상주하기를, “아버지가 저를 원망하니 청컨대 황마(黃馬)를 저에게 주시면 아버지에게 돌려주겠습니다.”라고 했습니다. 또 대릉하에 있을 때 망굴타이가 어전(御前)에서 칼날을 드러냈기에 죄상이 중대한데도 요토는 상주하여 말하기를 “람기(藍旗)의 버일러가 홀로 앉아 우니 매우 불쌍합니다. 황상과 망굴타이 사이에 무슨 원한이 있는지 모르겠습니다.”라고 했습니다. 또한 초병에게 은혜를 베풀어서 환심을 사고자, 먼저 포상을 허락하고 이후에 주상에게 상주하여 초병에게 상을 내릴지 여부를 청했습니다. 이는 주상의 은혜를 자신이 내린 은혜로 삼으려고 망령되이 바란 것입니다. 또 정친왕 속하 초퉁(cotung, 綽通)이 말을 달리다가 죽었을 때 요토가 “아마도 칼에 베여 죽은 것 아닌지요?”라고 물었더니 정친왕은 “그렇게 생각하면 그렇다.”라고 증언했는데, 요토는 칼에 베여 죽은 것으로 주상께 상주했습니다. 이는 황상으로 하여금 정친왕이 자신의 사람을 두둔한 것으로 의심하게 하여 정친왕을 미움 받게 하려는 것입니다. 또한 쇼토 아거는 이전에 난주(灤州)에서 도망쳐서 죄를 지었기에 노복과 호구를 몰수당했는데, 후에 요토는 쇼토의 체면을 봐주기 위해 주상께 상주하여 노복과 호구를 돌려줄 것을 청했습니다. 또한 쇼토가 집안의 여인을 죽여 입을 막은 것에 대하여, 법사(法司)에서 심리하여 외니루 2호(戶)와 3개 니루의 사람을 몰수하도록 결정했습니다. 요토는 이에 그의 부(部)의 계심랑 무청거로 하여금 주상께 그 자녀의 유모를 돌려줄 것을 주청하게 했습니다. 이는 죄를 지은 쇼토를 비호하고 법을 어기고 상주(上奏)를 더럽힌 것입니다.

요토는 또한 구사어전 남타이에게 이렇게 말했습니다. “숙친왕이 나에게 ‘내가 늘 말한 바 이청거는 간세(奸細)이고 네가 늘 말한 바 무청거는 간세이기에 종종 우리 둘의 말을 엿듣고 즉시 상주한다.’라고 말했다.” 요토는 이렇게 호오거의 말을 남타이에게 전하고 다시 남타이에게 상주하지 말 것을 부탁했습니다. 얼마 후 요토는 다시 그 말을 버일러 더걸러이와 정친왕에게 고하고 "숙친왕이 정말로 이러한 말을 했습니다."라고 말했습니다. 더걸러이와 정친왕이 호오거에게 물으니, 호오거가 대답하기를, "제가 말한 것은 이와 다릅니다. 이청거가 자신의 아내에게 저와 소혼(sohon, 索渾)의 아내가 간통했다고 말하자, 이청거의 아내가 건슈(genšu, 根舒)에게 알렸고, 건슈는 다시 저에게 알렸습니다. 저는 그때 이청거 부부의 마음이 변했으며, 이청거 부부가 말을 꾸며 모함하지 않을까 의심했습니다. 그렇기 때문에 이런 말을 했습니다."라고 했습니다. 호오거의 말이 이러한데 요토는 따지지도 않았고 주상께 상주하지도 않았습니다. 이는 부자를 이간하여 일을 키우려는 것입니다. 또한 정친왕과 더걸러이에게 다시 말한 것은 악행을 찾으려고 하는 것입니다. 호오거가 정말로 이 말을 그에게 알렸는데도 요토는 곧바로 주상께 상주하지 않았으니, 이는 주상을 원망하여 바깥에서 도당을 구하려고 한 것입니다. 요토는 이러한 죄들을 지었으니 사형죄로 논하거나 혹은 사형죄를 면해 주고 감금하며 가산을 적몰할 수 있습니다.」

又議, 豪格先曾奏上云, 成親王岳託, 必多取瑣諾木之馬, 故瑣諾木形容俱瘁. 又向岳託言, 上曾言爾多索瑣諾木良馬, 以致瑣諾木形容俱瘁. 又上曾諭豪格曰, 爾爲妻所惑, 恐被酖毒. 爾外家人不可輕信, 宜謹防. 之後, 上出獵, 瑣諾木妻, 從開原遣人送米肉至, 奏上曰, 乞皇上令庖人造用. 觀此言, 若豪格不向外家人言, 瑣諾木妻何由知之. 又曾與岳託言宜成格爲姦細, 每以其所言奏聞於上. 豪格旣疑宜成格捏謗誣陷, 何故不卽奏聞於上而惟私與岳託言之. 是有怨上之心而與岳託同謀也. 額駙佟養性女, 適岳託之子, 欲以男子六十人隨嫁. 以豪格係統攝部務之王, 使丹坦 · 圖賴, 二次至部問之. 豪格知事例不合, 卽當諭止之, 乃又引之奏上. 豈非以奏之而許, 則可市恩於岳託, 不許, 令彼歸怨於皇上耶. 豪格坐此數罪, 應論死, 或免死, 並其妻收禁. 統候上裁.

또 의논했다. 「호오거는 이전에 주상께 상주하여 말했습니다. "성친왕 요토가 소놈의 말을 많이 가져가서 소놈의 모습이 초췌합니다." 또한 요토에게 말했습니다. "주상께서 네가 소놈의 좋은 말을 많이 가져가서 소놈의 안색이 나빠졌다고 말씀하셨다." 또한 주상이 이전에 호오거에게 유시를 내렸습니다. "네가 아내에게 현혹되어서 독을 먹을까 염려된다. 너의 처가집 사람들을 함부로 믿지 말고 삼가 경계하라." 이후에 주상께서 사냥을 나가자, 소놈의 처가집 개원(開原)에서 사람을 보내어 쌀과 고기를 보내고 주상께 상주하기를 "황상께서 요리사에게 요리를 만들도록 하십시오."라고 했습니다. 이 말을 살펴보니, 호오거가 처가 사람들에게 말하지 않았다면 소놈의 처가 무슨 방법으로 알았겠습니까? 또한 요토에게 이청거가 간세라고 말하고 매번 말한 것을 주상께 상주했습니다. 호오거는 이청거가 소문을 날조하여 자신을 모함한 것을 의심했음에도 무슨 까닭으로 즉시 주상께 상주하지 않고 사사로이 요토에게만 말했겠습니까? 이는 주상을 원망하는 마음이 있어서 요토와 공모하려는 것입니다. 어푸 동양성(佟養性)의 딸은 요토의 아들에게 시집가면서 남자 60명을 시집으로 데려가려 했는데, 호오거는 부(部)의 업무를 관할하는 왕이기에, 단탄(dantan, 丹坦)·툴라이로 하여금 두 차례 부(部)에 가서 문의하도록 했습니다. 호오거는 사례가 적합하지 않으므로 곧바로 하지 말라고 유시할 것임을 알면서 다시 이 일을 가지고 주상께 상주했습니다. 이는 바로 상주하여 허락을 받으면 요토에게 은혜를 베풀어 환심을 살 수 있고 허락을 받지 못하면 황상께 원망을 돌리게 하려는 것이 아니겠습니까? 호오거는 이러한 죄들을 지었으니 사형죄로 논하거나 혹은 사형을 면해 주고 그 아내와 함께 체포하여 감금할 수도 있습니다. 주상의 재가를 기다립니다.」

奏聞, 上曰, 彼等雖懷異心以事朕, 若朕卽加誅戮, 朕亦將被惡名. 一爲朕之子, 一爲我母后從幼撫養之弟. 子庸愚而弟嫉忌, 朕以大度待之, 適足以召福祥耳. 彼等若負朕寬宥之恩, 仍行背逆, 天地豈不鑒之. 於是岳託·豪格, 俱免死, 並免幽禁, 革去親王爵, 降爲多羅貝勒. 諸王·大臣等復議, 罰岳託雕鞍馬二十匹·甲胄二十副·馬二十匹·銀一萬五千兩, 罰豪格鞍馬十匹·甲胄十副·馬十匹·銀一萬兩.

상주하자 주상이 말했다. "저들은 다른 마음을 품고 짐을 섬겼으나, 짐이 곧바로 죽이면 짐도 오명을 뒤집어쓸 것이다. 하나는 짐의 아들이고, 다른 하나는 나의 모후(母后)가 어려서 기른 동생이다. 아들은 어리석고 동생은 시기하지만, 짐은 큰 도량으로 대하여 마땅히 복을 불러오게 할 뿐이다. 저들이 만약 짐의 관대한 은혜를 저버리고 계속 정도를 어기면 천지가 살피시지 않겠는가. 이에 요토와 호오거는 모두 사형죄를 면해 주고 유폐도 면해 주되, 친왕 작위를 박탈하고 도로이 버일러로 강등시킨다." 여러 왕대신들은 다시 의논하여 요토에게 조각한 안장을 갖춘 말 20마리·갑옷과 투구 20벌·말 20마리·벌은 1만 5,000냥을 부과하고, 호오거에게는 안장을 갖춘 말 10마리·갑옷과 투구 10벌·말 10마리·벌은 1만 냥을 부과했다.

奏聞. 上諭曰, 岳託·豪格, 各罰銀一千兩. 餘著寬免. 碩託, 緣兩事獲罪, 曾奪其滿洲奴僕以與岳託. 彼欲市恩, 奏乞還之. 彼旣欲市恩, 朕亦姑爲原情, 可將碩託自灤州以來獲罪所奪滿洲奴僕, 俱復還之,

> 復遣審事大臣.

상주하자 주상이 유시했다. "요토와 호오거는 각각 벌은 1,000냥을 부과하고 나머지는 용서한다. 쇼토는 두 일에 죄를 지어서, 이전에 그의 만주 노복을 몰수하여 요토에게 주었다. 요토는 쇼토에게 은혜를 베풀어 환심을 사고자 상주하여 몰수를 돌려줄 것을 청했다. 그가 은혜를 베풀어 환심을 사려고 했다 하더라도, 짐은 일단 정황을 참작하여 쇼토가 난주(灤州)에서 도망친 후에 죄를 지어 몰수된 만주 노복을 모두 되돌려주고 다시 심사대신(審事大臣)을 파견한다."

> 諭岳託·豪格曰, 爾等罪惡, 衆議已擬死罪. 想爾等亦自分必死矣. 若朕果有意誅戮, 何難執法不宥. 但仰觀天象, 顯有眷佑我國之意. 朕晝夜憂勞, 修政養民, 儻邀帝眷, 撫有疆域, 得膺大統, 欲與兄弟子姪以及羣臣萬姓, 共享太平. 朕若傷殘爾等, 將誰與共之乎. 爾等自今以後, 當心懷忠信, 竭力圖報. 其效力與否, 朕自知之, 衆亦豈有不共見者耶.

요토와 호오거에게 유시했다. "너희의 죄악은 중의(衆議)를 통하여 사형죄로 결정되었다. 죽을 수밖에 없다는 것은 너희 스스로도 알 것이라 생각한다. 만약 짐이 정말로 죽일 마음이 있었다면 용서 없이 법을 집행하는 데 무슨 어려움이 있겠는가? 다만 하늘의 형상을 살펴보니 하늘이 우리나라를 보우하실 뜻이 있음은 분명하다. 짐은 주야로 근심하고 고생하며 정치를 보살피고 백성을 기르고 있다. 만약 상제(上帝)의 보살핌을 입어 영토를 차지하고 대통을 받는다면 형제와 아들조카 및 군신 만백성들과 함께 태평을 누릴 것이다. 짐이 만약 너희를 해치면 장차 누구와 함께 누리겠는가. 너희는 지금부터 마음에 충성심과 신의를 품고 온 힘을 다하여 은혜에 보답하라. 힘을 다하는지 아닌지는 짐이 저절로 알게 될 것이며, 사람들도 모두 볼 것이다."

岳託·豪格對曰, 臣等自罹法網, 不惟不敢望仍享爵位撫有戶口, 卽性命亦不敢保. 乃蒙皇上仁德優容, 俾臣等死而復生, 高厚之恩, 銜結莫報. 臣等尙有何辭以對. 豪格復奏言, 臣非欲辨釋己罪. 但穆成格·宜成格以臣言奏上之語, 臣實未有. 今願與岳託誓, 以白臣心. 上許之. 岳託·豪格, 遂焚詞誓告. 又以戶部承政英俄爾岱·馬福塔·吳守進·韓大勳·啓心郎布丹, 當佟養性欲以六十人隨嫁時, 不行阻止, 議英俄爾岱·馬福塔·吳守進, 應削職, 各罰銀百兩. 韓大勳, 係新人, 應免削職, 罰銀百兩. 布丹, 亦應削職, 罰銀五十兩. 圖賴·丹坦, 因意欲與之故, 二次往問, 坐以應得之罪. 奏聞, 命俱免削職. 英俄爾岱·馬福塔, 坐以應得之罪. 吳守進·布丹, 嚴加戒飭. 又因啓心郎穆成格, 以岳託爲碩託請還乳母之事, 轉奏於上, 不能勸止. 穆成格, 亦坐以應得之罪.

요토와 호오거가 대답했다. "신들은 스스로 법망에 걸렸으니, 이전처럼 작위를 누리고 호구를 소유하는 것을 감히 바랄 수 없을 뿐더러, 목숨도 감히 보전할 수 없었습니다. 그런데도 황상의 인덕과 관용을 입어 신들이 죽다가 살아났으니, 높고 두터운 은혜를 보답할 길이 없습니다. 신들이 무슨 말로 답하겠습니까?" 호오거가 다시 상주하여 말했다. "신은 저의 죄를 변명하려는 것이 아닙니다. 다만 무청거와 이청거가 신의 말이라고 주상께 상주했는데, 신은 참으로 그런 말을 한 적이 없습니다. 이제 요토와 맹세하여 신의 마음을 깨끗이 하기를 바랍니다." 주상이 이를 허락했다. 요토와 호오거는 축문을 불사르고 맹세하며 고했다.

또한 호부승정 잉굴다이 · 마푸타 · 오수진(吳守進) · 한대훈(韓大勳) · 계심랑 부단(budan, 布丹)은 동양성(佟養性)이 60명을 보내 딸의 시집에 따라가게 하려고 했을 때 저지하지 않았다. 이에 대해 논의하기를 잉굴다이 · 마푸타 · 오수진은 삭직하고 각자 벌은 100냥을 부과하고, 한대훈은 신인(新人)이기에 삭직은 면해 주고 벌은 100냥을 부과하고, 부단은 삭직하고 벌은 50냥을 부과하고, 툴라이와 단탄은 60명을 주고자 두 차례나 가서 문의했으므로 받아야 할 죄에 처해야 한다고 했다. 상주하자 주상이 명하여 모두 삭직은 면해 주고 잉굴다이와 마푸타는 받아야 할 죄에 처했다. 오수진과 부단은 엄히 경고했다. 계심랑 무청거는 요토가 쇼토를 위해 유모를 돌려 달라고 청하는 일을 대신 상주하지 말라고 권하지 못했으므로 받아야 할 죄에 처했다.

○ 先是, 天聰三年, 布山以隱匿姦細下獄, 凡七年. 至是, 上曰, 布山, 乃太祖姨母之子. 朕久欲赦之, 因其旣獲罪下獄, 復於去年妄自陳奏言, 已有大功, 故未開釋. 今宜赦之, 給與和碩睿親王使令. 遇祀神, 許領祭肉. 在城內聽與親戚往來, 不許從獵隨征及私往莊屯. 並不得仍前自訴大功. 有從獵隨征之處, 著候旨行.

○ 이전 천총 3년에 부산(busan, 布山)이 간세를 숨겨서 하옥된 지 7년이 되었다. 이때에 주상이 말했다. "부산은 태조의 이모의 아들이다. 짐은 오래전부터 사면하려 했으나, 죄를 짓고 하옥되었는데 다시 작년에 멋대로 상주해서 큰 공이 있다고 말했기에 석방하지 않았다. 이제 사면함이 마땅하니, 호쇼이 예친왕(睿親王)에게 주어 일을 시키게 하고 신에게 제사를 올리면 제육(祭肉)을 받을 수 있게 허락한다. 성 안에서는 친척의 왕래를 허락하지만 사냥에 따라가거나 원정에 참

여하거나 사사로이 장둔(莊屯)에 가는 것은 불허한다. 이전처럼 큰 공이 있다고 호소할 수 없다. 사냥에 따라가거나 원정에 참여할 경우 지(旨)를 기다렸다가 시행하라."

○ 癸未, 命和碩睿親王多爾袞·和碩豫親王多鐸·多羅貝勒岳託·豪格及固山貝子諸大臣, 率大軍往征明國, 分兩翼, 先後啓行. 先是, 上諭諸王·貝勒·大臣曰, 多羅武英郡王, 統兵往征明國. 今將出邊, 宜別遣大軍往山海關進發. 明國知我兵至, 恐山海關有失, 必來救援, 武英郡王兵, 庶得乘隙從容出邊. 其各遵諭行. 是日, 巳刻, 上率出師諸王·貝勒·貝子·大臣, 出撫近門, 謁堂子, 吹螺掌號, 行三跪九叩頭禮. 外列八纛, 復吹螺, 行一跪三叩頭禮畢. 上送出師諸王等, 至演武場, 陞御座, 召諸王·貝勒·貝子·大臣近前. 諭之曰, 和碩睿親王, 可率右翼兵, 由中後所入. 和碩豫親王, 可率左翼兵, 由錦州入. 諭畢, 和碩睿親王多爾袞, 率右翼兵, 聲礮三, 起行. 午刻, 上由地載門入, 還清寧宮.

○ 계미일(8.12), 호쇼이 예친왕(睿親王) 도르곤, 호쇼이 예친왕(豫親王) 도도, 도로이 버일러 요토·호오거 및 구사이 버이서 여러 대신들은 대군을 이끌고 명나라를 정벌하러 가면서, 양익으로 나누고 선후로 출발했다. 이전에 주상이 여러 왕과 버일러 대신들에게 유시했다. "도로이 무영군왕이 군대를 이끌고 명나라를 정벌하러 가서 지금 변경을 나가려 하니 따로 대군을 파견하여 산해관으로 전진해야 한다. 명나라는 우리 군대가 도착한 것을 알면 산해관을 잃을 것을 두려워하여 반드시 와서 구원할 것이니, 무영군왕의 군대는 그 틈을 타고 조용히 변경을 나갈 수 있을 것이다. 각자 유시를 지켜서 시행하라."

이날 사시(巳時)에 주상이 출병하는 여러 왕·버일러·버이서·대신들을 이끌고 무근문(撫近門)을 나가 당자(堂子)에 가서 나각(螺角)과 호적(號笛)을 불고 삼궤구고두의 예를 행하였다. 밖에는 여덟 깃발을 나란히 세우고 다시 나각을 불고 일궤삼고두의 예를 행하였다. 주상은 출병하는 여러 왕들을 배웅하고자 연무장에 가서 어좌에 오르고 여러 왕 · 버일러 · 버이서 · 대신들을 가까이 불러서 유시했다. "호쇼이 예친왕(睿親王)은 우익병을 이끌고 중후소(中後所)로 들어가라. 호쇼이 예친왕(豫親王)은 좌익병을 이끌고 금주(錦州)로 들어가라." 유시를 마치자 호쇼이 예친왕(睿親王) 도르곤은 우익병을 통솔하여 포를 세 번 쏘고 출발했다. 오시(午時)에 주상은 지재문(地載門)으로 들어가서 청녕궁으로 돌아왔다.

○ 甲申, 和碩豫親王多鐸率左翼兵聲礮三, 起行.

○ 갑신일(8.13), 호쇼이 예친왕(豫親王) 도도가 좌익군을 이끌고 대포를 세 번 쏘고 출발했다.

○ 是日, 恭順王孔有德 · 懷順王耿仲明 · 智順王尚可喜, 因出師入見, 以冊立皇后稱賀, 又以頒賜儀仗, 謝恩, 奏請行九跪禮. 上諭曰, 勿行此禮, 但三跪九叩頭可也. 於是有德等各率所部官員, 入清寧宮, 依次序列, 行三跪九叩頭禮.

○ 이날,[8] 공순왕 공유덕 · 회순왕 경중명 · 지순왕 상가희가 출정

8 『만문노당』에는 이 기사가 8월 12일의 일로 기록되어 있다. 『만문노당역주』3, p.1970.

하고자 알현하여, 황후(皇后) 책립(冊立)을 축하하고 의장(儀仗)을 수여한 것에 사은하여 아홉 번 무릎 꿇는 예를 행하겠다고 청했다. 주상이 유시했다. "그 예(禮)를 행하지 말라. 세 번 무릎 꿇고 아홉 번 고두하면 된다." 이에 공유덕 등이 각기 거느리는 관원들을 이끌고 청녕궁에 들어와서 서열에 따라 삼궤구고두의 예(禮)를 행하였다.

○ 乙酉, 千山大守寺僧何大峰, 重修古寺畢, 進松花餅, 奏曰, 食此可以延壽明目, 上曰, 若能勤政養人, 國泰民安, 上天自然默佑, 豈因服松花而可以延壽明目乎. 却之, 以大峰重修古寺, 賞銀十兩.

○ 을유일(8.14), 천산(千山) 대수사(大守寺)의 승려 하대봉(何大峰)이 낡은 절을 수리한 후 송화병(松花餠)을 진상하면서 상주하여 말했다. "이것을 먹으면 수명이 늘어나고 눈이 밝아질 수 있습니다." 주상이 말했다. "정치에 힘쓰고 사람을 길러 나라가 태평하고 백성을 편안하게 하면 하늘이 자연히 돌보실 것인데, 어찌 송화(松花)를 먹는다고 수명이 늘어나고 눈이 밝아질 수 있겠는가." 송화병을 물리치고, 하대봉이 낡은 절을 중건했으므로 은 10냥을 상으로 내렸다.

○ 是日, 召入恭順王孔有德·懷順王耿仲明·智順王尚可喜, 賜宴於翔鳳樓.

○ 이날 공순왕 공유덕·회순왕 경중명·지순왕 상가희를 불러 상봉루(翔鳳樓)에서 잔치를 베풀었다.

○ 丁亥, 固倫公主入清寧宮時, 額駙額哲及袞定顧實喇嘛以不起立, 爲都察院劾奏, 上曰, 額哲額駙年幼不知禮. 可宥也. 下袞定刑部議罪, 因擬辟. 上從寬免死, 遂以給果莽綽爾濟喇嘛.

○ 정해일(8.16), 구룬 공주가 청녕궁에 들어올 때, 어푸 에제이 · 군딩 구시 라마(gunding gusi lama, 袞定顧實喇嘛)가 일어서지 않았다고 도찰원에서 탄핵하여 상주했다. 주상이 말하기를, "에제이 어푸는 나이가 어려 예(禮)를 알지 못하니 용서할 만하다."라고 했다. 군딩을 형부에 내려 죄를 의논하게 하니 사형으로 결정했다. 주상은 너그럽게 죽음을 면해 주고 그를 고망 초르지 라마(g'omang corji lama, 果莽綽爾濟喇嘛)에게 주었다.

○ 以恭順王孔有德 · 懷順王耿仲明 · 智順王尚可喜歸鎭, 召入清寧宮賜宴, 仍各賜蟒緞一, 緞二.

○ 공순왕 공유덕 · 회순왕 경중명 · 지순왕 상가희가 진(鎭)으로 돌아간다고 하여 청녕궁으로 불러 연회를 베풀고 각기 망단(蟒緞) 1필 · 비단 2필씩을 주었다.

○ 戊子, 上聞法庫山喇嘛滿朱習禮胡土克圖卒, 遣察漢喇嘛 · 畢禮克圖囊蘇往弔之.

○ 무자일(8.17), 주상이 파쿠 산(fakū, 法庫山)의 라마 만주시리 후툭투(manjusiri hūtuktu, 滿朱習禮胡土克圖)가 죽었다는 것을 듣고, 차간

라마(cagan lama, 察漢喇嘛) · 빌릭투 낭수(biliktu nangsu, 畢禮克圖囊蘇)를 조문하러 가라고 보냈다.

○ 壬辰, 固倫額駙額哲 · 固倫公主將還, 召入清寧宮, 大宴之.

○ 임진일(8.21), 구룬 어푸 에제이와 구룬 공주가 돌아간다고 하여 청녕궁으로 불러와서 큰 잔치를 베풀었다.

○ 癸巳, 以初送固倫額駙額哲及固倫公主歸國, 上偕皇后 · 麟趾宮貴妃 · 永福宮莊妃率和碩福金 · 多羅福金 · 多羅貝勒福金及文武各官, 於巳刻, 出地載門十里外, 賜大宴. 仍令和碩鄭親王濟爾哈朗, 偕其福金送之. 賜公主駝三十 · 牛三百 · 羊五千 · 人十戶, 又賜侍女九人各雕鞍馬一 · 皮鞍馬一 · 駝二 · 牛十 · 羊百 · 氊帳房一架, 并銀茶桶 · 磁器 · 應用等物.

○ 계사일(8.22), 구룬 어푸 에제이와 구룬 공주가 귀국하는 것을 처음으로 전송할 때 주상은 황후(皇后) · 인지궁귀비(麟趾宮貴妃)[9] · 영복궁장비(永福宮莊妃)[10]와 함께 호쇼이 푸진 · 도로이 푸진 · 도로이 버

9 인지궁귀비는 몽고 아바가 부의 도르지 어치커 노얀의 딸인 남중(nam jung, 娜木鍾. ?-1674)이다. 남중은 몽골의 대칸인 차하르 부 릭단 칸의 황후였는데 1634년에 릭단 칸이 사망한 후 1635년 홍타이지와 재혼했고 1636년에 서인지궁귀비(西麟趾宮貴大妃, wargi da gosin i booi wesihun amba fujin)에 봉해졌다.

10 영복궁장비는 코르친 부 자이사이 노얀의 딸인 붐부타이(bumbutai, 1613-1688)이다. 1636년에 서측영복궁장비(西側永福宮莊妃, wargi ashan i hūturingga booi jingji fujin)에 봉해졌다.

일러 푸진 및 문무 관원을 이끌고 사시(巳時)에 지재문(地載門) 10리 밖으로 나가서 큰 잔치를 베풀었다. 그리고 호쇼이 정친왕 지르갈랑에게 명하여 그 푸진들과 함께 전송하게 했다. 공주에게 낙타 30마리 · 소 300마리 · 양 5,000마리 · 사람 10호(戶)를 주었고, 또 시녀 9명에게 각각 조각한 안장을 갖춘 말 1마리 · 가죽 안장을 갖춘 말 1마리 · 낙타 2마리 · 소 10마리 · 양 100마리 · 양탄자 장막 1개 · 은차통(銀茶桶) · 자기 · 사용할 물건 등을 주었다.

○ 是日, 守福陵官謁上, 召入清寧宮, 賜以緞布食物.

○ 이날 복릉(福陵)을 지키는 관원이 주상을 배알하니 청녕궁으로 불러 비단과 면포와 먹을 것을 내렸다.

○ 丙申, 往征錦州和碩豫親王多鐸遣啟心郎祁充格, 率十人馳報軍務.

○ 병신일(8.25), 금주를 정벌하러 갔던 호쇼이 예친왕(豫親王) 도도가 계심랑 키충거를 보내서 10명을 이끌고 달려와 군무(軍務)를 보고하게 했다.

○ 戊戌, 命宗室鞏阿岱率每旗護軍參領一員, 每牛彔護軍一名, 往助和碩睿親王多爾袞 · 和碩豫親王多鐸軍, 令啟心郎祁充格 · 穆成格偕行.

○ 무술일(8.27), 종실 궁가다이에게 명하여 기(旗)마다 호군참령 1

명, 니루마다 호군 1명씩을 이끌고 호쇼이 예친왕(睿親王) 도르곤・호쇼이 예친왕(豫親王) 도도의 군사를 도우러 가게 하고, 계심랑 키충거・무청거도 함께 가게 했다.

○ 是日, 往征錦州和碩豫親王多鐸遣松格里等, 送錦州城內投誠人門世文至.

○ 이날 금주를 정벌하러 갔던 호쇼이 예친왕(豫親王) 도도가 숭거리(sunggeri, 松格里) 등을 보내서 금주성 안에서 투항해 온 문세문(門世文)을 보내 왔다.

권31

숭덕 원년 9월 ~ 10월

崇德元年, 丙子, 九月, 壬寅朔.

○ 숭덕 원년 병자년 9월 임인일 초하루(9.1).

○ 丁未, 往征錦州和碩豫親王多鐸遣納木 · 蘇巴 · 賴賽, 解錦州降人門二至.

○ 정미일(9.6), 금주를 정벌하러 갔던 호쇼이 예친왕(豫親王) 도도가 나무(namu, 納木) · 수바(suba, 蘇巴) · 라이사이(laisai, 賴賽)를 보내 금주에서 항복한 사람 문이(門二)를 압송해 왔다.

○ 戊申, 馬福塔等齎人参至朝鮮義州, 償所易貨物, 路獲明哨卒, 詢知有明遊擊四員, 率兵二千入鹻場. 馬福塔等即率百人往躡其後, 隨以奏聞. 命吳善 · 季思哈率每旗章京二員, 兵五百名, 星馳往援鹻場.

○ 무신일(9.7), 마푸타 등이 인삼을 가지고 조선 의주(義州)에 도착하여 교역한 화물에 대해 보상했는데, 길에서 명나라의 초탐(哨探)을 잡아서 물으니 명나라의 유격 4명이 병사 2,000명을 데리고 감장(鹻場)에 들어갔다는 것을 알게 되었다. 마푸타 등은 100명을 이끌고 그 후미를 추적하러 가면서 상주했다. 명하여 우샨(ušan, 吳善)·기스하(gisha, 季思哈)에게 각 기(旗)의 장긴 2명씩과 병사 500명을 이끌고 빨리 감장(鹻場)에 도우러 가게 했다.

○ 己酉, 往征明國多羅武英郡王阿濟格·多羅饒餘貝勒阿巴泰·超品公額駙楊古利, 遣喀木圖·恩格德齋疏奏言, 仰賴皇上德威, 我師所向, 明人震讋, 莫敢逆拒, 遂直入長城, 過保定府, 至安州, 克十二城, 凡五十六戰皆捷, 共俘獲人口牲畜十七萬九千八百二十.

○ 기유일(9.8), 명나라를 정벌하러 갔던 도로이 무영군왕 아지거·도로이 요여 버일러 아바타이·초품공 어푸 양구리가 캄투(kamtu, 喀木圖)·엉거더이(enggedei, 恩格德)를 보내서 상주하여 말했다. 「황상의 덕망과 위엄에 의지하여, 우리 군대가 향하는 곳마다 명나라 사람은 두려워하며 감히 저항하지 못했습니다. 마침내 바로 장성으로 들어가 보정부(保定府)를 지나서 안주(安州)에 이르러 성을 12개 함락시키고 56번의 전투에서 모두 크게 이겼습니다. 모든 노획한 사람과 가축이 17만 9,820입니다.」

○ 壬子, 命梅勒章京金礪·甲喇章京金維城, 率每旗章京二員, 每甲喇驍騎校一員, 每牛彔小撥什庫一名·兵一名, 齎糧往濟征明將士, 仍遣昂果柰·海賴, 率護軍四十人, 衛其後.

○ 임자일(9.11), 머이런장긴 김려(金礪), 잘란장긴 김유성(金維城) 등에게 명하여 기(旗)마다 장긴 2명씩, 잘란마다 효기교 1명씩, 니루마다 소(小) 보쇼쿠 1명씩, 병사 1명씩을 데리고 식량을 가지고 명나라를 정벌하러 간 장수와 병사를 도우러 가게 했다. 이어서 앙구나이(anggūnai, 昂果柰)・하이라이(hairai, 海賴)를 파견해 호군 40명을 이끌고 그 후미를 지키게 했다.

○ 癸丑, 遣喀木圖・恩格德, 齎敕還諭多羅武英郡王阿濟格・多羅饒餘貝勒阿巴泰. 敕曰, 上諭總統大兵征西多羅武英郡王等. 爾等直入邊關, 攻克城堡, 屢敗敵兵, 軍威大振, 朕聞之不勝喜慰, 自爾等行後國中俱安寧也. 因賜多羅武英郡王阿濟格鞍馬一, 馬三, 多羅饒餘貝勒阿巴泰, 馬二, 超品公額駙楊古利及八旗額眞, 各馬一, 令侍衛五員, 同往迎之.

○ 계축일(9.12), 캄투・엉거더이를 보내 칙서를 가지고 도로이 무영군왕 아지거・도로이 요여 버일러 아바타이에게 가서 유시하게 했다. 칙서에서 말했다.「주상이 대병(大兵)을 이끌고 서쪽을 정벌하러 간 도로이 무영군왕 등에게 유시한다. 너희가 곧바로 변경의 관문으로 들어가서 성보(城堡)를 공격하여 무너뜨리고 여러 차례 적병을 패퇴시키며 군의 위세를 크게 떨치니, 짐은 그것을 듣고 매우 기쁘다. 너희가 간 이후로 나라 안은 모두 평온하다.」도로이 무영군왕 아지거에게 안장을 갖춘 말 1마리・말 3마리, 도로이 요여 버일러 아바타이에게 말 2마리, 초품공 어푸 양구리 및 팔기의 어전들에게 각 말 1마리씩을 하사했고, 시위(侍衛) 5명에게 함께 가서 그들을 맞이하게 했다.

○ 甲寅, 往征明寧錦和碩睿親王多爾袞·和碩豫親王多鐸, 遣穆成格率八人, 解漢人一名至.

○ 갑인일(9.13), 명나라의 영원(寧遠)과 금주(錦州)를 정벌하러 갔던 호쇼이 예친왕(睿親王) 도르곤·호쇼이 예친왕(豫親王) 도도가 보낸 무청거가 8명을 데리고 한인 1명을 압송해서 도착했다.

○ 乙卯, 遣蘇爾德率九人, 齎敕往諭征明寧錦和碩睿親王多爾袞·和碩豫親王多鐸. 敕曰, 上諭奉命征西和碩睿親王·和碩豫親王等. 近者往征燕京武英郡王有捷音至. 賴上天眷佑, 威聲大振, 克獲城池, 所在敵兵, 無不披靡, 我國出征將士俱無恙, 朕心甚爲慰愜, 故令爾等知之. 總計捷功, 克十二城, 敗敵五十六次, 或有獲馬甚多者, 或有獲五六匹以上者. 共俘獲人畜十七萬九千八百二十, 輜重等物無算, 除粗惡外, 已令人籍之以歸矣. 至前者未入長城時, 阿山所領旗兵, 攻克鵰鶚·長安嶺二城, 爾等已知. 至傳言入長城後, 昌平城內蒙古斬其州官, 以城降者, 妄也. 我兵盡斬昌平城外兵, 見城上兵少, 合二十旗兵攻之, 火礮竝發, 燬其城樓, 城上兵被焚, 圖爾格一旗兵, 乘隙先登, 遂克之. 兩黃旗·兩紅旗·鑲藍旗, 滿洲·蒙古, 共十旗攻定興縣, 譚泰所領一旗兵, 先登取之. 拜尹圖一旗兵, 獨克安肅縣, 葉臣一旗兵, 獨克安州. 兩黃·兩紅·兩白及鑲藍旗步兵及漢軍, 共十旗兵, 合攻寶坻縣, 葉臣一旗兵, 穴其城取之. 阿山一旗兵, 獨克東安縣, 圖爾格·薩穆什喀二旗兵, 合攻雄縣, 圖爾格一旗兵, 先登取之. 額駙達爾哈·達賴二旗兵, 合攻順義縣, 達爾哈一旗兵, 先登取之. 薩穆什喀·蘇納二旗兵, 合攻容城縣, 薩穆什喀一旗兵, 先登取之. 鑲紅旗前鋒, 獨攻克文安縣. 大軍所向在在成功如此, 爾等聞之, 自爲欣悅, 特諭.

○ 을묘일(9.14), 술더이(suldei, 蘇爾德)를 보내 9명을 데리고 칙서를 가지고 명나라의 영원(寧遠)과 금주(錦州)를 정벌하러 간 호쇼이 예친왕(睿親王) 도르곤·호쇼이 예친왕(豫親王) 도도에게 가서 유시하게 했다. 칙서에서 말했다. 「주상이 명령을 받들어 서쪽을 정벌하는 호쇼이 예친왕(睿親王)·호쇼이 예친왕(豫親王) 등에게 유시한다. 근자에 연경(燕京)을 정벌하러 간 무영군왕의 승전보가 도착했다. 하늘의 도우심에 힘입어 위엄과 명성을 크게 떨쳤고 성지(城池)를 함락시켜 획득했으며 곳곳에서 모두 적병을 이겼다. 우리나라에서 출정한 장수와 병사들이 모두 무탈하니 짐(朕)의 마음이 참으로 위로된다. 그러므로 너희에게 이를 알리려고 보낸다. 이긴 전공을 모두 세어 보면 성 12개를 함락시켰고 적을 패퇴시킨 것이 56번이며, 어떤 곳에서는 말을 매우 많이 얻었고 어떤 곳에서는 5-6마리 이상을 얻었다. 획득한 사람과 가축의 수가 모두 17만 9,820이며, 치중(輜重) 등의 물품들은 셀 수 없이 많아서 조악한 것을 제외하고 나머지를 기록한 후 돌아오게 했다.

전에 장성에 들어가기 전에 아산이 통솔하는 기의 군사가 조악(鵰鶚)·장안령(長安嶺) 두 성을 공격하여 함락시킨 것은 너희가 이미 알고 있다. 전하는 말에 장성에 들어간 후 창평성(昌平城) 안의 몽고인이 그 주관(州官)을 죽이고 성을 들어 항복했다는 것은 거짓이다. 우리의 군사가 창평성 밖의 병사들을 모두 죽이고 성 위에 병사가 적은 것을 보고 20기가 함께 공격하니 화약이 폭발하여 성루(城樓)가 불타고 성 위의 병사들이 타 죽었다. 투르거이가 이끄는 1기의 군사가 그 틈을 타서 먼저 올라가 함락시켰다. 두 황기·두 홍기·양람기, 만주와 몽고 모두 10기는 정흥현(定興縣)을 공격하여 탄타이 속하 1기의 군사가 먼저 올라가 취했다. 바인투(baintu, 拜尹圖)가 이끄는 1기의 군사는 안숙현(安肅縣)을 단독으로 함락시켰다. 여천(yecen, 葉臣)이 이끄는 1기의 군사는 안주(安州)를 단독으로 함락시켰다.

두 황기 · 두 홍기 · 두 백기 및 양람기의 보병 및 한군(漢軍) 등 10기의 군사는 함께 보지현(寶坻縣)을 공격했는데 여천 기의 군사가 그 성을 무너뜨리고 취했다. 아산 기의 군사는 동안현(東安縣)을 단독으로 함락시켰다. 투르거이 · 삼시카 2기의 군사는 함께 웅현(雄縣)을 공격했는데 투르거이가 이끄는 1기의 군사가 먼저 올라가 취했다. 어푸 다르한(darhan, 達爾哈) · 달라이(dalai, 達賴) 2기의 군사는 함께 순의현(順義縣)을 공격했는데 어푸 다르한이 이끄는 1기의 군사가 먼저 올라가 취했다. 삼시카 · 수나 2기의 군사는 함께 용성현(容城縣)을 공격했는데 삼시카가 이끄는 1기의 군사가 먼저 올라가 취했다. 양홍기의 전봉(前鋒)은 단독으로 문안현(文安縣)을 함락시켰다. 대군(大軍)이 향하는 곳마다 공을 세우는 것이 이와 같으니, 너희가 이를 들으면 자연히 기뻐하고 즐거워하리라. 특별히 유시한다.」

○ 庚申, 伊勒愼 · 烈烈渾 · 寨薩 · 托克屯珠 · 薩爾布等遣人奏言, 臣等五人追敵, 望見孃孃宮渡口兩岸, 皆有敵兵, 敵船橫截遼河, 約百餘艘. 臣等船小兵寡, 若欲進擊, 恐難以驟返, 因此暫退. 臣烈烈渾步兵在海州河口立營, 牛莊守將臣寨薩在河岸立營. 科桑阿地方臺軍家口, 盡行撤回, 令其男子執火礮器械, 夾道護送. 高柳樹路口則有臣伊勒愼步兵, 在彼立營, 又恐敵誘我兵, 侵犯他處, 遣薩爾布遷移鹽場居人, 其近邊居民, 亦令遷移, 又恐敵船逆流而上, 臣等復駕小舟, 潛伏海州河口防之. 因執所獲一明人解至.

○ 경신일(9.19), 이러선(irešen, 伊勒愼) · 리열리여훈(liyeliyehun, 烈

烈渾)·자이사(jaisa, 寨薩)·톡톤주(toktonju, 托克屯珠)·사르부(sarbu, 薩爾布) 등이 사람을 보내 상주하여 말했다. 「신들 5명이 적을 추격하다가 멀리 보니 양양궁(孃孃宮) 나루터 양쪽 강언덕에 모두 적병이 있었고 요하를 가로로 막고 있는 적의 배가 100여 척이었습니다. 신들의 배가 작고 병사가 적어 진격하고자 해도 되돌아오기 어려울 것이라 여겨 잠시 물러났습니다. 신 리열리여훈의 보병은 해주하구(海州河口)에 군영을 세우고, 우장(牛莊)을 지키는 장군 신 자이사는 강둑에 군영을 세웠습니다. 코 상가(ko sangga, 科桑阿) 지방의 대(臺)에 있는 군사의 가속들은 모두 철수시키고 그 남자들에게 화포와 병기를 주어 길을 인도하며 호송하게 했습니다. 고유수로(高柳樹路)의 입구에는 신 이러션의 보병이 군영을 세웠습니다. 적이 우리 병사를 속이고 다른 곳을 침범할까 염려되어 염장(鹽場)에 있는 사람들을 이주시키고자 사르부를 보냈습니다. 그 근처에 거주하는 백성들도 이주시켰습니다. 또한 적의 배가 강을 거슬러 올라올까 염려하여 신들이 다시 작은 배를 몰아 잠복하며 해주하구(海州河口)를 지키도록 배치했습니다. 그곳에서 사로잡은 명나라 사람 1명을 압송하여 왔습니다.」

○ 是日, 命伊孫率每旗官一員, 兵一百四十名, 往援伊勒愼等軍.

○ 이날 명하여 이순(isun, 伊孫)에게 각 기의 지휘관 1명, 병사 140명을 데리고 이러션 등의 군사를 도우러 가게 했다.

○ 辛酉, 復命多羅安平貝勒杜度, 統護軍五十名, 往援伊勒愼等軍.

○ 신유일(9.20), 다시 명하여 도로이 안평 버일러 두두에게 호군 50

명을 통솔하여 이러선 등의 군사를 도우러 가게 했다.

○ 蒙古達賴·拜賀·拜音代三人, 攜馬二十五匹, 自明塔山城來降.

○ 몽고의 달라이(dalai, 達賴)·바이후(baihū, 拜賀)·바인다이(baindai, 拜音代) 3명이 말 25마리를 이끌고 명나라의 탑산성(塔山城)으로부터 항복해 왔다.

○ 壬戌, 往征明國多羅武英郡王阿濟格·多羅饒餘貝勒阿巴泰遣尼堪率四人齎疏至. 疏言, 臣等還軍時, 令阿山·譚泰·吳賴·恩格圖率每牛彔甲士四人, 埋伏軍後, 有明遵化·三屯營守備一員, 率兵來探, 譚泰·恩格圖集兵圍之, 盡殲焉, 獲馬六十六匹. 及我軍出邊, 又有明山海關千總一員·百總四員, 率馬步兵二百, 躡我軍後來探, 遇阿山, 盡殺之, 獲馬八十匹, 生擒百總一員.

○ 임술일(9.21), 명나라를 정벌하러 갔던 도로이 무영군왕 아지거·도로이 요여 버일러 아바타이가 보낸 니칸(nikan, 尼堪)이 4명을 이끌고 소(疏)를 가지고 도착했다. 소(疏)에서 말했다.「신들이 회군(回軍)할 때 아산(asan, 阿山)·탄타이(tantai, 譚泰)·울라이(ulai, 吳賴)·엉거투(enggetu, 恩格圖)에게 니루마다 갑사(甲士) 4명씩을 이끌고 군 후미에 매복하라고 명했습니다. 명나라의 준화(遵化)·삼둔영(三屯營)의 수비 1명이 병사들을 데리고 정탐하러 왔는데, 탄타이·엉거투가 병사를 합쳐 그들을 포위하여 모두 죽이고 말 66마리를 획득했습니다. 또한 우리 군사가 변새(邊塞)를 나갈 때 명나라의 산해관 천총 1명·백총 4명이 기병과 보병 200명을 이끌고 우리 군사의 후미를

쫓아 정탐하러 왔는데, 아산이 마주친 그들을 모두 죽이고 말 80마리를 획득하고 백총 1명을 생포했습니다.」

○ 甲子, 遣馬福塔·羅奇, 率每旗章京一員, 每牛彔人一名, 往遼河岸備船艘, 以濟多羅武英郡王阿濟格·多羅饒餘貝勒阿巴泰軍.

○ 갑자일(9.23), 마푸타·로키(loki, 羅奇)를 파견하여 기(旗)마다 장긴 1명씩, 니루마다 1명씩을 이끌고 요하(遼河) 강가로 가서 선박을 준비하여 도로이 무영군왕 아지거·도로이 요여 버일러 아바타이의 군사를 돕게 했다.

○ 丁卯, 遣詹霸·顧爾馬渾, 往諭多羅武英郡王阿濟格·多羅饒餘貝勒阿巴泰曰, 爾等凱旋, 朕將出城十里相迎, 王·貝勒, 可率梅勒章京以上, 及陣獲官員, 先至前途相見.

○ 정묘일(9.26), 잠바(jamba, 詹霸)·굴마훈(gūlmahūn, 顧爾馬渾)을 파견해 도로이 무영군왕 아지거·도로이 요여 버일러 아바타이에게 가서 유시하게 했다. 「너희가 개선할 때 짐이 성의 10리 밖으로 나가서 맞이할 것이다. 왕과 버일러는 머이런장긴 이상의 관원들과 전쟁에서 사로잡은 관원들을 이끌고 먼저 앞으로 와서 알현하라.」

○ 是日, 往征明寧錦和碩睿親王多爾袞·和碩豫親王多鐸班師. 由義州先遣祁充格·蘇拜, 來奏.

○ 이날 명나라의 영원(寧遠)과 금주(錦州)를 정벌하러 갔던 호쇼이 예친왕(睿親王) 도르곤 · 호쇼이 예친왕(豫親王) 도도가 회군했다. 의주로부터 키충거(kicungge, 祁充格) · 수바이(subai, 蘇拜)를 먼저 파견해 와서 상주했다.

○ 戊辰, 往援孃孃宮渡口, 多羅安平貝勒杜度, 率師還.

○ 무진일(9.27), 양양궁(孃孃宮) 나루터에 원조하러 갔던 도로이 안평 버일러 두두가 군대를 이끌고 돌아왔다.

○ 己巳, 多羅武英郡王阿濟格 · 多羅饒餘貝勒阿巴泰 · 超品公楊古利, 及諸貝子 · 大臣凱旋. 午刻, 上出地載門十里往迎之, 因率凱旋王 · 貝勒 · 貝子 · 大臣等, 以次排列. 立八纛吹螺掌號, 拜天. 行三跪九叩頭禮畢, 上御黃幄, 阿濟格 · 阿巴泰 · 楊古利, 率諸貝子 · 大臣, 俱排列. 阿濟格率衆跪, 捧獻捷表文. 上命內國史院大學士剛林 · 內秘書院大學士范文程等, 接表文至御前跪讀. 表文曰, 多羅武英郡王臣阿濟格等謹奏. 臣等奉寬溫仁聖皇帝命, 統領大軍, 往征明國. 仰蒙上天眷佑, 皇上德威, 攻克明國邊城, 長驅而入燕京附近疆土, 縱兵馳突, 凡克城十二, 摧敵陣五十八. 俘獲人畜十八萬, 生擒總兵巢丕昌等. 我國出征將士, 全軍奏凱而歸. 讀畢, 上命剛林, 諭勞阿濟格等曰, 王暨諸大臣, 仰體天心, 同心協力, 故有此捷, 朕甚嘉之. 諭畢, 阿濟格等, 行三跪九叩頭禮. 上諭曰, 王 · 貝勒 · 貝子 · 大臣, 遠征勞苦, 可進前行抱見禮. 於是阿濟格出班近前, 行一拜禮, 抱見. 上念阿濟格勞瘁貌癯, 惻然淚下. 次阿巴泰 · 楊古利, 固山貝子篇古 · 艾度禮 · 馬瞻 · 屯齊 · 博洛 · 和託 · 杜爾祜等, 各依齒序, 俱如阿濟格行

> 抱見禮. 次固山額眞拜尹圖阿格·葉臣·阿山·圖爾格·額駙達爾哈·葉克書·譚泰·薩穆什喀, 依次近前, 行一拜禮, 抱膝見. 次陣獲總兵巢丕昌等, 行跪拜禮. 於是上命阿濟格·阿巴泰·楊古利, 近御座右側坐, 諸貝子·大臣, 及出征將士, 俱依次坐右側. 設大宴, 以金卮酌酒, 上親賜阿濟格, 次賜阿巴泰, 又次賜楊古利, 及固山額眞等, 各一卮. 上率凱旋王·貝勒·諸貝子·大臣, 謁堂子, 行三跪九叩頭禮. 自撫近門入, 申刻, 還淸寧宮.

○ 기사일(9.28), 도로이 무영군왕 아지거·도로이 요여 버일러 아바타이·초품공(超品公) 양구리 및 여러 버이서들과 대신들이 개선했다. 오시(午時)에 주상이 지재문(地載門)의 10리 밖에 나가 그들을 맞이하여, 개선한 왕·버일러·버이서·대신들을 이끌고 차례대로 정렬했다. 8개의 독(纛)을 세우고 나각(螺角)과 호적(號笛)을 불며 하늘에 배례했다. 삼궤구고두의 예를 행한 후 주상이 황색 천막에 가자 아지거·아바타이·양구리가 여러 버이서·대신들을 이끌고 함께 정렬하여 섰다. 아지거가 무리를 이끌고 꿇어앉아 승리를 알리는 표문을 바쳤다. 주상이 내국사원대학사 가린·내비서원대학사 범문정 등에게 표문을 받아 어전(御前)으로 가지고 와서 무릎 꿇고 읽으라고 명했다. 표문에서 말했다. 「도로이 무영군왕 신 아지거 등이 삼가 상주합니다. 신들은 관온인성황제의 명을 받들어 대군을 통솔하고 명나라를 정벌하러 갔습니다. 하늘의 보살핌과 황상의 덕위(德威)에 힘입어 명나라 변경의 성들을 공격해 함락시켰으며, 연경 부근의 강역에까지 깊이 들어가서 병사들을 풀고 돌격하여 모두 12개의 성을 함락시키고 58번 적진을 격파했습니다. 18만의 사람과 가축을 획득했고 총병 소비창(巢丕昌) 등을 생포했습니다. 우리나라에서 출정한 장병들은 전군이 승전고를 울리며 돌아오고 있습니다.」 읽은 후 주상이 가린에게

명하여 아지거 등의 노고를 치하하며 유시했다. "왕과 여러 대신들이 하늘의 뜻을 삼가 살피고 한마음으로 힘을 합쳤기에 이러한 승리를 얻었다. 짐은 매우 기쁘다." 유시한 후, 아지거 등은 삼궤구고두의 예를 행하였다.

주상이 유시했다. "왕·버일러·버이서·대신들은 원정에 노고가 컸으므로 앞으로 나와서 포견례(抱見禮)를 행하라." 이에 아지거가 무리로부터 나와서 주상에게 가까이 나아가 일배(一拜)의 예를 행하고 껴안으며 알현했다. 주상은 아지거가 쇠약하고 안색이 여윈 것을 가엽게 여겨 슬퍼하며 눈물을 흘렸다. 다음에 아바타이·양구리와 구사이 버이서 피양구(fiyanggū, 篇古)·아이두리(aiduri, 艾度禮)·마잔(majan, 馬瞻)·툰치(tunci, 屯齊)·볼로(bolo, 博洛)·호토(hoto, 和託)·두르후(durhu, 杜爾祜)[1] 등이 각각 나이 순서대로 모두 아지거와 마찬가지로 포견례를 행하였다. 다음에 구사어전 바인투 아거(baintu age, 拜尹圖阿格)·여천(yecen, 葉臣)·아산(asan, 阿山)·투르거이(turgei, 圖爾格)·어푸 다르한(darhan, 達爾哈)·역슈(yekšu, 葉克書)·탄타이(tantai, 譚泰)·삼시카(samsika, 薩穆什喀)가 순서대로 가까이 나아가서 일배(一拜)의 예를 행하고 무릎을 껴안으며 알현했다. 다음에 전장에서 사로잡은 총병 소비창(巢丕昌) 등이 무릎 꿇고 절하는 예를 행하였다. 이에 주상은 아지거·아바타이·양구리는 황상의 자리 우측 가까

1 두르후: durhu, 杜爾祜. 1615-1655. 누르하치의 장남 추영의 아들 두두의 장남. 輔國公에 봉해졌고, 태종을 수행하여 松山과 錦州 공격에서 전공을 세웠다. 후에 鎭國公으로 강등되었다. 이후 잘란장긴 바이산(拜山) 등이 그가 원망한다고 고발하여 작위를 삭탈당하고 종실에서 폐출되었다. 1644년 도도(dudu, 多鐸)를 수행하여 명 정벌에 종군했다. 1645년 종실 자격을 회복하고 輔國公에 봉해졌다. 1648년 지르갈랑을 수행하여 湖廣으로 진군했고, 1649년 永興, 辰州에서 승전했고, 廣西 全州를 평정했다. 1651년 버일러에 봉해졌다. 1655년 사망했고, 慍厚 시호를 받았다.

운 곳에 앉고 여러 버이서들 · 대신들, 출정한 장병들도 모두 차례대로 우측에 앉게 했다. 큰 연회를 베풀어 금잔에 술을 따라 주상이 친히 아지거에게 하사했으며 다음에 아바타이에게, 그다음에 양구리 및 구사어전들에게 각각 한 잔씩 하사했다. 주상은 개선한 왕 · 버일러 · 여러 버이서들 · 대신들을 이끌고 당자(堂子)에 배례하고 삼궤구고두의 예를 행하였다. 무근문(撫近門)으로 들어와서 신시(申時)에 청녕궁으로 돌아왔다.

○ 辛未, 上遣都察院承政阿什達爾漢, 大學士范文程 · 剛林, 學士詹霸 · 胡球等, 諭凱旋多羅武英郡王阿濟格, 固山額眞篇古 · 拜尹圖 · 阿山 · 葉臣 · 圖爾格 · 達爾哈 · 葉克書 · 譚泰等曰, 朕聞我軍後隊, 方至舊遼陽河沃黑渡口. 爾等已抵家二日矣. 爾等當速往迎之. 朕畀爾以心膂重任者, 爲愛養此兵民耳. 朕一人之心思, 能徧及乎. 君享康寧, 臣居尊顯, 俱兵民是賴, 卽爾等功名, 亦藉士卒之力. 乃不思效力死戰之士, 而先自還家, 漠不相顧, 於心奚忍耶. 稗史有云, 一人遇厲鬼, 欲執而食之, 與之相搏. 其人有二犬, 力護其主, 嚙鬼仆. 主始得脫而還, 犬以鬬困, 不能隨行. 主謂犬曰, 我至家, 攜食來迎爾. 及見妻子飽食, 忘其犬之救已而不之迎也. 二犬饑甚, 遂去之山中, 化爲豺狼. 此事原屬荒誕, 然昔人寓言及此, 不過爲忘人之勞者發也. 今爾大臣等俱先抵家, 而死戰之士卒, 尙在長途勞苦. 與稗史所云何以異哉. 衆大臣奏曰, 皇上明訓臣等願親自往迎. 上曰, 固山額眞等, 免其親往, 其下梅勒章京可選能辦事者, 往迎之.

○ 신미일(9.30), 주상이 도찰원승정 아시다르한, 대학사 범문정 · 가린, 학사 잠바 · 후키오 등을 파견하여 개선한 도로이 무영군왕 아지거, 구사어전 피양구 · 바인투 · 아산 · 여천 · 투르거이 · 다르한 ·

역슈·탄타이 등에게 유시했다. "짐이 듣건대 우리 군대의 후미가 지금 구요양하(舊遼陽河)의 워허(wehe, 沃黑) 나루터에 이르렀다고 한다. 너희는 집에 도착한 지 이틀이 되었다. 너희는 속히 나가서 그들을 맞이해야 할 것이다. 짐이 너희에게 심복의 중임을 맡기는 것은 저들 군사들과 백성들을 사랑하고 보살피기 위해서일 따름이다. 짐 한 사람의 마음으로 두루 미칠 수 있겠는가? 군주가 평안을 누리고 신하들이 높은 지위에 있는 것은 모두 병사와 백성들에게 힘입은 것이니 너희의 공과 명예도 병사들의 힘에 기댄 것이다. 그런데 힘을 다하여 죽기로 싸운 병사들을 생각하지 않고 먼저 자기만 집에 돌아와 전혀 서로를 돌아보지 않는다면 어찌 차마 견딜 수 있겠는가? 야사에 이런 이야기가 있다. 어떤 사람이 귀신을 만났는데 그를 잡아먹으려 해서 귀신과 몸싸움을 했다. 그 사람에게는 개 두 마리가 있었는데 힘껏 주인을 지켜 귀신을 물어 죽였다. 주인은 비로소 풀려나 돌아갈 수 있었으나 개들은 싸움에 지쳐 주인과 함께 가지 못했다. 주인은 개들에게 '내가 집에 도착하면 음식을 가지고 너를 데리러 오겠다.'라고 말했다. 그러나 처자식을 만나 배불리 음식을 먹게 되자 개들이 구해 준 것을 잊고 데리러 가지 않았다. 두 마리 개는 굶주림이 심해져서 결국 산 속으로 들어갔고 승냥이와 늑대가 되었다. 이것은 황당한 이야기이지만 옛사람은 이를 우화로 다른 사람의 노고를 잊는 경우를 보이려는 것이다. 지금 너희 대신들은 모두 먼저 집에 돌아왔으나 죽기로 싸운 병졸들은 여전히 긴 여정에서 고생하고 있다. 야사에서 말한 것과 무엇이 다른가?" 대신들이 상주하여 말했다. "황상의 영명한 가르침에 신들이 직접 맞이하러 가고자 합니다." 주상이 말했다. "구사어전들은 직접 가지 않아도 좋다. 속하 머이런장긴들 가운데 일을 잘 처리할 수 있는 자들을 선발해서 병사들을 맞이하러 가게 해라."

冬十月, 壬申朔

○ 겨울 10월 임신일 초하루(10.1).

○ 癸酉, 和碩睿親王多爾袞·和碩豫親王多鐸·多羅貝勒岳託·豪格, 固山貝子, 及諸大臣等, 班師凱旋. 巳刻, 上出福勝門五里迎之, 因率凱旋諸王·貝勒·貝子·大臣等, 以次排列. 立八纛吹螺掌號, 拜天. 行三跪九叩頭禮畢, 上御黃幄, 多爾袞·多鐸, 及多羅貝勒, 固山貝子率諸大臣等, 行三跪九叩頭禮畢. 上命行抱見禮, 於是多爾袞·多鐸·岳託·豪格, 固山貝子碩託·尼堪·博和託·扎喀納·屯齊喀·穆爾祜等, 依次抱見. 次漢軍固山額眞石廷柱·馬光遠, 抱膝見畢, 賜茶. 遂率凱旋諸王·貝勒·貝子·大臣等拜堂子, 自撫近門入, 未刻, 還清寧宮.

○ 계유일(10.2), 호쇼이 예친왕(睿親王) 도르곤·호쇼이 예친왕(豫親王) 도도·도로이 버일러 요토·호오거, 구사이 버이서들과 여러 대신들이 군대를 이끌고 개선했다. 사시(巳時)에 주상은 복승문(福勝門)의 5리 밖으로 나가서 그들을 맞이하여 개선한 여러 왕·버일러·버이서·대신들을 이끌고 순서대로 정렬했다. 8개의 독(纛)을 세우고 나각(螺角)과 호적(號笛)을 불며 하늘에 배례했다. 삼궤구고두의 예를 행한 후 주상이 황색 천막에 가자 도르곤·도도 및 도로이 버일러들, 구사이 버이서들은 여러 대신들을 이끌고 삼궤구고두의 예를 행했다. 그 후 주상은 포견례(抱見禮)를 행할 것을 명했고 이에 도르곤·도도·요토·호오거와 구사이 버이서 쇼토(šoto, 碩託)·니칸(nikan, 尼堪)·보호토(bohoto, 博和託)·자카나(jakana, 扎喀納)[2]·툰치카(tuncika,

屯齊喀)・무르후(murhu, 穆爾祜) 등이 순서대로 포견(抱見)했다. 다음으로 한군 구사어전 석정주・마광원이 무릎을 껴안으며 알현한 후 차를 하사했다. 끝으로 개선한 여러 왕・버일러・버이서・대신들을 이끌고 당자(堂子)에 배례한 뒤 무근문(撫近門)으로 들어와서 미시(未時)에 청녕궁으로 돌아왔다.

○ 丙子, 召羣臣集篤恭殿, 傳諭曰, 嚮者我國深以得衆爲難, 今各處人民輻輳. 凡我軍士, 當秣馬令其肥壯, 繕治器械・甲胄・弓矢. 俟河氷合時, 即圖大擧. 若有馬匹羸瘦者, 罪及該管固山額眞・牛彔章京. 可即遵照行文, 諭外藩諸王・貝勒知之.

○ 병자일(10.5), 여러 신하들을 독공전(篤恭殿)에 불러서 유시를 전했다. "예전에 우리나라는 사람들을 얻는 것이 매우 어려웠으나 이제는 곳곳에서 백성들이 모여들고 있다. 우리나라의 모든 군사들은 말을 살찌도록 먹이고 병기・갑옷과 투구・활과 화살을 잘 관리해야 한다. 하천이 얼어붙으면 곧장 크게 군사를 일으킬 것이다. 만약 수척한 말이 있다면 그 죄는 해당 관할하는 구사어전・니루장긴에게 미칠 것이다. 즉시 이를 받들어 문서를 보내고 외번의 여러 왕・버일러들에게 유시하여 알려라."

○ 是日, 多羅武英郡王阿濟格・多羅饒餘貝勒阿巴泰, 進獻所獲金・玉・蟒緞等物. 十八固山額眞, 進馬匹・蟒緞・文綺・玉壺・酒巵等

---

2 자카나: jakana, 扎克納, 扎哈納. 1611-1659. 莊親王 슈르하치(舒爾哈齊)의 손자. 버일러에 추봉된 자삭투(扎薩克圖)의 둘째 아들. 宗室, 輔國公.

物. 時固山額眞等, 以所獲諸物, 陳於篤恭殿前, 上命部臣察驗大臣進獻諸物美惡. 部臣察驗奏聞. 上曰, 凡臣下進獻之物, 無論大小, 皆當將以誠敬之心. 朕聞拜尹圖, 不忘君上, 俘獲之時, 即揀擇收藏, 攜歸進獻. 具見敬忱, 甚爲可嘉. 吳賴 · 譚泰 · 阿代 · 阿山 · 伊拜 · 蘇納 · 篇古 · 薩穆什喀等所獻, 亦屬可嘉. 其餘葉克書 · 恩格圖 · 布彦代 · 葉臣 · 圖爾格 · 扈什布 · 達爾哈 · 達賴等, 不念君上, 止圖利己, 竝未加謹揀擇, 僅於中途, 逼索軍士所得, 苟且塞責, 甚不合理. 朕豈因物之厚薄, 稍有介意, 然爾等存心敬怠, 不於此可見耶.

○ 이날 도로이 무영군왕 아지거 · 도로이 요여 버일러 아바타이가 획득한 금 · 옥 · 망단(蟒緞) 등의 물품을 바쳤다. 18명의 구사어전들이 말 · 망단 · 문기(文綺) · 옥병 · 술잔 등의 물품을 바쳤다. 이때 구사어전들이 획득한 여러 물품들을 독공전(篤恭殿) 앞에 진열하자, 주상은 부(部)의 신하들에게 명하여 대신들이 바친 물건들의 좋고 나쁨을 살피라고 했다. 부(部)의 신하들이 살펴본 뒤 보고하자 주상이 말했다. "무릇 신하들이 바치는 물건은 크기를 막론하고 모두 정성스러운 마음을 보여야 한다. 짐이 듣건대 바인투는 주군에게 바칠 것을 잊지 않고 획득하자마자 즉시 선별하여 보관한 후 가지고 돌아와서 헌상했다. 공경함과 정성스러움을 갖추어 보였으니 매우 칭찬할 만하다. 울라이(ulai, 吳賴) · 탄타이 · 아다이(adai, 阿代) · 아산(asan, 阿山) · 이바이(ibai, 伊拜) · 수나(suna, 蘇納) · 피양구 · 삼시카 등이 진상한 것 역시 칭찬할 만한 일이다. 그 나머지 역슈 · 엉거투(enggetu, 恩格圖) · 부얀다이(buyandai, 布彦代) · 여천 · 투르거이 · 후시부(hūsibu, 扈什布) · 다르한 · 달라이(dalai, 達賴) 등은 임금을 생각하지 않고 그저 자신의 이익만을 꾀하고, 헌상품을 신중히 고르지 않고 겨우 돌아오는 길에 병사들이 획득한 것을 억지로 빼앗아서 구차하게 책임을

면했으니 몹시 도리에 어긋난다. 짐이 어찌 물품의 좋고 나쁨에 조금이라도 개의하겠느냐? 그러나 너희 마음속의 공경함과 안일함을 여기에서 볼 수 있는 것이 아니겠는가?"

○ 丁丑, 伊孫等以明兵船已退, 自孃孃宮渡口班師.

○ 정축일(10.6), 이순(isun, 伊孫) 등은 명나라의 군선들이 이미 후퇴했기에 양양궁(孃孃宮) 나루터로부터 회군했다.

○ 是日, 召羣臣集篤恭殿, 傳諭曰, 國家崇尙節儉, 毋事華靡. 凡鞍轡等物, 不許以金爲飾. 雖富家不少藏金, 止許造盤盂匕箸. 蓋此等之類或至匱乏, 尙可毁爲他用. 若以之塗飾, 則零星耗折, 豈能復取而用之. 今後著永行禁止. 至於陣獲緞帛, 用之亦當節儉. 愼勿以獲取之易, 奢費無度, 而忘其紡織之勞也.

○ 이날 여러 신하들을 독공전(篤恭殿)에 불러서 유시를 전했다. "우리나라는 근검함을 숭상하며 화려하고 사치스러운 것을 금지한다. 무릇 안장과 고삐 등의 물품을 금으로 장식하는 것을 불허한다. 비록 집안이 부유하여 소장한 금이 적지 않다고 해도 오직 그릇이나 수저를 만드는 것만 허락한다. 대체로 이러한 것들은 혹시 궁핍해지면 녹여서 사용할 수 있다. 만약 도금을 하면 자질구레하게 소모되니 그것을 다시 취하여 사용할 수 없다. 지금부터 법으로 영원히 금지한다. 전장에서 획득한 비단 역시 절약하여 사용해야 한다. 획득하기 쉽다고 한도 없이 사치스럽게 사용하며 방직하는 노고를 잊지 않도록 삼가 조심하라."

○ 戊寅, 諭曰, 向來定例, 凡出兵所獲, 一切珍重之物, 應歸公者, 卽送該管固山額眞, 隱藏者罪之, 此外別有所得, 方許入己. 近聞諸人所得之物, 不赴該管固山額眞·牛彔處交納, 竟自隱藏反詡言, 此係我所得, 此係我家人所得, 意欲取媚, 各圖私獻. 如此之人, 所獻者少, 所隱者多. 乃假公濟私, 巧詐之謀也. 況陣獲諸物, 皆爲公家所應得. 私受者固失大體, 私進者亦由侵欺. 今後凡有所得, 送該管固山額眞, 總收籍記. 當如拜尹圖擇人收藏, 敬謹歸公, 方爲合理.

○ 무인일(10.7), 유시했다. "이전의 정례(定例)에서 출병하여 획득한 모든 진귀한 물건들 가운데 공공의 것으로 귀속시켜야 할 것은 즉시 해당 관할 구사어전에게 보내고, 은닉하는 경우는 죄로 삼으며, 그 밖에 별도로 획득한 물품이 있으면 비로소 가져가는 것을 허락했다. 근래 듣건대 사람들이 획득한 물품을 해당 관할 구사어전과 니루에 가서 납부하지 않고 자신이 은닉하고 오히려 자랑하면서 '이것은 내가 얻은 것이고 이것은 내 가인(家人)이 얻은 것이다.'라고 말하며 아첨하려는 마음에 제각기 사적으로 진상한다. 이러한 자들은 진상하는 것은 적고 숨기는 것은 많다. 이는 공공의 명의를 빌려서 사욕을 채우고 교묘하게 남을 속이는 모략이다. 하물며 진중에서 획득한 물품들은 모두 공가(公家)에서 취해야 할 것들이다. 사적으로 수령한 자는 진실로 큰 도리를 잃은 것이고, 사적으로 진상한 자도 속이고 기만하는 것이다. 지금부터 모든 획득한 물품을 해당 관할 구사어전에게 보내서 수령하고 장부에 기록하라. 마땅히 바인투처럼 적임자를 뽑아 물품을 보관하고 삼가 정성스럽게 공고(公庫)에 귀속시켜야 이치에 합당하다."

○ 己卯, 賜陣獲總兵巢丕昌, 奴僕三十戶 · 馬十五 · 騾驢各五 · 牛十五.

○ 기묘일(10.8), 전장에서 사로잡은 총병 소비창(巢丕昌)에게 노복 30호(戶) · 말 15마리 · 노새와 나귀 각 5마리 · 소 15마리를 하사했다.

○ 先是, 劉興祚逃時, 牛彔章京李延庚, 曾與同謀. 及征大凌河, 又令心腹家人, 往作姦細. 隨睿親王 · 豫親王, 征寧遠時, 延庚又從前屯衛, 遣一人通敵. 至是, 事發, 下法司鞫訊, 三事皆實. 誅延庚, 籍家產給其弟.

○ 이전에 유흥조가 도주할 때 니루장긴 이연경(李延庚)이 함께 모의했었다. 대릉하를 정벌했을 때도 이연경은 심복의 가인들을 간세로 보냈다. 예친왕(睿親王) · 예친왕(豫親王)과 함께 영원을 정벌했을 때, 이연경은 또 전둔위(前屯衛)에서 사람 하나를 보내서 적과 내통했다. 이때에 일이 드러나 법사에 하달하여 국문하니 세 가지 일이 모두 사실이었다. 이연경을 주살하고 가산을 몰수하여 그의 동생에게 주었다.

○ 癸未, 都察院漢筆帖式李民表, 訐吳景道八事於法司. 訊之皆虛, 誅民表. 至景道六部承政皆可殺之語, 訊其同署之祖可法, 曰有之. 可法既係同署聞之, 何不蚤奏, 皆屬誑言, 坐可法以應得之罪. 景道不稽察屬員任往別旗居住, 亦坐以應得之罪. 郎位挾景道劾己之仇, 遂納別旗李民表住於其家, 誘令以虛詞誣告. 因籍郎位家產之半入官.

○ 계미일(10.12), 도찰원의 한인 비트허시 이민표(李民表)가 오경도

(吳景道)를 8가지 일로 법사(法司)에 고발했다.[3] 그것을 조사하니 모두 거짓이기에 이민표를 주살했다. 오경도가 육부의 승정들을 모두 죽여야 한다고 말했던 것에 대해서, 그와 같은 부서에 있던 조가법(祖可法)을 심문하니 그러한 일이 있었다고 말했다. 조가법에게 "같은 부서에서 그것을 들었는데 왜 빨리 그것을 상주하지 않았느냐, 네가 거짓말을 한다."라고 하고 조가법을 받아야 할 죄로 처벌했다. 오경도는 그 속원을 살피지 않고 다른 기(旗)에 가서 거주하게 했으니 또한 그 죄로 처벌했다. 낭위(郎位)는 오경도가 자신을 탄핵한 것을 원한으로 삼아 끝내 다른 기(旗)의 이민표를 거두어 자신의 집에 살게 했고 그를 꼬드겨 거짓된 말로 무고하게 했다. 이에 낭위의 가산의 절반을 관에 몰수했다.

○ 賜明寧遠降人劉銀住妻室, 仍各賞衣一襲 · 奴僕四人 · 牛驢各一頭.

○ 명나라 영원에서 항복한 유은주(劉銀住)에게 아내를 주고 각각 옷 1벌 · 노복 4명 · 소와 나귀 1마리씩을 상으로 주었다.

○ 外藩蒙古喀喇沁部落古魯思轄布杜稜, 因隨多羅武英郡王阿濟格出征, 率所部官員以所獲物來獻.

○ 외번몽고 카라친 부락의 구루스히얍 두령은 도로이 무영군왕 아

3 李民表가 고발한 8가지 사안은 『만문노당』 숭덕 원년 10월 12일조에서 기술했다. 『만문노당역주』4, 권29, pp.2090-2094.

지거를 따라 출정했으므로 소속 부락의 관원들을 이끌고 획득한 물품들을 헌상하러 왔다.

○ 丙戌, 先是, 和碩睿親王多爾衮 · 和碩豫親王多鐸往征明國, 至錦州下營. 城內有道人崔應時者爲首, 與其黨五十人同謀, 造爲歌謠, 其書數千言, 大約言明國當滅, 我朝當興, 宜速進兵, 攻取山海等關之意. 遣胡有升持獻多鐸軍前, 約爲內應. 多鐸等報以書曰, 汝差來二人云, 欲我國蚤建大業, 深識天時, 甚愜吾意, 吾等整旅而來, 不過順天心, 應人情而已. 若此事果成, 汝之富貴, 何待言乎. 汝若不信, 獨不聞孔耿尚乎. 汝之功, 視此三人, 更大不相同, 相待之禮可知也. 且經百戰所得, 大凌河將士, 尚且一體擢用, 爲一國之大臣, 諒汝亦必聞之. 自古智者, 順天應運奮發功名者甚多. 汝之識見, 自能通曉. 第所遣二人, 不齎約信之書以來, 我等稍有疑惑. 如果出誠意, 望速與回音. 崔應時又以書來約云, 二十二日大吉. 是晚將近二更, 可整理大兵, 一支在城南下營, 一支在城東關外下營, 餘在城北門之西, 第三礮臺下營, 毋動. 我在內預備接應. 爾等大兵四面一齊吶喊. 吶喊至第三次, 將雲梯運至城下. 我在城上搖燈籠爲號, 各垛口俱有燈籠, 不可錯看. 三官廟西, 俱是蒙古, 宜愼防之. 可先遣通話之人來說蒙古, 令其歸順. 至城之東關北門 · 東門 · 南門, 每門止有百人看守, 易於攻擊, 宜整兵齊進. 近至城垣, 見有以白帶爲號者, 係我等接應, 便可向前竪梯, 我等在城上縋繩. 大兵攀繩而上, 一擧可得矣. 約畢王等即令三軍備梯, 至二更末, 從錦州城北面攻擊失期, 遂未成事而回. 城中人覺之, 隨執崔應時等, 監禁獄中時, 胡有升率其同謀之張紹禎 · 門世文 · 門世科 · 秦永福等, 逃出來歸. 述應時言, 若死則已, 不死必不敢忘初心, 惟皇上鑒之. 至是, 二王攜來見上, 上諭曰, 爾等雖未能成事, 而意在歸順, 殊屬可嘉. 於是各授世職, 胡有升爲三等梅勒章京, 張紹禎 · 門世文爲三等甲喇章京, 秦永福 · 門世科爲牛彔章京, 各賜妻室 · 衣服 · 帽帶 · 弓矢 · 鞍轡 · 緞布 · 銀兩 · 奴僕 · 馬騾 · 驢牛 · 房屋及一切器物.

○ 병술일(10.15), 이전에 호쇼이 예친왕(睿親王) 도르곤 · 호쇼이 예친왕(豫親王) 도도가 명나라를 정벌하러 가서 금주성(錦州城) 아래에 이르러 군영을 세웠다. 성 안에 도인(道人) 최응시(崔應時)라는 자가 우두머리가 되어 무리 50명과 공모해서 가요(歌謠)를 만들었다. 그 글은 수천 글자로, 대체로 명나라는 멸망하고 우리 왕조는 흥성하니 속히 진격하여 산해관 등을 공격해 취해야 한다는 것이었다. 최응시는 호유승(胡有升)을 보내 도도의 군영에 글을 가지고 와서 바치고 내응하기로 약속했다.

도도 등이 서신으로 알려 말했다. 「네가 보낸 두 사람이 와서 말하기를, 우리나라가 빨리 대업을 이루기를 바라고 하늘의 때를 잘 안다고 하니, 우리의 뜻과 매우 일치한다. 우리가 군사를 이끌고 온 것은 천심에 따르는 것일 뿐만 아니라 인정에도 부응하는 것이다. 만약 이 일이 성공하면 너의 부귀는 특별히 말할 것도 없다. 네가 만약 믿지 못한다면 어찌 공유덕 · 경중명 · 상가희를 듣지 못했는가? 너의 공은 이 세 명보다 더 크고 월등하다. 대우하는 예로 알 수 있을 것이다. 또한 백번 싸워서 얻은 대릉하의 장수와 병사를 오히려 모두 기용하여 국가의 대신으로 삼은 것을 진실로 너도 분명히 들었을 것이다. 예로부터 현명한 자들 가운데 하늘과 운에 순응하여 공명을 떨친 자가 많았다. 너의 식견으로 스스로 깨달을 수 있다. 다만 보내온 두 명이 약속의 서신을 가져오지 않아서 우리는 조금 의혹을 갖고 있다. 성의를 보이려면 속히 답신을 주기를 바란다.」

최응시(崔應時)가 또 서신을 보내 약속하여 말했다. 「22일이 대길

(大吉)입니다. 이날 저녁 2경(更)에 가까워지면 대군을 정렬하여 한쪽은 성의 남쪽 아래에 군영을 세우고 한쪽은 금주성 동관(東關) 밖 아래에 군영을 세우며 나머지는 성의 북문 서쪽 3번째 포대 아래에 군영을 세우고 움직이지 마십시오. 내가 안에서 내응하도록 준비하겠습니다. 그대들 대군이 사면에서 일제히 함성을 지르십시오. 세 번째 함성을 지를 때 운제(雲梯)를 성 아래로 운반하십시오. 내가 성 위에서 등불을 흔드는 것을 신호로 각 성가퀴에서도 등불을 올릴 것이니 잘못 봐서는 안 됩니다. 삼관묘(三官廟)의 서쪽은 모두 몽고인이니 그쪽을 방비하는 데 신중하십시오. 먼저 말이 통하는 사람을 보내 몽고어로 말하여 귀순하라고 하십시오. 금주성 동관(東關)의 북문 · 동문 · 남문은 각 문마다 단지 100명이 지키고 있어서 공격하기 쉬우니 병사를 정돈하여 일제히 진격하십시오. 성벽에 가까워지면 흰 띠로 신호하는 자가 보일 것이니 우리가 내응하는 것이므로 앞으로 사다리를 세우기에 편할 것입니다. 우리가 성 위에서 밧줄을 달아 놓을 것이니 대군이 밧줄을 붙잡고 오르면 한번에 오를 수 있을 것입니다.」

약속을 마치고 왕들이 즉시 3군에 사다리를 준비시키고 2경(更) 끝 무렵에 금주성(錦州城) 북면으로 갔으나 공격의 시기를 놓쳐 마침내 일을 이루지 못하고 돌아왔다. 성 안의 사람이 이를 알았고 곧 최응시(崔應時) 등을 붙잡아 감옥에 가두었을 때, 호유승(胡有升)은 동모한 장소정(張紹禎) · 문세문(門世文) · 문세과(門世科) · 진영복(秦永福) 등을 이끌고 도망쳐 내귀했다. 진술하여 대답하기를, "만약 죽었으면 끝이지만, 죽지 않았으니 반드시 초심을 잊지 않을 것입니다. 오직 황상께서 살펴주십시오."라고 했다.

이때에 두 왕이 이들을 데리고 주상을 알현하자 주상이 유시했다. "너희가 비록 일을 이루지는 못했지만 뜻을 귀순에 둔 것은 매우 기쁜 일이다." 이에 각각 세습직을 내려 호유승(胡有升)을 삼등 머이런장긴으로, 장소정(張紹禎) · 문세문(門世文)을 삼등 잘란장긴으로, 진영복

(秦永福) · 문세과(門世科)를 니루장긴으로 삼고 부인 · 의복 · 모자와 요대 · 활과 화살 · 안장과 고삐 · 비단과 면포 · 은량 · 노복 · 말과 노새 · 나귀와 소 · 집 및 일체의 물품을 하사했다.

○ 丁亥, 命內弘文院大學士巴克什希福 · 蒙古衙門承政尼堪, 偕都察院承政國舅阿什達爾漢 · 蒙古衙門承政塔布囊達雅齊, 往察哈爾 · 喀爾喀 · 科爾沁國, 查戶口, 編牛彔, 會外藩, 審罪犯, 頒法律, 禁姦盜. 仍諭來會和碩親王 · 多羅郡王 · 多羅貝勒 · 固山貝子曰, 今河氷凍合, 即當出師. 凡欲來朝及探親者, 俱著暫行停止.

○ 정해일(10.16), 내홍문원대학사(內弘文院大學士) 박시 히퍼 · 몽고아문승정 니칸에게 도찰원승정 국구(國舅) 아시다르한 · 몽고아문승정 타부낭 다야치와 함께 차하르 · 칼카 · 코르친국에 가서 호구를 조사하고, 니루를 편제하고, 외번과 회맹하고, 범죄자를 심리하고, 법률을 반포하고, 간음과 도적질을 금지하게 했다. 이어서 와서 모인 호쇼이 친왕 · 도로이 군왕 · 도로이 버일러 · 구사이 버이서에게 유시했다. "지금 강의 얼음이 얼면 즉시 출병하라. 내조하거나 친척을 보러 오는 것은 모두 잠시 중지하라."

○ 戊子, 佟整家人徐廷擧等, 首告伊主違法擅殺等事十一款. 下刑部鞫訊得實, 擬辟, 奏聞. 命免死革職, 籍其家.

○ 무자일(10.17), 동정(佟整)의 가인 서정거(徐廷擧) 등이 그들의 주인이 법을 어기고 멋대로 살해한 일 등 11가지를 고발했다. 형부(刑部)에 하달하여 신문하게 하니 사실이어서 사형죄로 논해야 한다는

상주가 올라왔다. 사형을 면해 주고 혁직하며 가산을 몰수하게 했다.

○ 丁酉, 科爾沁國國舅祁他特·國舅桑噶爾寨來朝. 具筵恭進清寧宮, 復獻雕鞍馬匹. 酌納之.

○ 정유일(10.26), 코르친국의 국구(國舅) 키타트·국구(國舅) 상가르자이가 내조했다. 잔치를 갖추어 청녕궁에 삼가 바치고 또 조각한 안장을 갖춘 말을 헌상했다. 헤아려 받았다.

○ 是日, 賜內三院大學士及筆帖式等未出征者, 銀一百七十五兩.

○ 이날 내삼원대학사(內三院大學士)와 비트허시 등 출정하지 않은 자들에게 은 175냥을 하사했다.

○ 戊戌, 朝鮮國王李倧遣使臣拜米, 率十五人齎書至. 上諭曰, 爾王既不閱朕書, 遣我使回, 朕何爲復覽爾書. 遂遣拜米以原書還.

○ 무술일(10.27), 조선국왕 이종(李倧)이 파견한 사신 배미(拜米)[4]가 15명을 이끌고 서신을 가지고 왔다. 주상이 유시했다. "너희 왕이 이미 짐의 서신을 보지 않고 나의 사신을 돌려보냈는데, 짐이 어찌 다시

4 『조선인조실록』 33권, 인조 14년 9월 19일 기록에 의하면 조선의 통사 박인범(朴仁範)과 권인록(權仁祿)이 심양에 파견되었다. 본문의 배미(拜米)는 박인범(朴仁範)으로 추정된다.

너희 서신을 보겠는가?" 마침내 배미(拜米)를 보내어 원래의 서신을 돌려보냈다.

○ 庚子, 集羣臣於篤恭殿, 上命戶部承政英俄爾岱·馬福塔傳諭曰, 米穀所以備食, 市糶所以流通. 有糧之家, 輒自收藏, 必待市價騰貴, 方肯出糶, 此何意耶. 今當各計爾等家口足用外, 有餘者即往市糶賣. 勿得仍前壅積, 致有穀貴之虞. 先令八家各出糧一百石, 詣市發賣, 以充民食. 至樹藝所宜, 各因地利, 卑濕者可種稗·稻·高粱, 高阜者可種雜糧. 勤力培壅, 乘地滋潤, 及時耕種, 則秋成刈穫, 戶慶充盈. 如失時不耕, 糧從何得耶.

○ 경자일(10.29), 신하들을 독공전(篤恭殿)에 모으고 주상이 호부승정 잉굴다이·마푸타에게 유시를 전하게 했다. "미곡은 먹을 것을 준비하기 위한 것이고 시장에서 파는 것은 유통을 위한 것이다. 식량이 있는 집에서 번번이 저장해 두고 반드시 가격이 오르기를 기다려 파는 것은 어째서인가? 지금 너희 집에서 쓰기에 충분한 양을 헤아려 남은 것은 즉시 시장에 팔아라. 이전처럼 쌓아 둠으로써 곡물 가격이 비싸져서 염려하게 만들지 말라. 먼저 팔가(八家)에서 각각 곡식 100석(石)을 시장에 옮겨 팔아서 백성의 식량에 충당하게 하라. 곡식을 심고 가꾸는 법은 각각 땅의 상태에 따른다. 땅이 낮고 습하면 피·벼·고량을 심고, 높으면 잡다한 곡식을 심어라. 부지런히 힘써 심고 가꾸면 지력이 윤택해지고 때맞추어 씨 뿌리고 경작하면 가을에 거둘 수 있으니 호(戶)에 경사가 가득할 것이다. 시기를 놓치고 경작하지 않으면 식량을 어떻게 얻을 수 있겠는가?"

권32

숭덕 원년 11월 ~ 12월

崇德元年, 丙子, 十一月, 辛丑朔.

○ 숭덕 원년 병자년 11월 신축일 초하루(11.1).

○ 壬寅, 察哈爾國額哲所尙公主來朝. 命和碩睿親王多爾袞 · 和碩豫親王多鐸 · 多羅貝勒豪格及貝子 · 大臣等, 於前一日往迎之.

○ 임인일(11.2), 차하르국의 에제이와 결혼한 공주가 내조했다. 호쇼이 예친왕(睿親王) 도르곤 · 호쇼이 예친왕(豫親王) 도도 · 도로이 버일러 호오거 및 버이서 · 대신 등에게 명하여 하루 전에 가서 맞이하게 했다.

○ 癸卯, 皇后 · 諸妃, 偕大臣妻, 往迎察哈爾國公主於十里外. 大宴, 入城.

○ 계묘일(11.3), 황후 · 여러 비(妃)가 대신들의 처와 함께 10리 밖에 나가서 차하르국 공주를 맞이했다. 큰 잔치를 열고 성에 들어왔다.

○ 是日, 以多羅武英郡王阿濟格等, 出征明國, 克城敗敵, 遣官於太廟, 祭告太祖. 文云, 孝子嗣皇帝皇太極敬昭告於皇考太祖承天廣運聖德神功肇紀立極仁孝武皇帝神位前曰, 仰賴皇考太祖威福, 命多羅武英郡王阿濟格爲帥, 副以多羅饒餘貝勒阿巴泰 · 超品公楊古利 · 八固山額眞, 率大軍征明國, 攻入邊關, 克取昌平州, 明之數世陵寢在焉. 又拔大小州縣共十二處, 周繞燕京, 悉行攻畧, 摧敵陣五十有八, 丕振軍威. 生擒其總兵巢丕昌, 俘獲一十八萬. 是皆仰荷威靈, 用昭武烈, 得申紹庭之志, 永期垂統之模. 肅布几筵, 敬告捷音, 伏惟昭鑒.

○ 이날 도로이 무영군왕 아지거 등이 명나라에 출정하여 성을 함락하고 적을 무찔렀기에 태묘(太廟)에 관리를 보내 태조에게 제사를 지내어 고했다. 제문에서 말했다. 「효자 사황제(嗣皇帝) 홍타이지는 삼가 황고 태조승천광운성덕신공조기입극인효무황제(太祖承天廣運聖德神功肇紀立極仁孝武皇帝)의 신위 앞에서 고합니다. 황고 태조의 위세와 복덕(福德)에 의지하여 도로이 무영군왕 아지거를 수장으로 하고, 도로이 요여 버일러 아바타이 · 초품공(超品公) 양구리 · 여덟 구사어전을 부장으로 하여 대군을 이끌고 명나라를 정벌하게 했고, 변경의 관문을 공격해 들어가 창평주(昌平州)를 함락했으니, 명나라 역대 황제의 능침이 있는 곳입니다. 또 크고 작은 주현(州縣) 모두 12곳을 빼앗았고 연경(燕京)의 주변을 모두 공략했으며 적의 진영 58개를 격파하여 무위를 떨쳤습니다. 총병 소비창(巢丕昌)을 사로잡고 18만을 노획했습니다. 이는 모두 위엄 있는 신령께 힘입어 무공을 드러내고 대

업을 이어받은 뜻을 펼치며 대통을 드리우는 것을 영원히 기약하게 된 것입니다. 엄숙히 조상을 위한 제물(祭物)을 차리고 삼가 승전보를 고합니다. 삼가 바라건대 밝게 살펴 주십시오.」

○ 復以多羅武英郡王阿濟格等出征明國, 捷奏, 遣官詣福陵, 陳香燭酒菓, 焚楮祭告.

○ 다시 도로이 무영군왕 아지거 등이 명나라에 출정하여 승전보를 상주했기 때문에 관원을 보내 복릉(福陵)에 가서 향촉과 술과 과일을 진열하고 종이를 불태워 제사 지내 고하게 했다.

○ 甲辰, 察哈爾國公主, 具盛筵進上, 復獻金茶桶 · 金盆 · 金壺 · 玉數珠 · 珍珠衫, 蟒緞 · 粧緞 · 翠緞 · 倭緞衣服, 嵌松子石青金石鞦轡等物.

○ 갑진일(11.4), 차하르국의 공주가 성대한 연회를 갖추어 주상께 올리고, 또 금차통(金茶桶) · 금분(金盆) · 금호(金壺) · 옥염주 · 진주삼(珍珠衫), 망단(蟒緞) · 장단(粧緞) · 취단(翠緞) · 왜단(倭緞)으로 만든 의복, 송자석(松子石)과 청금석(青金石)을 박은 밀치끈과 고삐 등의 물건을 바쳤다.

○ 議往征明國昌平等處王 · 貝勒 · 公 · 固山額眞等罪. 多羅武英郡王阿濟格, 克昌平後, 不與衆議, 將本旗不應賞之人, 徇私偏賞. 又妄言, 譚泰用刀背打人, 強奪財物. 出邊時, 不親殿後, 致後隊爲敵所襲. 應罰銀三千兩. 多羅饒餘貝勒阿巴泰, 已克之城, 不令士卒堅守, 致敵兵乘夜復入. 又出邊時, 亦不親殿後, 致後隊爲敵所襲. 應罰銀一千兩. 超品公楊古利, 出邊時, 不勸武英郡王殿後, 罰以應得之罪. 固山額眞巵什布, 所統本旗兵亂行, 被殺十人, 及出邊不收後隊. 又臨陣敗走, 并誑言武英郡王逼脅, 遺其盾, 未全攜到. 應罰銀六百兩, 罷固山額眞任, 奪所俘獲. 固山額眞布彥代, 委驍騎校爲啟心郎, 委小撥什庫爲驍騎校, 令其出掠, 被殺七人. 出邊不收後隊, 本旗一盾, 并未攜到, 又臨陣敗走. 應革世職, 罰銀六百兩, 罷固山額眞任, 奪其俘獲. 固山額眞阿山, 臨陣敗走, 又出邊不收後隊. 應奪其俘獲. 固山額眞圖爾格, 所統本旗兵亂行, 被殺三人, 出邊不收後隊. 本旗一盾, 亦未攜到, 又臨陣敗走. 應罰銀二百兩, 奪其俘獲. 固山額眞伊拜, 出邊不收後隊, 不指示侯痕巴圖魯額參及碩巴哈汛地. 又與松山·杏山敵軍戰時, 正藍旗及兩白旗錯亂汛地, 容隱不首, 本旗一盾未到. 應罰銀四百兩. 固山額眞葉克書, 出邊不收後隊, 其家人及本旗二人, 亂行被殺. 又奪和碩禮親王·多羅郡王阿達禮二王家人所得之六舖, 又阻王之家人, 不令過橋. 又擅責牽駝之人, 又擅殺家人所俘豎子一人, 又代松阿獲騾二頭, 輒攘取之. 又出邊遇敵敗遁. 應罷固山額眞任, 革世職, 罰銀六百兩, 奪其俘獲. 固山額眞拜尹圖, 與松山敵軍戰時, 正藍旗·兩白旗錯亂汛地, 容隱不首, 又本旗一人, 亂行被殺. 出邊不收後隊, 臨陣敗走. 應罰銀二百兩. 固山額眞恩格圖, 與松山敵軍戰時, 正藍旗·兩白旗錯亂汛地, 容隱不首. 出邊不收後隊, 臨陣敗走. 應罰銀四百兩, 奪其俘獲. 固山額眞吳賴, 出邊不收後隊, 誑言武英郡王逼脅, 臨陣敗走. 應罰銀四百兩, 奪其俘獲. 固山額眞譚泰, 出邊不收後隊, 誑言武英郡王逼脅, 臨陣敗走. 應罰銀二百兩, 奪其俘獲. 固山額眞葉臣, 妄言松山·杏山敵軍俱沒, 正藍旗·兩白旗錯亂汛地, 容隱不首. 出邊不收後隊, 誑言武英郡王逼脅. 其本旗一盾未到, 臨陣敗走. 應罰銀二百兩, 奪其俘獲. 固山額眞額駙蘇納, 出邊不收後隊, 臨陣敗走. 應罰銀二百兩, 奪其俘獲. 固山額眞額駙達爾哈, 已克之城, 不令士卒堅守, 致敵人攻入. 本旗二人復亂行被殺. 又誑言竪梯攻昌平時, 第二登城, 又昌平所獲駝隻, 向王乞取. 又誑言同正白旗擊敗敵兵, 本旗兩盾未到. 出邊不收後隊, 臨陣敗走. 應罰銀四百兩, 奪其俘獲. 固山額眞阿代, 本旗一盾未到, 出邊不收後隊, 臨陣敗走. 應罰銀二百兩, 奪其俘獲. 正藍旗達賴, 向本旗代達爾漢指稱獻上, 索銀四百九十七兩未獻, 竟自取之. 法司審時, 其二百八十兩, 出邊時爲敵人所獲, 其餘俱自隱匿. 應罷固山額眞任, 革世職, 罰銀一百兩, 奪其俘獲. 上從之.

○ 명나라의 창평주(昌平州) 등의 지방을 정벌한 왕·버일러·공(公)·구사어전 등의 죄를 의논했다.

「도로이 무영군왕 아지거는 창평주(昌平州)를 함락한 후 여러 사람의 논의와 달리 본 기(旗)에 상을 주면 안 될 사람에게 사사로이 편애하여 상을 주었습니다. 또 탄타이가 칼등으로 사람을 때리고 재물을 강탈했다고 망언했습니다. 변경에 나갔을 때 직접 후미를 엄호하지 않아 후미 부대가 적군에게 습격당했습니다. 벌은 3,000냥에 처해야 합니다.

도로이 요여 버일러 아바타이는 이미 함락한 성을 사졸로 하여금 굳게 지키도록 하지 않아서 적병이 밤을 틈타 다시 들어오게 했습니다. 또 변경에 나갔을 때 후미를 직접 돌보지 않아 후위 부대가 적군에게 습격당했습니다. 벌은 1,000냥에 처해야 합니다.

초품공(超品公) 양구리는 변경에 나갔을 때 무영군왕에게 후미를 엄호할 것을 권하지 않았으므로 받아야 할 죄에 처해야 합니다.

구사어전 후시부(hūsibu, 扈什布)는 통솔하는 본 기(旗)의 병사들이 난잡하게 행동하게 두어 10명이 피살되었고 변경을 나가서 후미 부대를 거두지 않았습니다. 또 전투에서 패주했고 아울러 무영군왕이 협박한다고 기만하는 말을 했으며 방패차를 남기고 모두 가지고 오지 않았습니다. 벌은 600냥에 처하고 구사어전에서 해임하며 노획한 것을 몰수해야 합니다.

구사어전 부얀다이는 효기교를 계심랑에 임명하고 아지거 보쇼쿠를 효기교에 임명했으며 이들을 약탈하러 나가게 하여 7명이 피살되었습니다. 변경에 나가서 후미 부대를 거두지 않았고 본 기(旗)의 방패차 1개를 가져오지 않았으며 전투에 임하여 패주했습니다. 세직을 혁직하고 벌은 600냥에 처하고 구사어전에서 해임하고 노획한 것을 몰수해야 합니다.

구사어전 아산은 전투에 임하여 패주하고 또 변경에 나가서 후미 부대를 거두지 않았습니다. 노획한 것을 몰수해야 합니다.

구사어전 투르거이는 통솔하는 본 기(旗)의 병사들이 난잡하게 행동하게 두어 3명이 피살되었고 변경에 나가서 후미 부대를 거두지 않았습니다. 본 기(旗)의 방패차 1개를 가지고 오지 않았으며 또 전투에 임하여 패주했습니다. 벌은 200냥에 처하고 노획한 것을 몰수해야 합니다.

구사어전 이바이(ibai, 伊拜)는 변경에 나가서 후미 부대를 거두지 않았고 허오헌 바투루 에센(heohen baturu esen, 侯痕巴圖魯額參)과 쇼바하(šobaha, 碩巴哈)에게 주둔지를 지시하지 않았습니다. 또 송산(松山)・행산(杏山)에서 적군과 전투할 때 정람기와 두 백기가 주둔지를 어겼는데 숨기고 고발하지 않았고 본 기(旗)의 방패차 1개를 가지고 오지 않았습니다. 벌은 400냥에 처해야 합니다.

구사어전 역슈(yekšu, 葉克書)는 변경에 나가서 후미 부대를 거두지 않았고 그의 가인(家人)과 본 기(旗)의 2명이 난잡하게 행동하다 피살되었습니다. 또 호쇼이 예친왕(禮親王)・도로이 군왕 아달리 두 왕의 가인(家人)이 얻은 6개 점포를 약탈했고 왕의 가인(家人)을 가로막아 다리를 건너지 못하게 했습니다. 또 낙타 끄는 사람을 멋대로 질책했고 가인이 사로잡은 아이 1명을 멋대로 죽였으며 다이숭가(daisungga, 代松阿)가 노새 2마리를 얻었는데 갑자기 가로채서 취했습니다. 또 변경에 나가서 적을 만나 패하여 도망쳤습니다. 구사어전에서 해임하고 세직을 혁직하고 벌은 600냥에 처하고 노획한 것을 몰수해야 합니다.

구사어전 바인투는 송산(松山)의 적군과 전투할 때 정람기 · 두 백기가 주둔지를 어겼는데 숨기고 고발하지 않았고 또 본 기(旗)의 1명이 난잡하게 행동하여 피살되었습니다. 변경에 나가서 후미 부대를 거두지 않았고 전투에 임하여 패주했습니다. 벌은 200냥에 처해야 합니다.

구사어전 엉거투(enggetu, 恩格圖)는 송산(松山)의 적군과 전투할 때 정람기 · 두 백기가 주둔지를 어겼는데 숨기고 고발하지 않았습니다. 변경에 나가서 후미 부대를 거두지 않았고 전투에 임하여 패주했습니다. 벌은 400냥에 처하고 노획한 것을 몰수해야 합니다.

구사어전 울라이(ulai, 吳賴)는 변경에 나가서 후미 부대를 거두지 않았고 무영군왕이 협박한다고 기만하는 말을 했으며 전투에 임하여 패주했습니다. 벌은 400냥에 처하고 노획한 것을 몰수해야 합니다.

구사어전 탄타이는 변경에 나가서 후미 부대를 거두지 않았고 무영군왕이 협박한다고 기만하는 말을 했으며 전투에 임하여 패주했습니다. 벌은 200냥에 처하고 노획한 것을 몰수해야 합니다.

구사어전 여천은 송산(松山) · 행산(杏山)의 적군이 모두 전멸했다고 망언을 했고 정람기 · 두 백기가 주둔지를 어겼는데 숨기고 고발하지 않았습니다. 변경에 나가서 후미 부대를 거두지 않았고 무영군왕이 협박한다고 기만하는 말을 했습니다. 본 기(旗)의 방패차 1개를 가지고 오지 않았고 전투에 임하여 패주했습니다. 벌은 200냥에 처하고 노획한 것을 몰수해야 합니다.

구사어전 어푸 수나(suna, 蘇納)는 변경에 나가서 후미 부대를 거두지 않았고 전투에 임하여 패주했습니다. 벌은 200냥에 처하고 노획한 것을 몰수해야 합니다.

구사어전 어푸 다르한은 함락한 성을 사졸로 하여금 굳게 지키도록 하지 않아서 적병이 공격해 들어오도록 했습니다. 본 기(旗)의 2명이 다시 난잡하게 행하여 피살되었습니다. 또 사다리를 세워 창평주(昌平州)를 공격할 때 두 번째로 성에 올랐다고 거짓말을 했고, 창평주(昌平州)에서 얻은 낙타를 왕에게 요청하여 가졌습니다. 또 정백기와 함께 적군을 공격했다고 거짓말을 했고 본 기(旗)의 2개 방패차를 가지고 오지 않았습니다. 변경에 나가서 후미 부대를 거두지 않았고 전투에 임하여 패주했습니다. 벌은 400냥에 처하고 노획한 것을 몰수해야 합니다.

구사어전 아다이(adai, 阿代)는 본 기(旗)의 방패차 1개를 가지고 오지 않았고 변경에 나가서 후미 부대를 거두지 않았으며 전투에 임하여 패주했습니다. 벌은 200냥에 처하고 노획한 것을 몰수해야 합니다.

정람기의 달라이(dalai, 達賴)는 본 기(旗)의 다이 다르한에게 주상에게 바칠 것이라고 하면서 은 497냥을 취한 후 바치지 않았고 끝내 그것을 자신이 가졌습니다. 법사(法司)에서 조사하니, 280냥은 변경에 나가서 적병에게서 얻은 것이고 나머지는 모두 자신이 은닉한 것이었습니다. 구사어전에서 해임하고 세직을 혁직하고 벌은 100냥에 처하고 노획한 것을 몰수해야 합니다.」 주상이 이에 따랐다.

○ 丙午, 先是, 內弘文院大學士巴克什希福等, 奉上命往科爾沁等國, 會外藩, 料理一切事務, 以五十家編爲一牛彔, 造載牛彔章京姓名及甲士數目冊籍. 至是, 攜之還.

○ 병오일(11.6), 이전에 내홍문원대학사(內弘文院大學士) 박시 히퍼 등이 주상의 명을 받들어, 코르친 등의 나라에 가서 외번과 만나 일체의 사무를 처리하여 50가(家)를 하나의 니루로 편성하고 니루장긴의 성명과 갑사(甲士)의 수를 기록한 책(冊)을 만들었다. 이때에 가지고 돌아왔다.

○ 戊申, 命多羅貝勒岳託管兵部事, 多羅貝勒豪格管戶部事. 先是, 岳託·豪格以罪削和碩親王爵, 解部任. 至是, 命仍各管部務.

○ 무신일(11.8), 도로이 버일러 요토에게 병부의 일을 관장하게 하고 도로이 버일러 호오거에게 호부의 일을 관장하게 했다. 이전에 요토·호오거는 죄를 지어 호쇼이 친왕의 봉작을 삭탈하고 부의 직무에서 해임했었다. 이때에 명하여 예전대로 각 부(部)의 일을 관장하게 했다.

○ 己酉, 前遣衛寨桑等, 往蒙古喀爾喀部落, 馬哈撒嘛諦汗處議和. 至是, 還偕其議和進貢使臣衛徵喇嘛·畢車齊吳巴什·哲赫渾津·畢車齊班第·得兒冰圖·烏朱穆秦部落納木渾津等六人及從者一百五十六人至.

○ 기유일(11.9), 이전에 우이 자이상(ūi jaisang, 衛寨桑) 등을 몽고 칼카 부락에 가서 마하 사마디 칸(maha samadi han, 馬哈撒嘛諦汗)과 화친을 의논하라고 파견했었다. 이때에 화친을 의논하고 공물을 바치기 위한 사신 워이정 라마(weijeng lama, 衛徵喇嘛)·비처치 우바시(biceci ubasi, 畢車齊吳巴什)·저허이 혼진(jehei honjin, 哲赫渾津)·비처치 반

디(biceci bandi, 畢車齊班第) · 더더이 빙투(dedei bingtu, 得兌冰圖), 우주무친 부락의 나무 혼진(namu honjin, 納木渾津) 등 6명과 종자 156명과 함께 돌아왔다.

○ 辛亥, 馬哈撒嘛諦汗使臣衛徵喇嘛等, 謁上陳所貢馬匹 · 野騾 · 鵰翎 · 弓等物, 跪獻其主奏疏. 大學士希福受之. 跪讀於御前. 其疏曰, 馬哈撒嘛諦塞臣汗謹奏威服諸國皇帝, 凡歸順者, 與爲一體, 遣使往來, 我等原謂典籍之所首尙. 但奉有不合與明國私貿馬匹之諭, 我等正欲禁止, 因見喀爾喀部落七固山及厄魯特四部落皆往交易, 我等效而行之耳. 讀畢, 使臣行三跪九叩頭禮. 賜之大宴.

○ 신해일(11.11), 마하 사마디 칸의 사신 워이정 라마 등이 주상을 알현하여 진공하는 말과 야생당나귀[1] · 독수리 깃털 · 활 등의 물건을 펼쳐 놓고 그 주인의 주소(奏疏)를 무릎 꿇고 바쳤다. 대학사 히퍼가 이를 받아서 어전(御前)에서 무릎 꿇고 읽었다. 그 주소(奏疏)에서 말했다. 「마하 사마디 세첸 칸은 여러 나라를 위복시킨 황제께 삼가 상주합니다. 무릇 귀순이란 하나와 같이 되어 파견한 사절이 왕래하는 것이라고 우리가 원래 이야기했던 전적(典籍)의 맨 앞에 있습니다. 다만 명나라와 사사로이 말을 파는 것은 합당하지 않다는 유시를 받들었습니다. 우리는 진실로 금지하고자 했으나 칼카 부락 7개 구사와 울러트[2] 4개 부락이 모두 가서 교역하는 것을 보고 우리도 이에 따라 행하였을 뿐입니다.」 읽은 후 사신이 삼궤구고두의 예를 행하였다.

1 원문의 野騾는 야생당나귀를 가리킨다. 만주어로는 치허터이(cihetei, 齊赫特)이며 몽골어 치키테이čikitei에서 유래했다. 라틴어 학명은 Equus hemionus이다.
2 울러트(ūlet, 厄魯特)는 오이라트(oirat)의 만주식 이름이다.

큰 잔치를 베풀어 주었다.

○ 是日，遣官齎敕，調兵於外藩蒙古諸貝勒. 敕曰，朕將統衆入邊. 凡應出兵諸貝勒等，可將各旗兵丁所乘駝馬，烙印繫牌，以爲標識，盔甲·器械，亦各爲記號，備二旬糗糧，約本月三十日俱會盛京，分道征明. 科爾沁由卓索入口，喀爾喀·察哈爾·阿霸垓由十方寺入. 入邊以後，宜嚴飭士卒，勿私探親戚，任意妄行，勿入城堡，醉飮失事，紊亂法度，諸將其嚴訓遵守之.

○ 이날 관원을 파견하여 칙서를 가지고 외번몽고의 여러 버일러들에게서 병력을 징발하게 했다. 칙서에서 말했다. 「짐은 장차 무리를 이끌고 변경으로 들어갈 것이다. 출병하는 버일러들은 각 기(旗)의 병사들이 탈 낙타와 말에 낙인을 찍고 패를 걸어서 표식으로 삼고 투구와 갑옷, 병장기에도 각각 표시를 하고 20일치의 식량을 준비하여 이 달 30일에 모두 성경(盛京)에 모여서 길을 나누어 명나라를 정벌하기로 한다. 코르친은 조소이(josoi, 卓索)를 경유하여 들어가고, 칼카·차하르·아바가는 십방사(十方寺)를 경유하여 들어간다. 변경에 들어간 뒤에는 사졸들을 엄하게 신칙하여 사사로이 친척을 찾거나 제멋대로 망령되이 행동하지 못하게 하고 성보(城堡)에 들어가거나 술에 취하여 일을 그르쳐서 법도를 어지럽히지 못하게 해야 한다. 장수들은 엄한 훈시를 준수하라.」

○ 癸丑，上御翔鳳樓，集諸親王·郡王·貝勒·固山額眞·都察院官，命內弘文院大臣讀大金世宗本紀. 上諭衆曰，爾等審聽之. 世宗者蒙古·漢人諸國，聲名顯著之賢君也. 故當時後世咸稱爲小堯舜.

朕披覽此書，悉其梗概，殊覺心往神馳，耳目倍加明快，不勝歎賞．朕思金太祖·太宗法度詳明可垂久遠，至熙宗合喇及完顏亮之世，盡廢之，耽於酒色，盤樂無度，效漢人之陋習．世宗即位，奮圖法祖，勤求治理，惟恐子孫仍效漢俗，預爲禁約，屢以無忘祖宗爲訓，衣服·語言，悉遵舊制，時時練習騎射，以備武功．雖垂訓如此，後世之君，漸至懈廢，忘其騎射，至於哀宗，社稷傾危，國遂滅亡．乃知凡爲君者耽於酒色，未有不亡者也．先是，儒臣巴克什達海·庫爾纏，屢勸朕改滿洲衣冠，效漢人服飾制度．朕不從，輒以爲朕不納諫．朕試設爲比喻，如我等於此聚集，寬衣大袖，左佩矢右挾弓，忽遇碩翁科羅巴圖魯勞薩，挺身突入，我等能禦之乎．若廢騎射，寬衣大袖待他人割肉而後食，與尚左手之人何以異耶．朕發此言，實爲子孫萬世之計也．在朕身豈有變更之理．恐日後子孫忘舊制，廢騎射以效漢俗，故常切此慮耳．我國士卒，初有幾何．因嫻於騎射，所以野戰則克，攻城則取，天下人稱我兵曰，立則不動搖，進則不回顧，威名震懾，莫與爭鋒．此番往征燕京出邊，我之軍威，竟爲爾八大臣所累矣．故諭爾等，其謹識朕言．

○ 계축일(11.13), 주상이 상봉루(翔鳳樓)에 들어 여러 친왕·군왕·버일러·구사어전과 도찰원의 관원들을 모아 두고 내홍문원(內弘文院) 대신에게 명하여 대금(大金) 세종(世宗)의 본기(本紀)를 읽게 했다. 주상이 무리에게 유시했다. "너희는 잘 들어라. 세종은 몽고와 한인 여러 나라에 명성을 떨친 현군(賢君)이었다. 그러므로 당시부터 후세까지 모두 소요순(小堯舜)이라고 칭송했다. 짐은 이 책을 펼쳐 읽으며 그 대강을 알고 문득 깨달아서 마음이 뛰고 귀와 눈이 더욱 밝고 영명해졌으며 탄복해 마지않았다. 짐이 생각건대 금의 태조(太祖)와 태종(太宗)의 법도가 자세하고 분명하여 오래도록 전해질 수 있었으나, 희

종(熙宗) 홀라(hola, 合剌)와 완안량(完顔亮)의 치세에 이르러 모두 폐기되고 주색을 탐하고 향락을 주체하지 못했으며 한인들의 나쁜 풍습을 따랐다. 세종은 즉위하여 힘껏 선조들을 본받아서 정치를 잘하려고 열심히 노력하면서 자손들이 여전히 한인의 풍속을 본받을까 걱정하여 미리 단속하고, 누차 조종(祖宗)의 가르침을 잊지 말고 의복과 언어 모두 옛 제도를 준수하며 수시로 기사(騎射)를 연습하여 무예를 닦으라고 했다. 전수한 가르침이 이와 같았지만 후세의 군주들이 점차 해이해져서 기사를 잊었고 애종(哀宗) 대에는 사직이 위태로워지고 나라가 마침내 멸망했다. 이에 군주된 자가 주색을 탐하면 망하지 않은 자가 없음을 알 수 있다. 이전에 유신(儒臣) 박시 다하이와 쿠르찬이 누차 짐에게 만주의 의관을 고쳐서 한인의 복식제도를 따르라고 권했었다. 짐이 따르지 않자 번번이 짐이 간언을 받아들이지 않는다고 했다. 짐이 비유를 해 보겠다. 만약 우리가 이곳에 모여 큰 소매의 넉넉한 옷을 입고 왼쪽에 화살을 오른쪽에 활을 잡고 있다면 갑자기 숑코로 바투루 로오사가 앞장서서 돌진해 오는 것을 막아 낼 수 있겠는가? 만약 기사를 버리고 큰 소매가 달린 넉넉한 옷을 입고 다른 사람이 고기 자르기를 기다린 뒤에야 먹는다면 왼손잡이와 무엇이 다르겠는가. 짐이 꺼낸 이 말은 실로 자손의 영원한 계책으로 삼아야 할 것이다. 짐이 살아 있다면 어찌 변경할 리가 있겠는가. 나중에 자손들이 옛 제도를 잊고 기사를 버리고 한인의 풍속을 따를까 두려워서 늘 이를 걱정하는 것이다. 우리나라의 군사가 처음에 몇이나 있었겠는가. 그러나 기사에 능숙하므로 들에서 싸우면 이기고, 성을 공격하면 함락했기 때문에 천하의 사람들은 우리의 군사가 '선 곳에서 동요하지 않고 진격하면 뒤를 돌아보지 않는다.'라고 말했고, 위명을 두려워하여 우리와 싸우지 않았던 것이다. 이번에 연경을 정벌하고자 변경을 나가니, 우리 군대의 위명이 너희 여덟 대신들에게 맡겨졌다. 그러므로 너희에게 유시하니 삼가 짐의 말을 기억하라."

○ 乙卯, 太祖武皇帝實錄告成進呈. 設大駕鹵簿, 和碩親王 · 多羅郡王 · 多羅貝勒 · 固山貝子 · 文武各官左右序立. 上御崇政殿, 內國史院大學士剛林捧滿字, 希福捧蒙古字, 羅繡錦捧漢字, 率修纂滿洲 · 蒙古 · 漢人筆帖式等, 上表進呈. 禮部官受表文, 於御前跪讀.

○ 을묘일(11.15), 『태조무황제실록(太祖武皇帝實錄)』이 완성되었음을 고하고 올렸다. 대가(大駕)와 노부(鹵簿)를 설치하고 호쇼이 친왕 · 도로이 군왕 · 도로이 버일러 · 구사이 버이서 · 문무의 관원들이 좌우에 순서대로 섰다. 주상이 숭정전(崇政殿)에 들자 내국사원대학사(內國史院大學士) 가린이 만주문을, 히푸가 몽고문을, 나수금(羅繡錦)이 한문을 받들어 찬수한 만주 · 몽고 · 한인 비트허시들을 이끌고 주상에게 표문(表文)을 올렸다. 예부의 관원이 표문을 받아 어전(御前)에서 무릎 꿇고 읽었다.

表云, 內國史院大學士希福 · 剛林, 率內院滿洲 · 蒙古 · 漢人官員, 稽首頓首, 謹奏於寬溫仁聖皇帝陛下. 臣等欽奉上諭, 纂修太祖承天廣運聖德神功肇紀立極仁孝武皇帝實錄, 謹以滿洲 · 蒙古 · 漢字, 編譯成書. 緜此豐功懋績, 彪炳丹青, 懿行嘉謨, 昭垂奕葉, 仰慰繼述之思, 大啟纂承之烈, 臣等不勝懽忭, 恭進以聞. 宣畢, 俱行三跪九叩頭禮, 退. 於時, 大學士等奉實錄置龍亭內, 自內國史院舁出, 從甬道進. 上見龍亭降位, 東向傍立. 於是希福 · 剛林復自龍亭內奉實錄置甬道黃案上, 舉案進上. 上自側首入, 親奉實錄捧置殿內黃案上, 侍臣舉黃案實錄, 送入翔鳳樓, 上始陞座. 大學士等官率修纂筆帖式, 復行三跪九叩頭禮, 退.

표문(表文)에서 말했다. 「내국사원대학사 히퍼 · 가린은 내원의 만주 · 몽고 · 한인 관원을 이끌고 머리 조아려 관온인성황제 폐하에게 삼가 상주합니다. 신 저희는 황상의 유지를 받들어 『태조승천광운성덕신공조기입극인효무황제실록(太祖承天廣運聖德神功肇紀立極仁孝武皇帝實錄)』을 만주문 · 몽고문 · 한문으로 찬수하여 책으로 편찬했습니다. 이제부터 위대한 공적이 역사에 빛나고, 훌륭한 행동과 계획이 후세에 길이 전해지고, 선대를 잇는 뜻을 우러르고, 계승의 아름다움을 크게 열게 되었습니다. 신들은 기쁨을 이기지 못하고 공경히 보고합니다.」 선포가 끝나자 모두 삼궤구고두의 예를 행하고 물러났다.

이때 대학사(大學士)들이 실록을 받들어 용정(龍亭)[3] 안에 놓고 내국사원에서 들고 나와서 복도를 통해 들어갔다. 주상은 용정을 보고 자리에서 내려가 동쪽을 향해서 옆으로 섰다. 히퍼 · 가린은 다시 용정 안에서 실록을 꺼내고 받들어 복도에 놓인 황안(黃案) 위에 가져다 놓고 황안을 올려서 주상에게 전했다. 주상은 옆에서 앞장서서 들어가고 직접 실록을 받들어 전(殿) 안의 황안 위에 놓았다. 시신(侍臣)이 실록을 놓은 황안을 들어서 상봉루(翔鳳樓)에 가져가자 주상은 비로소 옥좌에 올라앉았다. 대학사(大學士) 등 관료가 수찬(修纂) 비트허시를 이끌고 다시 삼궤구고두의 예를 행하고 물러났다.

和碩親王等以下率文武各官上表稱賀, 禮部官捧表文, 於御前跪讀, 表云, 和碩親王 · 多羅郡王 · 多羅貝勒 · 文武官員等謹奏於寬溫仁聖皇帝陛下, 臣等幸際熙朝, 躬逢盛典. 恭睹太祖承天廣運聖德神功肇紀立極仁孝武皇帝實錄告成, 仰令德之崇隆, 昭垂萬世, 紀豐功於悠

---

3 龍亭은 임금의 조서(詔書), 옥책(玉冊), 금보(金寶) 따위를 옮길 때 사용하던 가마이다.

久, 炳耀八紘, 克申紹述之忱, 彌愜臣工之志, 臣等不勝踴躍懽忭, 謹奉表稱賀. 讀畢傳制, 制曰, 朕仰惟太祖承天廣運聖德神功肇紀立極仁孝武皇帝功德, 昭垂萬世, 茲當纂輯告成, 朕心嘉悅, 與卿等共之. 諭畢, 俱行三跪九叩頭禮, 退復位.

호쇼이 친왕들 이하가 문무 관리들을 이끌고 표문(表文)을 올리며 경하했다. 예부의 관원이 표문을 받고 황제 앞에 무릎 꿇고 읽었다. 표문에서 말했다.「호쇼이 친왕 · 도로이 군왕 · 도로이 버일러와 문무 관원들이 관온인성황제 폐하에게 삼가 상주합니다. 신들은 다행히 밝은 시대에 태어나서 성대한 은혜를 만났습니다. 삼가 보건대『태조승천광운성덕신공조기입극인효무황제실록(太祖承天廣運聖德神功肇紀立極仁孝武皇帝實錄)』이 완성되어 아름다운 덕의 성대함을 우러러 만세에 전하고, 위대한 공적을 기록하여 유구히 세상에 빛내고, 선대를 계승하는 정성을 펼치어 신공(臣工)의 마음이 널리 만족되었습니다. 신 저희는 더할 나위 없이 기뻐하여 삼가 표문을 올려 경하합니다.」 읽은 후에 제서(制書)를 전했다.

제서에서 말했다.「짐이 우러르는 태조승천광운성덕신공조기입극인효무황제(太祖承天廣運聖德神功肇紀立極仁孝武皇帝)의 공덕이 만세에 전해지도록 편찬이 완성되었으니 기쁜 마음을 경들과 함께 나누고자 한다.」 유시를 마치자 모두 삼궤구고두의 예를 행하고 본래 있던 자리로 돌아갔다.

次外藩察哈爾國固倫額駙額哲 · 科爾沁國國舅祁他特 · 國舅桑噶爾寨, 各率蒙古貝勒 · 大臣, 恭進賀表. 次昂邦章京石廷柱率漢文武各官恭進賀表, 傳制行禮俱同前. 上還清寧宮, 命禮部官設宴於內國史院, 宴修纂各官. 賜希福·剛林各雕鞍良馬一·銀五十兩, 學士詹霸·胡球, 員外郎蘇開·扎素喀·吳巴什, 各披甲良馬一·銀四十兩, 漢學士羅繡錦·王文奎, 員外郎宜成格·敦拜·楊方興·顧爾馬渾·石岱·古式, 各銀四十兩, 梁正大·張應奎, 各銀三十兩, 筆帖式布爾開·鄭庫訥·劉光斗, 各銀二十兩.

그다음에 외번 차하르국 구룬어푸 에제이(ejei, 額哲)·코르친국 국구(國舅) 키타트(kitat, 祁他特)·국구(國舅) 상가르자이(sanggarjai, 桑噶爾寨)가 각각 몽고 버일러들과 대신들을 이끌고 공손히 경하하는 표문을 올렸다. 그다음에 암바장긴 석정주가 한인 문무 관원들을 이끌고 공손히 경하하는 표문을 올렸다. 주상이 내린 제문(制文)과 행례는 모두 앞과 같았다.

주상이 청녕궁에 돌아가 예부 관원을 불러서 내국사원에서 잔치를 베풀고 여러 수찬관들을 대접하게 했다. 히퍼·가린에게 안장을 갖춘 좋은 말 1마리씩과 은 50냥씩, 학사 잠바(jamba, 詹霸)·후키오(hūkio, 胡球)와 원외랑 수카이(suk'ai, 蘇開)·자수카(jasuka, 扎素喀)·우바시(ubasi, 吳巴什)에게 갑옷을 입힌 좋은 말 1마리씩과 은 40냥씩, 한인 학사 나수금·왕문규(王文奎)와 원외랑 이청거(icengge, 宜成格)·둠바이(dumbai, 敦拜)·양방흥(楊方興)·굴마훈(gūlmahūn, 顧爾馬渾)·시다이(sidai, 石岱)·구시(gusi, 古式)에게 은 40냥씩, 양정대(梁正大)·장응규(張應奎)에게 은 30냥씩, 비트허시 부르하이(burhai, 布爾開)·정쿠너(jengkune, 鄭庫訥)·유광두(劉光斗)에게 은 20냥씩을 상 주었다.

○ 己未, 上以朝鮮敗盟逆命, 將統大軍征之. 命兵部貝勒岳託, 集衆於篤恭殿. 諭曰, 爾等簡閱甲士, 每牛彔各選騎兵十五人·步兵十人·護軍七人, 共甲三十二副. 昂邦章京石廷柱所統漢軍, 每甲士一人, 箭五十枝, 甲士二人, 備長鎗一桿, 二牛彔備雲梯一, 挨牌一, 穴城之斧·鑽·鍬·钁俱全. 馬匹各烙印繫牌, 一應器械各書號記, 攜半月行糧, 於二十九日來會.

○ 기미일(11.19), 주상은 조선국이 맹약을 깨고 명령을 준수하지 않으므로 대군을 이끌고 정벌하기로 했다. 병부 버일러 요토에게 독공전에 무리를 모으고 유시하게 했다. "너희는 갑사를 조사해서 1개 니루마다 기병 15명·보병 10명·호군 7명 모두 32명의 갑병을 선발하라. 암바장긴 석정주가 이끄는 한군(漢軍)은 갑사 1명마다 화살 50발씩, 갑사 2명마다 긴 창 1개씩, 니루 2개마다 운제(雲梯) 1개씩과 방패차 1개씩, 성을 부수는 도끼·송곳·가래·곡괭이를 모두 갖추어라. 말에 각각 낙인을 찍고 표식을 묶고 모든 병장기에 표식을 새겨라. 15일간의 식량을 가지고 29일에 와서 모여라."

○ 甲子, 賜阿祿喀爾喀部落貢使衛徵喇嘛等, 衣服緞布. 遣察漢喇嘛率六十四人偕往喀爾喀, 賜馬哈撒嘛諦汗及衆台吉·大臣等, 雕鞍·鞓帶·佩刀·撒袋·弓·金銀器皿·珊瑚數珠·貂鑲朝衣·蟒緞·白金·布疋等物有差.

○ 갑자일(11.24), 아루 칼카 부락의 조공사신 워이정 라마 등에게 옷과 비단을 하사했다. 차간 라마를 파견하여 64명을 이끌고 함께 칼카에 가서 마하 사마디 칸과 여러 타이지·대신들에게 안장·가죽띠·패도·화살집·활·금은 그릇·산호 염주·담비가죽 테 두른 조의(朝衣)·망단·백금·포필(布疋) 등의 물품을 차등 있게 하사하

게 했다.

○ 乙丑, 冬至, 上率諸王·貝勒·貝子, 及文武羣臣, 齋戒三日, 以太牢祀天於圜丘, 竝告征朝鮮之由. 祝文曰, 大清國皇帝臣皇太極敢昭告於皇天后土曰, 臣撫有疆域, 綏靖人民, 自祖父以前, 與明國向無仇隙, 乃明國無故害臣二祖. 臣父不遽加兵, 仍與明修好. 而明國復助臣之鄰國葉赫, 遣兵戍守, 謀傾我國. 彼時覺其狂狡之謀, 遂書七大恨事, 昭告天地, 往征明國, 蒙天地直我. 己未歲, 明合四路之兵, 來侵臣境, 而朝鮮與我疆土相接, 無故以兵助明, 共圖加害. 蒙天地垂佑, 使明之三路官兵, 悉皆覆沒, 惟一路脫回, 朝鮮將士, 爲我擒戮. 是朝鮮與臣國, 素無嫌隙, 而乃助明來侵, 實彼之先啟釁端也. 然我國猶不加征討. 迨辛酉年, 往征遼東, 天地畀以遼東之地, 朝鮮乃爲明國招誘遼民, 匿之海島, 給以糧餉, 伺隙逞謀. 臣於丁卯歲, 遣兵往征朝鮮, 職此故也. 朝鮮自知負慝, 遣使行成, 復乞和好, 以兄禮事臣, 待臣之使, 一如待明使禮, 誓告天地. 臣遂許其修舊好, 釋前愆, 還其昔年陣獲官員, 以爲講信修睦, 可以久要不忘矣. 不圖朝鮮之屢敗盟誓也. 其民人侵掠我地, 越境漁獵, 不行禁止. 且納我逃民, 獻之明國, 明人有逃附於我者, 彼復行堵截. 陰餽糧餉, 潛蓄異圖, 假明國以兵船, 拒我邦而弗與. 居兩國之間而恩讎頓異, 棄十年之好而悖慢多端. 今復以密書付平安道洪觀察使云, 昔丁卯年, 權爲許和, 今斷絕成仇, 當謹備關隘, 集智謀之士, 勵勇敢之人, 以圖報復. 此書被臣使得之, 臣知朝鮮敗盟, 情理難宥, 欲及其未備, 興師致討. 謹告皇天后土, 用張撻伐, 師之曲直, 惟天地鑒之.

○ 을축일(11.25), 동지(冬至)에 주상은 여러 왕들·버일러·버이서와 문무 관원들을 이끌고 3일 동안 재계하고 환구(圜丘)에서 태뢰(太

牢)로써 하늘에 제사 지냈다. 아울러 조선을 정토(征討)하는 이유를 고했다. 축문에서 말했다.

「대청국 황제 신 홍타이지는 감히 황천후토께 말씀을 올립니다. 신은 강역을 다스리고 백성을 안정시켰습니다. 조부(祖父) 이전에 명나라와 줄곧 원한이 없었는데 명나라가 저의 두 조부를 이유 없이 죽였습니다. 그럼에도 저의 부친은 급하게 군사를 보내지 않았고 여전히 명나라와 좋게 지냈습니다. 그런데 명나라는 다시 신의 이웃 나라 여허를 도와서 병사를 파견하여 주둔하고 우리나라를 무너뜨리려고 했습니다. 그때에 그 교활한 계략을 알아채고 마침내 칠대한(七大恨)을 글로 적어서 천지(天地)에 고하여 올리고 명나라를 정토하니 천지가 우리를 옳다고 했습니다.

기미년(1619)에 명나라의 군대가 모두 네 길로 와서 신의 경계를 침범했습니다. 조선은 우리와 강토를 접하고 있는데 이유 없이 군사를 파견하여 명나라를 도와서 함께 우리를 죽이려고 했습니다. 천지가 은혜를 베풀어 도와서 세 길로 온 명나라 관병이 모두 전멸되고 한 길의 군대만 탈출해서 돌아갔습니다. 조선의 병사들은 우리에게 붙잡히거나 죽임을 당했습니다. 조선과 신의 나라는 본래 원한이 없었는데 조선이 명나라를 도와서 우리를 침범하러 왔으니, 실로 그들이 먼저 혼단을 일으킨 것입니다. 그러나 우리는 정토하지 않았습니다. 신유년(1621)에 요동을 공격하러 가니 천지가 요동 땅을 우리에게 주었습니다. 조선은 명나라를 위하여 요동 백성을 유도해서 섬에 숨기고 식량을 주고 기회를 엿보아 꾀를 썼습니다. 신이 정묘년(1627)에 군대를 보내서 조선을 공격한 이유가 바로 그것입니다. 조선은 스스로 잘못했음을 알고 사신을 보내어 다시 화해를 청했으며, 신을 형으로 삼고 신의 사신을 명나라의 사신과 마찬가지로 예우하겠다고 천지에 굳게 맹세했습니다. 신은 이전의 우호를 맺는 것을 허락하고 이전의 잘못을 용서하고 전쟁에서 잡은 관원들을 돌려보내 주어서 신의와 화목을 지키고 오랜 약속을 잊지 않으려고 했습니다.

뜻밖에 조선은 맹세를 여러 차례 깨뜨렸습니다. 그의 백성이 저의 토지를 침범해서 경계를 넘어 어업과 수렵을 하는 것을 금지시키지 않았습니다. 또한 저의 도망한 백성을 받아들여서 명에게 주고, 명나라 사람이 저에게 도망해 오면 가로막고, 그들에게 몰래 식량을 주고 은밀히 다른 마음을 품기를 도모했습니다. 명나라에게는 병선(兵船)을 빌려주고 우리나라에게는 거절하며 빌려주지 않습니다. 두 나라 사이에 있으면서 은혜와 원한을 베푸는 것이 크게 다르며 10년간의 우호를 버리고 패악과 오만을 저지르는 것이 매우 많았습니다. 이제 다시 평안도 관찰사 홍명구(洪命耉)에게 보낸 글에서 "앞서 정묘년(1627)에 잠시 화친했는데 지금 완전히 단절하고 원수가 되었다. 경계의 관문을 공고히 해야 한다. 계책 있는 사람을 모으고 용감하고 강한 자들을 격려함으로써 보복을 도모할 것이다."라고 했습니다. 이 글을 신의 사신이 획득해서 신은 조선이 맹세를 깨뜨린 것을 알았습니다. 정황상 용서하기 어려우니 그가 준비하기 전에 군사를 일으켜 토벌하려고 합니다. 삼가 황천후토께 고하고 군사를 일으켜 토벌하니, 이 전쟁의 시비를 천지가 살펴보소서.」

○ 復以往征朝鮮之由祭告太廟, 祝文曰, 孝子嗣皇帝皇太極敢昭告於皇考太祖承天廣運聖德神功肇紀立極仁孝武皇帝神位前曰, 臣仰藉皇考威靈, 丁卯歲遣兵征朝鮮. 朝鮮自知負慝, 誓告天地, 棄嫌通好. 每年遣使來朝, 稱弟納貢. 今朝鮮違天敗盟, 臣將親統大軍致討, 以聲其罪. 伏冀皇考神靈默佑之, 祭告. 禮畢, 入自撫近門, 午刻, 還清寧宮.

○ 다시 조선을 정토(征討)하는 이유를 태묘에 고하여 올리는 축문

(祝文)에서 말했다. 「효자 사황제 홍타이지는 감히 아버지 태조 승천광운성덕신공조기입극인효무황제(承天廣運聖德神功肇紀立極仁孝武皇帝)의 신위(神位) 앞에 말씀드립니다. 신은 아버지 황제의 위령(威靈)에 힘입어 정묘년에 군대를 파견하여 조선을 정토했습니다. 조선은 스스로 잘못했다고 여기고 천지(天地)에 맹세하여 원한을 버리고 우호를 맺고, 해마다 사신을 보내어 내조하고 동생이라 하며 공물을 바쳤습니다. 지금 조선은 하늘을 어기고 맹약을 깼으므로 신이 직접 대군을 이끌고 정벌하여 그 죄를 성토할 것입니다. 엎드려 바라건대 아버지 황제의 신령께서 묵묵히 도와주소서.」 예를 마친 후 무근문(撫近門)을 들어가 오시(午時)에 청녕궁에 돌아갔다.

○ 己巳, 皇帝諭諸將士曰, 今者往征朝鮮, 非朕之樂於興戎也. 特以朝鮮敗盟, 納我逃人, 獻之明國. 孔耿二王, 來降於我, 彼興兵截殺. 我師既至, 彼仍抗拒, 且遇我使臣, 不以舊禮, 齎去書詞, 拒而不視. 又貽書於平安道洪觀察使云, 丁卯年權許講和, 今已永絶, 當謹備關隘, 激勵勇士. 其書爲英俄爾岱等遇而奪之, 是彼之毀棄盟好, 樂禍懷姦, 將未有已, 不得已興兵伐之. 若嗜殺殃民, 朕心有所不忍, 上天以好生爲德, 人命豈可輕視. 屠戮無辜, 實爲不仁, 妄殺已降, 實爲不義. 今與爾等約, 大軍所過, 不許毀析寺廟, 逆命者誅之, 不逆命者勿殺. 以城降者, 勿侵其城, 以堡歸者, 勿擾其堡. 俱令薙髮. 有逃亡來歸者, 恩養之. 凡陣獲官兵, 彼既拒戰, 殺之勿養. 所克獲城堡人民, 勿離其夫婦, 勿奪其衣服. 即老者·瞽者·殘疾不堪取攜者, 亦勿奪其衣服, 仍令安居於家, 勿使棄於道路. 婦女勿得淫亂, 違者軍法從事. 諭畢, 又傳諭曰, 有不遵諭妄行, 擅離部伍, 殺降刦物者, 必治以軍法. 從前野戰攻城之際, 往往有託詞捉生, 規避不進者. 今除前鋒哨軍外, 不許捉生, 其有託捉生而規避不進者, 罰無赦.

○ 기사일(11.29), 황제는 병사들에게 유시했다. 「지금 조선을 정토하는 것은 짐이 전쟁을 좋아해서 하는 것이 아니다. 다만 조선은 맹약을 깨고 우리의 도망자를 받아서 명나라에 보냈다. 공유덕과 경중명 두 왕이 나에게 투항할 때 조선은 군사를 일으켜 가로막고 공격했다. 우리 군사가 도착했는데도 조선은 여전히 대항했다. 또한 나의 사신을 만나서 구례(舊禮)를 갖추지 않았고 가져간 글을 거절하고 보지 않았다. 또 조선국왕은 평안도 관찰사 홍명구(洪命耈)에게 보낸 글에서 "정묘년에 잠시 화친했는데 이제는 이미 영원히 단절했다. 경계의 관문을 공고히 해야 하고 용감한 사람들을 격려하라."라고 말했다. 이 글을 잉굴다이 등이 마주쳐 빼앗아 가져왔다. 조선이 맹세를 저버리고 화(禍)를 좋아하고 간흉한 계획을 품는 것이 끝이 없어서 짐은 부득이하게 군사를 일으켜 정벌한다. 함부로 백성을 죽이는 짓을 짐은 차마 하지 못한다. 하늘은 살리기 좋아하는 것을 덕으로 삼으니 사람의 목숨을 어찌 가볍게 생각하겠는가? 죄가 없는 사람을 학살하면 실로 인(仁)이 아니며 항복한 자를 함부로 죽이면 실로 의(義)가 아니다. 이제 너희를 단속하겠다. 대군이 지나는 곳에서 사묘(寺廟)를 무너뜨리지 말라. 저항하는 자는 죽이고 저항하지 않는 자는 죽이지 말라. 성이 항복하면 성을 침범하지 말고 보(堡)가 항복하면 보(堡)를 침범하지 말라. 모두 체발시켜라. 도망하여 귀순해 오면 은혜로 살려 주어라. 전쟁에서 얻은 관원과 병사가 항전하면 살려 주지 말고 죽여라. 공격해서 얻은 성보(城堡) 백성의 부부를 떨어뜨리지 말고 옷을 빼앗지 말라. 노인 · 맹인 · 장애로 데려갈 수 없는 사람 또한 옷을 빼앗지 말고 집에서 평안히 살게 하고 길에 버리게 만들지 말라. 부녀자를 강간하지 말라. 어기는 자를 군법으로 처벌한다.」

유시를 마친 후에 또 유시했다. 「유지를 따르지 않고 함부로 행동하여 무단으로 군대에서 이탈하여 항복한 사람을 죽이거나 물건을 빼앗은 자는 반드시 군법으로 처리한다. 종전에 야전과 공성전 때에 종종 정보제공 포로를 잡겠다는 구실로 진격하지 않고 피하는 자가 있었다. 이제부터 전봉(前鋒)과 정탐병 외에는 정보제공 포로를 잡지 말라. 포로를 잡겠다는 구실로 진격하지 않고 피하는 자는 벌을 주고 용서하지 않겠다.」

○ 又諭朝鮮國曰, 寬溫仁聖皇帝諭朝鮮官屬軍民人等知悉. 朕親統大軍來此, 原非好用兵戈, 利茲疆土也. 朕與爾國, 壤地相接, 從無嫌隙, 向欲常相和好, 奈爾國君臣不顧, 己未歲助明害我, 興兵搆怨, 其端自爾國發之, 當時猶念大義, 姑爲容隱, 未遽加兵, 及既得遼東之後屬我版圖, 爾國又招誘我遼民, 而獻之明國, 復容匿明人居於爾地, 給以糧餉, 協謀圖我. 朕是以怒而興師, 有丁卯年之役也. 朕猶念鄰國之誼, 兵不深入, 結好而歸. 此豈爾兵將之力, 能退我師哉. 蓋朕憫民命之傷殘, 念交鄰之大義, 欲仍敦和好, 故撤師耳. 邇來十年之間, 爾國君臣納我叛亡, 盜我物產, 明之孔·耿二將來歸, 爾又興兵截戰. 我兵往援, 爾以鎗礮拒敵, 戰爭又自爾啟之. 又明欲侵我, 索船於爾, 爾即與之, 及朕取船征明, 爾輒不敢發. 爾居兩國之間, 若皆不與, 猶可也. 乃與明而不與我, 豈非助明而圖我乎. 且我國使臣, 不令接見, 所遺之書, 又不開視, 悖慢無禮, 又自爾行之. 今爾主又與平安道洪觀察使密書, 其言, 皆欲與朕棄盟修怨, 啟釁尋仇. 朕因是特起義兵, 聲罪致討, 原非欲加害爾等也. 亦爾之君臣, 貽禍於爾等耳. 爾等但安居樂業, 慎毋輕動. 如妄自竄走, 恐遇我兵見害. 凡拒敵者必誅, 奔逃者則俘之, 傾心歸順者, 秋毫無犯, 更加恩養. 諭爾有衆, 咸使聞知.

○ 또 조선국에 유시했다. 「관온인성황제가 조선의 관원과 군사와 민인에게 모두 알도록 유시한다. 짐이 친히 대군을 이끌고 여기에 온 것은 본래 전쟁을 좋아해서가 아니고 강토를 획득하려는 것도 아니

다. 짐은 너희 나라와 토지를 접하여 종래 악감정이 없고 항상 사이좋게 지내려고 했다. 그러나 너희 나라의 군신(君臣)은 그것을 원하지 않고 기미년(1619)에 명을 도와서 우리를 해치고, 전쟁을 일으켜 원한을 맺었다. 그 시초를 너희 나라가 시작한 것이다. 당시 우리는 오히려 대의(大義)를 생각하고 잠시 잘못을 용서하고 전쟁을 일으키지 않았다. 우리가 요동을 획득한 후 우리의 판도가 되었는데, 너희 나라는 우리의 요동 백성을 유인하여 명나라에 바치고, 또한 명나라 사람을 수용하고 숨겨서 너희 땅에 거주시키고 양식을 주어서 함께 모의하여 나를 도모했다. 짐이 이 때문에 분노하여 군사를 일으켜서 정묘년(1627)에 전쟁이 있었다. 짐은 오히려 이웃나라와의 우의를 생각하여 군대를 깊이 진입시키지 않고 화친을 맺고 돌아왔다. 이것이 어찌 너희 병사와 장수의 힘으로 우리 군대를 쫓아낸 것이겠는가? 무릇 짐이 백성의 생명이 손상되는 것을 불쌍히 여기고 이웃나라와 평화롭게 지내는 대의(大義)를 생각하여 계속 화호하고자 군대를 철수했을 뿐이다.

근래 10년간 너희나라의 군신(君臣)은 우리의 도망자를 받아들이고 우리의 물산을 도둑질하고, 명나라의 공유덕과 경중명 두 장군이 우리에게 귀순해 오자 너희는 또 군대로 가로막고 공격했다. 우리 군대가 가서 돕자 너희는 총과 포로 저항했으니 전쟁을 또 너희가 시작했다. 또한 명이 우리를 침략하려고 너희에게 배를 구하자 너희는 즉시 주었다. 짐이 명나라를 정벌하려고 배를 구하자 너희는 그때마다 징발하지 않았다. 너희는 두 나라의 사이에 있으니 만약 양쪽 모두에게 주지 않는다면 그럴 수도 있다. 그러나 명에게 주고 나에게는 주지 않으니 어찌 명나라를 도와 나를 도모하는 것이 아니겠는가? 또한 우리나라의 사신을 접견하지 않고 보낸 서신을 보지 않으니, 오만무례함을 또한 너희가 먼저 시작했다. 지금 너희의 군주는 평안도 관찰사 홍명구(洪命耈)에게 밀서를 보냈는데, 그 말이 모두 짐과의 맹약을 버리고 원한을 씻고 전쟁을 일으켜서 복수를 하자는 것이었다. 짐은 이 때문에 의로운 군대를 일으켜서 죄를 밝히고 토벌하는 것이지 본래 너희를 해치려는 것이 아니다. 또한 너희 군신(君臣)이 너희에게 화를 입힌 것일 뿐이다. 너희는 다만 편안하게 생업을 누리고 즐겁게 일하며 신중하고 경거망동하지 말라. 만약 함부로 도망가다가 우리 병사를 만나 해를 당할까 우려된다. 무릇 저항하는 자는 반드시 죽일 것이고, 도망하는 자는 포획할 것이고, 성심으로 귀순하는 자는 조금도 범하지 않고 은혜로 살려 줄 것이다. 너희에게 유시하니 모두 들어 알게 하라.」

十二月, 辛未朔, 以往征朝鮮, 外藩蒙古諸王 · 貝勒各率兵會於盛京.

○ 12월 신미일 초하루(12.1), 조선을 정벌하기 위해 외번몽고의 여러 왕과 버일러가 각자 군사를 이끌고 성경(盛京)에 모였다.

○ 是日, 上命和碩鄭親王濟爾哈朗留守盛京, 多羅武英郡王阿濟格駐牛莊, 備邊防敵, 多羅饒餘貝勒阿巴泰駐噶海城, 收集邊民防敵.

○ 이날 주상이 명해서 호쇼이 정친왕 지르갈랑은 성경(盛京)에 남아서 지키고, 도로이 무영군왕 아지거는 우장(牛莊)에서 주둔하며 변경을 대비하고 적을 방어하고, 도로이 요여 버일러 아바타이는 가하이성(gahai hoton, 噶海城)에 주둔하며 변민을 모아 적을 방어했다.

○ 壬申, 上親統大軍, 往征朝鮮, 命和碩禮親王代善 · 和碩睿親王多爾衮 · 和碩豫親王多鐸 · 多羅貝勒岳託 · 多羅貝勒豪格 · 多羅安平貝勒杜度, 及固山貝子等隨征, 固山額眞等分左右翼, 率諸軍, 卯刻出城, 右翼兵, 由往東京大路至渾河岸排列, 左翼兵, 由往撫順大路排列. 巳刻, 上出撫近門, 設鹵簿, 吹螺奏樂, 謁堂子, 行三跪九叩頭禮, 復於堂子外立八纛, 吹螺奏樂, 拜天, 行三跪九叩頭禮畢, 遂起行.

○ 임신일(12.2), 주상은 직접 대군(大軍)을 이끌고 조선을 정벌하러 갔다. 명하여 호쇼이 예친왕(禮親王) 다이샨 · 호쇼이 예친왕(睿親王) 도르곤 · 호쇼이 예친왕(豫親王) 도도 · 도로이 버일러 요토 · 도로이 버일러 호오거 · 도로이 안평 버일러 두두 및 구사이 버이서들에게 따르게 했다. 구사어전들은 좌익과 우익으로 나누어 여러 부대를 이끌고 묘시(卯時)에 성을 나갔다. 우익병은 동경(東京)으로 가는 대로(大路)부터 혼하(渾河)의 하안에 이르기까지 정렬했고, 좌익병은 무순(撫順)으로 가는 대로(大路)에 정렬했다. 사시(巳時)에 주상은 무근문(撫近門)을 나가서 노부(鹵簿)를 설치하고 나팔을 불고 음악을 연주하며 당자(堂子)에 배례하여 삼궤구고두의 예를 행하였다. 또 당자의 밖에 8개의 독(纛)을 세우고 나팔을 불고 음악을 연주하며 하늘에 배례하여 삼궤구고두의 예를 행한 후 마침내 출발했다.

○ 是日, 車駕次沙河堡東岡, 命和碩睿親王多爾衮 · 多羅貝勒豪格, 分統左翼滿洲三旗 · 蒙古三旗, 及外藩蒙古左翼兵, 從寬甸路入長山口.

○ 이날 황제가 사하보(沙河堡)의 동쪽 언덕에서 묵었다. 호쇼이 예친왕(睿親王) 도르곤 · 도로이 버일러 호오거에게 명하여 좌익의 만주 3기(旗) · 몽고 3기(旗) · 외번몽고 좌익병을 나누어 통솔하여 관전(寬

甸)의 길로부터 장산구(長山口)로 진입하게 했다.

○ 興京守將扈什塔遣人奏報, 多博庫地方喀木尼漢部落, 葉雷·舍爾特庫·巴古柰·土古柰等, 領妻子共八十二名, 攜牲畜而逃遂. 命席特庫執信牌, 偕駐防寧古塔巴圖魯吳巴海率寧古塔兵躡追之, 又遣正黃旗噶爾糾執信牌率卦爾察兵, 緣烏喇地方追緝之, 又遣蒙古衙門撥什庫博羅執信牌, 往科爾沁國令土謝圖親王巴達禮·卓禮克圖親王吳克善, 發兵躡追, 兼令防失牲畜.

○ 홍경수장(興京守將) 후시타(hūsita, 扈什塔)가 사람을 파견하여 보고했다. "도부쿠(dobukū, 多博庫) 지방의 캄니간(kamnigan, 喀木尼漢) 부락의 열러이(yelei, 葉雷)·셔르터쿠(šerteku, 舍爾特庫)·바구나이(bagūnai, 巴古柰)·투구나이(tugūnai, 土古柰) 등이 처자식 모두 82명과 가축을 데리고 도망쳤습니다." 시터쿠에게 신패(信牌)를 주고 닝구타에서 주둔하고 있는 바투루 우바하이(baturu ubahai, 巴圖魯吳巴海)와 함께 닝구타의 병사를 이끌고 흔적을 추적하게 했다. 또 정황기의 가르기오(gargio, 噶爾糾)에게 신패를 주고 구왈차의 병사를 이끌고 울라 지역을 따라 쫓아가서 잡으라고 하고, 또 몽고아문의 보쇼쿠 보로(boro, 博羅)에게 신패를 주고 코르친국에 가서 투시예투 친왕 바다리·조릭투 친왕 욱샨에게 군사를 내어 추적하게 하고 가축을 잃지 않도록 조심하게 했다.

○ 癸酉, 遣戶部承政馬福塔·前鋒大臣碩翁科羅巴圖魯勞薩等, 率兵三百偽作商人, 星夜往圍朝鮮國王所都王京. 又遣和碩豫親王多鐸·固山貝子碩託·尼堪率護軍千人, 繼馬福塔·勞薩往圍之.

○ 계유일(12.3), 호부승정 마푸타와 전봉대신(前鋒大臣) 숑코로 바투루 로오사 등을 파견하여 병사 300명을 상인으로 위장시켜 이끌고 밤낮없이 가서 조선국의 왕이 있는 수도 왕경(王京)을 포위하게 했다. 또 호쇼이 예친왕(豫親王) 도도·구사이 버이서 쇼토·니칸(nikan, 尼堪)을 파견하여 호군 1,000명을 이끌고 마푸타와 로오사를 뒤이어 가서 왕경을 포위하게 했다.

○ 是日, 外藩蒙古科爾沁國巴圖魯郡王滿朱習禮·扎薩克圖郡王布塔齊, 引兵來會, 率衆貝勒·大臣謁上, 行三跪九叩頭畢, 獻貂裘·貂皮·馬匹, 酌納之.

○ 이날 외번몽고 코르친국의 바투루 군왕 만주시리·자삭투 군왕 부타치가 병사를 이끌고 와서 합류하여, 버일러들과 대신들을 이끌고 주상을 배알하고 삼궤구고두를 마치고 담비 털가죽외투·담비가죽·말을 바쳤다. 주상은 헤아려 받았다.

○ 丁丑, 朝鮮國通事率二人來報, 彼國有大臣, 持重貨來交易, 執之.

○ 정축일(12.7), 조선국의 통사(通事)가 두 사람을 데리고 와서 그 나라의 대신(大臣)이 많은 상품을 가지고 교역하러 온다고 보고하니, 그들을 체포했다.

○ 己卯, 命兵部多羅貝勒岳託·超品公額駙楊古利, 率各旗梅勒章京一員兵三千, 往助和碩豫親王多鐸軍. 上率和碩禮親王代善, 及外藩蒙古諸王·貝勒·固山額眞·大軍, 相繼前進, 距鎭江三十里駐營.

○ 기묘일(12.9), 병부의 도로이 버일러 요토·초품공(超品公) 어푸 양구리에게 각 기(旗)의 머이런장긴 1명과 병사 3,000명을 이끌고 호쇼이 예친왕(豫親王) 도도의 군사를 원조하러 가게 했다. 주상은 호쇼이 예친왕(禮親王) 다이샨·외번몽고의 왕들과 버일러들·구사어전들·대군(大軍)을 이끌고 뒤이어 가서 진강(鎭江)에서 30리 떨어진 곳에서 묵었다.

○ 是日, 命多羅安平貝勒杜度·恭順王孔有德·懷順王耿仲明·智順王尚可喜·昂邦章京石廷柱·馬光遠等, 率每旗梅勒章京一員, 每牛彔甲士三人, 及石廷柱旗下漢軍在後, 護送紅衣礮·將軍礮, 法熕·鳥鎗·車牌·輜重等物.

○ 이날 도로이 안평 버일러 두두·공순왕 공유덕·회순왕 경중명·지순왕 상가희·암바장긴 석정주·마광원 등에게 각 기(旗)의 머이런장긴 1명씩·각 니루의 갑병 3명씩·석정주 기(旗) 예하의 한군(漢軍)을 후미에서 이끌고 홍의포(紅衣礮)·장군포(將軍礮)·법공포(法熕礮)[4]·조총·방패차·치중(輜重) 등의 물건을 호송하게 했다.

---

4 法熕礮는 16세기 초 명대 嘉靖 연간부터 명에 수입되어 사용된 서양의 대포이다. 發貢, 發鑛, 發檟, 發碩, 法熕, 法貢, 法攻 등으로 다양하게 표기했다. 發貢 등은 경량형 야전대포를 가리키는 포르투갈어 falcão에서 유래한 명칭으로 추정된다. 아래 논문 참조. 鄭誠, 「發熕考—16世紀傳華的歐式前裝火炮及其演變—」, 『自然科學史研究』, 제32권 第4期, 2013, pp.504-522.

○ 庚辰, 渡鎭江, 駐蹕義州城南.

○ 경진일(12.10), 진강(鎭江)을 건너 의주성(義州城)의 남쪽에서 묵었다.

○ 壬午, 上至郭山城駐營. 郭山城內有駐防定州遊擊來援, 懼我兵威, 知不能敵, 遂自刎. 其城守各官遁去, 城內軍民皆稽首請降. 上敕諭曰, 爾等既降, 勿逃避山谷, 宜速薙髮, 各在家保妻子, 我兵於降民從不妄取一物也. 留敕諭付之.

○ 임오일(12.12), 주상은 곽산성(郭山城)에 이르러 군영을 세웠다. 곽산성 안에서 주둔하던 정주유격(定州遊擊)이 원조하러 왔으나 우리 군대의 위력을 두려워하여 대적할 수 없음을 알고 스스로 목을 베어 자살했다. 성을 지키는 관원들이 도주하고 성 안의 군사와 민인이 모두 머리를 조아려 항복을 청했다. 주상이 유시했다. 「너희는 항복했으니 산골짜기로 도피하지 말라. 빨리 체발하고 각자 집에서 처자식을 보호하라. 우리 병사는 항복한 백성에게서 함부로 물건 하나도 취하지 않는다.」 칙유를 남겨서 맡겨 두었다.

○ 癸未, 過定州十五里駐營.

○ 계미일(12.13), 정주(定州)를 15리 지나서 묵었다.

○ 是日, 定州軍民降, 上諭之如郭山歸順軍民亦留敕諭.

○ 이날 정주(定州)의 병사와 백성이 항복하자 주상은 곽산(郭山)에서 귀순한 병사와 백성에게 한 것처럼 유시하고, 또한 칙유를 남겨 두었다.

○ 遣八人齎敕往, 諭多羅安平貝勒杜度等曰, 爾於彼地簡選精騎往皮島·雲從島·大花島·鐵山一帶, 凡朝鮮國人所居與明國相鄰者悉畧之, 至住居大路傍者, 勿得妄擾, 以伊等皆爲我子民也. 如載礮牛隻不敷, 可取朝鮮大路兩傍牛隻運之, 除牛隻外, 不許妄取一物, 當嚴禁之, 毋違朕命.

○ 8명에게 칙서를 가지고 가게 하여 도로이 안평 버일러 두두 등에게 유시했다. 「너희는 그곳에서 좋은 말을 선발하여 피도(皮島)·운종도(雲從島)·대화도(大花島)·철산(鐵山) 일대에 가서, 명나라와 이웃하여 살고 있는 모든 조선국 사람을 약탈하라. 대로(大路)의 주위에 거주하는 자는 함부로 침해하지 말라. 그들을 모두 우리의 백성으로 삼을 것이다. 대포를 끌 소가 부족하면 조선의 대로 양측의 소를 취하여 운반해도 좋다. 소 외에 하나의 물건도 함부로 취하는 것을 불허하며 엄금해야 한다. 짐의 명을 어기지 말라.」

○ 甲申, 遣侍衛昂古賴率二十人, 過安州捉生, 獲二十八人·馬五匹來獻.

○ 갑신일(12.14), 시위(侍衛) 앙굴라이(anggūlai, 昻古賴)에게 20명을 이끌고 안주(安州)를 지나 정보제공용 포로를 잡으라고 보냈는데, 사람 28명과 말 5필을 잡아 와서 바쳤다.

○ 命外藩蒙古諸貝勒 · 大臣等各率兵沿海縱畧, 會於安州.

○ 외번몽고의 버일러들과 대신들에게 각자 병사를 이끌고 해안을 따라서 약탈하고 안주(安州)에서 합류하게 했다.

○ 多羅貝勒岳託遣巴朗奏報, 師至平壤城偵知, 朝鮮平壤巡撫聞皇上大兵至, 知軍威難敵, 已逃遁矣.

○ 도로이 버일러 요토가 바랑(barang, 巴朗)을 파견하여 보고했다. "군대가 평양성에 도착하여 정탐하니, 조선의 평양순무(平壤巡撫)가 황상의 대군이 온다는 것을 듣고 군세를 상대할 수 없음을 알고 도주했습니다."

○ 乙酉, 車駕至安州, 駐營於安州之南岡.

○ 을유일(12.15), 황제는 안주(安州)에 도착하여 안주의 남쪽 언덕에 군영을 세웠다.

○ 是日, 命左右翼兵, 分兩路出畧.

○ 이날 좌익병과 우익병에 명해서 두 길로 나누어서 약탈하게 했다.

○ 遣正黃旗蒙古巴牙爾, 率兵十五人, 伏於安州城東, 遇良邊城哨兵五十騎, 擊敗之, 殺二十餘人, 生擒一人, 獲馬十五匹, 來獻.

○ 정황기 몽고 바야르(bayar, 巴牙爾)는 파견되어 15명을 이끌고 안주성(安州城)의 동쪽에 매복하여 양변성(良邊城; 寧邊城)[5]의 초탐병 50기(騎)를 조우하자 격파하고 20여 명을 죽이고 1명을 생포하고 말 15마리를 노획하여 가져와 바쳤다.

○ 土默特部落山津等二十九人, 鄂爾多斯部落四人, 至盛京來朝, 獻馬匹 · 蟒緞 · 素緞等物.

○ 투메트 부락의 산진(sanjin, 山津) 등 29명과 오르도스 부락의 4명이 성경에 내조하러 와서 말 · 망단(蟒緞) · 소단(素緞) 등의 물건을 바쳤다.

○ 丙戌, 諭朝鮮安州守臣曰, 大淸國寬溫仁聖皇帝敕諭朝鮮國安州城守等官. 朕今興師來討, 非以爾國微弱易取, 徒欲殘民以逞也. 爾國王近臣欺誑天地, 違棄盟誓, 斷絕舊好, 移文與平安道洪觀察使云, 丁卯年權許講和, 今已永絕爲難, 當集智謀之士, 勵勇敢之人, 以圖

5 원문의 良邊城은 寧邊城을 잘못 기록한 것이다.

報復等語. 其書爲朕使臣所得, 來獻於朕, 此天實使之也. 朕觀是書, 始知爾國敗盟, 有明証矣. 爰告天地, 徵發大兵, 深入朝鮮, 平定八道. 爾勿坐守孤城望朕兵之遂退也. 朕旣來此, 豈爾城不下, 遽爾旋師乎. 大軍所帶紅衣礮·將軍礮·火器戰車, 爾寧不之見耶. 朕若速回, 胡爲攜此重器而來. 朕今駐蹕王京, 大軍分屯八道. 不識爾王能乘空入海乎. 若止乘船適海, 朕亦必以船逐取之, 永定爾國實在此時. 爾官兵有攖鋒逆命者, 殺無赦, 有歸誠迎順者, 優養之. 爾等能乘機順時, 舉城歸我, 可全身家, 保宗族, 樹功名. 且俾全城軍民, 俱免禍患. 爾等不從, 則禍至, 悔無及矣. 朕若欺爾王弱國微, 興無名之師, 則爾等之死守也固宜, 乃爾國君臣, 不度德, 不量力, 不願太平, 不顧盟好, 不慮家國之危亡, 不念軍民之塗炭, 先啟釁端, 自貽伊戚. 將軍當追咎其非, 速來歸命. 此賢哲所爲, 識時避亂, 去凶趨吉, 亦一道也. 其速思之. 如慮歸命之後, 爾國王戮爾之妻孥宗族耶. 朕謂爾王或守城, 或遁島自救不贍, 奚暇戮爾之妻孥宗族哉. 爾等但隨朕往可保萬全矣. 特諭. 遂遶安州城縱畧二日起行.

○ 병술일(12.16), 조선의 안주(安州)를 지키는 신하에게 유시했다. 「대청국 관온인성황제가 조선국 안주성을 지키는 관리들에게 칙유(敕諭)한다. 짐이 이번에 군대를 일으켜 토벌하러 온 것은 너희 나라가 약해서 쉽게 취하려 하거나 백성을 해치면서 나의 이익을 취하려는 것이 아니다. 너희 국왕과 근신(近臣)들이 천지를 속이고 맹세를 위반하여 저버리고 과거의 우호를 끊고, 평안도 관찰사 홍명구(洪命耉)에게 글을 보내 말했다. "정묘년에 임시방편으로 화친했다. 지금 화친을 완전히 단절하여 어려움에 처했다. 지모 있는 자들을 모으고 용감한 자들을 격려하여 복수를 도모하라." 그 글을 짐의 사신이 획득하여 짐에게 가져와서 바쳤다. 이는 하늘이 그렇게 하신 것이다. 짐은 이 글

을 보고 비로소 너희 나라가 맹세를 배반한 명백한 증거가 있음을 알았다. 이에 천지(天地)에 고하고 대병을 징발하여 조선에 깊이 진입했으니 팔도를 평정할 것이다.

너는 고립된 성을 지키고 앉아 짐의 군대가 결국 퇴각할 것이라고 바라지 말라. 짐이 이렇게 왔으니 어찌 너의 성을 함락하지 않고 갑자기 퇴각하겠는가? 대군이 가져온 홍의포(紅衣礮)·장군포(將軍礮)·화기·전차를 너는 정녕 보지 않았는가? 짐이 만약 빨리 돌아가려고 했으면 왜 그런 무거운 무기를 가져왔겠는가? 짐은 이제 왕경(王京)에 주둔하며 대군을 팔도(八道)에 나누어 주둔시킬 것이다. 너의 왕이 허공을 타고 바다로 들어가면 혹시 모르겠지만, 만약 배에 타고 바다로 가면 짐도 반드시 배를 타고 쫓아가서 취하고, 너희 나라를 확실히 이번 기회에 완전히 평정할 것이다. 너희 관병이 저항하고 명령에 거역하면 반드시 죽이고 용서하지 않을 것이다. 귀순하고 우리를 맞이하면 우대할 것이다. 너희가 기회를 타고 시의에 따라 성(城)을 들어 항복하면 자신과 집안을 보전하고, 종족(宗族)을 보전하고, 공명(功名)을 세울 것이다. 또한 모든 성(城)의 군사와 백성이 환난을 면할 것이다. 너희가 따르지 않으면 환난이 이른 후에 후회해도 소용없다.

짐이 만약 너의 왕이 약하고 나라가 약하다고 명분 없는 전쟁을 일으켰다면 너희가 성을 사수하는 것이 마땅하다. 너희 나라의 군신(君臣)이 덕을 헤아리지 않고, 힘을 헤아리지 않고, 평화를 원하지 않고, 맹세와 우호를 생각하지 않고, 국가의 위망을 고려하지 않고, 병사와 백성의 도탄을 생각하지 않고 먼저 전쟁의 단초를 열어서 스스로 화를 자초했다. 장군은 그 허물과 잘못을 질책하고 속히 항복하라. 이 현명한 행동은 시의를 알아서 난을 피하고 흉함을 버리고 길함을 추구하는 것이니 또한 한 가지의 방법이다. 속히 숙고하라. 만약 귀순한 후에 너의 국왕이 처자식과 일족을 죽일까 염려하면, 짐은 너의 왕이 성을 지키거나 섬으로 도망쳐서 자신을 지키기도 부족한데 어느 겨를에 너의 처자식과 일족을 죽이겠느냐고 말하겠다. 너희는 짐을 따라 가기만 하면 모두를 보호할 수 있다. 특별히 유시한다.」 마침내 안주성(安州城)을 포위하고 이틀간 약탈한 후에 출발했다.

己丑, 前往圍朝鮮王京, 和碩豫親王多鐸遣吳爾噶納率五人至, 奏言, 馬福塔 · 勞薩 · 吳拜等十四日至朝鮮王京, 李倧遣副將二人 · 遊擊四人 · 備禦六人, 率精兵六十餘人迎戰, 爲馬福塔 · 勞薩 · 吳拜等所敗盡殺之, 進抵王京, 朝鮮崔尚書 · 李侍郎迎於城門外問曰, 爾等之來何爲, 馬福塔曰, 我等奉皇上命, 與爾王有事相議, 崔尚書 · 李侍郎曰, 既爲議事而來, 俟啟王以禮相迎. 遂設宴來迎爲緩兵計. 李倧潛遁往南漢山城. 馬福塔等聞之, 追四十餘里, 圍南漢山城. 十六日, 和碩豫親王 · 多羅貝勒岳託, 皆續至, 環繞圍之矣. 上聞奏, 即於是夜遣戶部承政英俄爾岱, 往多鐸 · 岳託軍, 偵朝鮮王踪來報.

○ 기축일(12.19), 앞서 조선의 왕경성(王京城)을 포위하러 간 호쇼이 예친왕(豫親王) 도도가 파견한 우르가나(urgana, 吳爾噶納)가 5명을 이끌고 도착하여 상주하여 말했다. 「마푸타 · 로오사 · 우바이 등이 14일에 조선의 왕경(王京)에 도착했습니다. 이종(李倧)이 보낸 부장 2명 · 유격 4명 · 비어 6명이 정예병 60여 명을 이끌고 맞아 싸우러 온 것을 마푸타 · 로오사 · 우바이 등이 격퇴하고 모두 죽였습니다. 왕경(王京)에 도착한 후, 조선의 최명길(崔鳴吉) 상서(尚書) · 이경직(李景稷) 시랑(侍郎)이 성문 밖에서 맞이하여 물었습니다. "너희는 왜 왔는가." 마푸타가 대답하기를, "우리는 황상의 명령을 받들고 너희 왕과 상의할 일이 있다."라고 하자, 최명길 상서 · 이경직 시랑이 말했습니다. "너희가 의논하러 왔으니 왕께 아뢰어 예로써 맞이하기를 기다려라." 마침내 연회를 베풀고 맞이했는데 우리 공격을 늦추려는 계책이

었습니다. 이종(李倧)이 몰래 남한산성으로 도주하니 마푸타 등이 이를 듣고 40여 리를 추격하여 남한산성을 포위했습니다. 16일에 호쇼이 예친왕(豫親王)·도로이 버일러 요토가 모두 연이어 도착하여 주위를 포위했습니다.」 주상은 보고를 듣고 즉시 그날 밤에 호부승정 잉굴다이를 도도와 요토의 군대에 보내어 조선왕의 종적을 정탐하고 와서 보고하게 했다.

○ 庚寅, 簡士卒之馬羸瘦者, 留平壤餧養.

○ 경인일(12.20), 군사의 말 가운데 수척한 것을 골라서 평양에 남겨 두고 기르게 했다.

○ 辛卯, 和碩豫親王多鐸·多羅貝勒岳託, 遣啟心郎穆成格等率五人, 報圍困朝鮮王李倧狀.

○ 신묘일(12.21), 호쇼이 예친왕(豫親王) 도도·도로이 버일러 요토가 보낸 계심랑 무청거 등이 5명을 데리고 조선국왕 이종(李倧)을 포위하고 있는 상황을 보고했다.

○ 乙未, 和碩豫親王多鐸遣英俄爾岱齎疏還奏, 疏言, 和碩豫親王多鐸, 謹以朝鮮王遁居山城事, 奏聞皇帝陛下, 自遣穆成格之後, 復獲其土人, 皆云, 朝鮮國王於十三日送妻及二子入島內, 王與長子尚未及去, 聞我軍至琶渠, 遣兵守渡口, 遂進山城. 十四日聞我軍至其京城, 出山城逃, 因墜馬受創不能行, 復入山城. 其城內現在糧餉薪水甚少, 每兵二人日給一人糧. 惟四處有水, 命人守而汲之. 其守兵雖未得實數, 凡垛口平坦處, 以三人防守, 稍險處二人, 極險處止用一人, 其軍器亦未全攜入城. 二十一日, 我軍遇瓦爾喀之在朝鮮住居者, 名葉辰, 麻福塔, 率百餘戶來歸, 引至詢之, 云聞朝鮮四道將合兵來援, 遂選八旗每二牛彔護軍一人, 每兩旗甲喇章京一員, 以阿爾津統之, 又選騎兵每牛彔甲士一人, 每旗章京一員, 以色勒統之, 截其來路. 二十三日, 令洪科率護軍五十人, 往視海島渡口, 而彼城內兵, 每出城沿山, 侵擾云.

○ 을미일(12.25), 호쇼이 예친왕(豫親王) 도도가 보낸 잉굴다이가 상소(上疏)를 가지고 돌아와 보고했다. 글에서 말했다. 「호쇼이 예친왕(豫親王) 도도는 조선국왕이 산성에 숨어 있는 일을 황제 폐하에게 삼가 상주합니다. 무청거를 파견한 이후 잡은 조선 현지인이 모두 말했습니다. "조선국왕이 13일에 처와 두 아들을 보내 섬으로 들어가게 했고, 왕과 큰 아들은 미처 가지 못했다. 청의 군사가 파거(琶渠; 坡州)[6]에 이르러 병사를 보내 나루터를 지키고 있다는 말을 듣고 산성(山城)으로 들어갔다. 14일에 청의 군대가 한양에 이르렀다는 말을 듣고 산성을 나와 도망치다가 말에서 떨어져 상처를 입어 가지 못하게 되어 다시 산성으로 들어갔다. 성 안에는 현재 식량과 땔감과 물이 매우 적어서 병사 2명에게 하루에 1인분의 양식을 주고 있다. 네 곳에만 물이 있어, 사람들에게 지키고 물을 긷게 한다. 지키는 병사의 정확한 수는 모르지만 성가퀴 입구의 평평한 곳은 3명이 지키고, 조금 험한 곳은 2명이 지키고, 매우 험한 곳은 1명이 지킨다. 무기를 모두 성으로 가지고 들어가지 못했다." 21일에 우리 군대는 조선에 거주하는 와르카인

6 원문의 琶渠는 파주(坡州)를 가리킨다.

여천(yecen, 葉辰)과 마푸타(mafuta, 痲福塔)라는 자가 100여 호(戶)를 데리고 내귀하는 것을 만나 데려와 물으니 "조선 4도가 군대를 모아 구원하러 온다고 들었다."라고 했습니다. 이에 팔기의 2니루마다 호군 1명, 2기(旗)마다 잘란장긴 1명을 선발하여 아르진(arjin, 阿爾津)에게 이끌게 하고, 또 기병을 1니루마다 갑사 1명, 1기(旗)마다 장긴 1명을 선발하여 설러(sele, 色勒)에게 이끌게 하여 구원병이 오는 길을 막게 했습니다. 23일에 홍코(hongko, 洪科)에게 호군 50명을 이끌고 섬의 나루터를 보러 가게 했습니다. 성 안의 병사가 자주 성을 나와 산을 따라 침범합니다.」

○ 是日, 遣正黃旗 · 鑲黃旗 · 正紅旗 · 鑲紅旗 · 鑲藍旗, 五旗各章京一員, 率每牛彔甲士三人, 往濟和碩豫親王多鐸軍.

○ 이날 정황기 · 양황기 · 정홍기 · 양홍기 · 양람기, 5기에서 각각 장긴 1명을 보내 니루마다 갑사 3명을 이끌고 가서 호쇼이 예친왕(豫親王) 도도의 군대를 돕게 했다.

○ 又遣護軍統領鞏阿岱 · 巴布賴 · 巴都禮, 率每牛彔護軍一人, 往濟和碩豫親王多鐸軍.

○ 또 호군통령 궁가다이(gūnggadai, 鞏阿岱) · 바불라이(babulai, 巴布賴) · 바두리(baduri, 巴都禮)를 보내 니루마다 호군 1명을 이끌고 가서 호쇼이 예친왕(豫親王) 도도의 군대를 돕게 했다.

○ 分左右翼兵, 兩路出畧.

○ 군사를 좌우 양익으로 나누어 두 길로 나아가 약탈했다.

○ 丙申, 上遣筆帖式吳達禮率四人齎敕, 往諭多羅安平貝勒杜度, 曰聞前遣前鋒兵至朝鮮, 其王已潛出王京, 走入山城, 首隊前鋒兵, 與二隊和碩豫親王兵, 三隊多羅貝勒岳託兵, 及後遣大軍相繼, 至彼立寨圍之, 爾等速攜紅衣大將軍礮, 及一切火器前來, 其漢軍及三王下士卒羸馬, 可運之礮 · 鳥鎗 · 鉛子 · 火藥, 令昂邦章京石廷柱, 選擇漢軍官員齎之前來, 在三王下礮與鳥鎗, 可用馬匹馱載前行者, 令三王攜之同來. 其紅衣大礮, 非馬羸可運, 爾多羅安平貝勒與昂邦章京石廷柱, 在後運紅衣將軍礮車而來, 其漢軍及三王士馬, 可酌量簡閱, 以強壯者居前, 羸弱者居後, 三王下紅衣大將軍礮車, 亦令其部下才能官員, 同爾運來. 儻車牛不敷, 可於路兩傍畧取牛馬運載, 他物不得妄取, 過黃州時, 可先遣二百人, 搜勦黃州嶺兩傍伏兵, 仍留兵殿後, 待我軍悉過嶺, 然後前行. 其留平壤餧養馬匹之兵丁, 及內外閒散蒙古, 可詳加查檢, 爾多羅安平貝勒攜之以來, 過黃州時, 仍遣兵二百, 搜勦嶺內伏兵, 加意收集後隊前來, 恐遣一二人爲敵所殺, 所遣去四人, 先令二人同三王來, 留二人與爾多羅安平貝勒同行, 黃州嶺有朝鮮埋伏之處, 彼能知之, 可令指導, 勿違朕命.

○ 병신일(12.26), 주상이 비트허시 우다리(udari, 吳達禮)를 보내 4명을 데리고 칙지를 가지고 가서 도로이 안평 버일러 두두에게 유시하게 했다. 「듣건대 앞서 보낸 전봉(前鋒)이 조선에 이르니 조선국왕은 이미 왕경에서 달아나 산성으로 들어갔다. 첫째 부대 전봉병(前鋒

兵), 둘째 부대 호쇼이 예친왕의 군사, 셋째 부대 도로이 버일러 요토의 군사, 그리고 나중에 파견한 대군이 잇달아 그곳에 이르러 목책을 세우고 포위하고 있다. 너희는 속히 홍의대장군포(紅衣大將軍礮)와 일체의 화기를 가지고 오라. 한군과 세 왕 휘하 사졸의 피로한 말 가운데 포·조총·탄환·화약을 운반할 수 있는 것은 암바장긴 석정주에게 한군 관원을 선발하여 가지고 가게 하라. 세 왕 휘하의 포와 조총은 말에 실어 갈 수 있는 것은 세 왕이 가지고 함께 오라. 홍의대포(紅衣大礮)는 말이 피로하여 운반할 수 없으니, 너 도로이 안평 버일러와 암바장긴 석정주는 뒤에서 홍의장군포(紅衣將軍礮)의 수레를 운반해 오라. 한군과 세 왕의 병사와 말은 살피고 구분하여 강한 것은 앞에 두고 약한 것은 뒤에 두어라. 세 왕 휘하의 홍의대장군포의 수레도 재능있는 부하 관원을 시켜 너희와 함께 운반해 오라. 만약 수레의 소가 부족하면 도로의 양쪽에서 소와 말을 약탈하여 운반하고, 다른 물건은 함부로 빼앗지 말라. 황주(黃州)를 지나갈 때 200명을 먼저 보내 황주령(黃州嶺) 양쪽에 있는 복병을 수색하여 죽여라. 병사를 뒤에 남겨 후미를 엄호하고 우리 군대가 고개를 모두 지나간 후에 가게 하라. 평양에 남아 말을 먹이는 병정과 내외의 한산 몽고를 자세히 살펴서 너 도로이 안평 버일러가 데리고 오라. 황주를 지나갈 때 병사 200명을 보내 고개에 매복한 병사를 수색해 죽여라. 특히 후미를 잘 수습해 오라. 1-2명만 남겨 두었다가 적에게 살해될까 염려된다. 보낸 4명 가운데 먼저 2명은 세 왕과 함께 오고, 2명을 남겨 너 도로이 안평 버일러와 동행하게 하라. 황주령에 조선인이 매복한 곳을 그들이 알 것이니 인도하게 하라. 짐의 명령을 어기지 말라.」

○ 丁酉, 先是, 天氣晴暖, 臨津江兩岸冰泮, 徒步亦不可行. 至二十四日, 天雨, 驟寒, 上至臨津江冰結堅甚. 是日, 大軍俱安驅而渡, 從官軍士, 無不驚異.

○ 정유일(12.27), 이전에 날씨가 따뜻하여 임진강 양쪽의 얼음이 녹아 도보로 갈 수 없었다. 24일에 비가 내리고 갑자기 추워졌다. 주상이 임진강에 이르자 얼음이 매우 단단하게 얼었다. 이날 대군이 모두 편안하게 말을 몰고 강을 건넜다. 따르는 관원과 병사들이 신기해하지 않는 자가 없었다.

○ 戊戌, 和碩豫親王多鐸, 遣啟心郎祁充格奏言, 朝鮮外道來援兵, 我軍三次擊敗之, 南漢山城兵出, 亦被我軍二次擊敗之.

○ 무술일(12.28), 호쇼이 예친왕(豫親王) 도도가 계심랑 키충거를 보내 상주하여 말했다. "조선의 외도(外道)에서 온 구원병을 우리 군대가 세 차례 격파했습니다. 남한산성의 군대가 나왔으나 우리 군대에게 두 차례 격파되었습니다."

○ 己亥, 上命固山額眞譚泰 · 阿代 · 拜尹圖 · 吳賴 · 杜雷 · 恩格圖 · 葉臣 · 古睦 · 篇古阿格 · 巴特瑪等, 率騎兵入朝鮮王京城, 搜勦軍人, 收其財物牲畜, 竝留外藩蒙古兵與俱, 上自率大軍, 由城外徑渡漢江, 直抵南漢城西, 駐營, 圍困之.

○ 기해일(12.29), 주상은 구사어전 탄타이 · 아다이 · 바인투 · 울라이 · 둘러이 · 엉거투 · 여천 · 구무 · 피양구 아거 · 바트마 등에게 기병을 이끌고 조선의 왕경성으로 진입하여 군인을 수색해 죽이고 재

물과 가축을 거두게 했다. 또한 외번몽고의 병사를 함께 남겨 두고, 주상이 직접 대군을 이끌고 성 밖을 경유하여 한강을 건너 곧바로 남한산성의 서쪽에 이르러 군영을 세우고 포위했다.

○ 是日, 多羅安平貝勒杜度, 遣蒙古衙門承政尼堪奏言, 奉皇上命, 往畧皮島·大花島·雲從島·鐵山, 其地與明國接壤, 居民散逃日久, 遂焚其廬舍. 又奉命於大路兩傍畧取牛隻, 從義州至定州, 牛隻絕少, 從國中帶來牛隻及蒙古馬匹, 道遠疲敝亦皆困乏, 因留義州一日, 龍川一日, 宣川四日, 二十二日, 方可起行.

○ 이날 도로이 안평 버일러 두두가 몽고아문승정 니칸을 보내 상주했다. 「황상의 명을 받들어 피도(皮島)·대화도(大花島)·운종도(雲從島)·철산(鐵山) 지역에서 명나라와 접경한 곳을 약탈하러 갔는데, 거주민들이 흩어진 지 오래되어 집을 모두 불살랐습니다. 또한 대로의 양쪽에서 소를 약탈하라는 명을 받들었으나 의주에서 정주에 이르기까지 소가 매우 적습니다. 나라에서 끌고 온 소와 몽고의 말은 길이 멀고 피폐하여 모두 피로합니다. 이에 의주에서 1일, 용천에서 1일, 선천에서 4일을 묵었습니다. 22일에 출발합니다.」

○ 和碩豫親王多鐸至御前奏言, 臣奉命圍朝鮮王京城, 十六日卯刻, 至其地, 朝鮮王棄城遁, 門閉, 我兵舍雲梯, 直入城上, 軍士不敢禦, 悉奔竄, 即穿城追其王, 至四十里南漢山城, 立寨圍之, 先有瓦爾喀人在朝鮮者二百戶, 今已歸順, 其巡撫一員率兵萬八千人來援, 隨遣固山貝子碩託·尼堪·博和託·羅託·國舅阿什達爾漢等, 率兵迎敵, 悉斬之, 又副將一人率兵五千來援, 仍遣碩託等擊敗之, 色勒·阿爾津堵截要隘, 復遇其副將一人率兵五百來, 擊敗之, 又有援兵將入南漢城, 遇勞薩·吳拜等, 截殺二百餘人, 南漢城中有兵四百餘出城迎戰, 勞薩復擊敗之, 現在聲援俱絶云.

○ 호쇼이 예친왕(豫親王) 도도가 어전(御前)에서 상주했다. "신은 명을 받들어 조선의 왕경성을 포위하러 16일 묘시(卯時)에 그곳에 이르니 조선국왕은 성을 버리고 달아났습니다. 문을 잠갔기에 우리 군사는 운제(雲梯)를 놓고 곧바로 성 위로 들어갔습니다. 조선 병사들은 감히 막지 못하고 모두 달아나고 숨었습니다. 성을 관통하여 조선국왕을 추격하여 40리를 가서 남한산성에 이르러 목책을 세우고 포위했습니다. 앞서 조선에 있던 와르카인 200호가 이제 모두 귀순했습니다. 순무 1명이 병사 18,000명을 이끌고 구원하러 왔으나, 구사이 버이서 쇼토·니칸·보호토(bohoto, 博和託)·로토·국구(國舅) 아시다르한 등을 보내 병사를 이끌고 대적하여 모두 죽였습니다. 또한 부장 1명이 병사 5,000명을 이끌고 구원하러 오니, 쇼토 등을 보내 격파했습니다. 설러와 아르진은 요로(要路)를 막고 있다가 다시 부장 1명이 병사 500명을 데리고 오는 것을 보고 격파했습니다. 또한 구원병이 남한산성에 들어오려다가 로오사와 우바이 등이 마주쳐 200여 명을 죽였습니다. 남한산성의 병사 400여 명이 성을 나와 응전했으나 로오사가 다시 격파했습니다. 이제 지원이 모두 끊겼습니다."

○ 庚子, 和碩豫親王多鐸·多羅貝勒岳託·超品公額駙楊古利等, 以所獲纛·旗·刀·鎗·弓矢·鳥鎗·馬匹, 按旗陳列進獻, 上覽畢, 先賜克敵之王·貝勒·貝子·大臣, 其餘馬匹, 視被創輕重賞賚有差, 餘悉賞軍士.

○ 경자일(12.30), 호쇼이 예친왕(豫親王) 도도·도로이 버일러 요토·초품공(超品公) 어푸 양구리 등은 빼앗은 독(纛)과 기(旗)·도(刀)와 창(鎗)·활과 화살·조총·말 등을 기(旗)에 따라 진열하여 바치니, 주상은 열람을 마치고 먼저 적군을 격파한 왕·버일러·버이서·대신들에게 하사했다. 나머지 말은 부상의 정도를 보고 차등 있게 하사하고, 나머지는 모두 군사들에게 상으로 주었다.

○ 是日, 固山額眞譚泰·阿代·拜尹圖·吳賴·杜雷·恩格圖·葉臣·古睦·篇古阿格·巴特瑪等, 以卯刻率兵 豎梯, 登朝鮮王京城, 城上兵不敢拒, 悉奔竄, 盡收其財物牲畜.

○ 이날 구사어전 탄타이·아다이·바인투·울라이·둘러이·엉거투·여천·구무·피양구 아거·바트마 등이 묘시(卯時)에 병사를 이끌고 사다리를 세워 조선의 왕경성에 올랐다. 성 위의 병사는 감히 대적하지 못하고 모두 달아나 숨었다. 재물과 가축을 모두 거두었다.

○ 歸降瓦爾喀人麻福塔·葉辰, 率衆見上, 行三跪九叩頭禮, 因賜葉辰·麻福塔, 各緞袍一·貂帽一.

○ 투항한 와르카인 마푸타와 여천이 무리를 이끌고 주상을 알현하여 삼궤구고두의 예를 행하였다. 이에 여천과 마푸타에게 각각 비단 마고자 1벌과 담비가죽 모자 1개를 하사했다.

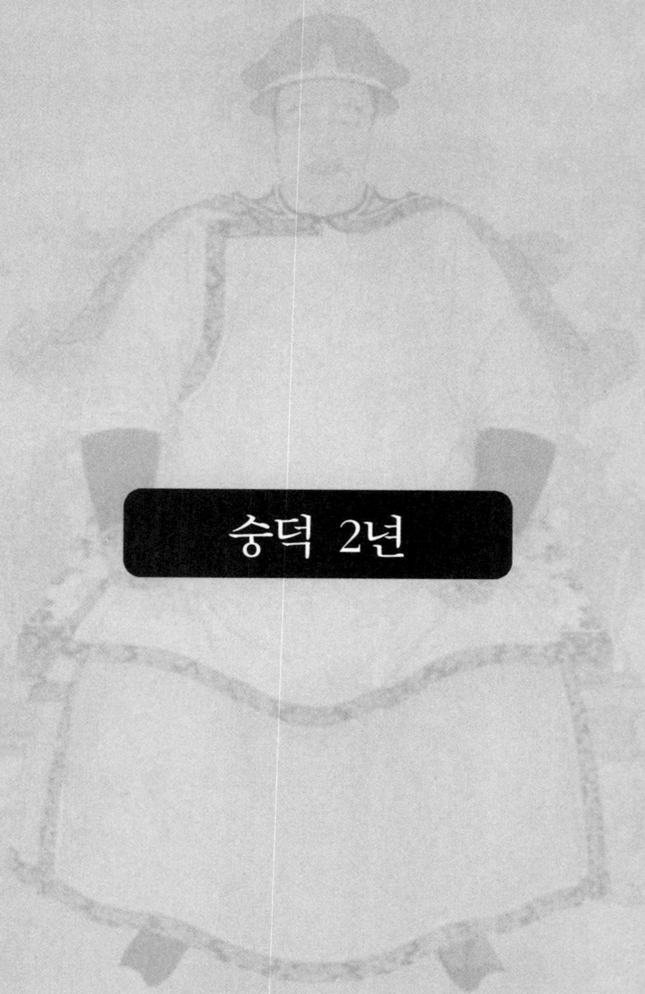

숭덕 2년

권33

숭덕 2년 정월

崇德二年, 丁丑, 春正月, 辛丑朔, 辰刻, 上出營, 環視朝鮮國王李倧所居南漢山城形勢, 申刻還營.

○ 숭덕 2년 정축년 봄 정월 신축일 초하루(1.1), 진시(辰時)에 주상은 군영을 나와 조선국왕 이종(李倧)이 있는 남한산성의 형세를 둘러보고 신시(辛時)에 군영으로 돌아왔다.

○ 壬寅, 朝鮮全羅道沈總兵李總兵, 聞南漢山城爲我軍所困, 率兵來援, 兵部多羅貝勒岳託, 率軍迎擊敗之.

○ 임인일(1.2), 조선 전라도의 심 총병(沈總兵)과 이 총병(李總兵)이[1] 남한산성이 우리 군대에 포위되어 있다는 소식을 듣고 병사를 이

1 본서 권33의 병진일(1.16) 기사에 "전라도 沈 總兵과 충청도 李 總兵"으로 기록되어 있다.

끌고 구원하러 오자, 병부의 도로이 버일러 요토가 군사를 이끌고 맞이하여 격파했다.

○ 是日, 遣戶部承政英俄爾岱·馬福塔齎敕往南漢城, 付朝鮮閣臣洪某·侍郎李某, 敕曰, 昔年我軍東征瓦爾喀時, 爾朝鮮以兵截戰, 後明國來侵我, 爾朝鮮又率兵助之, 彼時念鄰國之好, 竟置不言, 及獲遼東地方, 爾復招納遼東之民, 獻於明國, 朕始赫怒興師, 於丁卯年伐爾, 豈恃強凌弱, 無故加兵耶. 爾自是陽爲和順, 陰圖報復, 時令爾邊臣聚集智謀之士, 激勵勇敢之人, 欲何爲也. 今朕親統大軍, 陳師爾境, 爾何不令智謀者效策, 勇敢者效力, 以當一戰乎. 朕今此來, 並非恃強侵爾之地也, 爾乃孱弱之邦, 屢擾我疆界, 採參捕獵, 遇我國逃民, 爾輒執獻於明, 及孔有德·耿仲明二人自明來歸, 朕遣軍接應, 爾兵以鳥鎗擊戰, 是兵端先自爾啟也. 且朕之弟姪諸王及外藩諸王, 致書於爾, 爾輒以從無致書之例, 置而不視. 不思丁卯年之役, 爾遁入海島, 遣使請成, 是時, 非聽命於朕之弟姪諸王, 而誰聽耶. 朕之弟姪何不如爾, 而爾忽之, 至外藩諸王·貝勒, 彼皆大元皇帝子孫, 何卑於爾, 爾朝鮮不嘗臣服大元, 年年納貢乎. 今何妄自尊大如是, 置書不視, 爾之心昏且驕矣. 爾朝鮮先世, 非歸附遼金元三朝, 每年奉貢稱臣而圖存者乎. 今歷代以來, 曾有不奉貢稱臣於人, 而得自存者乎. 朕既以弟善視爾, 爾反行背逆, 啟釁搆兵, 陷害生民, 遺棄城郭宮室, 離別妻子, 奔逃載道, 入此山城, 得久延乎. 度爾之意, 或猶以城下之盟爲恥, 欲湔洗丁卯之辱, 是徒棄安樂, 而自結禍於盟好之國也. 似爾今日棄城郭宮室, 遁入山城, 積罪負愆, 以致國破民殘, 遺笑萬世, 又何以湔洗之哉, 既欲湔洗前辱, 何不出戰, 乃效婦人匿迹遁藏也, 爾雖遁匿此城, 意圖苟免, 朕豈肯舍之而去乎. 朕之弟姪諸王, 及在內文武諸臣, 在外歸附諸王·貝勒, 欲上尊號, 爾何以云非爾君臣之所忍言乎. 夫尊號之稱否, 豈任爾之私意, 爾之此言亦太謬矣. 夫人天佑之, 則尊爲天子, 天禍之, 則降爲庶民, 朕亦不與爾計, 但爾修整城郭, 待朕使臣頓失常禮者何故, 又令我使臣見爾宰執, 欲設計執之, 爾又父事明國, 專圖害我者何故, 此乃罪之大者, 其餘小罪, 又何可勝數. 朕是以總率大軍, 親至爾八道, 爾所父事之明國, 如何爲爾應援, 朕將拭目以俟, 寧有子受禍而父不救之理, 不然, 則是爾罔識去就, 自貽禍於國與民也, 羣黎百姓, 豈不懷恨於爾哉, 爾若有辭, 不妨奏朕.

○ 이날 호부승정 잉굴다이와 마푸타를 보내 칙서를 가지고 남한산성에 가서 조선의 각신(閣臣) 홍(洪) 아무개와 시랑(侍郎) 이(李) 아무개에게 주었다.[2] 칙서에서 말했다.

「과거에 우리 군대가 동쪽으로 와르카를 정벌할 때 너희 조선은 군사로 막아 싸웠고, 후에 명이 우리를 침범할 때 너희 조선은 또 병사를 이끌고 도왔다. 그때는 이웃나라의 우호를 생각하여 말하지 않았다. 우리가 요동을 얻자 너는 또 요동의 백성을 받아들여 명에 바치니, 이에 짐이 분노하여 군사를 일으킨 것이다. 정묘년에 너희를 정벌한 것이 어찌 강함을 믿고 약함을 능멸하여 이유 없이 전쟁한 것이겠는가. 너는 겉으로는 순종하면서 속으로는 복수를 도모하니, 그때 너의 변신(邊臣)에게 지략 있는 병사를 모집하고 용맹한 자들을 독려하라고 한 것은 무엇을 하고자 한 것인가. 지금 짐이 친히 대군을 이끌고 너희 나라에 군사를 일으켰는데, 너는 어찌 책사에게 전략을 밝히게 하고 용감한 자에게 힘쓰게 하여 일전(一戰)을 행하지 않는가.

2 칙서를 받은 것은 洪瑞鳳, 李景稷이었다. 『조선인조실록』 34권, 인조 15년 1월 3일조.

짐이 이번에 온 것은 강함을 믿고 너희 땅을 침범한 것이 아니다. 너는 약한 나라이면서 번번이 우리 영토를 침범하여 인삼을 캐고 수렵하며 우리의 도망민을 만나면 곧 잡아서 명에게 바친다. 공유덕과 경중명 두 사람이 명으로부터 우리에게 투항하여 짐이 군사를 보내 맞이할 때 너희 병사는 조총으로 공격했다. 이번 전쟁은 먼저 네가 시작한 것이다. 또한 짐의 동생과 조카 왕들 및 외번의 왕들이 너에게 서신을 보냈지만 너는 번번이 서신을 보낸 정례(定例)가 없다고 하며 물리치고 보지 않았다. 정묘년의 전쟁에서 네가 바다 섬으로 숨어 들어가 사신을 보내 화친을 청한 사실을 돌아보지 않았다. 그때 짐의 명령을 받은 것이 동생과 조카 왕들이 아니고 다른 누구였겠는가. 짐의 동생과 조카들이 어찌 너만 못하겠는가. 그런데 너는 그들을 무시했다. 외번의 여러 왕과 버일러들은 모두 대원(大元) 황제의 자손이니 어찌 너보다 못하겠는가. 너희 조선은 일찍이 대원(大元)에 신복(臣服)하여 해마다 공물을 바치지 않았는가. 지금 망령되이 이처럼 스스로를 존대하여 서신을 물리치고 보지 않으니, 너의 마음이 어둡고 교만하다. 너희 조선의 조상들은 요·금·원 삼조(三朝)에 귀부하여 매년 공물을 바치고 신하를 칭하며 살기를 도모하지 않았는가. 지금까지 역대로 다른 사람에게 공물을 바치고 신하를 칭하지 않고 자신의 힘으로 살아간 적이 있었는가.

짐은 너를 동생으로 잘 대하는데, 너는 오히려 패역하여 분쟁을 일으켜 전쟁을 행하고 민생을 해치고, 성곽과 궁실을 버리고 처자와 헤어져 도망쳤다. 도망치는 자들이 길에 가득하니 이 산성에 들어왔어도 오랫동안 버틸 수 있겠는가. 너의 뜻을 헤아리건대 아마도 아직 성하지맹(城下之盟)을 부끄럽게 여기고 정묘년의 치욕을 씻으려고 하는 것이다. 이는 헛되이 평안을 버리고 스스로 우호를 맹세한 나라와 원수가 되는 것이다. 너는 지금 성곽과 궁실을 버리고 산성으로 도망쳐 들어와 허물과 죄과를 쌓아 나라를 무너뜨리고 백성을 피폐하게 하여 만세에 비웃음을 남기고 있으니 어찌 설욕할 수 있겠는가. 과거의 치욕을 씻고자 하면 어찌 나와서 싸우지 않고 아녀자처럼 숨어 있는가. 네가 이 산성에 숨어 구차하게 화를 면하고자 하나 짐이 어찌 이것을 두고 가겠는가. 짐의 동생과 조카 왕들, 안에 있는 문무 대신, 밖에서 귀부한 왕과 버일러들이 존호를 올리는데, 너는 어찌 너희 군신이 차마 말할 수 없는 것이라고 하는가. 존호를 칭할지 아닐지가 어찌 너의 사사로운 뜻에 달려 있는가. 너의 이 말이 또한 크게 잘못되었다.

무릇 사람은 하늘이 도우면 천자로 높여지고, 하늘이 화를 내리면 서민으로 낮추어진다. 짐이 너를 획책하지 않았는데도 너는 성곽을 수리하고, 짐의 사신을 대할 때 상례를 어긴 것은 무엇 때문인가. 또한 나의 사신에게 너의 신하를 만나게 한 것은 체포하려고 계획한 것이다. 너는 또한 명나라를 아버지로 섬기며 우리를 해치고자 하는 것은 무슨 까닭인가. 이는 큰 죄이니 나머지 작은 죄를 어찌 다 헤아릴 수 있겠는가. 짐이 대군을 이끌고 친히 너의 팔도에 이르렀으니, 네가 아버지로 섬기는 명이 너를 어떻게 구할지 짐은 눈을 씻고 기다리겠다. 자식이 화를 당하는데도 아버지가 구하지 않을 리가 있겠는가. 그렇지 않다면 너는 거취를 알지 못하고 스스로 나라와 백성에게 화를 미치게 한 것이니, 백성들이 어찌 너를 원망하지 않겠는가. 너는 할 말이 있다면 기탄없이 짐에게 고하라.」

○ 癸卯, 朝鮮閣臣洪某·侍郎李某齎書至南漢寨門, 英俄爾岱·馬福塔取之以聞. 書曰, 小邦獲戾於大國, 自速兵禍, 棲身孤城, 朝夕危迫. 思欲專使奉書, 道達衷悃, 兵戈困阻, 無路自通. 昨聞皇帝降臨鄙僻, 疑信相半. 喜懼交集. 玆大國言念和好, 明賜誨責, 俾自知罪, 此正小邦心跡獲明之會也. 不勝欣幸. 小邦自從丁卯結好以來, 十餘年間, 實心尊禮, 不但大國所知, 實皇天所鑒. 特以賦性昏愚, 事多不察. 如邊民採參及孔·耿事, 雖非小邦本心, 然亦可疑, 蒙大國寬假久矣. 上年春間之事, 又將誰諉, 亦緣小邦臣民, 識見淺隘, 膠守名義, 致使臣發怒徑去. 隨來之人, 皆以大軍將至見恐. 小邦君臣過慮, 申飭邊臣, 而詞臣撰文, 語多乖剌, 遂觸大國之怒. 然何敢曰, 非我所知, 而諉之羣臣乎. 至如擒執使臣之語, 則實無之. 豈意明如大國, 而猶疑至此. 明國與我, 誠如父子, 大國之常入關征彼也, 未嘗以一鏃加小邦, 無非以兄弟和好爲重, 謀害之言奚爲乎. 由此言之, 夫亦小邦誠信未孚, 見疑大國所致, 尙誰諉哉. 且馬福塔云, 以美意來, 故小邦信之不疑. 豈意至於此乎. 夫往日之事, 小邦已知罪矣. 有罪而伐之, 知罪而恕之, 此大國所以體天, 而容萬國之心也. 如蒙念丁卯誓天之約, 恤小邦生民之命, 容令改圖自新, 則小邦之洗心, 自今日起矣. 若大國不肯恕罪, 必欲過煩兵力, 小邦理窮力竭, 惟有俟死而已. 敢陳肝膈, 恭俟指敎.

○ 계묘일(1.3), 조선의 각신(閣臣) 홍(洪) 아무개와 시랑(侍郎) 이(李) 아무개가[3] 서신을 가지고 남한산성을 포위한 목책의 문에 이르니 잉굴다이와 마푸타가 받아서 아뢰었다. 서신에서 말했다. 「소방(小邦)이 대국(大國)에 죄를 얻어 스스로 병화(兵禍)를 앞당겼고 고립된 성에 거처하여 아침저녁으로 위태롭게 되었습니다. 전사(專使)에게 서신을 바치게 하여 간절한 마음을 전하려 했지만 군대가 대치한 상황에서 통할 길이 없었습니다. 어제 황제께서 궁벽하고 누추한 곳까지 오셨음을 듣고 반신반의하며 기쁨과 두려움이 교차했습니다. 이제 대국이 화호(和好)를 생각하여 밝은 가르침과 질책을 내리시어 스스

3 서신을 가져간 조선의 관리는 洪瑞鳳, 金藎國, 李景稷이었다. 『조선인조실록』 34권, 인조 15년 1월 3일조.

로 죄를 깨닫게 하겠다고 말씀하시니 이것이야말로 소방의 마음과 행적을 밝힐 수 있는 기회를 얻은 것입니다. 기쁘고 다행스러움을 금할 수 없습니다.

소방이 정묘년(1627)에 화호(和好)를 맺은 이래 10여 년간 진실한 마음으로 예(禮)를 지켰음은 대국이 알고 있고 실로 황천(皇天)이 살피는 바입니다. 다만 타고난 성품이 어리석어서 일을 잘 살피지 못합니다. 변방의 백성들이 인삼을 채취하는 일이나 공유덕·경중명의 일은 비록 소방의 본심이 아니었지만 또한 의심할 만한 것이었는데도 대국의 너그러움을 입은 지 오래입니다. 지난해 봄의 일은 또 누구의 탓으로 돌리겠습니까. 다만 소방의 신민(臣民)들은 식견이 얕고 좁아서 명분(名分)과 의리(義理)를 융통성 없이 지키려다가 사신이 화를 내면서 곧바로 떠나기에 이르렀고, 수행하던 사람들은 모두 대군(大軍)이 올 것이라면서 두려워했습니다. 소방의 군신(君臣)이 지나치게 걱정하여 변방의 신하들을 신칙했는데 문장을 쓰는 신하가 지은 글에 잘못된 말이 많아서 마침내 대국의 노여움을 촉발시켰습니다. 그러나 어찌 감히 "내가 아는 바가 아니다."라고 말하면서 신하들을 탓할 수 있겠습니까. 사신(使臣)을 사로잡으려 했다는 말은 사실무근입니다. 대국은 영명한데 오히려 이렇게 의심할 줄 어찌 생각이나 했겠습니까? 명나라와 우리는 진실로 부자(父子)와 같습니다. 대국이 늘상 관(關)으로 들어가 저들을 정벌할 때 일찍이 화살 하나도 소방에 겨누지 않으셨으니 형제의 화호(和好)를 중요하게 여기지 않은 적이 없었는데 모해하려는 말이 어찌 이렇단 말입니까? 이로 말미암아 말한다면 이것 역시 소방의 정성과 신의가 미덥지 못하여 대국의 의심을 받게 된 것이니 오히려 누구를 탓하겠습니까. 또 마푸타가 "좋은 뜻으로 왔다." 라고 말했으므로 소방은 그것을 믿고 의심하지 않았는데 어찌 이 지경에 이르리라 생각했겠습니까?

지난날의 일에 대해서 소방이 죄를 지었음을 알고 있습니다. 죄가 있으면 정벌하고 죄를 알면 용서하는 것은 대국이 천심(天心)을 체득하여 만국(萬國)을 포용하는 마음입니다. 만일 정묘년 하늘에 맹세한 약속을 생각하고 소방 백성의 목숨을 불쌍히 여기어 고쳐서 새로워질 수 있도록 허락하시면 소방이 마음을 씻는 것이 오늘부터 시작될 것입니다. 만약 대국이 죄를 용서해 주지 않고 반드시 군대를 사용한다면 소방은 이치가 다하고 힘도 다했으므로 오직 죽음을 기다릴 뿐입니다. 감히 심정을 서술하며 공손히 가르침을 기다립니다.」

○ 甲辰, 大軍北渡漢江, 營於江岸, 距王京城東二十里許.

○ 갑진일(1.4), 대군이 북쪽에서 한강(漢江)을 건너 강가에 주둔했는데 왕경성(王京城)에서 동쪽으로 20리 정도의 거리였다.

○ 是日, 恭順王孔有德 · 懷順王耿仲明 · 智順王尚可喜, 及漢軍甲喇章京金玉和, 攜火礮至.

○ 이날 공순왕 공유덕 · 회순왕 경중명 · 지순왕 상가희와 한군(漢軍) 잘란장긴 김옥화(金玉和)가 화포를 가지고 도착했다.

○ 丁未, 朝鮮全羅 · 忠清兩道巡撫 · 總兵, 合兵來援, 立營於南漢山城. 上聞之, 遣和碩豫親王多鐸 · 超品公額駙楊古利, 率兵相機迎戰. 多鐸 · 楊古利等, 奉命往視, 值天雪陰晦, 不見敵營, 遂縱兵進擊敗其山下列陣兵, 追至山頂敵營. 多鐸鳴角集兵, 招楊古利登山督戰. 楊古利往會適有一朝鮮敗卒, 伏於石窟, 暗以鳥鎗, 擊中楊古利, 創重而卒, 時年六十有六. 楊古利凡在行間, 率先破敵, 克建奇勳, 於國家, 宣力爲多云.

○ 정미일(1.7), 조선 전라도와 충청도의 순무(巡撫)와 총병(總兵)이 병력을 합쳐 구원하러 와서 남한산성에 진영을 설치했다.[4] 주상이 듣고 호쇼이 예친왕(豫親王) 도도, 초품공(超品公) 어푸 양구리를 파견하여 군대를 이끌고 기회를 보아 맞아 싸우게 했다. 도도와 양구리 등이 명을 받들고 가서 보니 마침 눈이 내리고 어두워서 적의 진영을 볼 수 없었다. 마침내 군사를 풀어서 나아가 산 아래에 포진한 적군을 격파하고 산꼭대기에 위치한 적의 진영까지 추격해 갔다. 도도가 나팔을 불어 군사를 모으고 양구리를 불러서 산에 올라 전투를 독려하게 했다. 양구리는 가다가 마침 조선의 패잔병 하나를 만났는데 석굴에 매복해 있다가 몰래 조총으로 양구리를 쏘아 맞추었다. 상처가 깊어서 죽으니 향년 66세였다. 양구리는 전투에서 앞장서 적을 격파하여 훌륭한 공훈을 세웠고 국가에 힘쓴 것이 많았다.

○ 戊申, 和碩豫親王多鐸, 率軍進擊朝鮮兵時, 敵已棄馬夜遁, 營內虛無人. 獲馬千一百有四十.

---

4 도도 · 양구리의 군사와 전투한 상대는 全羅兵使 金俊龍이 이끌던 全羅道 근왕군이었다. 전라도 근왕군은 5일부터 7일까지 도도 · 양구리 휘하 청군과 光敎山에서 전투를 벌여 양구리를 전사시키는 등 타격을 입혔으나 결국 후퇴했다. 앞서 礪山에서 김준룡과 회합하였던 全羅道觀察使 李時昉은 광교산 전투 당시에는 후방인 安城에 주둔하여 후원하였으며, 패전 소식을 전달받은 뒤에는 公州로 회군하였다.

○ 무신일(1.8), 호쇼이 예친왕(豫親王) 도도가 군대를 이끌고 조선군을 공격했는데 적은 이미 말을 버리고 야반도주하여 진영 안이 텅 비어 사람이 없었다. 말 1,140마리를 획득했다.

○ 是日, 舁楊古利屍至, 上哭之慟. 羣臣屢勸不止, 親臨其喪奠酒, 賜御服·黑貂裘套·帽鞾, 殯之. 仍哭不止, 羣臣固勸, 上始還營.

○ 이날 양구리의 시신을 가져오자 주상이 통곡했다. 여러 신하들이 거듭 권했지만 그치지 않았다. 직접 그의 상(喪)에 가서 술을 올리고 주상의 의복·흑담비가죽 외투·모자와 가죽신을 내려 염하게 했다. 계속해서 곡하며 그치지 않았는데 여러 신하들이 굳게 권하자 주상이 비로소 군영으로 돌아갔다.

○ 庚戌, 和碩睿親王多爾袞·多羅貝勒豪格等, 率左翼軍來會奏稱, 我軍旣入朝鮮境長山·昌州城軍民, 知不能禦, 皆棄城奔山立寨. 我正白·鑲白·正藍三旗護軍·騎兵, 攻克之. 值朝鮮安州總兵·黃州元帥率兵五百出寧邊城, 臣等親軍敗之於城下. 又安州兵二百, 亦爲臣等護衛所敗. 尋寧邊城李元帥率參將三員·遊擊四員·備禦十五員, 率馬兵七百·步兵三百來戰, 爲蒙古固山額眞額駙蘇納·梅勒章京吳塔齊·宜木圖·陶海·得馨德·阿蘭都·昂阿代·吳巴什·額墨爾齊·古魯虎·桑噶爾寨等所敗, 生擒李元帥. 時我軍五十人, 至宣屯村於朝鮮下營處, 捉生問之, 云彼元帥與黃州總兵, 聞伊國王爲大軍所圍, 率兵一萬五千前往救援已去. 三日是夜, 即選鑲白旗·正藍旗兩旗護軍·騎兵, 每牛彔下甲士五名, 蒙古兩旗每牛彔下甲士五名, 行一晝夜, 至日出追及之, 乘其未覺, 遂擊敗之. 至於率兵擊敵,則鑲白旗梅勒章京薩穆什喀, 護軍參領陳泰 · 崇阿, 正藍旗梅勒章京席爾都, 護軍參領俄羅塞臣 · 宜成格, 蒙古梅勒章京吳塔齊, 正藍旗侯痕巴圖魯額參等也.

○ 경술일(1.10), 호쇼이 예친왕(睿親王) 도르곤 · 도로이 버일러 호오거 등이 좌익군을 이끌고 와서 상주했다. 「우리 군사가 조선의 변경으로 들어가자 장산(長山; 昌城)과 창주(昌州; 昌洲)의 군민들이 막아낼 수 없음을 알고 모두 성을 버리고 산으로 도주하여 성채를 세웠는데 우리 정백 · 양백 · 정람 3기(旗)의 호군과 기병(騎兵)이 공격하여 함락시켰습니다. 조선 안주의 총병(總兵)과 황주의 원수(元帥)가 군사 500명을 이끌고 영변성에서 나온 것을 만나 신들의 친군(親軍)이 성 아래에서 격파했고, 또 안주의 군사 200명이 신들의 호위(護衛)에게 패퇴되었습니다. 얼마 후 영변성의 이 원수(李元帥)가 거느린 참장 3명 · 유격 4명 · 비어 15명과 마병(馬兵) 700명 · 보병(步兵) 300명이 와서 싸웠는데 몽고 구사어전 어푸 수나(efu suna, 額駙蘇納), 머이런장긴 우타치(utaci, 吳塔齊) · 임투(imtu, 宜木圖) · 토오하이(toohai, 陶海) · 더힌다이(dehindai, 得馨德) · 아란두(arandu, 阿蘭都) · 앙가다이(anggadai, 昂阿代) · 우바시(ubasi, 吳巴什) · 에멜치(emelci, 額墨爾齊) · 굴루후(guluhu, 古魯虎) · 상가르자이(sanggarjai, 桑噶爾寨) 등이 격파하고 이 원수(李元帥)를 생포했습니다. 이때 아군 50명이 조선군이 군영을 세운 선둔촌(宣屯村)에 이르러 포로를 잡아서 신문하니, 저들의 원수와 황주 총병이 그들의 국왕이 대군에 의해 포위되었다는 것을 듣고 군병 1만 5,000명을 이끌고 구원하고자 이미 출발했다고 말하기에 3일 밤에 즉각 양백기와 정람기 2기의 호군 · 기병(騎兵), 니루마다 갑병 5명씩, 몽고의 두 기에서 니루마다 갑병 5명씩을 선발하여 하루 밤낮으로 가서 해가 뜰 무렵까지 추격하여 미처 깨닫지 못한 틈을 타서

마침내 격파했습니다. 군사를 이끌고 적을 공격한 것은 양백기의 머이런장긴 삼시카, 호군참령 천타이(centai, 陳泰)[5]·충가(cungga, 崇阿), 정람기의 머이런장긴 실두(sildu, 席爾都), 호군참령 올로서천(olosecen, 俄羅塞臣)·이청거(icengge, 宜成格), 몽고 머이런장긴 우타치(utaci, 吳塔齊), 정람기 허오헌 바투루 에센(heohen baturu esen, 候痕巴圖魯額參)이었습니다.」

○ 是日, 多羅安平貝勒杜度等, 護送紅衣礮·將軍礮·火藥重器等車至, 奏言, 初六日, 遣人往視臨津江渡口, 回報云氷已盡解, 即步行亦難. 臣意此非架橋之時, 輜重何由得渡, 心甚憂之. 及將至渡口之前一夜, 天氣清朗, 忽然陰翳, 雨雪交作寒甚, 氷既泮復凝. 正月初七日, 至臨津江, 向以徒步不可行者, 數萬軍士, 坦然徑渡矣. 上曰, 禎祥洊至, 皆天意也.

○ 이날 도로이 안평 버일러 두두 등이 홍의포(紅衣礮)·장군포(將軍礮)·화약·중기(重器)를 실은 수레들을 호송해 와서 상주했다. "초6일에 사람을 보내어 임진강의 나루터에 가서 보게 했는데 돌아와서 보고하기를, '얼음이 모두 녹아 버려서 걸어서 건너기도 어렵겠습니

---

5 천타이(centai, 陳泰): ?-1655. 만주양황기인, 뇨후루(niohuru.鈕祜祿) 씨. 후금 개국공신 어이두(eidu,額亦都)의 손자, 처르거이(Cergei, 車爾格, 徹爾格)의 아들. 1629년 명 공격전에 참전했고, 1631년 대릉하성(大凌河城) 공격에 참전했다. 1636년 니루장긴(牛錄章京)에서 삼등잘란장긴(三等甲喇章京)으로 승진했다. 1644년 입관(入關)하여 이자성(李自成) 군을 격파하여 세직일등(世職一等)을 수여받았다. 1647년 예부시랑(禮部侍郎)에 임명되었고, 1651년 이부상서(吏部尙書)가 되었고 국사원대학사(國史院大學士)에 임명되었다. 1652년 예부상서(禮部尙書)가 되었고 만주양황기의 구사어전(固山額眞)이 되었다. 1654년 손가망(孫可望)을 공격하던 중 군중에서 사망했다. 시호는 충양(忠襄).

다.'라고 했습니다. 신이 생각하기에 다리를 놓을 수 있는 때가 아닌데 치중(輜重)을 가지고 어떻게 건널 수 있을까 내심 깊이 우려했습니다. 그런데 나루터에 도착하기 전날 밤 맑던 하늘에 갑자기 구름이 끼고 어두워지더니 비와 눈이 번갈아 내리고 추위가 심해지면서 다시 얼어붙었습니다. 정월 초7일 임진강에 이르자 지난번에는 걸어서 갈 수 없던 것을 수만 군사가 편안히 가볍게 건넜습니다." 주상이 말했다. "상서로운 징조가 이와 같으니 모두 하늘의 뜻이다."

○ 癸丑, 朝鮮國王李倧奉書. 至書曰, 曩者小邦宰臣, 奉書軍門, 有所陳請, 回稱, 皇帝將有後命, 小邦君臣, 延頸企踵, 日俟德音, 今已浹旬, 未荷鑒照, 勢窮情迫, 能不再鳴, 惟皇帝垂察焉. 小邦昔蒙大國之惠, 猥托兄弟, 昭告天地, 雖疆域有分. 而情意未間, 自以爲子孫萬世無疆之福. 豈意盤血未乾, 疑釁中結, 坐陷危迫之禍, 重爲天下笑. 然求厥由, 皆緣天性柔弱, 爲羣臣所誤, 昏迷不察, 以致如此, 亦惟自責而已, 更有何詞. 但念兄之於弟, 見有過則怒而責之理也. 然責之太嚴, 反乖兄弟之義, 豈不爲上天所怪乎. 小邦僻在海隅, 惟事詩書, 不習兵革. 以弱臣強, 以小事大, 乃理之常, 豈敢與大國相較哉. 祇以世受明國厚恩, 名分素定. 曾値壬辰之難, 小邦旦夕且亡, 神宗皇帝動天下之兵, 拯濟生民於水火之中, 小邦之人, 至今銘鏤心骨. 寧獲過於大國, 不忍負明國, 此無他, 其樹恩厚, 而感人心深也. 恩之加人, 非一途. 苟有能蘇其民命, 救其國危者, 則發兵而救難, 與釋罪以矜全, 其事雖殊, 其恩則一也. 昨年小邦處事昏謬, 蒙大國勤教屢矣. 猶不自悟, 致煩大國之兵, 君臣父子久處孤城, 其窘亦甚矣. 大國誠於此時, 舍其既往, 許其自新, 俾得保守宗社, 長奉大國, 則小邦君臣, 矢心感戴, 至於子孫, 永世不忘, 天下聞之, 亦無不服大國之威信. 是大國一舉, 而結大恩於東土, 施廣譽於四國也. 不然, 惟快一朝之怒,務窮兵力, 傷兄弟之義, 閉自新之路, 以絕諸國之望, 其在大國, 恐亦未爲長算, 以皇帝之睿智, 何不慮及此乎. 秋殺而春生, 天地之道也, 矜弱而恤亡, 霸王之業也. 今皇帝以英武之畧, 撫定諸國, 而新建大號, 首揭寬溫仁聖四字. 將以體天地之道, 而恢霸王之業, 則如小邦之願改前愆, 自託洪庇者, 宜若不在棄絕之中. 玆敢不避尊嚴, 更布區區, 以請命於下執事.

○ 계축일(1.13), 조선국왕 이종(李倧)이 서신을 올렸다. 서신에서 말했다. 「지난번에 소방(小邦)의 재신(宰臣)들이 군문(軍門)에 서신을 올려 청하니 장차 황제의 명령이 있을 것이라고 회답하기에 소방의 군신(君臣)들은 목을 빼고 발꿈치를 돋운 채 날마다 덕음(德音)을 기다렸지만 지금 열흘이 지나도록 살펴 주심을 입지 못했습니다. 세력이 곤궁하고 사정이 급박하여 다시 아뢰지 않을 수 없게 되었으니 황제께서는 살펴 주소서. 소방은 지난날 대국(大國)의 은혜를 입어 외람되게도 형제라 하여 천지(天地)에 밝게 고했고, 비록 강역은 구분이 있더라도 마음은 거리가 없으니 스스로 자손 만세의 한없는 복이 되었다고 여겼습니다. 그런데 맹약을 한 지 얼마 지나지 않아 의심으로 인한 흔단이 생겨나서 위태로운 병화(兵禍)에 처하여 거듭 천하의 웃음거리가 될 줄이야 어찌 생각이나 했겠습니까?

그 이유를 찾아보건대, 모두 천성(天性)이 유약하여 신하들의 잘못한 바를 어리석게도 살피지 못하여 이 지경에 이르렀으니 또한 스스로를 책망할 뿐, 다시 무슨 말을 할 수 있겠습니까. 다만 생각건대 형이 동생의 허물을 보면 질책하는 것이 이치이지만, 질책함이 너무나 엄하면 도리어 형제의 의에 어긋나게 될 것이니 어찌 하늘이 괴이하게 여기지 않겠습니까. 소방은 바다 구석에 있으면서 오직 시서(詩書)만을 일삼고 군사(軍事)는 익히지 않았습니다. 약한 자가 강한 자에게 신복하고 작은 나라가 큰 나라를 섬기는 것이야말로 당연한 이치인데 어찌 감히 대국과 서로 견줄 수 있겠습니까. 다만 대대로 명나라의 두터운 은혜를 받아 명분이 이미 정해졌습니다. 일찍이 임진년의 난리 때 소방이 곧 망하게 될 것을 신종황제(神宗皇帝)가 천하의 군대를 움직여 백성을 재난에서 건져 주셨으므로 소방의 사람들은 지금까지도 그 은혜를 마음과 뼈에 새기고 있습니다. 차라리 대국에 허물을 얻더라도 명나라를 등질 수는 없다고 생각하는 것은 다름이 아니라 그 은혜를 베푼 것이 사람의 마음을 깊이 감동시켰기 때문입니다. 사람에게 은혜를 베푸는 것은 한 가지 방도만 있는 것이 아닙니다. 진실로 능히 백성의 생명을 살리고 나라를 위기에서 구하는 것이라면 군사를 내어 환란에서 구하거나 죄를 용서하여 불쌍히 여겨 보전하는 것은 그 일이 비록 다르다고 하지만 은혜인 것은 마찬가지입니다.

지난해 소방의 처사가 잘못되어 대국으로부터 누차 진심어린 가르침을 입었는데도 오히려 스스로 깨닫지 못하여 대국의 군대를 수고롭게 하기에 이르렀습니다. 군신(君臣)과 부자(父子)가 오랫동안 외로운 성에 있으니 그 곤궁함 또한 심합니다. 대국이 진실로 이러한 때에 지난날을 잊고 스스로 새로워지도록 허락하여 종사(宗社)를 보존하고 오래도록 대국을 받들 수 있게 해 주신다면 소방의 군신(君臣)들은 마음속으로 맹세하여 감사한 마음을 가져서 자손 대대로 영원히 잊지 않을 것이고 또한 천하가 듣고 대국의 위신에 복종하게 될 것입니다. 이는 대국이 한 번의 거사로 동토(東土)에 큰 은혜를 베푸는 것이며 큰 명예를 사방의 나라에 베푸는 일이 될 것입니다. 그러지 않고 오직 하루아침의 분노를 풀고자 군대를 쓰기에 힘써 형제의 의리를 손상시키고 스스로 새로워질 길을 막음으로써 여러 나라의 희망을 끊어 버린다면 대국에 있어서도 장구한 계책이 아닐 것입니다. 황제의 예지로 어찌 여기까지 생각이 미치지 않으시겠습니까? 가을에 죽이고 봄에 살리는 것이 천지(天地)의 도(道)이고, 약한 자를 불쌍히 여기고 망해

가는 것을 불쌍히 여기는 것이 패왕(霸王)의 사업입니다.

지금 황제께서는 영명하고 용맹한 지략으로 여러 나라를 평정하고 새로 대호(大號)를 정하여 앞에 관온인성(寬溫仁聖) 네 글자를 내걸었습니다. 이는 대체로 천지의 도를 체현하고 패왕의 사업을 넓히려는 것이니 소방처럼 지난 잘못을 고치고 스스로 큰 은혜에 의지하기를 원하는 자를 끊어 버리지 말아야 합니다. 이에 엄한 질책을 감히 피하지 않고 다시 구구한 심정을 펼치니 하집사(下執事)에게 명해 주시기를 청합니다.」

○ 丙辰, 命碩翁科羅巴圖魯勞薩及吳拜等齎敕率前鋒全軍還盛京. 諭留守和碩鄭親王濟爾哈朗·多羅武英郡王阿濟格·多羅饒餘貝勒阿巴泰等曰, 去年十二月初八日, 首隊前鋒兵, 已渡義州鎭江. 初九日黎明, 和碩豫親王多鐸, 率每牛彔甲士三名, 多羅貝勒岳託, 率每牛彔甲士五名, 並以次相繼而渡. 初十日, 朕率大軍渡江. 首隊前鋒兵, 於十二月十四日, 將至朝鮮王京城, 朝鮮副將二員·遊擊四員·備禦六員, 率精兵六十餘迎戰, 盡爲我兵所殲. 及至王京, 有崔閣臣·李侍郎來迎, 以詭言緩我師. 時朝鮮國王, 已率長子羣臣, 出王京城, 潛逃東奔四十里, 入南漢山城. 崔·李二人, 亦用計逃入王京城, 竟不復來. 次日, 前鋒兵始知國王遁走, 從後追襲, 至南漢山城, 方誘與語時, 和碩豫親王多鐸·多羅貝勒岳託等兵繼至, 繞南漢城立柵困之. 朕未至之先, 有原在朝鮮之瓦爾喀巴圖魯葉辰·麻福塔, 率二百戶來歸. 又朝鮮一巡撫, 率兵一萬八千, 分爲二隊, 來援朝鮮王, 爲固山貝子碩託·尼堪·博和託·羅託, 甲喇章京國舅阿什達爾漢等所敗, 盡斬之. 又副將一員, 率兵五千來援, 亦爲碩託等所敗. 梅勒章京色勒·甲喇章京阿爾津等, 往截敵兵來路, 遇一副將, 率援兵五百來, 亦擊敗之. 有敵兵將入南漢山城, 遇梅勒章京碩翁科羅巴圖魯勞薩·甲喇章京吳拜等截戰, 斬二百餘人. 又有南漢兵四百餘出城, 亦爲勞薩所敗. 朕親率大軍, 於十二月二十九日, 至南漢城. 今年正月初三日, 朝鮮全羅道沈總兵·忠淸道李總兵, 帥兵來援, 多羅貝勒岳託擊敗之. 初七日, 全羅·忠淸二道巡撫·總兵, 又率兵來, 和碩豫親王多鐸擊敗之.

○ 병진일(1.16), 숑코로 바투루 로오사와 우바이(ubai, 吳拜) 등에게 명하여 칙서를 가지고 전봉군(前鋒軍) 전체를 이끌고 성경(盛京)으로 돌아가게 했다. 남아서 지키던 호쇼이 정친왕 지르갈랑·도로이 무영군왕 아지거·도로이 요여 버일러 아바타이 등에게 유시했다.

「작년 12월 8일 수대(首隊) 전봉병(前鋒兵)이 의주(義州) 진강(鎭江)을 건넜다. 9일 날이 밝을 무렵 호쇼이 예친왕(豫親王) 도도가 니루마다 갑병 3명씩, 도로이 버일러 요토가 니루마다 갑병 5명씩을 이끌고 차례대로 뒤를 이어 건넜다. 10일에는 짐이 대군을 이끌고 강을 건넜다. 수대(首隊) 전봉병(前鋒兵)이 12월 14일 조선 왕경성(王京城)에 이르자 조선 부장 2명·유격 4명·비어 6명이 정예병 60여 명을 이끌고 맞서 싸우다가 아군에 의해 모두 섬멸되었다. 왕경에 이르자, 최 각신(崔閣臣)과 이 시랑(李侍郎)이 와서 영접하며 기망하는 말로 우리의 군사를 늦추고자 했다. 이때 조선국왕은 이미 장자와 여러 신하들을 이끌고 왕경성에서 나와 몰래 동쪽으로 40리를 달아나 남한산성에 들어갔다. 최(崔)와 이(李) 두 사람 또한 계책을 써서 왕경성으로 도망쳐 들어갔고 끝내 다시 나타나지 않았다. 다음날에야 전봉병(前鋒兵)은 국왕이 도주한 것을 알고 뒤를 좇아가서 남한산성에 이르러 말을 주고받으며 회유하던 차에 호쇼이 예친왕(豫親王) 도도와 도로이 버일러 요토 등의 군대가 이어서 이르렀고 남한산성 주변에 책(柵)을 세워 포위하고 압박했다.

짐이 도착하기 전에 원래 조선에 있던 와르카의 바투루 여천(yecen, 葉辰)과 마푸타(mafuta, 廉福塔) 등이 200호(戶)를 이끌고 귀순했다. 또 조선의 한 순무(巡撫)가 군사 1만 8,000명을 이끌고 두 갈래로 나누어 조선왕을 구하려는 것을 구사이 버이서 쇼토(šoto, 碩託)·니칸(nikan, 尼堪)·보호토(bohoto, 博和託)·로토(loto, 羅託), 잘란장긴 국구(國舅) 아시다르한 등이 격파하고 모두 죽였다. 또 부장 1명이 군사 5,000명을 이끌고 구원하러 온 것도 쇼토 등이 격파했다. 머이런장긴 설러(sele, 色勒)·잘란장긴 아르진(arjin, 阿爾津) 등이 가서 적병의 진격로를 차단하고 있다가 1명의 부장이 이끌고 오는 500명의 군사도 격파했다. 남한산성으로 들어가려던 적병이 있었는데, 머이런장긴 숑코로 바투루 로오사와 잘란장긴 우바이 등이 가로막고 싸워서 200여 명을 죽였다. 또한 남한산성에서 나온 군사 400여 명도 로오사에 의해 패퇴했다. 짐은 친히 대군을 이끌고 12월 29일에 남한산성에 이르렀다. 금년 정월 3일 조선 전라도 심 총병(沈總兵)과 충청도 이 총병(李總兵)이 군사를 이끌고 구원하러 온 것을 도로이 버일러 요토가 격파했다. 7일에 전라도와 충청도의 순무와 총병도 군사를 이끌고 왔으나 호쇼이 예친왕(豫親王) 도도가 격파했다.

和碩睿親王多爾袞·多羅貝勒豪格, 至長山, 長山·昌州官民棄城, 於山頂樹柵. 我兵上下夾攻, 朝鮮兵墮崖死者甚衆. 至寧邊有義州總兵·黃州元帥, 率兵五百, 出寧邊城隨擊敗之, 並敗其安州兵二百. 又寧邊副元帥李某及參將三員·遊擊四員·備禦十五員, 率馬兵七百·步兵三百, 往援其王, 遇蒙古固山額眞額駙蘇納出掠, 亦擊敗之, 生擒副元帥李某. 我軍至宣屯村獲諜者, 訊知黃州都元帥於三日前率兵一萬五千往援, 和碩睿親王多爾袞·多羅貝勒豪格, 即選精騎, 星夜追襲, 突入擊敗之. 多爾袞·豪格, 於正月初十日, 始達朕營, 因路狹隘所以遲滯. 及審問擒來之人云, 朝鮮王受困城中, 糧米薪水俱乏. 朝鮮王遣其國大臣, 來我軍前請罪, 言凡事唯命是聽, 朕猶未允. 又得人問之有云, 國王與長子及羣臣俱在南漢, 其餘妻子在江華島. 又有云, 王與妻子俱在一處. 朕意欲造船先攻此島. 若得其妻子, 則城內之人, 自然歸順. 若猶不順, 然後攻城, 計亦未晚. 觀此島亦似易取. 但天之助我與否, 未可知也.

호쇼이 예친왕(睿親王) 도르곤과 도로이 버일러 호오거가 장산(長山; 昌城)에 이르자 장산과 창주(昌州; 昌洲)의 관민들이 성을 버리고 산꼭대기의 수책(樹柵)에 들어갔다. 우리 군사가 위아래에서 협공하자 절벽에서 떨어져 죽은 조선군이 매우 많았다. 영변에 이르러 의주 총병과 황주 원수가 군사 500명을 이끌고 성 밖으로 나온 것을 쫓아가서 격파하고 안주의 군사 200명도 패퇴시켰다. 또 영변의 이(李) 부원수가 참장 3명 · 유격 4명 · 비어 15명과 함께 마병(馬兵) 700명 · 보병 300명을 이끌고 왕을 구원하러 가는 것을 약탈하러 나간 몽고 구사어전 어푸 수나가 마주쳐 격파하고 이(李) 부원수를 사로잡았다. 아군이 선둔촌(宣屯村)에서 사로잡은 첩자를 심문하여 황주의 도원수가 3일 이전에 군사 1만 5,000명을 이끌고 구원하러 갔다는 것을 알고 호쇼이 예친왕(睿親王) 도르곤과 도로이 버일러 호오거가 즉시 정예기병을 선발하여 밤을 새워 추격하고 기습하여 돌진해 들어가 격파했다. 도르곤과 호오거는 정월 10일에야 비로소 짐의 군영에 도달했는데 이는 길이 좁고 험하여 지체된 것이었다.

또 잡아 온 사람을 심문하자 조선왕이 위태로운 성 안에 있으면서 군량미와 땔감, 물이 모두 부족하다고 말했다. 조선국왕이 그 나라의 대신을 파견하여 우리 군영에 와서 죄를 청하면서 어떤 일이든 오직 명령에 따르겠다고 말했지만 짐은 오히려 윤허하지 않았다. 또 사람을 얻어 심문하자, 누군가는 국왕이 장자와 여러 신하들을 이끌고 남한산성에 있고 나머지 처자들은 강화도(江華島)에 있다고 말하고, 누군가는 왕과 처자가 모두 한곳에 있다고 말했다. 짐은 선박을 건조하여 먼저 이 섬을 공격해야겠다고 생각했다. 만약 그 처자를 얻으면 성안의 사람들은 자연스럽게 귀순할 것이고 그래도 귀순하지 않을 경우에 성을 공격해도 늦지 않을 것이다. 이 섬을 살펴보건대 쉽게 취할 수 있을 것 같다. 다만 하늘이 우리를 도울지 여부는 알지 못하겠다.」

又諭曰, 使到之日, 即揀選謹慎能幹官二員, 帶領每甲喇驍騎校一員·每牛彔甲士一名·每牛彔採取木植白身人一名, 及八家各首領一名, 再選造船工匠各五名, 前來靉陽河邊, 依佟克申式樣造船十艘, 依朝鮮式樣造馬船十艘. 可令和碩豫親王多鐸家人托木布路, 察有向日曾與佟克申造船及知造朝鮮馬船之工匠, 遣之前來. 其監造官員, 須於靉陽河邊, 擇地方堅固, 可達義州江者, 令其駐彼營造. 至於造船所需鐵匠, 亦按數發來, 更須分撥哨卒, 善爲防守, 毋致疎虞. 若國中有大事, 不便遲緩, 及緊急信息, 當遣二三百人來, 其細小事務信息, 於二月二十日, 遣人至通遠堡, 俟朕有使至同來. 今所遣人到時, 即發造船人等起行, 限二月十五日以內竣工. 布顏·蘇爾德到盛京五日. 仍令護送造船人來, 其右翼前鋒到五日, 可令往噶海駐防. 左翼前鋒於遼河氷解時, 可往開城駐防. 遼河氷若未解, 可往牛莊駐防. 氷解後, 併將駐防牛莊之護軍, 取往開城, 一同駐防.

또 유시했다. 「사신이 도착하는 날에 즉각 신중하고 재능있는 관원 2명을 뽑아서 잘란마다 효기교 1명씩, 니루마다 갑병 1명씩, 니루마다 나무 베는 백신(白身) 1명씩, 팔가(八家)에서 각각 수령(首領) 1명씩을 데려가라. 다시 배를 만드는 공장(工匠) 5명씩을 뽑아서 애양하(靉

陽河) 물가에 가서 퉁커선(tungkešen, 佟克申)의 양식대로 10척의 배를 만들고, 조선의 양식대로 마선(馬船)[6] 10척을 만들어라. 호쇼이 예친왕(豫親王) 도도의 가인(家人) 톰불루(tombulu, 托木布路)로 하여금 이전에 퉁커선과 배를 만든 공장(工匠)과 조선의 마선(馬船)을 만들 줄 아는 공장(工匠)을 파견해 오게 하라. 선박의 건조를 감독하는 관원은 애양하 강변에 땅이 단단하고 의주강(義州江)[7]까지 이를 수 있는 지역을 택하여 그곳에 주둔하면서 건조하게 하라. 조선소(造船所)에 필요한 철장(鐵匠)도 수를 헤아려서 뽑아 오고 또 반드시 초탐병을 나누어 배치해서 잘 지키기를 소홀히 하지 말라.

만약 나라 안에 큰 일이 있으면 지체해서는 안 된다. 긴급한 소식은 200-300명을 파견해서 오고 소소한 사무에 대한 소식은 2월 20일에 사람을 통원보(通遠堡)에 보내어 짐의 사신이 오기를 기다렸다가 함께 오게 하라. 지금 파견한 사람이 도착하면 즉시 배 만들 사람들을 출발시켜서 2월 15일 이내에 준공하게 하라. 부얀(buyan, 布顏)과 술더이(suldei, 蘇爾德)가 성경(盛京)에 도착하여 5일을 머물고 다시 배를 만들 사람을 호송해 오게 하라. 그 우익전봉(右翼前鋒)은 도착하고 5일 뒤에 가하이에 가서 주방(駐防)하게 하고, 좌익전봉(左翼前鋒)은 요하(遼河)의 얼음이 녹을 때 개성(開城)[8]에 가서 주방하게 하라. 요하의 얼음이 만약 녹지 않았다면 우장(牛莊)에 가서 주방하게 하라. 얼음이 녹은 뒤에는 우장에서 주방하는 호군과 함께 개성(開城)에 가서 주방하게 하라.」

---

6 馬船은 조선의 마상이(마상선)를 가리킬 가능성이 있다. 馬船은 『내국사원당』에 'morin doobure solgo i cuwan'(말을 건너게 하는 조선의 배)으로 적혀 있다. 『內國史院滿文檔案譯註 崇德二・三年分』, p.41.

7 義州江은 압록강 하류를 가리킨다.

8 開城은 만주어로 neihe hecen. 巨流河城을 가리킨다. 위치는 현재 遼寧省 新民市 巨流河村.

○ 丁巳, 敕諭朝鮮國王李倧曰, 爾來書云, 責之太嚴, 反乖兄弟之義, 豈不爲上天之所怪. 朕以丁卯年盟誓和好爲重, 曾以爾敗兩國盟事, 屢加申諭, 爾不畏上天, 不恤民禍, 背棄盟好. 爾絶盟之書, 爲朕使臣英俄爾岱等所得, 始眞知爾國有搆兵之意. 朕對爾春秋二信使, 及諸商人云, 爾國如此無狀, 朕將往征, 可歸語爾王下至庶人, 明白諭遣, 非以詭譎興師也. 且備書爾敗盟起釁之事, 告之於天, 始興大軍. 朕若似爾負盟, 將自畏天譴矣. 爾惟背盟, 故天降之罰, 爾何反似漠不相關之人, 猶援天爲辭哉. 又云, 小邦僻在海隅, 惟事詩書, 不習兵革. 曩者己未之歲, 爾無故侵我, 朕以爲爾兵必諳兵事, 故敢來犯. 今又起釁, 朕以爲爾兵必更精練. 孰意猶然, 未習兵革耶. 爾固好啟兵釁者, 儻兵革猶未熟習, 則任爾更加精練可也. 又云, 壬辰之難, 旦夕且亡, 明國神宗皇帝, 動天下之兵, 拯濟生民於水火之中. 夫天下大矣. 天下之國多矣. 救爾難者, 止明朝一國耳. 天下諸國之兵, 豈盡至耶. 明與爾國, 誕妄誇大之言, 何以終不已耶. 今既困守山城, 禍及身命, 何猶不知恥而出此空言哉. 又云, 惟快一朝之忿, 務窮兵力, 傷兄弟之義, 閉自新之路, 以絶諸國之望, 恐在大國, 未爲長算. 以皇帝之高明, 何慮不及此. 夫爾練兵繕城, 欲壞兄弟之義, 搆起釁端. 且修路造車, 預備兵器, 惟欲俟朕征明之後, 乘間竊發, 肆其攻取, 而猶謂不忘我德哉. 凡若此者爾自謂不絶衆望也, 自謂高明也, 自謂長算也, 由今視之. 朕亦謂誠哉, 其長算也. 又云, 皇帝方以英武之畧, 撫定諸國, 而新建大號, 首揭寬溫仁聖四字. 蓋將以體天地之道, 而恢霸王之業. 朕之內外諸王 · 大臣, 固以此四字奉我矣. 朕非不恢霸王之業, 而無故興兵, 圖滅爾國, 害爾民也. 正欲來辯曲直耳. 天地之道, 福善禍淫, 斷斷不爽. 朕亦體天地之道, 服者養之, 順者撫之, 逆者討之, 拒者誅之, 不服者取之, 務令悖亂者知警, 挾詐者詞窮. 今爾與朕爲敵, 朕故興兵討爾. 若爾國盡入版圖, 朕有不生養安全, 字若赤子者乎. 且爾信口美言, 終不相符. 內外前後, 與明國往來文移, 爲我兵所獲者, 往往詈我兵爲賊. 此皆爾之君臣, 平素敢於侮慢, 故若此耳. 賊者潛身竊取之謂, 我兵擧動, 無非仗大義而行, 曾有一詭譎不正之事耶. 諺所云羊質虎皮者, 誠爾以口舌詈人之謂也. 凡人行貴敏而言貴遜, 故我國每以行不逮言爲恥. 若爾國欺罔狡詐, 好爲虛誑, 淪入肌髓, 恬不知愧, 故妄言無忌耳. 今爾有衆, 欲生耶. 亟宜出城歸命. 欲戰耶. 亦宜亟出一戰. 兩兵相接, 上天自有分辨也.

○ 정사일(1.17), 조선국왕 이종(李倧)에게 칙유하여 말했다. 「네가 보낸 서신에서 말하기를, "너무나 엄하게 책망하면 도리어 형제의 의리에 어긋나게 되니 어찌 하늘이 괴이하게 여기지 않겠습니까."라고 했다. 짐은 정묘년 맹세의 화호를 중히 여겼기에 일찍이 네가 양국이 맹세한 일을 깨뜨렸어도 여러 번 타일러 깨우쳐 주었는데, 너는 하늘을 두려워하지 않고 백성들이 화를 입는 것을 불쌍히 여기지 않았으며 맹세와 화호를 저버렸다. 맹세를 끊겠다는 너의 서신을 짐의 사신 잉굴다이 등이 얻게 되어, 비로소 너희 나라가 진정 전쟁을 일으킬 뜻이 있음을 알게 되었다. 짐은 너의 춘신사·추신사와 여러 상인들을 만나서 "너희 나라가 이처럼 함부로 굴어 짐이 장차 정벌하러 갈 것이니, 돌아가서 너희 왕 이하 서인(庶人)에 이르기까지 말하라."라고 명백하게 유시하여 보냈으니, 속여서 군대를 일으킨 것이 아니다. 또한 네가 맹약을 깨서 분쟁의 발단을 만든 일을 써서 하늘에 고하고 비로소 대군을 일으켰다. 짐이 만약 너와 같이 맹세를 저버렸다면 스스로 하늘의 꾸짖음을 두려워했을 것이다. 네가 오직 맹약을 깨뜨렸기에 하늘이 벌을 내리는 것인데, 너는 어찌 반대로 아무런 상관도 없는 사람처럼 오히려 하늘을 끌어들여 변명하는가?

또 말하기를 "소방(小邦)은 바다의 한 구석에 치우쳐 있어 오직 시서

(詩書)만을 일삼았고 전쟁은 익히지 않았습니다."라고 했다. 이전 기미년(1619)에 너희 나라가 이유 없이 우리를 침범했기에 짐은 너희가 분명히 전쟁을 잘 알아서 감히 침범해 왔다고 여겼다. 지금 다시 분쟁을 일으켰으니 짐은 너희 군대가 반드시 잘 훈련되어 있으리라 여긴다. 누가 전쟁을 익히지 않았다고 여기겠는가? 너는 오직 전쟁을 일으키는 것을 좋아하니, 만일 전쟁이 아직 숙련되지 않았다면 너는 더 훈련해야 할 것이다.

또 말하기를 "임진년의 난리 때 곧 망하게 될 것을 명나라 신종황제가 천하의 군대를 움직여 백성들을 재난에서 구하셨습니다."라고 했다. 무릇 천하는 크고 천하에 나라는 많다. 너의 어려움을 구해 준 것은 명나라 하나뿐이다. 천하 여러 나라의 병사가 모두 왔는가? 명나라와 너희 나라는 망령되이 스스로 높이는 말을 어찌 끝내 그치지 않는가? 지금 힘들게 산성을 지키고 있고 재난이 몸과 목숨에 미치고 있는데도 어찌 부끄러운 줄 모르고 이런 헛소리를 내뱉는가?

또 말하기를 "오직 일시적인 분노를 충족시키려고 병력을 동원하기에 힘써 형제의 의리를 손상시키고 스스로 새로워질 길을 막아 여러 나라의 희망을 끊어 버리는 것은 대국에 있어 장구한 계책이 되지 않을까 두렵습니다. 황제의 고명함이 어찌 여기까지 생각이 미치지 않으시겠습니까."라고 했다. 너는 군대를 훈련하고 성을 수리하며, 형제의 의리를 무너뜨리기 위해 싸움을 일으켰다. 또한 길을 닦고 수레를 만들고 병기를 준비하면서 오직 짐이 명나라를 정벌하기를 기다려 기회를 틈타 몰래 도발하여 공격하고자 하면서, 도리어 우리의 덕을 잊지 않았다고 말한다. 만약 이것이 너 스스로 사람들의 희망을 끊지 않는다고 여기거나, 스스로 고명하다고 여기거나, 스스로 장구한 계책이라 여긴다면 지금부터 살펴보겠다. 짐 역시 그 장구한 계책을 참되다고 여기겠다.

또 말하기를, "황제께서는 두루 영명하고 용감한 지략으로 여러 나라를 평정하고 새롭게 대호(大號)를 세워서 앞에 '관온인성(寬溫仁聖)' 네 글자를 내걸었습니다. 아마도 장차 몸소 천지의 도를 체득하여 패왕(霸王)의 사업을 넓히려는 것입니다."라고 했다. 짐의 내외 여러 왕과 대신들이 이 네 글자를 나에게 바쳤다. 짐은 패왕의 업을 넓히거나 이유 없이 병사를 일으켜 너희 나라를 멸망시키려고 하거나 너의 백성을 해치려는 것이 아니다. 바로 옳고 그름을 판별하러 온 것이다.

천지의 도는 선한 사람에게 복을 주고 악한 사람에게 화를 내리니 절대 오류가 없다. 짐은 또한 천지의 도를 체득하여 항복하는 자는 돌보아 주고, 순응하는 자는 어루만지고, 거스르는 자는 토벌하고, 막는 자는 베고, 항복하지 않는 자는 취하고, 어지럽히는 데 힘쓰는 자는 깨우쳐 알게 하고, 간사하게 속이는 자는 말문이 막히게 한다. 지금 네가 짐과 대적하니 짐이 군사를 일으켜 너를 토벌했다. 만약 너희 나라가 완전히 판도에 들어오면 짐이 어찌 돌보아 주고 보호하고 어린아이처럼 보살피지 않겠는가? 또 네가 함부로 말한 좋은 말들은 끝내 행동과 부합하지 않았다. 안팎으로 전후로 명나라와 왕래하며 주고받은 문서를 우리 병사가 획득해서 보니 우리 병사를 도적이라고 매도했다. 이는 모두 너희 군신이 평소 감히 거만하게 남을 업신여겼으므로 이러한 것이다. 도적이라는 것은 몸을 숨기고 훔쳐가는 것을 말하는데, 우리 병사는 거동할 때 대의에 의하여 행하지 않은 적이 없었으니 일찍이 한번이라도 속이고 바르지 않은 일을 한 적이 있는가? 속담에서 이르는 "호랑이가죽을 쓴 양"이라는 것은 진실로 네가 입을 놀려 남을 매도함을 말한 것이다. 무릇 사람의 행동은 민첩한 것을 귀하게 여기고, 말은 겸손한 것을 귀하게 여기기 때문에 우리나라에서는 행동이 말에 부합하지 않음을 부끄러워한다. 너희 나라는 교활한 속임수로 기만하고 거짓말하는 것을 좋아함이 살가죽과 골수에 새겨져 있는 것처럼 안일하게 부끄러움을 알지 못하므로 망언에 거리낌이 없다. 지금 너희 무리는 살고자 하는가? 빨리 성에서 나와 귀순해야 할 것이다. 싸우고자 하는가? 또한 빨리 나와 일전(一戰)을 벌여야 할 것이다. 양쪽 병사가 싸우면 하늘이 판별할 것이다.」

○ 己未, 朝鮮國王李倧, 遣其閣臣洪某 · 尚書崔某 · 侍郎尤某, 齎書至營請成. 書曰, 伏奉明旨. 勤賜申諭, 其責之切者, 乃爲教之至. 秋霜凜烈中, 寓春生之意. 捧讀惶感, 措身無地. 伏惟大國威德遠加, 諸藩合辭, 共進尊號. 天人所歸, 景命方新. 而小邦以十年兄弟之國, 顧反獲戾於興運之初, 反求諸心, 有噬臍靡及之悔. 今之所願, 但有改心易慮, 一洗舊過, 舉國承命, 得比諸藩而已. 誠蒙曲察危悃, 許以自新, 則奏書禮儀, 自有常式, 講而行之, 其在今日. 至於出城之命, 實仁覆至意. 然重圍未解, 帝怒方盛, 恐嬰城亦死, 出城亦死. 是以瞻望龍旌, 引分自決, 情亦慼矣. 古人有城上拜天子者, 蓋以禮不可廢, 而堅城不出, 實以兵威大可懼也. 小邦之願, 惟欲不棄先命, 則是辭窮也, 是知警也, 是傾心歸命也. 皇帝方以天地生物爲心, 則小邦豈不當與於全活優養之中. 伏惟帝德如天, 必垂矜恕, 敢吐實情, 恭候恩旨.

○ 기미일(1.19), 조선국왕 이종(李倧)은 각신(閣臣) 홍(洪) 아무개 · 상서(尚書) 최(崔) 아무개 · 시랑(侍郎) 우(尤) 아무개를 파견하여 서신을 가지고 군영에 가서 화친을 청하게 했다.[9] 서신에서 말했다.

「삼가 명지(明旨)를 받듭니다. 유지를 내리시어 간절히 책망하신 것은 지극하게 가르쳐 주신 것으로서 추상과 같이 엄한 말 속에 만물을 소생시키는 봄의 기운이 같이 들어 있었습니다. 받들어 읽으니 황

---

9 이 때 조선 측에서 파견한 자는 李弘冑 · 崔鳴吉 · 尹暉였다. 그간 여러 차례 파견되었던 洪瑞鳳은 병을 핑계로 사양하고 가지 않았다. 『조선인조실록』 권34, 인조 15년 1월 19일.

송하고 감격하여 몸 둘 바를 모르겠습니다. 삼가 생각건대 대국의 위엄과 덕망이 멀리 미쳐 여러 번국이 함께 존호를 지어서 바쳤습니다. 천명과 인심이 귀의했으니 대명(大命)을 새로이 할 때입니다. 소방(小邦)은 10년 동안 형제의 나라였는데, 도리어 운세가 일어나는 초기에 죄를 얻었으니 마음에 돌이켜 생각해 볼 때 후회해도 소용없는 결과가 되고 말았습니다. 지금 원하는 것은 단지 마음을 고치고 생각을 바꾸어 모든 옛 과오를 씻고 온 나라가 명을 받들어 여러 번국들과 대등하게 되는 것뿐입니다. 진실로 위태로운 심정을 굽어 살피시어 스스로 새로워지도록 허락해 주시면, 문서(文書)와 예절(禮節)은 본디 정해진 격식이 있으니 강구하여 시행하는 것이 오늘에 있다고 하겠습니다.

성에서 나오라는 명령은 실로 인자하게 덮어 주시는 뜻일 것입니다. 그러나 두텁게 포위한 것이 풀리지 않았으며 황제의 노여움이 심하여 성에 있으나 성을 나가거나 죽을까 봐 두렵습니다. 그래서 용(龍) 깃발을 바라보며 자결하려 하니 심정이 또한 서럽습니다. 옛날 사람이 성 위에서 천자에게 절한 경우가 있는데 대체로 예절을 폐할 수 없었기 때문이며 견고한 성을 나갈 수 없었던 것은 실로 군사의 위엄이 커서 두려웠기 때문입니다. 소방의 소원은 오직 이전의 명(命)을 버리지 않는 것인데, 이는 변명이 궁하게 된 것이고 경계할 줄 알게 된 것이고 마음을 기울여 귀순하려는 것입니다. 황제께서 만물을 살리는 천지의 마음을 가지고 계시면 소방이 어찌 온전하게 살리고 관대하게 키우는 대상에 포함되지 않을 수 있겠습니까. 삼가 생각건대 황제의 덕은 하늘과 같아 반드시 가엾게 여겨 용서하실 것이니, 감히 마음을 토로하며 공손히 은혜로운 유지를 기다리겠습니다.」

○ 庚申, 遣英俄爾岱·馬福塔, 齎敕往諭朝鮮國王李倧曰, 爾違天背盟, 自取罪戾. 是以朕統師來征, 意在不赦. 今爾困守孤城, 見朕屢詔切責, 方知悔罪, 再三上書求免. 朕開宏度, 許爾親盟. 非力不能攻取, 勢不能久圍, 而招汝來歸也. 此城攻固可得, 即因爾芻糧, 駐軍秣馬, 令爾自困, 亦可以得. 似此蕞爾小城, 且不能取, 將何以下幽燕哉. 命爾出城見朕者, 一則見爾誠心悅服, 一則欲加恩於爾令永主爾國, 旋師以後, 示仁信於天下耳. 若以計誘爾, 何以示信天下. 朕方承天眷, 撫定四方, 正欲赦爾前愆, 以風示南朝. 若以詭計取爾, 天下之大, 能盡譎詐取之乎. 是絶人歸順之路矣. 爾若猶豫不出, 則地方蹂躪, 芻糧罄竭, 生民瀕於死亡, 禍變日增, 誠不容刻緩者也. 爾首謀敗盟之臣, 朕原欲盡誅方已. 今爾果出城歸命, 可先縛送首謀三四臣. 當正國法, 以儆後人. 蓋陷爾擧國阽危, 誤朕西征大計, 咸此人之罪也. 若不縛送首謀, 俟爾歸順之後, 始行索取, 朕不爲也. 爾若不出, 縱諄諄祈請, 朕不聽矣.

○ 경신일(1.20), 잉굴다이 · 마푸타를 보내 칙서를 가지고 조선국왕 이종(李倧)에게 유시했다. 「너는 하늘을 어기고 맹약을 저버려 스스로 죄를 얻었다. 이로써 짐은 군대를 이끌고 정벌하러 왔으니 뜻이 용서하는 데 있지 않았다. 지금 너는 외로운 성을 괴롭게 지키면서 짐이 크게 책망한 조서를 보고 바야흐로 지은 죄를 뉘우칠 줄 알아 여러 번 글을 올려 용서를 구하니, 짐은 넓은 도량을 베풀어 네가 직접 맹약하는 것을 허락하고자 한다. 힘으로 공격해 취할 수 없거나 형세가 오래 포위할 수 없어서가 아니라, 너를 불러서 귀순하게 하는 것이다. 이 성은 공격하면 반드시 얻을 수 있다. 너의 꼴과 식량을 주둔하는 군사와 말이 다 먹어서 스스로 곤궁해지면 함락시킬 수 있다. 이처럼 하찮은 너의 작은 성을 취할 수 없다면 장차 어떻게 유연(幽燕)[10]을 함락

10 유연(幽燕)은 북경 일대, 즉 명나라를 가리킨다.

시키겠는가?

너에게 성을 나와 짐과 대면하기를 명하는 것은, 하나는 네가 진심으로 기꺼이 복종하는지 보려 함이며, 또 하나는 너에게 은혜를 베풀어 영원히 너희 나라의 군주로 삼아서 군사를 돌린 이후에도 천하에 인자함과 신의를 보이려 함이다. 만약 꾀로 너를 속인다면 어찌 천하에 신의를 보이겠는가? 짐은 바야흐로 하늘의 도움을 받아 사방을 평정하고 있으니, 바로 너의 지난날의 잘못을 용서하여 남조(南朝)에 본보기를 보이고자 한다. 만약 간사하게 속이는 계책으로 너를 취한다고 하더라도 큰 천하를 어떻게 모두 속여서 취할 수 있겠는가. 이는 사람이 귀순하는 길을 끊는 것이다. 네가 만약 날짜를 미루고 나오지 않으면 지방이 유린되고 꼴과 식량이 모두 떨어져 백성이 죽을 지경이 되고 극심한 재난이 날마다 더해질 것이니, 진실로 잠시도 늦출 수 없다.

맹약을 깨자는 모의를 주도한 신하를 짐은 본래 모두 주살한 후 멈추려고 했다. 지금 네가 정말로 성에서 나와 귀순하려거든 먼저 앞장서서 모의한 신하 3-4명을 묶어서 보내라. 국법으로 바로잡아서 훗날의 사람들에게 경계하겠다. 네가 온 나라를 위태로움에 빠지게 하고, 짐이 서쪽으로 정벌하려는 큰 계획을 어긋나게 한 것은 모두 이들의 죄이다. 만약 앞장서서 모의한 자를 미리 포박해서 보내지 않으면 네가 귀순한 뒤에야 찾아내는 것을 짐은 허락하지 않겠다. 네가 만약 나오지 않으면 아무리 간절하게 빌고 청하더라도 짐은 들어주지 않겠다.」

○ 是日, 朝鮮國王李倧稱臣以奏書. 至書曰, 朝鮮國王臣李倧, 謹上書於大淸國寬溫仁聖皇帝陛下. 臣獲罪於天, 坐困孤城, 自分朝夕就亡, 細思從前罪戾, 無以自贖. 雖迫於私情, 屢上書以求自新, 而實不敢必於赫怒之天. 玆奉恩旨, 盡釋前愆, 弛秋霜之嚴威, 布陽春之惠澤, 將使東方數千里生民得脫於水火, 豈但延一城性命而已哉. 君臣父子感激流涕, 不知所報. 前承出城之命, 實多疑畏, 適當天怒未收之日, 不敢盡陳所懷. 今蒙開示, 悃愊引諭, 丁寧眞古人所謂, 推赤心, 置人腹中者也. 臣自事大國以來, 十有餘年, 服陛下之信義久矣. 往時言行, 無不相符. 況絲綸之命, 信如四時乎. 臣不復以此爲慮. 抑臣有迫切之私, 請爲陛下布之. 東方風俗迫隘, 禮節瑣陋. 見其君上動止, 稍異常度, 則駭目相視, 以爲怪事. 若不因俗爲治, 終無以立國. 自丁卯來, 朝臣果多異同之論, 臣是以務爲鎭定, 不敢遽爲呵責者, 蓋慮此也. 至於今日, 滿城百官士庶, 同見事勢危迫, 歸命之議, 同然一辭, 而獨於出城一節, 皆謂我國從來未有之事, 以死自期, 不欲其出. 若大國督之不已, 恐他日所得, 不過積屍空城而已. 今此城中人, 皆知旦夕且死, 所言尙如此, 況其他者乎. 自古亡國之禍, 不專在於敵兵. 雖使蒙陛下恩德, 復得主國, 而以今日人情觀之, 身一出城, 必不欲戴以爲君, 此臣之所爲大懼也. 陛下之所以許歸命者, 亦欲保全小邦宗社, 若因此一事, 不爲國人所容, 終至於滅亡, 或非陛下憐恤之本心也. 且陛下以雷霆之師, 深入千里, 未及兩月, 臣其國而撫其民, 此天下之奇功, 前代所未有也. 豈必待臣出城, 然後謂之克此城乎. 無損於陛下之威武, 而有關於小邦之存亡者, 在此一擧, 況大國於此城, 非不能攻也. 第攻城所以討有罪耳. 今旣臣服, 何用城爲. 伏惟陛下睿智出天明照萬物, 其於小邦眞情實狀, 必洞燭無餘矣. 至敗盟一事, 小邦例有臺諫, 諸官職分諍論, 向日所爲, 誠極謬妄, 使小邦生民, 塗炭至此, 無非此輩之罪. 故昨年秋, 已摘其浮論誤事者, 悉加斥黜矣. 今承皇命曷敢違越, 但念此輩, 見識褊淺, 不知天命所歸, 意欲膠守故常而然也. 今陛下方以君臣大義, 風勸一世, 若此輩者, 似宜在矜恕中矣. 伏惟陛下大度如天, 旣赦國君之罪, 此蟣虱小臣，直付之小邦刑政之中，益見寬大之德．故並陳愚見，以俟陛下裁處．臣旣蒙陛下霽威布信，不覺誠心親附，畢其所懷縷縷至此．煩瀆之誅，誠無所逃，謹昧死以聞．

○ 이날 조선국왕 이종(李倧)이 신하라 칭하며 서신을 올렸다. 보내온 서신에서 말했다. 「조선국왕 신(臣) 이종(李倧)은 삼가 대청국 관온인성황제 폐하에게 글을 올립니다. 신(臣)이 하늘에 죄를 얻어 고립된 성에서 괴롭게 있으면서 곧 망하게 되리라는 것을 스스로 알고, 종전의 죄를 자세히 생각하니 스스로 속죄할 길이 없습니다. 비록 사사로운 사정이 절박하여 여러 번 서신을 올려 스스로 새롭게 되는 길을 찾았지만 실제로 감히 크게 노여워하는 하늘에 반드시 용서받으리라 생각하지 못했습니다. 지금 은혜로운 유지를 받드니 이전의 허물을 모두 용서하여 추상(秋霜)같은 위엄을 늦추고 따뜻한 봄 같은 혜택을 베풀어, 동방 수천 리(里)의 백성들을 수화(水火)에서 벗어나게 하셨으니, 어찌 한 성(城)의 목숨만 연장되는 것이겠습니까. 군신 부자가 감격하여 눈물을 흘리며 어떻게 보답해야 할지 모르겠습니다.

전에 성에서 나오라는 명령을 받들고 실로 의심과 두려움이 많았는데, 하늘의 노여움이 아직 걷히지 않은 때였으므로 감히 마음에 품은 생각을 모두 진달하지 못했습니다. 이제 진실을 숨김없이 알리고 간곡하게 인도하시는 유시를 받드니, 이는 참으로 옛사람이 "다른 사람을 진심으로 대한다."[11]라고 말한 것입니다. 신(臣)이 대국을 섬긴 지 10여 년 동안 폐하의 신의에 복종한 지 오래되었고, 지난날의 언행도

11 원문의 "推赤心，置人腹中"는 "자신의 진심을 밀어붙여 다른 이의 뱃속에 넣는다" 즉 "다른 사람을 진심으로 대한다"는 의미이다. 출전은 『後漢書・光武帝本紀』에서 후한의 광무제 유수가 사람을 대하는 방식을 서술한 부분이다.

서로 부합하지 않은 것이 없었는데, 하물며 폐하의 명은 사계절의 이치와 같이 믿어야 하지 않겠습니까. 신은 다시 이것을 염려하지는 않습니다.

다만 신에게 절박한 사정이 있어 폐하에게 호소하려 합니다. 동방의 풍속은 박하고 곤궁하여 예절이 번쇄하고 보잘것없습니다. 그 임금의 행동이 상도(常度)와 조금이라도 다른 것을 보면 놀란 눈으로 서로를 보며 괴이한 일로 여깁니다. 만약 이런 풍속을 따라서 다스리지 않으면 끝내 나라를 세울 수 없게 됩니다. 정묘년 이래로 조정의 신하들 사이에 다른 논의가 많았으나, 신(臣)이 힘써 진정시키고 갑자기 꾸짖지 않았던 것은 모두 이것을 염려했기 때문입니다. 오늘에 이르러 온 성의 백관과 백성들이 모두 급박한 사세를 목도하고 귀순하자는 의논에 대해서는 같은 말로 동의하고 있지만, 오직 성에서 나가는 한 조목에 대해서는 모두 우리나라 이래로 없는 일이라고 하며 죽는 것으로 스스로 결정하고 나가지 않으려 합니다. 만약 대국이 독촉하기를 그만두지 않으면 훗날 얻는 것은 쌓은 시체와 빈 성에 불과하게 될 것입니다. 지금 이 성의 사람들이 모두 조만간 죽을 것을 알면서도 이처럼 말하는데 하물며 다른 경우이겠습니까.

예로부터 국가가 망한 이유가 오로지 적병 때문만은 아니었습니다. 비록 폐하의 은덕을 입어 다시 나라의 주인이 되더라도, 지금 인심을 보니 제가 한번 성을 나가면 반드시 임금으로 받들지 않을 것이니, 이것이 신(臣)이 크게 두렵게 여기는 바입니다. 폐하께서 귀순을 허락해 주신 것은 또한 소방(小邦)의 종사를 보전시키려 함인데, 만약 이 일 때문에 나라 사람들에게 용서받지 못한 채 마침내 멸망하고 만다면, 이는 폐하가 감싸 주고 불쌍히 여기는 본뜻이 아닐 것입니다.

또한 폐하가 천둥 번개 같은 군대로 천 리나 깊이 들어와 두 달도 되지 않았는데 그 나라를 신하로 삼고 그 백성을 어루만지니, 이는 천하의 특별한 공이고 전대(前代)에 없었던 일입니다. 어찌 신(臣)이 꼭 성에서 나오기를 기다린 뒤에야 이 성을 함락했다고 하시겠습니까? 폐하의 위무(威武)에 손상이 없고, 소방(小邦)의 존망이 이 한 행동에 달려 있습니다. 하물며 대국이 이 성을 공략하지 못하는 것도 아닙니다. 다만 성을 공격한 것은 죄가 있어 정벌하려는 것뿐이었습니다. 지금 이미 신하로 복종했으니 성이 무슨 필요가 있겠습니까. 삼가 생각건대, 폐하는 하늘이 내리신 예지(叡智)로 만물을 밝게 살피시니, 소방(小邦)의 진정과 실상에 대하여 반드시 남김없이 환하게 아실 것입니다.

맹약을 깨뜨린 일에 대해서는, 소방(小邦)에는 대간(臺諫)이라는 법식이 있어 쟁론하는 직무를 주관하고 있습니다. 대간의 지난날 행동이 실로 그릇되고 지극히 망령되었으니, 소방의 백성을 도탄에 빠뜨린 것은 이 무리들의 죄가 아닌 것이 없습니다. 그래서 지난해 가을에 이미 근거 없는 논의로 일을 그르친 자를 적발하여 모두 내쫓았습니다. 지금 황제의 명을 받들었으니 어찌 감히 어기겠습니까마는, 다만 이 무리를 생각해 보면 식견이 좁고 미숙하여 천명이 있는 곳을 모르고 옛 법도를 융통성 없이 지키고자 했기에 이렇게 된 것입니다. 이제 폐하께서 바야흐로 군신의 대의로 한 세대를 감화시킨다면, 이러한 무리도 마땅히 불쌍히 여겨 용서하는 가운데에 포함시켜야 될 듯 합니다.

삼가 생각건대 폐하께서 하늘과 같은 도량으로 이미 국군(國君)의 죄를 용서하셨으니, 이 보잘것없는 비천한 소신(小臣)들을 곧바로 소방의 형정(刑政)으로 다스리도록 맡겨 주시면 더욱 너그럽고 큰 덕을 보이실 수 있을 것이기에, 아울러 어리석은 의견을 진달하며 폐하의 결재를 기다립니다. 신은 일찍이 폐하께서 노여움을 푸시고 믿음을 베푼 것을 입었음에도, 성심(誠心)으로 가까이 따라야 함을 깨닫지 못하고 끝내 그 회한이 누누이 겹쳐 여기에 이르렀습니다. 번거롭게 한 죽을죄는 실로 도망칠 데가 없으니 삼가 죽음을 무릅쓰고 아룁니다.」

○ 壬戌, 往取江華島和碩睿親王多爾衮, 遣納敏·代音楚·興格內來奏云, 我軍至島, 朝鮮有兵船四十餘, 於渡口迎戰, 我軍用紅衣礮攻擊, 敵不能當, 東西逃散. 黎明, 我軍乘船進攻, 入江華島, 殺鳥鎗手百人, 又擊殺伏兵千餘.

○ 임술일(1.22), 강화도에 가서 점령한 호쇼이 예친왕 도르곤이 나민(namin, 納敏)·다인추(daincu, 代音楚)·힝거너(hinggene, 興格內)를 보내 와서 상주하여 말했다.「우리 군은 섬에 이르러 나루터에서 조선 병선 40여 척과 맞서 싸웠는데 우리 군대가 홍의포를 사용하여 공격하니, 적은 당해 내지 못하고 동서(東西)로 흩어져 도망갔습니다. 날이 밝자 우리 군은 배를 타고 공격하여 강화도에 들어가 조총수 100명을 죽였고 또한 복병 1,000여 명을 공격하여 죽였습니다.」

○ 癸亥, 遣外藩科爾沁·扎魯特·敖漢·奈曼諸部落兵, 出咸鏡道, 往征瓦爾喀地方, 命蒙古衙門承政尼堪·甲喇章京季思哈·牛彔章京葉克書, 率每旗甲士十人, 導之以行.

○ 계해일(1.23), 외번 코르친·자루트·아오한·나이만 여러 부락 병사를 보내 함경도로 가서 와르카 지방을 정벌하게 했다. 몽고아문 승정 니칸·잘란장긴 기스하·니루장긴 역슈에게 명하여 각 기의 갑사(甲士) 10명씩을 이끌고 가게 했다.

○ 是日, 和碩睿親王多爾衮, 自江華島遣法楚渾·必楊古·穆成格·善都喀, 以圍江華島城來奏. 既而復遣布賴·雅布蘭, 奏稱江華島城已降. 島內獲朝鮮王妃一・王子二・閣臣一・侍郞一, 其城內財物, 及羣臣妻子・家口, 俟察明再奏.

○ 이날 호쇼이 예친왕 도르곤이 강화도로부터 파견한 파추훈(facuhūn, 法楚渾)・비양구(biyanggū, 必楊古)・무청거(mucengge, 穆成格)・샨두카(šanduka, 善都喀)가 강화도 성을 포위한 일로 와서 상주했다. 이어서 다시 불라이(bulai, 布賴)와 야불란(yaburan, 雅布蘭)이 상주했다. 「강화도 성은 이미 함락되었습니다. 섬 안에서 조선왕비 1명・왕자 2명・각신(閣臣) 1명・시랑(侍郞) 1명을 사로잡았습니다. 성 안의 재물과 신하들의 처자・가구는 분명하게 조사해서 다시 아뢰겠습니다.」

○ 甲子, 敕諭朝鮮國王李倧曰, 大淸國寬溫仁聖皇帝諭朝鮮國王李倧. 朕進兵時, 曾命大臣馬福塔等, 至爾國諭王. 王若引罪自責, 可居城中, 第令世子・羣臣來迎, 請罪而已, 大軍亦不深入. 爾不聽命, 遁入南漢山城, 此大失也. 本月十六日, 又遣大臣英俄爾岱・馬福塔等諭, 出城歸命, 一切勿論, 不來. 朕必命一王, 分兵造船, 於十八日起行, 攻取江華島城矣. 然猶以爾爲必來, 故十八日暫停攻江華島城之師, 爾又違命不來, 朕始有速攻江華島城之命. 本月十九日, 我軍用車輪駕所造小船八十, 陸地曳行, 二十二日, 至江華島渡口, 乘船渡江. 爾兵用大船三十餘, 分兩路拒戰, 爲我紅衣將軍礮所擊, 爾船兵俱各逃潰. 我軍登岸時, 爾江華島, 又有鳥鎗手將及千人, 距岸迎敵, 亦爲我軍所敗. 我軍旣入島城, 卽令人守視城門, 護爾家室, 凡物一無所擾. 爾二子來見, 朕弟和碩睿親王, 卽令同處, 又命爾閣臣及一侍郞, 善護爾妃家室, 勿令紛擾, 羣臣亦各保聚其妻子宗族. 據先奏者所云如此, 俟江華島人來後再報. 王若早聽朕言, 豈至於此. 今朕之成命, 已明示於二十日詔內矣. 即攻戰所得, 朕猶矜憫寬恤. 令爾家屬完聚, 玆特諭爾聞知. 爾不速遵二十日之詔而前來, 是自棄其家屬也. 朕豈能常令人護守乎.

○ 갑자일(1.24), 조선국왕 이종(李倧)에게 칙유(敕諭)하여 말했다. 「대청국 관온인성황제가 조선국왕 이종에게 유시한다. 짐이 진군할 때, 일찍이 대신(大臣) 마푸타 등에게 명하여 너희 나라로 가서 왕에게 유시하라고 했다. "왕이 만약 죄를 받아들이고 잘못을 반성하며 성에 머물고, 다음으로 세자와 신하들에게 명하여 와서 맞이하게 하고 죄를 청한다면 그걸로 마무리 짓고 대군 또한 깊게 들어가지 않을 것이다." 너는 명령을 듣지 않고 남한산성으로 달아났으니, 이는 큰 잘못이다.

이달 16일에 또 대신 잉굴다이·마푸타 등을 보내어 유시하여 성에서 나와 귀순하라고 했으나 전혀 논하지 않고 오지도 않았다. 짐은 분명히 한 명의 왕에게 명하여 병사를 나누어 배를 만들고 18일에 출발해 강화도 성을 공격하라고 했다. 그런데 네가 반드시 온다고 했기 때문에 18일 강화도 성의 군사를 공격하는 것을 잠깐 중단했다. 그러나 너는 다시 명령을 어기고 오지 않았기에 짐은 비로소 강화도 성을 속히 공격하라고 명령했다. 이달 19일에 우리 군대는 수레를 이용하여 건조한 작은 배 80척을 싣고 육지로 끌고 가서, 22일에 강화도 나루터에 이르러 배에 올라타 강을 건넜다. 너희 병사는 큰 배 30여 척을 이용하여 두 길로 나누어 항전했다. 우리가 홍의장군포로 공격하니 너희 배와 병사는 모두 각각 패하여 도망갔다. 우리 군대가 육지에 올라갈 때 너희 강화도에 또 조총수 1,000명이 도착해서 해안을 가로막고 대적했지만 다시 우리 군에게 격퇴당했다. 우리 군대는 섬의 성에 들어가 사람을 시켜 성문을 지키고 너의 가실(家室)을 보호하고 모든 물건을 하나도 어지럽히지 않았다. 너의 두 왕자가 보러 오자 짐의 동생 호쇼이 예친왕(睿親王)이 곧 함께 있으라고 명했고, 또한 너의 각신(閣臣)과 시랑 1명에게 너희 왕비와 가실을 잘 보호하며 분쟁을 일으키지 말고, 신하들 또한 각기 그 처자와 종족을 모아 보호하라고 명했다. 먼저 올린 주본에서 말한 것이 이와 같고, 강화도에서 사람이 와서 다시 보고하기를 기다리고 있다.

왕이 만약 처음부터 짐의 말을 들었더라면 어찌 여기까지 이르렀겠는가. 지금 짐의 명령은 일찍이 20일의 조서에서 밝힌 바이다. 곧 공격해서 얻은 이들도 짐이 오히려 가엾게 여겨 관대히 용서하고 너의 가속을 모두 모이라 명하였다. 이에 너에게 특별히 유시하여 듣고 깨닫게 한다. 네가 20일의 조서를 따라서 빨리 나오지 않는 것은 스스로 가속을 버리는 것이다. 짐이 어찌 항상 사람을 시켜 보호해 지키겠는가.」

○ 是日, 朝鮮國王李倧, 以書來奏曰, 朝鮮國王臣李倧謹上書於大淸國寬溫仁聖皇帝陛下. 臣罄竭衷悃, 冒陳一書, 誠意淺薄, 未蒙頷可, 慚惶悸恐, 若無所容. 仍念君臣之名, 非可以苟立, 但爲宗社計, 不容不請, 雖蒙嚴譴, 臣敢避乎. 伏惟陛下垂察焉. 小邦以海外弱國, 與中土絕遠. 惟強且大者, 是臣是服從, 前之於遼金元是也. 今陛下受天眷佑, 丕開鴻運, 而小邦壤地相接, 服事已久, 固宜首先歸順爲諸國倡, 而所以遲迴至今者, 第以世事明朝名分素定, 其不欲遽變臣節, 亦出於情之當然. 惟是昏謬無狀, 事多妄作. 自上年春後大國之所以待小邦者, 情意靡替, 而小邦之所以獲過大國者, 種種非一, 大軍之加, 實所自取. 君臣上下, 惴惴度日, 惟待死亡, 不圖聖德如天, 俯賜矜憫, 思所以保全宗社.

本月十七日, 上旨有曰, 若爾國盡入版圖, 朕有不生養安全, 字若赤子者乎. 二十日上旨有曰, 朕開弘度, 許以自新. 恩綸一布, 萬物皆春, 眞所謂生死而肉骨者也. 東方之人子子孫孫, 皆將頌陛下之功德, 況臣躬被再造之賜者乎. 今之所以稱臣奉表, 願爲藩邦世事大國者, 亦出於人情天理之不容已. 此臣所謂君臣之名, 非可以苟立者也. 臣既委躬陛下, 則其於陛下之命, 固當奔走承命之不暇, 至於未敢出城之由, 則臣之情勢, 誠有如前所陳, 止此一款, 臣有死而已. 傳曰, 人之所欲, 天必從之. 陛下即臣之天也. 豈有不曲賜鑒納者乎. 且陛下既以貸罪許臣, 臣既以臣禮事陛下, 則出城與否, 特其小節耳. 寧有許其大者, 而不許其小者乎.

故臣之所望, 欲待天兵退舍之日, 親拜恩敕於城中, 而設壇望拜, 以送乘輿, 即遣大臣充謝恩使, 以表小邦誠心感悅之情. 自玆以往, 事大之禮, 悉照常式, 永世不絕. 臣方以誠信事陛下, 陛下亦以禮義待小邦, 君臣之間, 各盡其道, 貽福生民, 見稱後世, 則今日小邦之被兵, 實爲子孫無疆之休慶矣. 敗和諸臣事, 前書亦已畧陳, 大抵此輩, 敢爲妄言, 壞兩國大計, 此非但陛下之所惡, 實小邦君臣之所共憤也. 鈇鉞之誅, 有何顧惜, 但上年春間, 首倡臺諫洪翼漢, 當大軍到境時, 斥爲平壤庶尹, 令渠自當兵鋒. 若不爲軍前俘獲, 則必在本土, 班師之路, 不難縛. 致其他被斥在外者, 道路不通, 未易尋其處所, 此則理勢然也. 以陛下之大度仁恕, 想能包容而寬宥之. 必欲窮究, 請於師還之後, 查得其人, 以待處分. 謹冒死以聞.

○ 이날 조선국왕 이종(李倧)이 서신을 보내와 아뢰었다. 「조선국왕 신(臣) 이종(李倧)이 대청국 관온인성황제 폐하께 삼가 글을 올립니다. 신은 충심(衷心)을 다하여 감히 한 통의 글을 올려 말씀드렸는데 성의가 부족하여 아직 허락을 받지 못했으니 부끄럽고 두려워 몸 둘

바를 모르겠습니다. 또한 생각건대 군신(君臣)의 명분을 함부로 세울 수 없습니다. 그러나 종묘사직을 생각하면 청하지 않을 수 없으니 비록 엄한 질책을 받는다 하더라도 신이 감히 피할 수 있겠습니까. 엎드려 바라건대 폐하께서 살펴 주십시오.

소방(小邦)은 해외의 약소국으로 중토(中土)와 멀리 떨어져 있습니다. 오직 강대한 나라에 신하로서 복종했으니, 이전에 요 · 금 · 원 나라에게 그러했습니다. 지금 폐하께서 하늘의 보살핌을 받아 큰 운을 여시었고, 소방은 땅이 서로 접하여 복종하며 섬긴 지 이미 오래되었습니다. 따라서 가장 먼저 귀순하여 여러 나라를 인도했어야 했는데 지금까지 머뭇거린 것은 다만 대대로 명조를 섬겨 명분이 본래 정해져 있기 때문입니다. 갑자기 신하의 절개를 바꾸지 않으려 한 것도 인정상 당연한 본분에서 나온 것입니다.

다만 혼미하고 불초하여 일을 망령되이 처리한 경우가 많았습니다. 작년 봄부터 대국은 소방을 대함에 정의(情意)가 변함이 없었는데 소방이 대국에 죄를 얻은 것은 한두 번이 아니었으니 대군(大軍)이 온 것은 실로 자초한 것입니다. 군신 상하가 두려움에 떨며 날을 보내고 오직 죽기만을 기다리고 있었는데 뜻밖에도 하늘과 같은 성덕(聖德)으로 불쌍히 여기고 굽어 살펴 주시어 종사(宗社)를 보전하도록 배려해 주셨습니다.

이달 17일에 상(上)께서 유시하기를 "만일 그대 나라가 모두 나의 판도에 들어온다면 짐이 살려 길러 주고 안전하게 해 주기를 어린아이처럼 하지 않겠는가."라고 하셨고, 20일에 유시하기를 "짐이 넓은 아량을 베풀어 스스로 새롭게 하기를 허락한다."라고 하셨습니다. 이렇듯 은혜로운 말씀을 한번 펼치어 만물이 모두 봄을 만났으니, 실로 죽은 자를 살아나게 하고 뼈에 살이 돋아난 것과 같습니다. 동방의 백성들이 자손 대대로 모두 폐하의 공덕을 칭송할 것인데, 하물며 신은 몸소 재조(再造)의 은혜를 입은 자 아니겠습니까. 지금 신하를 칭하며 표문(表文)을 올리고 번방(藩邦)이 되어 대대로 대국(大國)을 섬기고 싶어 하는 것 역시 인정(人情)과 천리(天理)에서 나온 것이라 하겠습니다. 이는 신이 군신(君臣)의 명분을 함부로 세울 수 없다고 하는 이유입니다.

신이 이미 몸을 폐하께 맡겼으니 폐하의 명을 진실로 분주하게 받드느라 겨를이 없어야 하는데, 아직 감히 성에서 나가지 못하는 이유는 신의 상황이 실로 이전에 말씀드린 바와 같기 때문이니, 오직 이 한 조목에 있어서만은 신에게 죽음이 있을 뿐입니다. 전(傳)에 이르기를 '사람이 하고 싶어 하는 일을 하늘은 반드시 따라 준다.'라고 했습니다. 폐하는 곧 신(臣)에게 하늘입니다. 어찌 굽어 살펴 받아들여 주시지 않겠습니까. 또한 폐하께서는 이미 죄를 용서하여 신하 되는 것을 허락하셨고, 신은 이미 신하의 예로 폐하를 섬기게 되었으니, 성을 나가느냐 여부는 사소한 일에 불과합니다. 어찌 큰 것을 허락하면서 작은 것을 허락하지 않으실 리 있겠습니까.

그러므로 신이 바라는 바는 천병(天兵)이 철수하는 날을 기다려 성 안에서 직접 은혜로운 조칙에 절을 하고 단(壇)을 설치하여 멀리서 절하면서 황제를 전송하고, 즉시 대신(大臣)을 사은사(謝恩使)로 파견해서 소방(小邦)의 성심으로 감동하고 기뻐하는 심정을 보이는 것입니다. 앞으로 사대(事大)하는 예를 상식(常式)에 따라 영원히 끊지 않겠습니다. 신이 바야흐로 성심껏 폐하를 섬기고 폐하께서도 예의로 소방을 대하시어 군신 사이에 각기 그 도리를 다함으로써 백성에게 복을 내리고 후세의 칭송을 받게 된다면, 오늘날 소방이 병화(兵禍)를 입은 것은 실로 자손들에게 한없이 아름다운 경사가 될 것입니다.

화친을 배척한 신하들에 대해서는 지난번 글에서 대략 아뢰었습니다. 대저 이 무리들이 감히 그릇되고 망령된 말을 하여 양국의 대계(大計)를 무너뜨렸으니, 이는 비단 폐하만 미워하는 것이 아니라 실로 소방의 군신(君臣)도 공분하는 바입니다. 그들을 주살하는 것을 어찌 조금이라도 돌아보고 안타까워하겠습니까. 다만 지난해 봄에 앞장서서 주장한 대간(臺諫) 홍익한(洪翼漢)은 대군(大軍)이 우리 변경에 이르렀을 때 내쳐져 평양서윤(平壤庶尹)이 되었고 그로 하여금 군대의 예봉을 스스로 감당하게 했습니다. 만약 군사들 앞에 사로잡히지 않았다면 틀림없이 본토(本土)에 있을 것이니 회군하는 길에 그를 체포하기 어렵지 않을 것입니다. 그 밖에 내쳐져 지방에 있는 자들은 도로가 통하지 않아 아직 그 처소를 찾기 쉽지 않으니 이는 이치상 형세가 그러한 것입니다. 폐하의 큰 도량과 인자하심으로 능히 포용하고 너그럽게 용서해 주시리라 생각합니다. 반드시 찾아내라고 하시면 청컨대 군대가 돌아간 후에 그 사람들을 조사하여 처분을 기다리겠습니다. 삼가 죽음을 무릅쓰고 아룁니다.」

○ 乙丑, 和碩睿親王多爾袞自江華島遣羅碩·胡球, 來奏云, 所獲江華島城內緞疋·小珠·東珠·金銀·玉·珊瑚·貂皮·猞狸猻皮等物甚多.

○ 을축일(1.25), 호쇼이 예친왕(睿親王) 도르곤이 강화도에서 로쇼·후키오를 보내와 상주했다. 「획득한 강화도 성 안에 비단·작은 진주와 동주(東珠)·금은·옥·산호·담비가죽·스라소니 가죽 등의 물품이 매우 많습니다.」

○ 丁卯, 朝鮮國王李倧, 又以書來奏曰, 臣於本月二十日, 欽奉聖旨有曰, 今爾困守孤城, 見朕屢詔切責, 方知悔罪, 朕開弘度, 許爾親盟. 令爾出城, 見朕者, 一則見爾誠心悅服, 一則欲加恩於爾, 令永主爾國, 旋師以後, 示仁信於天下耳. 朕方承天眷, 撫定四方, 正欲赦爾前愆, 以風示南朝. 若以詭計取爾, 天下之大, 能盡譎詐取之乎. 是絕人歸順之路矣. 臣自承聖旨, 仰感天地覆育之大德, 歸附之心, 益切於中, 而循省臣躬, 罪積邱山, 非不知陛下恩信明著, 絲綸之降, 皇天是臨, 而猶懷惶怖, 累日徘徊, 坐積逋慢之誅. 今聞陛下旋駕有日, 若不早自趨, 詣仰覲龍光, 則微誠莫伸, 追悔何及. 第臣方將以三百年宗社, 數千里生民, 仰托於陛下, 情理誠爲可矜. 倘或事有參差, 不如引劒自裁之爲愈. 伏願聖慈俯鑒血忱, 明降詔旨, 以開臣安心歸命之路. 謹冒死以聞.

○ 정묘일(1.27), 조선국왕 이종(李倧)이 다시 서신을 보내와 아뢰었다. 「신(臣)이 이달 20일에 삼가 받든 성지(聖旨)에 이르기를, “지금 그대가 외로운 성을 고달프게 지키며 짐으로부터 누차 조서를 통해 엄히 질책을 받아 바야흐로 죄를 뉘우칠 줄 알게 되었으니, 짐이 넓은 아량을 베풀어 그대가 직접 맹세하는 것을 허락한다. 그대에게 성에서 나와 짐을 대면하게 하는 것은 한편으로는 그대가 진심으로 기뻐하며 복종하는지 보고자 하는 것이며, 한편으로는 그대에게 은혜를 베풀어 그대의 나라를 영원히 다스리게 하여 회군한 뒤에 천하에 어짊과 신의를 보이려 함이다. 짐이 바야흐로 하늘의 돌보심을 받아 사방을 어루만져 평정했으니 그대의 지난날의 과오를 용서함으로써 남조(南朝)에게 본보기로 삼으려 한다. 만약 간사하게 속이는 계책으로 그대를 취한다면 광대한 천하를 능히 모두 간사하게 속여 취할 수 있겠는가. 이는 사람들이 귀순해 오는 길을 끊는 것이다.”라고 하셨습니다.

신은 성지(聖旨)를 받들고 천지(天地)와 같이 포용하고 덮어 주는 큰 덕에 감격하여 귀순하려는 마음이 더욱 간절해졌습니다. 그러나 신 자신을 돌아보건대 죄가 산처럼 무거우니, 폐하의 은혜와 신의가 분명함을 모르는 것은 아니지만, 조서(詔書)를 내리고 황천(皇天)이 오셨는데도 오히려 두려운 마음을 품은 채 여러 날 머뭇거리며 회피하고 게을리하는 죄만 쌓게 되었습니다. 지금 듣건대 폐하께서 곧 어가(御駕)를 돌리실 것이라 하는데, 만약 일찍 스스로 나아가서 폐하를 우러러 뵙지 않으면 조그마한 정성도 펼 수 없게 될 것이니 후회한들 무슨 소용이 있겠습니까. 다만 신이 바야흐로 삼백 년의 종사(宗社)와 수천 리의 백성을 폐하께 우러러 의탁하게 되었으니 정리상 실로 애처롭게 되었습니다. 만약 혹시라도 일이 어긋난다면 칼로 자결하는 것이 나을 것입니다. 삼가 원하옵건대 성자(聖慈)께서는 지극한 정성을 굽어 살피시어 조지(詔旨)를 분명하게 내려 신이 안심하고 귀순할 수 있는 길을 열어 주소서. 삼가 죽음을 무릅쓰고 아룁니다.」

○ 戊辰, 朝鮮國王李倧, 又以書來奏曰, 小邦昔年曾有一等浮議壞事, 臣摘其中尤甚者若干人並加斥黜, 而首倡臺諫一人, 當天兵到境時, 命爲平壤庶尹, 督令即日前進, 或爲前軍所獲, 或從間道赴任, 俱未得知. 今在城中者, 雖或有雷同和附之罪, 較前被斥者, 則輕重相懸. 伏見前日詔旨, 實出恩恤小邦之至意. 臣若終始持難, 則恐陛下未察本國之事, 疑臣有所容隱, 臣誠心向順之意, 將無以自白. 故察得弘文館校理尹集·修撰吳達濟二人, 送詣軍前, 以竢處分. 謹昧死以聞.

○ 무진일(1.28), 조선국왕 이종(李倧)이 또다시 서신을 보내와 아뢰었다. 「소방(小邦)은 예전에 일찍이 일종의 헛된 논의가 있어 국사를 무너뜨렸습니다. 신(臣)은 그중에서 더욱 심한 자 몇 명을 모두 적발하여 내쫓았습니다. 그리고 가장 앞장섰던 대간(臺諫)[12] 1명이 마침 천병(天兵)이 변경에 도착했을 때 평양서윤(平壤庶尹)으로 임명되어 그날로 앞으로 나아가도록 독촉했는데 혹 전군(前軍)에 잡혔는지 아

니면 샛길로 부임했는지 모두 알 수 없습니다. 지금 성 안에 있는 자는 비록 부화뇌동한 죄는 있다 하더라도 앞서 내쳐진 자들에 비하면 경중이 현격히 다릅니다. 삼가 보건대 전일 내리신 조지(詔旨)는 실로 소방을 은휼(恩恤)하는 지극한 뜻에서 나온 것이었습니다. 신이 만약 시종 어렵게만 여긴다면 폐하께서 본국의 사정을 살피지 못하고 신이 숨겨 주는 것으로 의심하시어 신이 성심으로 순종하는 마음을 장차 밝힐 수 없을까 염려됩니다. 그리하여 홍문관교리(弘文館校理) 윤집(尹集)과 수찬(修撰) 오달제(吳達濟) 두 사람을 조사해 군영에 보내어 처분을 기다리겠습니다. 삼가 죽음을 무릅쓰고 아룁니다.」

○ 是日, 敕諭朝鮮國王李倧曰, 朕覽來奏, 知爾欲保全宗社, 束身來歸, 且述二十日之詔旨, 欲求信實. 朕詔已出, 寧肯食言, 既盡釋前罪, 將永定規則, 以爲子子孫孫, 君臣世守之信義. 爾若悔過自新, 不忘恩德, 委身歸命, 子孫世守信義, 則當去明國之年號, 絕明國之交往, 獻納明國所與之誥命冊印, 躬來朝謁. 爾以長子, 並再令一子爲質, 諸大臣有子者以子, 無子者以弟爲質. 爾有不諱, 則朕立爾質子嗣位. 從此一應文移奉大清國之正朔, 其萬壽節及中宮千秋·皇子千秋·冬至·元旦及慶弔等事, 俱行貢獻之禮, 並遣大臣及內官奉表. 其所進往來之表, 及朕降詔敕, 或有事遣使傳諭, 爾與使臣相見之禮, 及爾陪臣謁見, 并迎送饋使之禮, 毋違明國舊例.

○ 이날 조선국왕 이종(李倧)에게 칙유하여 말했다. 「짐은 보내온 상주를 보고 그대가 종사(宗社)를 보전하고자 자신의 몸을 묶고 내귀

12 洪翼漢을 가리킨다.

하려 함을 알았다. 또한 내가 20일에 보낸 조지(詔旨)가 실로 믿을 수 있는 것인지 확인하고 싶다고 했다. 짐의 조서가 이미 나갔는데 어찌 식언하겠는가. 이미 이전의 죄는 모두 용서하고 장차 영원히 규칙을 정하여 자자손손, 군신이 대대로 지킬 신의로 삼고자 한다.

그대가 만약 과거를 후회하고 스스로 새로워져서 은덕을 잊지 않고 몸을 맡겨 귀순하여 자손 대대로 신의를 지키겠다면, 명나라의 연호를 버리고 명나라와의 왕래를 끊고 명나라가 준 고명(誥命)과 책인(冊印)을 헌납하고 몸소 내조하여 알현하라. 그대는 첫째 아들과 자식 하나를 인질로 보내고 대신들은 아들이 있는 자는 아들로, 아들이 없으면 동생을 인질로 보내라. 그대가 사망하면 짐이 그대가 인질로 보내온 아들을 세워 왕위를 계승시키겠다. 지금부터 모든 문서는 대청국의 정삭(正朔)을 쓰고, 만수절(萬壽節)·중궁(中宮)의 생일·황자의 생일·동지(冬至)·원단(元旦) 및 경조사에 모두 공헌(貢獻)의 예를 행하고, 대신과 내관을 보내 표문(表文)을 바치라. 왕래하는 표문을 올릴 때, 짐이 조칙을 내리거나 일이 있어 사신을 보내 유시를 전달할 때 그대가 사신을 만나는 예 및 그대의 배신이 사신을 알현하거나 영접·전송·대접하는 예는 명나라의 구례(舊例)와 같게 하라.

朕若征明國, 降詔遣使, 調爾步騎舟師, 或數萬, 或刻期會處, 數目限期, 不得有誤. 朕今移師攻取皮島, 爾可發鳥鎗·弓箭手等兵船五十艘. 大軍將還, 宜備禮獻犒. 軍中俘獲過鴨綠江後, 若有逃回者, 執送本主. 若欲贖還, 聽從兩主之便. 蓋我軍以死戰俘獲之人, 爾後毋得以不忍縛送爲詞. 爾與內外諸臣, 締結婚媾, 以固和好. 新舊城垣, 不許擅築. 爾國所有瓦爾喀, 俱當刷送. 日本貿易, 聽爾如舊. 當導其使者來朝, 朕亦將遣使, 與彼往來也. 其東邊瓦爾喀, 有私自逃居於彼者, 不得復與貿易往來. 爾若見瓦爾喀人, 便當執送. 爾以既死之身,朕與生存, 保全爾之宗社, 復還所獲. 爾當念朕再造之恩, 後日子孫, 毋違信義, 則邦國永存矣. 朕見爾國狡詐反覆, 故降玆詔諭. 每年進貢一次其方物數目, 黃金百兩 · 白銀千兩 · 水牛角二百對 · 豹皮百張 · 鹿皮百張 · 茶千包 · 水獺皮四百張 · 青黍皮三百張 · 胡椒十斗 · 腰刀二十六口 · 順刀二十口 · 蘇木二百觔 · 大紙千卷 · 小紙千五百卷 · 五爪龍席四領 · 各樣花席四十領 · 白苧布二百疋 · 各色綿紬二千疋 · 各色細麻布四百疋 · 各色細布萬疋 · 布千四百疋 · 米萬包.

짐이 만약 명나라를 정벌하겠다고 조서를 내리고 사신을 보내 그대의 보병 · 기병 · 수군을 징발하여 몇만 명을 어느 날, 어느 곳에 모이라고 하면 병사의 수와 기한을 어겨서는 안 된다. 짐은 이제 군사를 옮겨 피도(皮島)를 공격할 것이니 그대는 조총병과 궁수와 병선 50척을 내어야 한다. 대군이 돌아올 때 예를 갖추어 군대를 대접해야 한다. 군중의 포로가 압록강을 건넌 후 도망쳐 조선으로 돌아가면 잡아서 본래 주인에게 보내라. 만약 속(贖)을 바치고 돌아가려고 할 경우 양측 주인의[13] 편의에 따르도록 하라. 우리 군사가 죽기로 싸워 포로로 잡은 사람이니 그대는 나중에 차마 잡아 보낼 수 없다고 하지 말라. 그대는 내외(內外) 신하들과 혼인을 맺어 화호를 공고히 하라. 옛 성곽과 새 성곽을 함부로 수축하는 것을 불허한다. 그대 나라에 있는 모든 와르카는 모두 쇄환해야 한다. 일본과의 무역은 예전대로 해도 좋다. 일본의 사신을 인도하여 내조하게 하라. 짐 역시 장차 사신을 파견해 그들과 왕래할 것이다. 동변의 와르카 중에서 몰래 도망쳐 조선에 거주

---

13 본문의 兩主(두 주인)은 『조선인조실록』 34권, 인조 15년 1월 28일조에는 本主(본래 주인)로 기록되어 있다. 『內國史院滿文檔案譯註 崇德二 · 三年分』, p.81에는 juwe ejen(두 주인)으로 기록되어 있다.

한 자는 다시 무역하러 다닐 수 없다. 그대는 만약 와르카인을 발견하면 즉시 잡아 보내오라.

그대는 죽을 몸이었으나 짐이 살려 주었고 그대의 종사(宗社)를 보전해 주었으며 사로잡힌 자들을 다시 돌려주었다. 그대는 마땅히 국가를 다시 일으켜 준 은혜를 생각하라. 후일 자손이 신의를 어기지 않으면 방국(邦國)은 영원히 존속할 것이다. 짐은 그대 나라가 교활하게 속이고 태도를 바꾸는 것을 알기에 이렇게 조서를 내려 유시한다.

매년 한번 진공하는 방물의 항목. 황금 100냥 · 백은 1,000냥 · 물소뿔 200개 · 표범가죽 100장 · 사슴가죽 100장 · 차(茶) 1,000포 · 수달가죽 400장 · 청서피(青黍皮) 300장 · 후추 10두(斗) · 요도(腰刀) 26개 · 순도(順刀) 20개 · 소목(蘇木) 200근(觔) · 대지(大紙) 1,000권(卷) · 소지(小紙) 1,500권 · 오조룡(五爪龍) 돗자리 4장 · 각종 돗자리 40장 · 흰모시 200필 · 각종 명주 2,000필 · 각종 세마포(細麻布) 400필 · 각종 세포(細布) 1만 필 · 면포 1,400필 · 쌀 1만 포(包).」

○ 是日, 遣江華島所俘太監一人 · 朝鮮宗室一人, 入南漢城往告其主云, 江華島已失, 王之國妃諸子, 及羣臣妻子, 毫無所犯, 置之別室. 今付我國官員太監, 如常護送前來矣.

○ 이날 강화도에서 사로잡힌 태감 1명과 조선 종실 1명을 보내 남한산성에 들어가 그 주군에게 고하게 했다. "강화도는 이미 함락되었습니다. 왕의 국비(國妃)와 자녀들 · 신하들의 처자를 추호도 범하지 않고 별도의 궁실에 안치했습니다. 지금 우리나라의 관원과 태감에게 맡겨 평소대로 호송하여 왔습니다."

○ 庚午, 朝鮮國王李倧, 以漢江口濱海之地, 及江華島城旣失, 妻子及羣臣盡被俘獲, 身復受困南漢, 旦夕城陷, 八道人民流離四散, 各道援兵皆被擊敗, 宗社將覆, 無計可免. 上降敕曉諭, 赦過宥罪, 許其歸降. 於是棄兵器服朝服, 率文武羣臣, 獻上明國所給敕印, 自南漢山城來朝見. 禮臣於漢江東岸三田渡地方, 築壇設黃幄畢. 上於辰刻出營, 旗纛森列, 奏樂, 渡漢江, 登壇端坐, 設鹵簿如常儀, 將士皆擐甲列隊. 李倧率文武羣臣, 離南漢山五里許, 步行來朝. 上命戶部承政英俄爾岱·馬福塔等, 迎於一里外, 指示禮儀, 引至儀仗下立. 上離座, 率李倧及其諸子文武羣臣, 拜天, 行三跪九叩頭禮畢. 上還座, 李倧率羣臣, 伏地請罪, 求我國諸臣代奏於上曰, 皇帝天心赦臣萬罪, 生已死之身, 存已亡之國, 俾得重立宗社, 緣臣罪過多端, 故加之罰, 今臣服罪, 來謁皇上, 自茲以後, 改過自新, 世世子孫, 不忘厚澤. 於是我國諸臣, 以其言轉奏, 上諭曰, 朝鮮國王, 旣知罪來降, 朕豈有念舊惡, 苛責之理. 今後一心盡忠, 不忘恩德可也, 前事毋再言及. 李倧及其羣臣, 聞言大悅曰, 皇上萬歲恩德, 小邦不勝頂戴. 於是令李倧朝見, 禮臣贊禮李倧在前, 諸子及羣臣, 以次列於後, 行三跪九叩頭禮畢, 復位禮部官引至儀仗下立, 奏請李倧班次, 上諭曰, 以威懾之不如以德懷之. 朝鮮王雖迫於兵勢來歸, 亦一國之王也. 命近前, 坐於左側. 禮部官從儀仗外, 引王由北向入, 至壇下, 東坐西向. 其次左側則和碩親王·多羅郡王·多羅貝勒等, 依次坐. 李倧長子李溰, 坐於貝勒之下, 右側和碩親王·多羅郡王·多羅貝勒等, 依次坐. 李倧次子李淏·三子李涫, 亦坐於貝勒之下. 坐定大宴畢, 江華島所獲李倧妻子子婦及羣臣妻子, 俱行三跪九叩頭禮. 上命盡還李倧妻子子婦及, 羣臣家屬, 賜李倧黑貂袍套·雕鞍馬, 賜王妃及第三子李涫黑貂皮套, 大臣金瑬等, 各賞貂皮套. 李倧率衆謝恩, 行兩跪六叩頭禮, 畢, 令李倧及羣臣各與其妻子子婦相見, 皆相抱慟哭曰, 稍緩數日,我等皆爲灰燼矣. 今日幸遇皇帝寬恩, 普天均被, 我等方得完聚. 因哀痛弗止, 英俄爾岱·馬福塔等勸止之. 上命英俄爾岱·馬福塔, 送李倧妃及其第三子, 並家口七十六人, 羣臣妻子家口百六十六名, 入王京城, 惟留長子溰·次子淏爲質, 上於申刻, 還營.

○ 경오일(1.30), 조선국왕 이종(李倧)은, 한강 입구 바닷가와 강화도 성이 함락되어 처자와 군신이 모두 포로가 되었고 자신은 다시 남한산성에 갇혀 곧 성이 함락될 위기에 처했으며 팔도의 인민은 사방으로 흩어지고 각 도(道)의 구원병이 모두 격퇴되어 종사가 곧 무너질 상황을 면할 방법이 없었다. 주상이 칙유를 내려 깨우치고 죄와 허물을 용서해 주고 귀항을 허락했다. 이에 병기를 버리고 조복을 입고 문무 신하들을 이끌고 명나라가 지급한 칙인을 헌납하고 남한산성에서 나와 알현했다. 예부의 신하가 한강의 동쪽 기슭 삼전도(三田渡) 지방에 단(壇)을 축조하고 황색 장막을 설치했다. 주상이 진시(辰時)에 군영을 나와 기(旗)와 독(纛)을 빽빽이 정렬하고 음악을 연주하며 한강을 건너 단(壇)에 올라 단정히 앉았다. 노부(鹵簿)를 평소 의례대로 정렬하고 장수와 병사들이 모두 갑옷을 두르고 대오를 갖추어 정렬했다.

이종이 문무 신하들을 이끌고 남한산으로부터 5리쯤 걸어서 내조했다. 주상이 명하여 호부승정 잉굴다이와 마푸타 등이 1리 밖에서 맞이하고, 의례를 지시하고, 인도하여 의장(儀仗) 아래에 이르러 섰다. 주상이 자리에서 일어나 이종과 그의 자식들·문무 신하들을 이끌고 하늘에 배례하고 삼궤구고두의 예를 마쳤다. 주상이 자리로 돌아가자, 이종은 신하들을 이끌고 땅에 엎드려 죄를 청하며 우리나라의 신하들에게 주상에게 대신 아뢰어 줄 것을 부탁하고 말했다. "황제께서 천심으로 신(臣)의 만 가지 죄를 용서하시어 죽은 몸을 살려 주시고 망한 나라를 존속시켜 다시 종사를 세울 수 있게 해 주셨습니다. 신

(臣)의 죄와 허물이 많았기 때문에 가하신 벌입니다. 지금 신(臣)이 저의 죄를 인정하고 황상을 알현하려고 왔습니다. 지금부터 과오를 고치고 스스로 새롭게 하여 자손 대대로 은택을 잊지 않겠습니다." 이에 우리나라 신하들이 그 말을 전하여 아뢰니 주상이 유시했다. "조선국왕은 죄를 알고 항복해 왔다. 짐이 어찌 옛 원한을 생각해 질책하겠는가. 지금부터 한마음으로 충성을 다하고 은덕을 잊지 말아야 할 것이다. 예전의 일은 다시 언급하지 않겠다." 이종과 그의 신하들이 이 말을 듣고 크게 기뻐하며 말했다. "황상의 만세의 은덕에 소방(小邦)은 감격하기 그지없습니다."

이에 이종에게 알현하게 하고 예부 신하가 찬례(贊禮)했다. 이종은 앞에 배열하고, 자식들과 신하들은 뒤에 차례로 배열하고 삼궤구고두의 예를 마친 후 제자리로 돌아갔다. 예부 관원이 이끌고 의장 아래에 이르러 섰다. 이종의 반차(班次)를 주청하니 주상이 유시했다. "위력으로 압박하는 것은 덕으로 회유하는 것만 못하다. 조선왕은 비록 군대의 위세에 쫓겨 귀항했지만 역시 일국의 왕이다. 앞으로 가까이 오게 하여 왼쪽 옆에 앉게 하라." 예부 관원이 의장(儀仗) 밖에서 왕을 인도하여 북쪽으로 들어와 단 아래에 이르러 서쪽을 보며 동쪽에 앉혔다. 그다음으로 왼쪽에 호쇼이 친왕 · 도로이 군왕 · 도로이 버일러 등이 차례대로 앉았다. 이종의 장자 이왕(李淫)은 버일러의 아래에 앉았고 오른쪽에 호쇼이 친왕 · 도로이 군왕 · 도로이 버일러 등이 차례대로 앉았다. 이종의 둘째 아들 이호(李淏)와 셋째 아들 이요(李淯) 역시 버일러의 아래에 앉았다. 좌정하고 대연회가 끝난 후 강화도에서 사로잡힌 이종의 처자와 며느리 및 신하들의 처자들이 모두 삼궤구고두의 예를 행하였다.

주상이 이종의 처와 자식들 · 며느리 및 신하들의 가속을 모두 돌려보내라고 명하고 이종에게 흑담비가죽 외투 · 조각한 안장을 갖춘 말을 하사했다. 왕비와 셋째 아들 이요(李淯)에게는 흑담비가죽 외투를 하사하고 대신(大臣) 김류(金瑬) 등에게 각기 담비가죽 외투를 상 내렸다. 이종이 무리를 이끌고 사은하며 두 번 무릎 꿇고 여섯 번 고두하는 예를 행한 후 이종과 그의 신하들에게 처자식 · 며느리와 만나게 하니 모두 서로 껴안고 통곡하며 말했다. "며칠만 늦었더라도 우리는 모두 잿가루가 되어 버렸을 것이다. 오늘 다행히 황제의 관대한 은혜가 천하에 두루 미치어 우리가 비로소 모두 만나게 되었구나." 애통함이 그치지 않으니 잉굴다이와 마푸타 등이 그만하라고 말렸다. 주상이 명하여 잉굴다이와 마푸타가 이종의 비(妃)와 그의 셋째 아들, 그리고 가솔 76명과 신하들의 처자식과 가솔 166명을 보내 왕경성으로 들여보내고 다만 장자 이왕(李浧)과 둘째 아들 이호(李淏)를 인질로 남겨두었다. 주상이 신시(申時)에 군영으로 돌아갔다.

권34

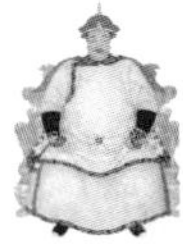

숭덕 2년 2월 ~ 4월

崇德二年, 丁丑, 二月辛未朔, 以所獲朝鮮江華島, 人畜財幣, 賞給各官有差.

○ 숭덕 2년 정축년 2월 신미일 초하루(2.1), 조선 강화도에서 획득한 사람과 가축과 재물을 각 관원에게 차등 있게 상으로 내렸다.

○ 壬申, 上自朝鮮班師, 命和碩睿親王多爾衮·多羅安平貝勒杜度, 率滿洲·蒙古·漢人大軍, 擕所俘獲在後行. 又命貝子碩託·恭順王孔有德·懷順王耿仲明·智順王尚可喜, 率每牛彔甲士四人及三王下全軍, 舁紅衣礮十六位, 並朝鮮戰船五十艘, 往取明皮島. 上率諸王·貝勒·大臣護軍班師. 朝鮮國王李倧率其羣臣, 出王京十里外跪送. 上下馬陞座, 李倧率羣臣行三跪九叩頭禮. 命坐於御座左側賜茶. 李倧仍退至左側遠坐. 命英俄爾岱·馬福塔, 諭李倧曰, 爾之山城人民家口, 已盡付還矣. 李倧起謝畢, 命英俄爾岱·馬福塔, 送李倧還王京.

○ 임신일(2.2), 주상이 조선에서 회군할 때, 호쇼이 예친왕(睿親王) 도르곤과 도로이 안평 버일러 두두에게 명하여 도르곤은 만주 · 몽고 · 한인 대군을 이끌게 하고, 두두는 노획한 포로를 끌고 뒤따라오게 했다. 또 명하여 버이서 쇼토 · 공순왕 공유덕 · 회순왕 경중명 · 지순왕 상가희에게 니루마다 갑사(甲士) 4명씩과 세 왕 속하의 전군을 이끌고 홍의포 16문과 조선 전선(戰船) 50척을 끌고 가서 명나라의 피도(皮島)를 취하게 했다. 주상이 여러 왕 · 버일러 · 대신 · 호군들을 이끌고 돌아가자 조선국왕 이종(李倧)이 그 무리와 신하들을 이끌고 왕경 10리 밖으로 나와 무릎을 꿇고 배웅했다. 주상이 말에서 내려 어좌에 앉자 이종이 신하들을 이끌고 삼궤구고두의 예를 행하였다. 명하여 어좌 좌측에 앉게 하고 차를 하사했다. 이종이 그대로 좌측의 먼 자리까지 물러갔다. 잉굴다이와 마푸타에게 명하여 이종에게 유시하게 했다. "너희 산성의 인민(人民)과 가구(家口)는 이미 전부 돌려보내 주었다." 이종이 일어나 사례한 후, 잉굴다이와 마푸타에게 명하여 이종을 왕경으로 돌려보내게 했다.

○ 是日, 朝鮮國王李倧奏請減貢額. 疏云, 以罪而進, 以恩而退, 天地生成, 不啻過之. 肅瞻耿光, 霑沃至渥, 懺悔宿愆, 悅服新命. 欲報之德, 河海猶淺, 淪浹之澤, 頂踵難酬. 貢誠輸忱, 實出由中. 享上之儀, 膚髮何惜. 第積弱以來, 民散財竭, 所在懸罄, 公私赤立. 而詔諭上貢, 或非地產, 或雖係地產, 力有所不逮. 竊念, 千一之會, 首蒙曠典. 名分已定, 恩義俱明. 上撫下效, 宜盡其道. 日月之明, 旁燭無疆, 小邦羸迫顚連, 寧不蒙察. 必須量力稟定, 垂爲定式, 毋負奉上之禮, 以盡事大之誠. 矜愚憐孱, 既許自新, 愍窮恤瘠, 宜垂大德. 伏願聖慈, 察小邦危迫之私, 恢大朝薄來之度. 一, 以紓將絕之民命, 一, 以恢同仁之洪化, 不勝幸甚. 謹具奏聞. 上覽畢, 遣范文程 · 額爾格圖傳諭李倧曰, 爾被圍山城時, 已有成議, 今不當言. 及爾國窮苦, 朕已知之. 丁丑戊寅兩年准免貢物. 己卯年, 自秋季爲始, 照例入貢, 表爾忠誠. 此後朕自有定奪, 今非爾言時也. 其大貢內, 有朝賀禮, 及餽送使臣之禮, 朕不必言, 爾自裁之.

○ 이날 조선국왕 이종(李倧)이 공물 액수를 감해 줄 것을 주청했다. 소(疏)에서 말했다. 「죄를 다스리러 오셨다가 은혜를 베풀고 물러나셨으니 천지의 양육이 이보다 더 하지 못합니다. 삼가 황상의 빛나는 위엄을 보고 지극한 은혜를 입으니 지난 과오를 참회하고 새로운 명을 기쁘게 받듭니다. 보답해야 할 덕은 하해보다 깊고, 베푸신 은택은 온몸에 미쳐 갚기 어렵습니다. 공물을 보내는 정성과 마음은 실로 진심에서 우러난 것입니다. 황상께 바치는 의례에 몸을 어찌 아끼겠습니까. 다만 나라가 쇠락한 이후 백성은 흩어지고 재물은 고갈되어 곳곳이 빈곤하고 공사(公私)가 모두 비었습니다. 그리고 황상의 유시로 정한 공물의 품목 중에 토산품이 아닌 것도 있고, 토산품이라고 해도 힘이 미치지 못하는 것도 있습니다. 삼가 생각건대, 천재일우의 기회를 얻어 유례없는 은전(恩典)을 처음으로 입었습니다. 명분(名分)이 정해졌고 은의(恩義)가 모두 분명합니다. 위는 어루만지고 아래는 힘을 다하여 각자의 도리를 다해야 합니다. 해와 달은 밝아서 끝없이 멀리 비추니 소방(小邦)의 곤궁하고 혼란스러움을 어찌 살피지 않겠습니까? 반드시 능력을 헤아려 여쭙고 의논하여 정할 것이니, 격식으로 정해 주시면 상국을 받드는 예에 어긋나지 않게 사대(事大)의 성의를 다하겠습니다. 어리석고 나약함을 긍휼히 여기시어 스스로 쇄신하는 것을 허락하시었으니, 곤궁하고 빈곤함을 불쌍히 여기신다면 마땅히 대덕(大德)을 드리우실 것입니다. 엎드려 황상의 자비를 구하건대, 소방의 위급한 사정을 살피시어 대조(大朝)가 공물을 가볍게 가져오게

하는 법도를 회복하시기를 바랍니다. 그리하면 하나는 끊어질 백성의 목숨을 이으실 것이고, 다른 하나는 널리 어질게 대하는 큰 교화가 회복될 것이니 매우 다행일 것입니다. 삼가 주를 갖추어 올립니다.」

주상이 본 후에 범문정과 어르거투를 보내 이종(李倧)에게 전하여 유시했다. 「네가 산성에 포위 되었을 때 의논이 정해졌으니 지금 말하는 것은 적절하지 않다. 너희 나라가 곤궁한 것을 짐은 이미 알고 있다. 정축년(1637)과 무인년(1638) 두 해의 공물을 면제해 주겠다. 기묘년(1639) 가을부터는 조례대로 입공하여 너희의 충성을 표하라. 그 후에는 짐이 고려하여 결정할 것이니 지금 네가 말할 때가 아니다. 크게 조공(朝貢)할 때 황제에게 조하(朝賀)하는 예물과 사신에게 주는 예물은 짐이 언급하지 않을 테니 네가 스스로 결정하라.」

○ 甲戌, 諭和碩睿親王多爾衮·恭順王孔有德·懷順王耿仲明·智順王尙可喜·漢軍固山額眞昂邦章京石廷柱曰, 王京之北, 漢軍佟三部下四十餘人, 刼掠降民已經執送該管官, 治之以法. 嗣後爾等各宜嚴禁彼地滿洲·蒙古·漢人士卒, 勿得刼掠降民. 違者, 該管章京及驍騎校, 小撥什庫等, 一倂治罪, 刼掠之人, 置之重典, 爲首者斬以徇.

○ 갑술일(2.4), 호쇼이 예친왕(睿親王) 도르곤·공순왕 공유덕·회순왕 경중명·지순왕 상가희·한군 구사어전 암바장긴 석정주에게 유시했다. 「왕경의 북쪽에서 한군 동삼(佟三)의 부하 40여 명이 투항한 백성을 약탈하기에 잡아서 해당 관아에 보내 법대로 다스렸다. 이후 너희는 각각 그 지역의 만주·몽고·한인 병사들이 투항한 백성을 약탈하지 않도록 엄금해야 한다. 이를 어기는 경우 해당 관할의 장긴 및 효기교와 소(小) 보쇼쿠 등도 함께 죄를 물어 다스리고, 약탈한 자를 중죄(重罪)에 처하고, 우두머리는 참수시켜 본보기로 삼으라.」

○ 乙亥, 遣詹霸率每旗護軍二人, 賫敕還盛京, 宣布捷音. 諭留守和碩鄭親王濟爾哈朗·多羅武英郡王阿濟格·多羅饒餘貝勒阿巴泰等曰, 自勞薩碩翁科羅巴圖魯等去後, 令八旗造小船八十艘. 遣和碩睿親王多爾袞·多羅安平貝勒杜度, 率每牛彔甲士十人, 取朝鮮王妻子所居之江華島. 和碩睿親王等, 於正月二十二日, 至江華島. 我舟師將渡海時, 江華島敵船約有百艘, 列爲兩翼. 我舟師從中衝入, 連發紅衣礮, 敵船兵役, 不能抵敵, 逃去. 於是我兵登岸, 朝鮮兵來迎, 敗之. 又擊敗其兵約千人, 遂奪其城門, 克之. 朝鮮王妃及宮女約百人, 其長子之妻, 次子·三子及其妻俱在島中. 其宗室大臣, 內閣尙書諸臣, 並妻子家屬, 太監, 及與朝鮮王同在南漢城被圍之宗室大臣, 內閣尙書諸臣妻子, 悉俘之. 初江華島未克時, 據朝鮮王稱臣, 上書謝罪. 奏稱, 皇帝若憐臣, 得比諸外藩, 即遣諸子·大臣朝見皇帝, 臣遙拜皇帝於城上. 凡事惟皇帝之命是聽. 欲親赴營朝見皇帝, 不敢遽出等語. 遂遣內閣尙書諸臣, 再三請命. 朕諭其來使諸臣, 令執送敗盟左袒明人之臣前來, 併令其王親出朝見. 如此則仍留其國, 不然朕必不許. 後江華島已克, 朕又遣江華島一太監及朝鮮王一族人, 至朝鮮王被困之南漢城, 告以江華島已失. 朝鮮王乃率其長子羣臣, 獻明國所給敕印, 出城朝見, 並縛送左袒明人二臣, 聽命. 朕以島中所獲朝鮮王妻子及羣臣家口, 付還朝鮮王, 仍令其爲朝鮮國王, 以長子·次子及大臣子爲質. 遂定春秋貢獻之禮. 令與明人永絕, 一應文札, 奉我正朔. 凡萬壽及中宮千秋, 皇子千秋, 冬至, 元旦慶賀禮, 并祭弔禮, 所貢儀物, 俱遣大臣內官奉表來進. 其所進表箋, 及迎送餽遺我國使臣之禮, 俱照明國之例. 若征明國, 徵調步騎舟師, 或至數萬, 俱不得違誤. 朝鮮國王, 一一遵行. 今留孔有德·耿仲明·尙可喜, 三王所統漢兵, 又增以滿兵, 預備船艘, 並帶朝鮮巨艦五十, 征明皮島, 但未知後事何如耳. 至於朝鮮王, 並其羣臣, 屢次來奏稱, 皇帝寬仁,生已死之身, 存已亡之國, 全三百年之宗社. 恩德異常, 世世子孫, 頂戴不忘等語. 觀此, 則朝鮮稱藩歸附, 出自誠心矣.

○ 을해일(2.5), 주상은 잠바(jamba, 詹霸)를 파견하여 각 기당 호군 2명씩을 이끌고 칙서를 가지고 성경(盛京)으로 돌아가 승전을 알리게 했다. 성경에 남아서 지키던 호쇼이 정친왕 지르갈랑 · 도로이 무영군왕 아지거 · 도로이 요여 버일러 아바타이 등에게 유시했다.

「로오사 숑코로 바투루(loosa šongkoro baturu, 勞薩碩翁科羅巴圖魯) 등이 간 후에 팔기에 명해 작은 배 80척을 만들게 했고, 호쇼이 예친왕(睿親王) 도르곤 · 도로이 안평 버일러 두두를 보내 각 니루당 병사 10명씩을 이끌고 조선왕의 처와 자식이 머물고 있는 강화도를 취하게 했다. 호쇼이 예친왕(睿親王) 도르곤 등은 정월 22일 강화도에 도착했다. 우리 수군이 바다를 건널 때, 강화도의 적선 약 100척이 두 날개 모양으로 정렬해 있었다. 우리 수군이 대열의 중앙으로 뚫고 들어가 홍의포를 연이어 발사하자 적선의 병사가 대적하지 못하고 도망갔다. 이에 우리 병사가 해안에 오르자 조선 병사가 와서 응전했는데 이를 패퇴시켰다. 또한 그 병사 약 천 명을 격퇴하여, 마침내 그 성문을 빼앗아 함락시켰다. 조선 왕비 및 궁녀 약 100명과 그 장남의 부인, 둘째 아들, 셋째 아들 및 그 부인이 모두 섬에 있었다. 그 종실 대신, 내각 상서와 여러 신하들뿐 아니라 그 처자식과 가솔 · 태감 및 조선왕과 함께 남한산성에 포위된 종실 대신과 내각 상서와 여러 신하들의 처자식을 모두 사로잡았다.

처음 강화도가 함락되기 전에 조선왕이 스스로를 신하라 칭하며 서신을 보내 사죄하며 주청했다. "황제께서 신을 불쌍히 여겨 여러 외번과 지위를 같게 해 주신다면 자손들과 대신들을 보내 황제를 알현하고 신은 성 위에서 황제께 멀리서 절을 올리겠습니다. 모든 일은 오직 황제의 명을 따라야 하는 것이 옳으니 친히 병영으로 나아가 황제를 알현하고 싶으나 군사의 위세가 두려워 감히 곧바로 나가지 못합니다." 그리고 내각 상서와 신하들을 보내 재삼 명을 내려 주기를 청했다. 짐은 사신으로 보내온 신하들에게 유시하여 맹약을 망치고 명나라를 편든 신하를 잡아 보내고, 또한 그 왕이 친히 나와 알현을 하도록 명했다. 그렇게 하면 나라를 보존하게 하고, 그렇지 않으면 짐이 이를 절대 허락지 않을 것이라고 했다. 이후에 강화도가 함락되자 짐은 다시 강화도의 태감 한 사람과 조선 왕족 한 사람을 보내 조선왕이 포위된 남한산성에 가서 강화도가 함락되었음을 알리게 했다. 조선왕은 곧 첫째 아들과 신하들을 이끌고 명나라가 지급한 칙인을 바치고 성에서 나와 알현했으며 또한 명나라를 두둔한 신하 2명을 포박하여 보내와 명(命)을 따랐다.

짐은 강화도에서 포로로 잡은 조선왕의 처자식 및 군신의 가솔을 조선왕에게 돌려보내고 그를 그대로 조선국왕으로 삼고 첫째 아들과 둘째 아들 및 대신들의 아들을 인질로 삼았다. 마침내 봄과 가을에 조공을 바치는 예를 정하여 명나라와 영원히 단절하게 하고 모든 문서에는 우리나라의 정삭(正朔)을 쓰게 했다. 만수절(萬壽節)·중궁(中宮)의 생일·황자의 생일·동지(冬至)·원단(元旦)의 경하례(慶賀禮)와 제조례(祭弔禮)에 바치는 의물(儀物)은 모두 대신과 내관을 파견하여 표문(表文)을 올리고 진상하게 했다. 바치는 표전(表箋)과 우리나라의 사신을 맞이하고 전송하는 예는 모두 명나라의 정례(定例)를 따르기로 했다. 만약 명나라를 정벌하고자 징집하는 보병과 기병과 수병이 수만에 이르더라도 모두 어기지 않기로 했다. 조선국왕은 이 모든 것을 준행하기로 했다.

공유덕·경중명·상가희 세 왕이 통솔하는 한군 병사를 남겼고 만주 병사를 그에 더하였으며, 선박을 준비하여 조선의 큰 군함 50척과 함께 명나라의 피도(皮島)를 정벌하게 했으나 이후에 어떻게 되었는지 모른다. 조선왕과 신하들이 여러 차례 와서 말하기를, "황제께서 너그럽고 인자하게 죽은 몸을 살리시고 망한 나라를 존속시키셔서 삼백 년의 종사(宗社)를 보전했습니다. 은덕이 특별하니 자손 대대로 감사함을 잊지 않겠습니다."라고 했다. 이를 보건대 조선이 번(藩)이라 칭하며 귀부한 것은 진실한 마음에서 나온 것이다.」

○ 庚辰, 大軍至涑川. 朝鮮副將, 率衆於道傍跪送.

○ 경진일(2.10), 대군이 속천(涑川; 肅川)[1]에 이르렀다. 조선의 부장이 무리를 이끌고 나와 길가에서 무릎을 꿇고 배웅했다.

○ 是日, 朝鮮安州副將・遊擊・通判・寧邊副將・泰州遊擊・德州遊擊, 率百人跪迎於道傍. 候駕過, 隨大軍後, 至駐蹕處, 命遙坐, 遣大臣以酒賜飮.

○ 이날 조선의 안주(安州)의 부장・유격・통판, 영변부장(寧邊副將), 태주유격(泰州遊擊), 덕주유격(德州遊擊)이 사람 100명을 이끌고 나와 길가에서 무릎을 꿇고 맞이했다. 어가가 지나기를 기다려 대군의 뒤를 좇아 주둔하는 곳에 이르자, 명하여 멀리 앉게 하고 대신(大臣)을 보내 술을 하사하고 마시게 했다.

---

1 평안남도 숙천(肅川)을 가리킨다.

○ 辛巳, 安州官獻牛十二頭, 米二百筐, 率軍民跪送道傍. 又有軍民以妻子被俘, 遮道跪奏曰, 小民等妻子被俘, 求賜完聚. 上諭曰, 大軍來時, 曾有詔諭, 令爾各處城堡鄉村官民人等, 皆安堵如故. 毋四散逃避, 致爲我兵所掠, 爾等不聽, 遂被俘獲. 今將士俱以血戰得之. 寧有勒令空還之理乎. 待至我國後, 任爾等之便, 准與收贖. 俾爾完聚, 以示寬恩.

○ 신사일(2.11), 안주(安州)의 관원이 소 12마리와 쌀 200광주리를 바치고 군민(軍民)을 이끌고 길가에서 무릎을 꿇고 배웅했다. 또한 군민 중에 처자식이 포로로 잡힌 사람이 있어 도로를 막고 무릎을 꿇고 상주하여 말했다. "소민(小民) 등의 처자식이 포로로 잡혀 있으니 은혜를 베풀어 가족이 함께 모여 살 수 있게 해 주시기를 빕니다." 주상이 유시했다. "대군이 올 때, 일찍이 유시하여 너희 각지의 성보와 향촌의 관민들에게 모두 이전과 같이 평안히 거주하라고 했고, 흩어져 도피하면 우리 병사에게 잡힐 것이라고 했다. 너희는 말을 듣지 않았기에 결국 포로로 잡혔고 이들은 우리 병사들이 혈전으로 얻은 것이다. 어찌 강제로 명을 내려 빈손으로 돌아가게 하는 도리가 있겠는가. 우리나라에 도착할 때까지 기다린 후에 너희의 편의에 따라 처리하도록 맡기고 속환을 허락할 것이다. 너희를 함께 모여 살게 함으로써 관대한 은혜를 보일 것이다."

○ 是日, 車駕渡嘉山江. 朝鮮嘉山官員, 於道傍跪送.

○ 이날 황제의 어가가 가산강(嘉山江; 甲山江)을 건넜다. 조선의 가산(嘉山; 甲山) 관원이 길가에서 무릎을 꿇고 배웅했다.

○ 壬午, 上以班師, 率諸王 · 貝子 · 羣臣祭纛.

○ 임오일(2.12), 주상은 회군하면서 여러 왕들과 버이서들과 신하들을 이끌고 독제(纛祭)를 지냈다.

○ 前鋒章京蘇爾德, 率每旗護軍一人, 自盛京來迎, 至郭山.

○ 전봉 장긴 술더이(suldei, 蘇爾德)가 각 기에서 호군 1명씩을 이끌고 성경으로부터 맞이하러 곽산(郭山)에 왔다.

○ 遣阿爾津, 率每旗親軍五人, 往鐵山, 擒明哨卒.

○ 아르진(arjin, 阿爾津)을 보내 각 기의 친군(親軍) 5명씩을 이끌고 철산(鐵山)에 가서 명나라의 초병을 생포하게 했다.

○ 朝鮮宣川副將, 跪迎於郭山道傍, 獻牛六, 納之.

○ 조선의 선천부장(宣川副將)이 곽산(郭山)의 길가에서 무릎을 꿇고 맞이하며 소 6마리를 헌상하니 받았다.

○ 朝鮮龍川副將, 跪迎於鐵山道傍, 獻牛五, 納之.

○ 조선의 용천부장(龍川副將)이 철산(鐵山)의 길가에서 무릎을 꿇고 맞이하며 소 5마리를 헌상하니 받았다.

○ 朝鮮義州總兵官, 於道傍跪送.

○ 조선의 의주총병관(義州總兵官)이 길가에 나와 무릎을 꿇고 배웅했다.

○ 命義州以馬匹三百, 接濟我師之馬匹疲乏者.

○ 의주(義州)의 말 300마리를 우리 군사 가운데 말이 피로한 자에게 지급하게 했다.

○ 乙酉, 義州總兵官, 獻牛二十頭, 米二百筐, 納之, 散給士卒.

○ 을유일(2.15), 의주총병관(義州總兵官)이 소 20마리와 쌀 200광주리를 바치니 받아서 병사들에게 나누어 주었다.

○ 是日, 遣蘇爾德齎敕, 諭和碩睿親王多爾袞及左翼諸固山額眞. 又遣理藩院承政達雅齊齎敕諭蒙古王·貝勒等, 諭多爾袞等曰, 朕觀統兵諸將, 皆有懈心. 今朝鮮雖平, 軍行宜照常謹慎. 不可玩忽, 更當嚴加約束. 其國王二子, 恐有脫逃, 宜加意防守, 攜帶以行. 沿途經過之城邑村堡, 官民有迎送者, 亟宜禁止. 其城邑村堡之人, 有立於道傍,與我軍俘獲之人, 接談款叙者, 亦當禁止, 勿令近前. 恐其誘我俘獲者, 遁逃也. 至於我兵經過有民人之城邑村堡, 須遴選官屬兵丁護行. 俟後隊過畢, 一并齊集還京. 毋違朕命. 諭左翼諸固山額眞, 蒙古王·貝勒等敕書同.

○ 이날[2] 술더이를 파견하여 보낸 칙서에서 호쇼이 예친왕(睿親王) 도르곤 및 좌익의 여러 구사어전에게 유시했다. 또한 이번원승정(理藩院承政) 다야치(dayaci, 達雅齊)를 파견하여 칙서를 보내 몽고의 왕과 버일러들에게 유시했다. 도르곤 등에게 유시했다. 「짐이 병사를 거느리는 여러 장군을 보니 모두 게으른 마음이 있다. 이제 조선을 평정했지만 종군함에 평소대로 조심하고 소홀히 하지 말고 더욱 엄하게 통제해야 한다. 조선국왕의 두 아들이 도망칠 것이 염려되니 주의하여 지키며 데리고 오라. 지나가는 길에 위치한 성읍촌보(城邑村堡)의 관민이 맞이하고 배웅하면 금지시켜야 한다. 성읍촌보의 사람이 길가에 서서 아군이 잡은 포로에게 접근하여 말을 걸고 돈을 주는 것도 엄하게 금지하고 가까이 오지 못하게 하라. 우리의 포로를 꾀어내 도망칠 것이 염려된다. 우리 군대가 사람이 있는 성읍촌보를 지날 때는 반드시 선발한 관원과 병사가 지키게 하고 후미가 지나간 후에 하나로 모여서 경사로 돌아오라. 짐의 명령을 어기지 말라.」 좌익의 여러 구사어전과 몽고의 왕과 버일러들에게 유시하여 하사한 칙서도 동일했다.

蘇爾德起行時, 上復令其傳諭多爾袞等曰, 固山額眞阿山·葉臣, 令

---

2 『內國史院滿文檔案譯註 崇德二·三年分』, p.116에 2월 16일조 기사로 기록되어 있다.

其往助貝子碩託. 碩託與固山額眞阿山 · 葉臣 · 石廷柱 · 三順王等, 可會集一處. 將攻皮島日期, 及我國戰船, 與朝鮮戰船, 約會, 在某處, 從某處乘船, 於某月日攻取皮島, 詳悉會議. 又朝鮮戰船, 果足派往之數與否. 兵若干, 領兵去者何官, 可詳查確實, 速令蘇爾德等來奏. 其島若易攻則攻之. 不易攻, 亦速令人來奏, 俟朕諭旨到時, 再行攻取. 我軍船首須用遮牌, 前攻江華島之船, 式樣可用. 曾帶來否. 若未帶來, 此等船在彼, 可依式製造, 以攻皮島. 至左袒明人之洪翼漢, 原約解來前, 因巡撫不在, 未曾擒獲, 可詢問朝鮮王李倧, 若擒獲時, 爾等嚴護以來. 董阿賴 · 俄羅塞臣 · 噶賴 · 布賽等來時, 可遵前旨, 將留於義州疲馬, 令本主察認, 收取同來, 沿途經過之城邑村堡, 有朝鮮人出迎, 與我軍俘獲之朝鮮人接談者, 當嚴行禁止, 勿令近前. 凡城邑村堡, 有朝鮮人居住者, 我軍經過, 可令兵殿後以行, 駐營之地, 如城邑村堡人民聚處, 務宜遠離, 以防誘逃.

술더이가 출발할 때 주상이 다시 도르곤 등에게 명하여 유시를 전하게 했다. 「구사어전 아산(asan, 阿山) · 여천(yecen, 葉臣)을 보내어 버이서 쇼토를 돕게 하라. 쇼토와 구사어전 아산 · 여천 · 석정주 · 삼순왕(三順王) 등은 한곳에서 모이는 것이 옳다. 피도(皮島)를 공격할 날과 우리나라의 전선(戰船)과 조선의 전선이 어느 곳에서 모일지 정하고 그곳에서 승선하여 어느 날에 피도를 공격하여 취할 것인지 모여 자세히 의논하라. 또한 조선 전선이 과연 충분히 파견되어 왔는지 그 병력은 얼마나 되고 통솔은 누가 맡았는지 상세히 조사하고 확인해서 속히 술더이 등에게 보고하게 하라. 그 섬이 만약 공략하기 쉽다면 곧바로 공격하라. 공략하기 어렵다면 속히 사람을 보내 보고하고 짐의 지시가 도착할 때까지 기다렸다가 다시 공격하여 취하라. 아군 전선의 뱃머리에 반드시 방패를 사용하라. 이전에 강화도를 공략한

배는 형태가 사용할 만했는데 가져왔는가? 가져오지 않았다면 그곳에서 그 양식대로 건조하여 피도를 공격하라. 명나라 사람을 두둔한 홍익한(洪翼漢)을 원래 약속대로 보내오기로 했는데 체포할 순무(巡撫)가 부재하여 아직 체포하지 못했으니 조선왕 이종(李倧)에게 물어보고, 체포하면 너희가 엄히 호송하여 데려오라. 둥갈라이(dunggalai, 董阿賴)·올로서천(olosecen, 俄羅塞臣)·가라이(garai, 噶賴)·부샤이(bušai, 布賽) 등이 올 때 이전의 유지에 따라 의주에 남겨 둔 피로한 말을 본래 주인에게 찾게 해서 거두어들여 함께 돌아오라. 군대가 지나가는 성읍촌보에서 조선인이 나와서 맞이하며 아군이 노획한 조선인과 대화를 나누는 것을 엄히 금지하고 가까이 오지 못하게 하라. 성읍촌보에 조선인이 거주하고 있으면 우리 군대가 지나갈 때 군대의 후미를 엄호하며 가라. 숙영하는 곳은 성읍촌보의 인민 거주지와 반드시 멀리 떨어뜨려서 포로를 유인하여 도망치는 것을 방지하라.」

○ 丁亥, 留守盛京和碩鄭親王濟爾哈朗, 鎭守西邊牛庄多羅武英郡王阿濟格, 鎭守北邊噶海, 多羅饒餘·貝勒阿巴泰等, 遣恩格德, 阿布達禮, 齎奏言, 皇上親統六師, 南討朝鮮, 德威遠播, 所向無敵, 近聞平定朝鮮捷音, 中外臣庶, 懽忭無已. 更仰賴皇上洪福, 淸寧宮, 及諸王·貝勒等家, 並皆康吉, 隨遣英俄爾岱·偕恩格德·阿布達禮, 還盛京, 令諸王羣臣, 於二十里外來迎.

○ 정해일(2.17), 성경(盛京)에 남아서 지키는 호쇼이 정친왕 지르갈랑, 서쪽 변경의 우장(牛庄)을 진수(鎭守)하는 도로이 무영군왕 아지거, 북쪽 변경의 가하이(gahai, 噶海)를 진수(鎭守)하는 도로이 요여 버일러 아바타이 등이 엉거더이(enggedei, 恩格德)·압다리(abdari, 阿布達禮)를 보내 상주했다. 「황상께서 친히 육사(六師)를 통솔하여 남쪽

의 조선을 토벌하시니, 덕위가 널리 퍼져서 나아가는 곳마다 적이 없습니다. 근래에 조선을 평정한 승전보를 듣고 내외의 신하와 백성들이 매우 기뻐합니다. 황상의 홍복으로 청녕궁 및 여러 왕들과 버일러들의 집은 모두 안녕합니다.」 뒤이어 주상은 잉굴다이 · 엉거더이 · 압다리를 성경(盛京)에 보내고 여러 왕과 신하들에게 20리 밖으로 나와서 맞이하게 했다.

○ 是日, 黑龍江地方額蘇里屯內, 俄倫扎爾固齊 · 克訥布魯率九人至, 奏言額蘇里屯東約六日程, 有從未通我國者三十九屯. 今欲來貢, 不知納貢禮儀, 求我等同. 皇上使臣一人至彼, 即備方物隨使臣入貢. 爲此特遣人來, 其所獻之物, 貂 · 狐皮二百有六, 貂狐衣服七領, 謹奏.

○ 이날 흑룡강 지방의 어수리 촌락(esuri gašan, 額蘇里屯)의 오론 자르구치(oron jargūci, 俄倫扎爾固齊) · 커너불루(kenebulu, 克訥布魯)가 9명을 데리고 와서 상주하여 말했다. "어수리 촌락에서 동쪽으로 6일 거리에 우리나라와 왕래하지 않은 자들이 39촌락 있습니다. 이제 공물을 바치고자 하나 공물을 바치는 예의(禮儀)를 알지 못해 우리에게 청하기를 황상의 사신(使臣) 한 명이 그곳에 가면 곧 방물을 갖추어 사신을 따라 입공(入貢)하겠다고 합니다. 이에 특별히 사람을 파견하여 와서 바친 물건이 담비와 여우가죽 206장, 담비와 여우가죽으로 만든 옷 7벌입니다. 삼가 아룁니다."

○ 先是, 和碩鄭親王濟爾哈朗, 令護軍校喇巴什希 · 侍衛牙巴蘭, 率護軍五人, 同鎭守噶海多羅饒餘貝勒阿巴泰, 會兵捉生. 阿巴泰遣護軍參領囊古·馬克圖·噶巴喇, 及噶海守臣卦爾察·尼堪, 率護軍百三十人·駐守噶海騎兵十人, 共百四十人, 於初六日, 由噶海起行, 初九夜, 入明境, 初十日, 至錦州·義州界, 獲二步卒而還.

○ 이전에 호쇼이 정친왕 지르갈랑이 호군교(護軍校) 라바시히(labasihi, 喇巴什希)·시위(侍衛) 야바란(yabaran, 牙巴蘭)에게 호군 5명을 이끌고, 가하이(gahai, 噶海)를 수비하는 도로이 요여 버일러 아바타이와 함께 군사를 모아 포로를 잡도록 했다. 아바타이는 호군참령 낭구(nanggū, 囊古)·막투(maktu, 馬克圖)·가발라(gabala, 噶巴喇) 및 가하이를 수비하는 구왈차 니칸을 보내어 호군 130명, 가하이를 수비하는 기병(騎兵) 10명, 총 140명을 이끌고 6일에 가하이에서 출발하여 9일 밤에 명나라의 국경으로 들어갔고 10일에 금주(錦州)·의주(義州) 경계에 이르러 보병 2명을 붙잡아 돌아왔다.

○ 虎爾哈部落託科羅氏·克益克勒氏·耨野勒氏頭目, 率六十人至盛京, 貢貂狐皮等物.

○ 후르카 부락의 토코로(tokoro, 託科羅) 씨·커이커러(keikere, 克益克勒) 씨·너오열러(neoyele, 耨野勒) 씨의 두목이 60명을 이끌고 성경(盛京)에 왔다. 담비와 여우가죽 등의 물건을 바쳤다.

○ 戊子, 大軍還入邊界, 前因馬疲, 假朝鮮義州馬匹三百. 至是, 發還, 各給其本主收領.

○ 무자일(2.18), 대군이 변경의 경계로 되돌아왔는데, 이전에 말이 피로해 조선 의주의 말 300마리를 빌린 적이 있었다. 이때에 반환하여 각각 본래 주인에게 가져가게 했다.

○ 庚寅, 上渡太子河, 詣迎水寺, 禮佛. 諭衆僧曰, 爾等既奉佛教, 務講明經典, 潔治身心, 克守清規, 方爲有益. 若口宣佛號, 身多敗行, 有玷清規, 究何益哉. 諭畢, 命賞大寧·迎水兩寺僧人銀兩.

○ 경인일(2.20), 주상이 태자하(太子河)를 건너 영수사(迎水寺)에 이르러 예불(禮佛)을 드렸다. 여러 승려들에게 유시했다. "너희는 불교를 받들어 경전을 강구(講究)하여 밝히는 데 힘쓰고 있다. 몸과 마음을 깨끗이 다스려 청정한 규율을 지켜야 유익하다. 만약 입으로는 부처의 이름을 말하고 몸으로는 악행을 일삼아서 청정한 규율을 욕보이면 불경의 강구가 무슨 이익이 있겠는가?" 유시한 후 대녕사(大寧寺)와 영수사(迎水寺)의 승려들에게 은량(銀兩)을 상으로 주라고 명했다.

○ 是日, 留守盛京和碩鄭親王濟爾哈朗, 遣禮部參政尼堪·哈爾松阿, 工部參政星訥等, 於盛京南二十里塔北石橋後, 除道, 設帷幄. 多羅武英郡王阿濟格·多羅郡王阿達禮, 率貝子文武羣臣及土默特·鄂爾多斯·虎爾哈部落等貢使頭目, 出城二十里迎駕. 時濟爾哈朗以病目未至.

○ 이날 성경(盛京)에 남아서 지키고 있던 호쇼이 정친왕 지르갈랑이 예부참정 니칸·하르숭가(harsungga, 哈爾松阿)·공부참정 싱너(singne, 星訥) 등을 보내 성경(盛京)의 남쪽 20리에 있는 탑의 북쪽 석

교 뒤의 길을 정비하고 장막을 설치했다. 도로이 무영군왕 아지거·도로이 군왕 아달리(adali, 阿達禮)가 버이서들과 문무 신하들 및 투메트·오르도스·후르카 부락 등의 조공사신과 두목(頭目)을 이끌고 성(城)에서 20리 밖으로 나가 어가(御駕)를 맞이했다. 이때 지르갈랑은 눈병이 나서 오지 못했다.

○ 辛卯, 卯刻. 多羅武英郡王阿濟格等, 離營五里許, 恭迎聖駕, 以次序跪於道右, 候駕過, 隨行. 上入行幄, 陞御座. 阿濟格率衆捧賀表跪進, 內國史院大學士剛林, 接表跪宣讀. 表曰, 多羅武英郡王臣阿濟格·多羅郡王臣阿達禮等, 稽首頓首, 謹奏寬溫仁聖皇帝陛下. 皇上親統六師, 南討朝鮮, 兩月之間, 平定而還, 仰見皇上至德弘敷. 天威遠播, 功成迅速, 海島蕩平. 臣等不勝懽忭之至, 謹奉表迎賀以聞. 讀畢, 阿濟格率衆行三跪九叩頭禮. 次土默特·鄂爾多斯·虎爾哈部落貢使頭目等, 行三跪九叩頭禮畢. 於是阿濟格遵上命, 近前一拜. 跪行抱見禮, 次阿達禮跪行抱見禮. 設大宴, 宴畢起行. 至盛京謁堂子, 行三跪九叩頭禮畢. 自懷遠門入, 未刻, 還清寧宮.

○ 신묘일(2.21), 묘시에 도로이 무영군왕 아지거 등은 군영에서 5리 가량 떨어진 곳에서 어가(御駕)를 공손하게 맞이하며 길 오른쪽에서 서열대로 무릎 꿇고 있다가, 어가가 지나간 후 따라갔다. 주상은 장막에 들어가 어좌(御座)에 올랐다. 아지거가 무리를 이끌고 하례하는 표문을 무릎 꿇고 올리자, 내국사원대학사(內國史院大學士) 가린이 표문을 받아서 꿇어앉아 낭독했다. 표문(表文)에서 말했다. 「도로이 무영군왕 아지거·도로이 군왕 아달리 등이 머리를 조아려 관온인성 황제 폐하께 삼가 아뢰니다. 황상께서 친히 육사(六師)을 이끌고 남쪽으로 조선을 정벌하여 2개월 만에 평정하고 돌아오셨으니 황상의 지

극한 덕이 널리 펼쳐짐을 우러러봅니다. 하늘의 위엄이 널리 퍼지고 공적을 신속하게 이루셨으며 해도(海島)를 평정하셨습니다. 신들은 지극한 기쁨을 참을 수 없어 삼가 하례하는 표문을 올려 경사를 맞이함을 아룁니다.」 낭독한 후 아지거가 무리를 이끌고 삼궤구고두의 예를 행하였다. 이어서 투메트 · 오르도스 · 후르카 부락의 조공사신과 두목들이 삼궤구고두의 예를 행했다. 이에 아지거가 주상의 명령에 따라 가까이 나아가 일배(一拜)하고 꿇어앉아 포견례(抱見禮)를 행하였다. 다음으로 아달리가 꿇어앉아 포견례를 행하였다. 큰 연회를 베풀고 연회가 끝나자 출발했다. 성경(盛京)에 도착하자 당자(堂子)에 배례하고 삼궤구고두의 예를 행했다. 회원문(懷遠門)으로 들어가 미시(未時)에 청녕궁으로 돌아왔다.

○ 壬辰, 以平定朝鮮, 董鄂公主 · 章嘉和碩公主 · 占河和碩公主 · 喀爾喀和碩公主 · 國舅阿布泰妻和碩格格, 皆入清寧宮, 朝賀.

○ 임진일(2.22), 조선을 평정한 일로 동고 공주(donggo gungju, 董鄂公主)[3] · 장기야 호쇼이 공주(janggiya i hošoi gungju, 章嘉和碩公主) · 잔 비라의 호쇼이 공주(jan bira i hošoi gungju, 占河和碩公主)[4] · 칼카의 호

3 동고 공주(donggo gege, 1578-1652)는 누르하치의 첫째 딸이고 어머니는 누르하치의 첫째 정실부인 퉁갸 씨(tunggiya hala, 佟佳氏) 하하나 자칭(hahana jacing)이다. 동고 부의 호호리(hohori, 1561-1624)와 결혼했기 때문에 '동고 공주'라고 불렸다. 이름이 눈저(nunje, 嫩哲)로 알려져 있지만 누르하치의 둘째 딸도 눈저로 불리기도 한다.

4 잔 비라의 공주(jan bira i gungju, 沾河公主, 1587-1646)는 누르하치의 둘째 딸이고 어머니는 누르하치의 側妃인 이르건 기오로 씨이다. 沾河寨(jan bira gašan)의 수장 양슈(yangšu, 揚書)의 아들 다르한(darhan, 達爾漢)과 결혼했기 때문에 占河公主(jan birai gungju)라고 불렀다. 다르한의 어머니는 누르하치의 여동생

쇼이 공주(kalka i hošoi gungju, 喀爾喀和碩公主)[5] · 국구(國舅) 압타이(abtai, 阿布泰)의 처(妻)인 호쇼이 거거(hošoi gege, 和碩格格)가 모두 청녕궁에 들어와 조하(朝賀)했다.

○ 癸巳, 諭戶部曰, 朕聞巨家富室有積儲者, 多期望穀價騰貴, 以便乘時射利. 此非憂國之善類. 實貪吝之匪人也. 此等匪人, 自謂人莫己知, 殊不知衆誰汝掩, 必至敗露. 向者因國賦不充, 已令八家各輸藏穀, 或散賑或糶賣. 今八家有糧者, 無論多寡, 盡令發賣. 伊等何不念及於此. 今後固倫公主 · 和碩公主 · 和碩格格及官民富饒者, 凡有藏穀, 俱著發賣. 若強伊等輸助, 或不樂從, 今令伊等得價貿易, 而或不聽從, 是顯違國家之令, 可乎.

○ 계사일(2.23), 호부에 유시했다. "짐이 듣기에, 번창하고 부유한 집안들 가운데 곡식을 쌓아 놓고 곡식 가격이 비싸지기를 바라고 있다가 기회를 틈타서 이익을 노리는 자가 많다고 한다. 이것은 나라를 걱정하는 선한 무리가 아니다. 참으로 탐욕스럽고 인색한 도적이다. 이 같은 도적은 남들이 자신을 알지 못할 것이라 생각하나, 사람들 가운데 누가 그를 숨겨 주겠는가? 반드시 발각될 것을 모르는 것이다.

이기 때문에 다르한은 누르하치의 외조카이자 사위이다. 잔 비라의 공주는 본서 권16에서 얀저 거거(yanje gege, 鄢哲格格)라고 기록되어 있다. 얀저 외에 눈저(nunje, 嫩哲)로도 알려져 있지만 첫째 딸인 동고 공주(donggo gege, 董鄂公主)도 눈저로 불리기도 한다.

5 칼카의 호쇼이 공주는 구르부시와 결혼한 누르하치의 여덟째 딸 송고투 공주(songgotu gege, 松古圖, 1612-1646)를 가리키는 것으로 보인다. 구르부시(?-1661)는 내칼카의 타이지로서 시라무렌 유역에서 유목하다가 1621년 누르하치에게 귀부한 후 송고투 공주와 결혼했다.

지난번 나라의 부세(賦稅)가 부족하여 팔가(八家)에게 각기 저장해 둔 곡식을 내어 풀어서 진휼하거나 팔게 했다. 지금 팔가 중에 곡식을 소유한 자는 많고 적음을 따지지 말고 전부 내다 팔아야 한다. 너희는 어찌 여기까지 생각이 미치지 않는가. 지금부터 구룬 공주(固倫公主)·호쇼이 공주(和碩公主)·호쇼이 거거(和碩格格) 및 관원과 민인 가운데 부유한 자들은 저장해 놓은 곡식이 있으면 모두 팔아야 한다. 만약 너희에게 억지로 기부하게 하면 기꺼이 따르지 않을까 봐 지금 시가대로 팔게 하는데, 이것을 따르지 않으면 국가의 명령을 명백하게 어기는 것이니 그래서야 되겠는가?"

○ 又諭戶部曰, 昨歲春寒, 耕種失時, 以致乏穀. 今歲雖復春寒, 然三陽伊始, 農時不可失也. 宜早勤播種, 而加耘治焉. 夫耕耘及時, 則稼無災傷, 可望有秋. 若播種後時, 耘治無及, 或被蟲災, 或逢水潦, 穀何由登乎. 凡播穀必相其土宜, 土燥則種黍穀, 土濕則種秫稗. 各屯堡撥什庫, 無論遠近, 皆宜勤督耕耘. 若不時加督率, 致廢農事者, 罪之.

○ 또 호부에 유시했다. "작년 봄에 추워서 농사 시기를 놓쳤기 때문에 곡식이 모자라게 되었다. 올해 봄도 또 춥지만 봄이 시작되니 농사 시기를 놓치면 안 된다. 서둘러 부지런히 씨를 뿌리고 김을 매서 돌보아야 한다. 농사는 적시에 이루어져야 농가가 피해를 입지 않으며 추수를 바랄 수 있는 것이다. 씨 뿌리는 시기가 늦어지고 김매는 시기를 놓치면 병충해를 입거나 수해를 입게 되니 곡식 가격이 어찌 오르지 않겠는가. 곡식을 파종하는 것은 반드시 토질에 알맞아야 하니, 건조한 땅에는 기장과 잡곡을[6] 심고 습한 땅에는 수수와 피를[7] 심어야 한다. 각 마을의 보쇼쿠(bošokū, 撥什庫)는 멀고 가까움에 관계없이 모

두 부지런히 밭을 갈고 김매도록 감독해야 한다. 만약 감독을 제때 하지 않아 농사를 망치면 벌주겠다."

○ 又諭鎭守噶海多羅饒餘貝勒阿巴泰曰, 噶海四旗護軍, 駐防日久. 爾可率之還京, 以便遣兵更代. 其鎭守噶海之前鋒, 與鎭守開城之前鋒, 著合爲一隊, 於大都爾鼻地方, 不拘前後, 相其有草處駐營. 駐營之地, 止可離都爾鼻一二十里. 自噶海還時, 爾可遣護軍參領一員, 以前鋒數目, 造冊備查. 其應更代之前鋒, 俟休息馬匹, 然後更代. 至於現在鎭守噶海等官, 當令其勤飭農民, 不可因天氣尚寒, 欲姑緩以俟暄和, 致失春時耕植, 有荒農務也. 前鋒參領沙爾虎達, 可令單騎星馳至盛京.

○ 또 가하이(gahai, 噶海)를 진수(鎭守)하는 도로이 요여 버일러 아바타이에게 유시했다. "가하이에 있는 4기(旗)의 호군은 주둔하며 방어한 지 오래되었다. 네가 그들을 이끌고 성경(盛京)으로 돌아오면 곧 병사를 보내 교대하겠다. 가하이를 진수하는 전봉(前鋒)과 개성(開城)을 진수하는 전봉을 합쳐서 하나의 군대로 만들고 대두르비(amba durbi, 大都爾鼻) 지역에서는 전방과 후방을 가리지 않고 풀이 있는 곳을 골라 군영을 주둔시킨다. 군영을 세워 주둔하는 지역은 오직 두르비에서 10-20리 떨어진 곳으로만 하라. 가하이에서 돌아올 때 너는 호군참령 1명을 보내어 전봉의 숫자를 책으로 만들어 조사에 대비하라.

---

6 黍穀은 『내국사원당』에 je fisihe yaya jeku(조, 기장, 여러 곡식)으로 기록되어 있다. 『內國史院滿文檔案譯註 崇德二·三年分』, p.138.

7 秫稗은 『내국사원당』에 šušu hife(수수, 피)로 기록되어 있다. 『內國史院滿文檔案譯註 崇德二·三年分』, p.138.

교대해야 하는 전봉은 말이 휴식하는 것을 기다린 뒤에 교대한다. 현재 가하이 등을 진수하는 관원들은 마땅히 농민들에게 신칙(申飭)하여, 날씨가 아직 차다고 농사를 잠시 늦추고 따뜻해지기를 기다리다 봄철 경작시기를 놓쳐 농사를 망치지 않게 하라. 전봉참령 샤르후다는 혼자 말을 타고 밤새워 달려 성경으로 오라."

○ 又諭鎭守開城騎兵將領曰, 爾等八人, 可率駐防開城之騎兵還. 爾等還時, 當徑至盛京, 不可旁入村堡. 前鋒著全往大都爾鼻, 與碩翁科羅巴圖魯勞薩合營. 其事已於噶海諭旨中, 悉之.

○ 또 개성(開城)을 진수(鎭守)하는 기병장령(騎兵將領)에게 유시했다. "너희 8명은 개성에서 주둔하는 기병(騎兵)을 이끌고 돌아와라. 너희는 돌아올 때 지름길을 택해 성경에 와야 하고 주변의 촌보(村堡)에 들어가서는 안 된다. 전봉들은 모두 대두르비로 가서 숑코로 바투루 로오사와 군영을 합하라. 그 일은 이미 가하이(gahai, 噶海)에 내린 유지(諭旨)에 모두 있다."

○ 甲午, 召土默特·鄂爾多斯貢使, 至崇政殿, 賜宴. 仍命七家, 照例以次宴之.

○ 갑오일(2.24), 투메트·오르도스의 조공사신을 숭정전(崇政殿)으로 불러서 연회를 베풀었다. 이어서 칠가(七家)에게 정례(定例)에 따라 차례대로 연회를 베풀도록 했다.

○ 乙未, 朝鮮國王李倧遣官, 解左袒明人之臺諫官洪翼漢, 至盛京.

○ 을미일(2.25), 조선국왕 이종(李倧)이 파견한 관원이 명나라를 두둔한 대간관(臺諫官) 홍익한(洪翼漢)을 압송해 성경(盛京)에 왔다.

○ 丙申, 召虎爾哈部落頭目等, 至崇政殿, 賜宴. 仍命七家, 照例以次宴之.

○ 병신일(2.26), 후르카 부락의 두목(頭目)들을 불러 숭정전(崇政殿)에 오자 연회를 베풀었다. 이어서 칠가(七家)에게 정례(定例)에 따라 차례로 연회를 베풀게 했다.

三月, 庚子朔.

○ 3월 경자일 초하루(3.1).

○ 甲辰, 斬朝鮮國臺諫官洪翼漢 · 校理尹集 · 修撰吳達濟, 以徇. 以其倡議袒明, 敗盟搆兵故也.

○ 갑진일(3.5), 조선국의 대간관(臺諫官) 홍익한(洪翼漢) · 교리(校理) 윤집(尹集) · 수찬(修撰) 오달제(吳達濟)를 참수하고 조리돌렸다. 명나라를 두둔하여 맹약을 저버리고 전쟁을 일으키자는 논의를 주장했기 때문이다.

○ 乙巳, 召諸喇嘛, 至崇政殿, 賜宴.

○ 을사일(3.6), 여러 라마들을 숭정전(崇政殿)으로 불러서 연회를 베풀었다.

○ 是日, 諭朝鮮國義州官員曰, 方春和時, 不可廢棄農業, 當勤力耕種. 現在我國凱旋大軍經過, 可即收集爾民人妻子, 令各避匿. 止令丁男於大軍凱旋之路哨探, 如大軍至, 須約束耕種人等一併避匿. 今朕躬先歸, 漢人蒙古各處兵馬紛集, 雖經嚴飭軍士, 然恐陽奉陰違. 執爾等耕種之人冒稱俘獲, 亦未可知. 待大軍過後, 人民妻子令各還本籍, 依舊勤務農業. 其宣示爾屬百姓知悉.

○ 이날 조선국 의주(義州) 관원에게 유시했다. "바야흐로 봄이 화창한 때에 농사를 버려둘 수 없으니 힘써 농사지어야 한다. 지금 우리나라의 개선한 대군(大軍)이 지나가니 너희의 백성과 처자를 거두어서 각자 피하게 하라. 다만 성인 남자는 대군이 개선하는 길을 살피고 있다가, 만일 대군이 도착하면 반드시 농사짓는 사람들을 단속하여 모두 피신하게 하라. 지금 짐(朕)이 먼저 돌아가고 각지의 한인과 몽고인의 군대가 모여드니, 비록 군사들에게 엄하게 신칙했지만 앞에서는 순종하고 속으로는 딴마음을 먹을까 걱정된다. 너희 농사짓는 사람을 잡아 포로라고 속이면 이 또한 알 수 없다. 대군이 지나가기를 기다린 후에 백성과 처자를 각각 본적(本籍)으로 돌려보내서 이전대로 농사에 힘쓰게 하라. 너의 속하 백성들에게 선포해 모두 알게 하라."

○ 丁未, 命多羅武英郡王阿濟格率兵千人, 往濟征皮島軍.

○ 정미일(3.8), 도로이 무영군왕 아지거에게 명하여 병사 1,000명을 이끌고 가서 피도(皮島)를 정벌하는 군대를 돕게 했다.

○ 是日, 巳刻. 上率諸王 · 貝勒等, 出地載門, 巡視都爾鼻築城處.

○ 이날 사시(巳時)에, 주상이 여러 왕과 버일러들을 이끌고 지재문(地載門)에서 나와 두르비의 성을 쌓고 있는 곳에 가서 순시했다.

○ 辛亥, 淸明節. 遣官, 祭福陵.

○ 신해일(3.12), 청명절, 관원을 보내어 복릉(福陵)에 제사 지냈다.

○ 癸丑, 上行獵以圍場中斷獸逸, 罰瓦克達阿格 · 和爾本 · 塔海 · 昂阿昂邦四人, 所乘馬入官.

○ 계축일(3.14), 주상이 사냥하다가 포위열의 중간이 끊어져 짐승들이 달아났기 때문에, 왁다 아거(wakda age, 瓦克達阿格) · 홀본(holbon, 和爾本) · 타하이(tahai, 塔海) · 앙가 암반(angga amban, 昂阿昂邦) 4명을 벌하고 그들이 타던 말을 관에 몰수했다.

○ 戊午, 蓋州城守梅勒章京李思忠奏言, 臣等奉命管理蓋州城垣, 俱係舊築, 其土墻不堅者八十三丈, 破裂者三十丈, 未破裂而不堅者五十三丈. 前已報知工部, 據工部咨稱, 已盡調漢人往北邊供役, 蓋州破裂城垣可令滿漢蒙古兵餘丁, 自燒灰甎修砌等語. 又據滿漢蒙古兵丁呈稱, 蓋州地處邊境, 軍士防守共有十處, 不分晝夜冬夏, 每日偵探緝逃, 修墻浚壕, 防守鹽魚二場, 至夜復登城巡視. 今如令餘丁自燒灰甎興工修城, 儻失農業, 士馬何所恃以飽騰等語. 臣等三人會議親赴工部, 告知孟阿圖. 孟阿圖言, 俟皇上回鑾酌定. 今我皇上平定朝鮮班師. 臣等因思城垣破裂處所, 當不時巡視. 今若析毁修砌, 不過仍用土築, 不若候北工告成之後. 仰乞皇上天恩, 寬限三年, 於凡土築及破裂處, 俱用甎修砌, 庶城垣可以永久堅固, 而及今亦得盡力耕種, 兵民各戴聖恩矣. 上覽奏, 命暫停今年工作, 餘照議修築.

○ 무오일(3.19), 개주성(蓋州城)을 지키는 머이런장긴 이사충(李思忠)이 상주하여 말했다. 「신들은 명을 받들어 개주성의 담장을 관리하고 있으나 모두 이전에 쌓은 것입니다. 그 흙담 중에서 견고하지 못한 곳이 83장(丈), 무너진 곳이 30장, 무너지지 않았지만 견고하지 못한 곳이 53장입니다. 이전에 공부에 보고하여 알리니 공부의 자문(咨文)에서 말했습니다. "한인을 모두 징발해 북쪽 변경에 공역(供役)을 보냈으니, 개주(蓋州)의 파손된 담장은 만주·한인·몽고병의 여정(餘丁)에게 직접 회벽돌을 굽고 수리해 쌓게 하라."

또한 만주·한인·몽고 병정에 관한 정문(呈文)에서 말했습니다. "개주(蓋州)는 변경지역에 있어서 군사(軍士)들은 모두 10곳을 지키며 밤낮과 계절 구분 없이 매일 순찰하고 도망자를 체포하고 담장을 수리하고 해자를 준설하는 한편 염장(鹽場)과 어장(漁場) 두 곳을 지키며 밤이 되면 다시 성에 올라 순시합니다. 지금 만일 여정(餘丁)에게 직접 회벽돌을 굽게 하고 공사를 일으켜 성을 수리하게 해서 농사를 망치면 군사와 말이 어찌 배불리 먹고 말을 탈 수 있겠습니까?"

신들 3명이 모여 의논하고 직접 공부에 가서 뭉가투에게 알렸습니다. 뭉가투는 "황상께서 환궁하여 결정하시기를 기다리겠다."라고 했습니다. 이제 우리 황상께서 조선을 평정하고 군대를 이끌고 돌아오셨습니다. 신들이 성의 담장이 무너진 이유를 생각해 보건대 수시로 살펴보지 않았기 때문입니다. 지금 훼손된 곳을 수리하면 담장의 수리는 예전대로 흙으로 쌓는 것에 불과하니 북쪽의 공사가 완성되기를 기다리는 것이 낫습니다. 황상의 하늘과 같은 은혜를 바라오니 3년을 늦추어 흙으로 쌓은 부분과 파손된 곳을 모두 벽돌로 수리하면 성의 담장이 영구히 견고해질 수 있고 지금 경작에 온힘을 쏟을 수 있게 되어 병사와 농민이 성은(聖恩)을 입을 것입니다.」

주상이 상주를 보고 올해 공사를 잠시 멈추게 하고 나머지 부분은 의논하여 수리하게 했다.

○ 是日, 天色黃暗雨土.

○ 이날 하늘의 색이 누렇고 어두워지더니 흙비가 내렸다.

○ 己未, 遣達代, 統每旗護軍校各一人, 每牛彔甲士各一人, 攜家口往都爾鼻駐防.

○ 기미일(3.20), 다다이(dadai, 達代)를 파견하여 기(旗)마다 호군교 각 1명과 니루마다 갑사(甲士) 각 1명씩을 통솔하여 가구(家口)를 이끌고 두르비에 가서 주둔했다.

夏四月，庚午朔.

○ 여름 4월 경오일 초하루(4.1).

○ 甲戌，和碩睿親王多爾衮遣蘇拜等，奏報入質朝鮮國王諸子及大臣諸子家口數目. 世子李溰家口，男子八名·婦人十一口·家丁九名·太監七名·掌庫司庖及使令人役共二十二名. 次子李淏家口，婦人五口·家丁三名·使令人役十六名·軍役皂隸四十四名. 尙書安一訓，侍郎樸魯·樸黃，武官李集思，文官李明順·米應夏·李澤高·甄類成·李奎，隨從官四員·醫生四名·通事三名·書辦四名·伴當三十一名. 大臣質子，禮部尙書子一人·工部尙書子一人，其家口共一百八十二名口，馬六十四匹. 其李溰·李淏與其妻，不在其內，又護送官二員·從人三百五十名，馬三百三匹.

○ 갑술일(4.5), 호쇼이 예친왕(睿親王) 도르곤이 수바이(subai, 蘇拜) 등을 보내 인질로 삼은 조선국왕의 자식들 및 대신들의 자식들과 가구(家口)의 항목을 상주하여 아뢰었다. 「세자 이왕(李溰)의 가구는 남자 8명·부인 11명·가정(家丁) 9명·태감 7명·창고를 관리하고 요리 및 심부름의 역(役)을 하는 사람 22명입니다. 둘째 아들 이호(李淏)의 가구는 부인 5명·가정(家丁) 3명·심부름꾼 16명·군역조예(軍役皂隸) 44명입니다. 상서(尙書) 안일훈(安一訓; 南以雄), 시랑(侍郎) 박로(樸魯; 朴簹)·박황(樸黃; 朴潢), 무관(武官) 이집사(李集思), 문관(文官) 이명순(李明順; 李命雄)·미응하(米應夏; 閔應協)·이택고(李澤高; 李時楷)·견류성(甄類成; 鄭雷卿)·이규(李奎; 李禬)·수행한 관원 4명·의원 4명·통역 3명·서판(書辦) 4명·반당(伴當) 31명입니다. 대신(大

臣)의 인질은 예부상서(禮部尙書)의 아들 1명 · 공부상서(工部尙書)의 아들 1명, 그 가구가 모두 182명, 말이 64마리입니다. 이왕(李漟)과 이호(李淏)와 그 처들은 여기에 포함되지 않습니다. 또 호송관(護送官) 2명 · 종인(從人) 350명, 말 330마리가 있습니다.」

○ 丙子, 開城防守哈哈納輪值偵探, 因齒痛遣本旗傅夸蟾牛彔下巴爾都善, 往告噶喇額眞卦喇. 巴爾都善還曰, 卦喇令我往偵探. 於是以巴爾都善爲首領. 以往巴爾都善, 不駐朱陸蒙安地方, 乃旁居他所. 使顔布祿牛彔下喀賴, 代松阿牛彔下艾塔喀, 扈什布牛彔下敖達三人躡踪, 獲逃人四, 縛之 以還. 逃人紿之曰, 我有爐餠, 欲取食之. 因解其縛, 逃人取斧斫死敖達, 奪喀賴弓而去. 薩必圖 · 卦喇 · 哈哈納 · 卓布退 · 嚴代 · 俄密納 · 隨瑞等, 往追之斬三人, 其一逸去, 事下法司鞫之, 論喀賴罪死奏聞. 上命免死, 鞭一百貫耳鼻, 巴爾都善 · 艾嗒喀各鞭一百, 以卦喇不遣章京, 而以甲士爲首領, 罰銀五十兩, 哈哈納稱齒痛, 不自行偵探, 革一前程, 罰銀五十兩. 仍賠一人, 以抵砍死之數.

○ 병자일(4.7), 개성(開城)을 방어하는 하하나(hahana, 哈哈納)는 자신이 정탐할 차례였는데, 이가 아프다는 이유로 본 기(旗)의 푸카찬(fukacan, 傅夸蟾) 니루 속하의 발두샨(baldušan, 巴爾都善)을 파견해서 잘란어전 구와라(gūwara, 卦喇)에게 가서 알리게 했다. 발두샨이 돌아와 말했다. "구와라가 나에게 정탐하러 가게 했습니다." 이에 발두샨을 수령(首領)으로 삼았다. 이후 발두샨은 주루 뭉간(juru munggan, 朱陸蒙安) 지방에 주둔하지 않고 부근의 다른 곳에 거주했다. 얌불루(yambulu, 顔布祿) 니루의 카라이(karai, 喀賴), 다이숭가 니루의 아이타카(aitaka, 艾塔喀), 후시부(hūsibu, 扈什布) 니루의 오오다(ooda, 敖達) 세

사람에게 추적하게 하여, 도망자 4명을 사로잡아 포박하여 돌아왔다. 도망자들은 그들을 속여서 말했다. "내가 구운 떡이 있는데 그것을 먹고 싶다." 묶은 끈을 풀어 주자 도망자들이 도끼를 들고 오오다를 찍어 죽이고, 카라이의 활을 빼앗아 달아났다. 사비투(sabitu, 薩必圖)·구와라·하하나·좁토이(jobtoi, 卓布退)·얀다이(yandai, 嚴代)·오미나(omina, 俄密納)·수이몬(suimon, 隨瑞) 등이 그들을 쫓아가서 3명을 목베어 죽이고 1명은 놓쳤다. 이 일을 법사(法司)로 내려보내 그들을 국문하게 했는데, 법사에서 카라이를 사형죄로 논하여 상주했다. 주상은 카라이의 죽음은 면해 주고 채찍 100대를 때리고 귀와 코를 뚫게 했다. 발두샨·아이타카는 각기 채찍 100대, 구와라는 장긴을 보내지 않고 갑사(甲士)를 수령(首領)으로 삼았다는 이유로 벌은(罰銀) 50냥에 처했다. 하하나는 이가 아프다는 핑계로 자신이 정탐하러 가지 않았으므로 일전정(一前程)[8]을 혁직하고 벌은(罰銀) 50냥에 처하고 1명을 배상하여 도끼로 찍혀 죽은 사람을 충당하게 했다.

○ 己卯, 和碩睿親王多爾衮, 攜朝鮮國王子及其大臣子, 至渾河岸, 留之, 先入盛京.

○ 기묘일(4.10), 호쇼이 예친왕(睿親王) 도르곤이 조선국왕의 아들과 대신(大臣)들의 아들을 데리고 혼하(渾河) 연안에 이르러 남겨 두고 먼저 성경(盛京)으로 들어왔다.

8 一前程은 만주어로 emu hafan(1개의 관원)이다. 세습하기 위한 최하 작위는 半個前程이고 만주어로는 절반을 의미하는 emu hontoho라고 했다.

○ 是日, 遣都察院承政國舅阿什·戶部承政英俄爾岱·刑部承政郎球及諸大臣, 率每旗侍衛十員, 出城十里許, 迎朝鮮國王長子李溰·次子李淏及其官屬. 設宴, 宴之, 入城.

○ 이날 도찰원승정 국구(國舅) 아시다르한·호부승정 잉굴다이·형부승정 랑키오 및 여러 대신(大臣)들을 파견하여 각 기(旗)마다 시위(侍衛) 10명씩을 이끌고 성(城)에서 10리 정도 나와서 조선국왕의 장자 이왕(李溰)과 둘째 아들 이호(李淏) 및 관속(官屬)들을 맞이했다. 잔치를 준비하여 그들에게 연회를 베풀고 성으로 들어왔다.

○ 辛巳, 多羅武英郡王阿濟格, 報攻克皮島捷音疏云, 臣等遵奏皇上指授方畧, 於崇德二年四月初八夜, 遣八旗甲喇章京, 率領護軍, 以步軍固山額眞薩穆什喀督之. 續遣步軍章京, 率領步兵, 以固山額眞昂邦章京阿山·葉臣督之, 乘我國所造小船, 攻皮島西北隅. 遣八旗騎軍章京, 率領騎兵, 四邊城章京, 率領全軍四百人及漢軍·三順王兵·朝鮮兵, 乘巨艦. 兵部承政車爾格, 統領前往進攻. 又令漢軍固山額眞昂邦章京石廷柱·戶部承政馬福塔, 從皮島北隅督戰. 時乘我國所造小船, 兵先進遂克其島, 斬其守島總兵沈世奎. 臣等仰賴皇上天威赫濯, 克成大功, 謹先馳報, 其所獲人口·財物俟察實, 另疏再奏.

○ 신사일(4.12), 도로이 무영군왕 아지거가 피도(皮島)를 점령하고 대승을 알리는 소(疏)에서 말했다. 「신들은 황상께서 내려 주신 방략을 따라서 숭덕 2년 4월 8일 밤에 팔기의 잘란장긴을 보내서 호군을 이끌게 하고, 보군(步軍) 구사어전 삼시카에게 그들을 감독하게 했습

니다. 이어서 보군 장긴을 보내 보병을 이끌게 하고, 구사어전 암바장긴 아산(asan, 阿山) · 여천(yecen, 葉臣)에게 감독하게 하여, 우리나라가 만든 작은 배를 타고 피도의 서북쪽을 공격했습니다. 팔기의 기군(騎軍) 장긴을 보내 기병(騎兵)을 이끌게 하고 네 변성(邊城)의 장긴이 전군(全軍)의 400명과 한군(漢軍) · 삼순왕(三順王)의 병사들 · 조선의 병사들을 통솔하여 큰 배에 탔습니다. 병부승정 처르거이는 지휘해서 전진하여 공격했습니다. 또한 한군 구사어전 암바장긴 석정주 · 호부승정 마푸타에게 피도의 북쪽으로 나아가 전투를 통솔하게 했습니다. 이때 우리나라가 만든 작은 배를 타고 병사들이 먼저 나아가, 마침내 피도를 점령하고 섬을 지키던 총병 심세규(沈世奎)[9]를 베었습니다. 신들은 빛나는 황상의 위엄을 우러르고 의지하여 큰 공을 이루었습니다. 삼가 먼저 급히 달려가 보고를 드리고, 획득한 인구와 재물은 그 실상을 살핀 뒤에 별도의 소(疏)를 올려 다시 상주하겠습니다.」

○ 是日, 召宗室叔輩瓦爾喀 · 撒哈席庫, 姑夫蘇巴海 · 般達虎齊, 及雅祜 · 佟阿泰等, 至翔鳳樓, 賜宴, 仍各賜蟒衣一領.

○ 이날 종실 숙부 와르카 · 사하시쿠, 고모부 수바하이(subahai, 蘇巴海) · 인다후치(indahūci, 殷達虎齊) · 야후(yahū, 雅祜) · 퉁가타이(tunggatai, 佟阿泰) 등을 불러 상봉루(翔鳳樓)에 오게 하여 연회를 베풀고 각기 망의(蟒衣) 1벌씩을 하사했다.

---

9 沈世奎: ?-1637. 沈世魁라고도 했다. 원적은 遼陽右衛. 원래 상인이었으나 후금이 요동을 공격할 때 東江總兵 毛文龍에게 투신하여 전공을 세웠다. 미모의 딸을 모문룡의 첩으로 들여 모문룡의 신임과 총애를 받고 중용되었다. 1623년 조선에 파견되어 조선 인조로부터 蟒衣玉帶를 받았다. 1633년부터 1637년까지 東江總兵에 임명되어 피도에 주둔했다. 1637년 청의 공격을 받고 전사했다.

○ 以朝鮮國陪臣備禦金友·吳世昌等, 送質子至, 賜宴於禮部.

○ 조선국 배신 비어 김우(金友)·오세창(吳世昌) 등이 보낸 인질이 도착하자 예부에서 연회를 베풀었다.

○ 癸未, 遣朝鮮國陪臣金友·吳世昌等歸國. 賜宴於禮部.

○ 계미일(4.14), 조선국 배신 김우·오세창 등을 귀국시키며 예부에서 연회를 베풀었다.

○ 甲申, 多羅安平貝勒杜度收集凱旋大軍後隊, 至盛京.

○ 갑신일(4.15), 도로이 안평 버일러 두두가 개선하는 대군(大軍)의 후대(後隊)를 거두어 모아 성경(盛京)에 도착했다.

○ 丙戌, 多羅武英郡王阿濟格, 遣內國史院大學士剛林, 奏報皮島俘獲數目. 皮島原有總兵沈世奎標兵一萬二千, 來援金總兵標兵六百六十, 天津衛董遊擊兵一千七百, 登州王遊擊兵二千, 栢副將·劉副將·吳三化兵二百八十, 吳參將兵四百五十, 惟沈世奎·金總兵·儲副將·屈遊擊等官兵被我軍斬殺甚衆. 所獲蟒素·緞疋四萬二千八百八十, 衣服三千四百一十七, 銀兩三萬一千, 銀器·玉斝及硃砂·瑪瑙·瓀珀·水晶等杯共二百五十三件, 琥珀三枚, 犀牛角二千一百四十對, 布疋·氈條共十九萬一千有奇, 水手三百五十六名, 婦女幼稱三千一百一十六口, 駝 · 馬 · 牛 · 騾 · 驢共六百四十有奇, 大船七十二艘. 紅衣 · 法熕 · 西洋等礮共十位.

○ 병술일(4.17), 도로이 무영군왕 아지거가 내국사원대학사 가린을 보내, 피도(皮島)에서 노획한 항목을 보고했다. 「피도(皮島)에는 원래 총병 심세규(沈世奎)의 표병(標兵) 1만 2,000명이 있었고, 김 총병(金總兵)[10]의 표병(標兵) 660명, 천진위(天津衛) 동 유격(董遊擊)의 병사 1,700명, 등주(登州) 왕 유격(王遊擊)의 병사 2,000명, 백 부장(栢副將) · 유 부장(劉副將) · 오삼화(吳三化)의 병사 280명, 오 참장(吳參將)의 병사 450명이 와서 원조했는데, 심세규(沈世奎) · 김 총병(金總兵) · 저 부장(儲副將) · 굴 유격(屈遊擊) 등 관병 중 우리 군대에게 죽임을 당한 수가 매우 많습니다. 획득한 것은 망단과 비단 4만 2,880, 의복 3,417, 은량 3만 1,000, 은그릇 · 옥잔과 주사(硃砂) · 석영 · 호박 · 수정 등으로 만든 잔 총 253개, 호박 3개, 물소뿔 2,140개, 포필과 담요 총 19만 1,000 남짓, 수수(水手) 356명, 부녀자와 어린아이 3,116명, 낙타 · 말 · 소 · 노새 · 나귀 총 640마리 남짓, 큰 배 72척, 홍의포(紅衣礮) · 법공포(法熕礮) · 서양포(西洋礮) 등 모두 10문입니다.」

○ 戊子, 遣內國史院大學士剛林 · 內秘書院學士詹霸, 齎敕諭征皮島諸王曰, 寬溫仁聖皇帝諭多羅武英郡王 · 恭順王 · 懷順王 · 智順王等. 朕覽王等所奏, 仰體朕心, 恪遵諭旨, 攻克皮島, 明沈金二總

10 金日觀을 가리킨다. 金日觀(?-1637)은 명의 장군으로 1625년에 馬蘭峪의 부총병으로 청과 전투에서 공적을 세워 都督同知로 승진했고 遵化 수복전에서 활약하여 左都督이 되었다. 1637년 청이 조선을 공격하자, 총병 陳洪範과 함께 구원병으로 파견되어 皮島에 주둔하면서 청군과 전투하다 전사했다.

兵, 及將士, 與所部兵被我軍斬獲甚衆, 朕心嘉悅. 此皆王等, 同心戮力之功也, 特諭.

○ 무자일(4.19), 내국사원대학사 가린·내비서원학사 잠바에게 칙유(敕諭)를 가져가게 하여 피도(皮島)를 정벌한 여러 왕들에게 유시했다. 「관온인성황제가 도로이 무영군왕·공순왕·회순왕·지순왕 등에게 유시한다. 짐이 왕들의 상주를 보니, 짐의 마음을 우러러 본받고 정성껏 유지(諭旨)를 따라 피도를 함락시켜 명나라의 심(沈)[11]·김(金)[12] 두 총병 및 장수와 병사, 부(部)의 병사를 죽이고 사로잡은 수가 심히 많다. 짐의 마음이 기쁘다. 이것은 모든 왕들이 같은 마음으로 서로 힘을 모은 공적이므로 특별히 유시한다.」

○ 己丑, 賜歸化城土默特部落貢使山津, 貂鑲朝衣·貂帽·帶鞾, 并其從人銀兩有差.

○ 기축일(4.20), 귀화성 투메트 부락 조공사신 산진에게 담비가죽을 두른 조의(朝衣)·담비가죽 모자·요대·가죽신을 하사하고, 아울러 종인(從人)들에게도 은량을 차등 있게 하사했다.

○ 賜鄂爾多斯部落鍾根福金·貢使什庫·都喇爾吳巴什·圖美濟農屬下車里克特·善達台吉屬下謝進等, 貂鑲朝衣·貂帽·帶鞾等物.

11 沈世奎를 가리킨다.

12 金日觀을 가리킨다.

○ 오르도스 부락 종겐 푸진(jonggen fujin, 鍾根福金), 조공사신 시쿠(siku, 什庫)·두랄 우바시(dural ubasi, 都喇爾吳巴什), 투머이 지농 속하 처릭터이(ceriktei, 車里克特), 샨다 타이지(šanda taiji, 善達台吉) 속하 시여진(siyejin, 謝進) 등에게 담비가죽을 두른 조의(朝衣)·담비가죽 모자·요대·가죽신 등의 물품을 하사했다.

○ 辛卯, 命吏部和碩睿親王多爾衮·兵部多羅貝勒岳託·工部多羅饒餘貝勒阿巴泰·多羅安平貝勒杜度, 集群臣於篤恭殿, 宣諭曰, 固山額眞者乃該旗之主也. 汝等豈非以齋戒故不至大淸門歟. 但不集篤恭殿理事, 乃託言勞苦, 各在家安居, 何爲也. 士卒之馬匹當玆靑草方盛之時, 竝不委人專管收放, 俾其隨處成群餧養肥壯, 乃各於本屯拴繫者, 何故. 若云已出牧放, 何不領取兵部勘合乎. 至於朝鮮婦女, 軍士以力戰得之. 今聞我國之婦女, 沃以熱水, 拷以酷刑, 旣不容爲妾, 又不留爲婢, 妒忌殘虐, 莫此爲甚. 此等婦人, 朕必懲以從夫殉死之例, 法無可宥, 急宜悛改. 寬厚待下, 俾各得所, 則旣往之愆, 庶可免於國法也. 今歲偶值年饑, 凡積穀之家, 宜存任恤之心, 遇本牛彔內有困乏者, 將穀糶賣, 可以取值, 聽人借貸, 可以取息, 若不賣不借, 埋置地中, 以致朽爛, 暴殄天物, 漠視民生, 豈可容於我國乎. 此等情事該管牛彔章京, 宜時加稽察其貧人田土, 無力耕種者, 宜令有力者助之.

○ 신묘일(4.22), 이부 호쇼이 예친왕(睿親王) 도르곤·병부 도로이 버일러 요토·공부 도로이 요여 버일러 아바타이·도로이 안평 버일러 두두에게 명하여 독공전(篤恭殿)에 신하들을 모이게 하고 선유했다. 「구사어전은 그 기(旗)의 주인이다. 너희는 어찌 재계하지 않았다고 하며 대청문(大淸門)에 오지도 않는가. 독공전(篤恭殿)에 모여서 사

무를 처리하지 않고 힘들다고 핑계 대면서 각자 집에서 편안히 있으며 무엇을 하는가? 사졸(士卒)의 말을 요즘 푸른 풀이 무성한 때를 맞아 사람을 시켜 거두어들이거나 방목하며 이동하면서 무리를 이루어 길러서 살찌우지 않고 각기 본 촌락에 묶어 두는 것은 무엇 때문인가? 만약 나가서 방목했다면 어찌 병부에게 감합(勘合)을 받지 않는가? 조선의 부녀자들을 군사들이 힘을 다해 싸워 얻었다. 지금 들으니 우리나라 부녀자가 뜨거운 물을 붓고 가혹한 형벌로 고문하며, 첩(妾)이 되는 것을 용납하지 않고 비(婢)로 두지도 않으며 질투와 잔혹함이 더할 수 없이 심하다고 한다. 이러한 부녀자를 짐은 반드시 남편을 따라 죽는 정례(定例)로 징벌하고 용서하지 않을 것이니 시급히 고쳐야 한다. 아랫사람을 너그럽게 대하여 각자의 자리에 있게 하면 과거의 허물은 모두 국법으로 면해 줄 것이다. 올해 흉년으로 기근을 당했는데, 곡식을 쌓아 둔 집은 마땅히 구휼할 마음을 가지고 자기의 니루에서 곤궁한 자가 있으면 곡식을 팔아 그 값을 취하고 요청하는 자에게 빌려주어 그 이자를 취할 수 있다. 만일 팔거나 빌려주지 않고 땅에 묻어 두어 썩게 하면 천하 만물을 낭비하고 민생을 경시하는 것이니 우리나라에서 용납할 수 있겠는가? 이러한 사정에 대해 해당 니루장긴은 알맞은 때에 빈민과 경작지를 조사하여 경작할 수 없는 자를 힘 있는 자가 돕게 해야 한다.」

○ 癸巳, 賜土默特部落貢使阿古舒稜格等, 貉裘·銀兩有差.

○ 계사일(4.24), 투메트 부락 조공사신 아구 슈렁거(agū šulengge, 阿古舒稜格) 등에게 오소리 가죽옷, 은량을 차등 있게 하사했다.

○ 丁酉, 命固山貝子尼堪·羅託·博洛等, 與議國政, 每旗各設議政大臣三員. 以輩阿岱·圖賴·錫翰·譚布·巴哈·阿喇善·阿爾海·達哈塔·碩翁科羅巴圖魯勞薩·布賽·諄退·巴布賴·韓岱·阿爾津·拜·吳拜·雅賴·揚善·俄羅塞臣·哈寧噶·英俄爾岱·郎球·額駙多爾濟·薩穆什喀·超哈爾·席翰·沙爾虎達·德爾得赫等充之. 上御翔鳳樓, 集和碩親王·多羅郡王·多羅貝勒·固山貝子·固山額眞·都察院承政, 及新設議政大臣, 諭之曰, 向來議政大臣, 或出兵, 或在家有事, 諮商人員, 甚少. 倘遇各處差遣, 則朕之左右, 及王·貝勒之前, 竟無議事之人矣. 議政雖云乏人, 而朕不輕令妄與會議者, 以卑微之人, 參議國家大政. 勢必逢迎取悅, 夫諂佞之輩最悞國事, 豈可輕用. 今特加選擇, 以爾等爲賢, 置於議事之列, 殫心事主, 乃見忠誠爲國宣勞.

○ 정유일(4.28), 구사이 버이서 니칸·로토·볼로 등에게 함께 국정을 의논하게 하고 기(旗)마다 의정대신 3명씩을 두게 했다. 궁가다이·툴라이·시한·탐부·바하(baha, 巴哈)·아라샨(arašan, 阿喇善)[13]·아르하이·다하타·숑코로 바투루 로오사·부샤이·존토이(jontoi, 諄退)·바불라이·한다이·아르진·바이(bai, 拜)·우바이·야라이·양샨(yangšan, 揚善)·올로서천·하닝가·잉굴다이·랑키오·어푸 도르지·삼시카·초오하르·시한(sihan, 席翰)·샤르후다·더르더허이 등으로 충원했다.

주상이 상봉루(翔鳳樓)에 가서 호쇼이 친왕·도로이 군왕·도로이 버일러·구사이 버이서·구사어전·도찰원승정·신설된 의정대신

13 아라샨: 阿喇善, arašan. ?-1655. 보르지기트 氏. 만주양황기. 1650년 우다하이(udahai, 吳達海)를 이어서 刑部尙書에 임명되었다.

을 모아 유시했다. 「이전에 의정대신들이 출병하거나 집에 일이 있으면 국정을 논의할 인원이 매우 적었다.[14] 만일 각지로 인원을 파견하면 짐의 옆과 왕·버일러의 앞에는 결국 정사를 의논할 사람이 없을 것이다. 정사를 논함에 사람이 모자라다 할지라도 짐은 함께 회의하는 데 지위가 낮은 자에게 국가 대정(大政)의 의논에 참여하도록 가벼이 명할 수 없다. 상황이 반드시 영합하고 비위를 맞추어 아첨하는 무리가 국사를 그르치게 만들 것이니 어찌 가벼이 등용하겠는가. 지금 특히 너희를 현명하다 하여 선발하고 국사를 의논하는 반열에 두었으니, 마음을 다해 군주를 섬기고 나라를 위해 열심히 일하여 충성을 보여라.

方稱職業, 爾等大要有三, 啟迪主心, 辦理事務, 當以民生休戚爲念. 遇貧乏窮迫之人, 有懷必使上達, 及各國新順之人, 應加撫養, 此三者. 爾等在王·貝勒前議事, 皆當各爲其主言之. 朕時切軫念者, 亦惟此三事耳. 爾等凡有欲奏之事, 不可越爾固山額眞. 如某事應施行, 某事應入告, 當先與固山額眞公議, 然後奏聞. 彼無知之輩, 往往以進言者, 謂之讒譖, 夫善則曰善, 惡則曰惡, 何所忌諱而不言. 使有明知其人以惡意誤其主, 而不入告者, 豈人臣乎. 若私結黨, 援反欲傾害善人, 指以爲惡, 妄行入奏, 所謂讒人, 乃此類也.
聖經有曰, 欲齊其家, 先修其身, 身修家齊, 而後國治. 爾等若謹好惡之施, 審接物之道, 御下以義, 交友以信, 如此則身修矣. 孝其親, 悌其長, 教訓及其子孫親戚, 如此則家齊矣. 身修家齊而國不治者, 有是理乎. 爾等當存忠直之心, 以爲國愼毋怠忽, 有負朝廷. 太公曰, 閑

14 "집에 일이 있다"는 것은 "관할하는 팔기의 기(旗)에 일이 있다"는 뜻이다.

居靜處, 而誹時俗, 非吾民也. 朕觀蒙古察哈爾林丹汗, 悖謬不道, 至於亡國, 未聞其臣有斥言其主所行悖亂者. 嗣後朕或有過擧, 爾等即當面諍. 試思以諫諍之故而斥責者爲誰, 降革者爲誰. 倘諫而不聽, 靜以俟之可也. 若既不能諫而徒於退後, 咎其主上之失, 議其國事之非, 豈人臣之誼乎. 或更有將各旗妄分彼此, 明知本旗有悖亂之人, 隱匿不言, 及人言之反加庇護者, 尤朕心之所深惡者也. 八旗皆朝廷之人, 但懾服奸宄, 撫恤困窮, 使之各安統轄, 又何彼此之可分乎. 嗣後有將新分給之, 虎爾哈 · 瓦爾喀, 使之逃亡饑死, 致牛彔中缺額者, 朕即以不能養育之, 王 · 貝勒下食口糧家人補足其數. 夫王 · 貝勒等, 聚財 · 積穀 · 畜養馬匹, 豈止爲一身享用, 要皆爲子孫計也. 不知子孫果賢縱, 無所遺, 彼寧不能自立. 子孫若愚, 雖有所遺, 豈能常守. 徒自勞苦, 爲他人積聚耳. 夫積穀所以備荒, 而養窮民也. 財帛 · 馬匹所以爲國, 而賞有功之人也. 財物 · 牲畜固不可妄費, 亦不可過於吝惜. 朕所以令爾等撫養窮民, 及新附之人者, 蓋先哲有言, 賞一人則勸者衆, 罰一人則懼者衆. 今蒙天眷佑, 諸國已平, 獨明國尚在, 賞罰可不明乎.

바야흐로 맡은 일에 걸맞으려면 너희에게 크게 중요한 세 가지가 있다. 군주의 마음을 일깨우고 사무를 판별하여 처리하고 민생의 어려움에 대해 생각하라. 빈궁하고 어려운 사람을 만나면 마음에 두고 반드시 위에 보고하게 해야 한다. 각국에서 새로 귀순한 자들을 무양(撫養)하라. 이 세 가지이다. 너희는 왕 · 버일러의 앞에서 정사를 의논할 때 모두 군주를 위해 말해야 한다. 짐이 늘 간절히 근심하는 것은 또한 오직 이 세 가지 뿐이다. 너희는 일을 상주할 때 구사어전을 건너뛰면 안 된다. 만약 어떤 일을 시행해야 하고 어떤 일을 고해야 한다면, 먼저 구사어전과 의논하고 그 후에 상주해야 한다. 저들 무지한 무리는 이따금 진언하는 것을 참소라고 일컫는다. 선한 것을 선하다 말하고 악한 것을 악하다 말하는 것을 어찌 꺼리고 피하여 말하지 않을 것인가. 만약 그 사람을 잘 알면서도 악의로 그 주인을 잘못되게 하려고 고하지 않는다면 어찌 신하라 하겠는가. 만일 사사로이 결당하여 반역을 돕고 선한 자를 해치고자 악하다고 지목하여 거짓을 상주하면, 소위 참인(讒人)이 바로 이러한 부류이다.

성인(聖人)의 경전(經典)에 '그 집안을 가지런히 하고 싶거든 먼저 그 몸을 닦고, 몸을 닦아 집안을 가지런히 한 이후에 나라를 다스린다.'라는 말이 있다. 너희가 만약 선악을 판단하는 것을 신중히 하고, 사물을 대하는 도리를 살피고, 아랫사람을 의롭게 대하고, 친구를 믿음으로 사귀면 몸을 닦는 것이다. 부모에게 효도하고, 윗사람을 공경하며 가르침이 자손과 친척에게 미치면 집안을 가지런히 하는 것이다. 몸을 닦고 집안을 가지런히 하고도 나라를 다스리지 못하는 이치가 있겠는가. 너희는 충직한 마음을 보존하고 나라를 위해 삼가 태만하지 말고 조정을 저버리지 말라. 태공(太公)은 말하기를 '고요한 곳에 머무르며 시속을 비방하는 자는 나의 백성이 아니다.'라고 했다. 짐이 몽고 차하르 릭단 칸을 보니, 잘못되고 무도하여 망국에 이르렀는데 그 신하가 주인이 행하는 패란(悖亂)을 간언했다는 말을 들어보지 못했다.

이후에 짐에게 혹 과실이 있으면 너희는 직접 마주하여 간언하라. 생각해 보라. 간쟁했다는 이유로 질책할 자가 누구이고, 강등하고 혁직할 자가 누가 있겠는가? 만약 간언해도 듣지 않으면 조용히 기다리는 것이 옳다. 만약 간언하지 못하고 그저 물러난 뒤에 그 주인의 잘못을 비난하고 국사(國事)의 그릇됨을 의논한다면 어찌 신하라고 하겠는가? 혹 다시 각 기(旗)에서 망령되게 피차를 구분하고, 자기 기(旗)에서 질서를 어지럽히는 사람이 있음을 분명히 알면서도 숨기고 말하지 않거나 사람들이 말하면 오히려 비호하는 것은 더욱이 짐이 심히 미워하는 것이다. 팔기 모두 조정의 사람이다. 오직 간악한 무리를 복종시키고 곤궁한 자를 구휼하여 그들을 편안하도록 관할해야 한다. 또 어찌 피차를 구분할 수 있는가?

이후 새로 나누어 주는 후르카·와르카를 도망치고 굶어 죽게 만들어 니루에 결원(缺員)을 가져오면, 짐은 그들을 보살피지 못한 사유로 왕과 버일러의 속하 식구와 재산, 가인으로 그 수를 보충할 것이다. 왕과 버일러들이 재물을 취하고 곡식을 쌓아 두고 말을 기르는 것이 어찌 자신만을 위해 사용하려는 것이겠는가. 요컨대 모두 자손을 위한 계책이다. 그러나 자손이 현명할지 방종할지 모른다고 물려주지 않아도 저들이 어찌 자립하지 못하겠는가. 자손이 만약 어리석으면 물려준다 해도 어찌 계속 지킬 수 있겠는가. 헛되이 수고만 하고 남을 위해 쌓고 모을 뿐이다. 무릇 곡식을 쌓아 두는 것은 흉년에 대비하여 곤궁한 백성들을 먹이기 위함이다. 재물과 비단, 말은 나라를 위하여 공이 있는 자들에게 내려지는 상이니, 재물과 가축은 반드시 함부로 낭비해서도 안 되고 또한 지나치게 인색하게 아껴서도 안 된다. 짐이 너희에게 곤궁한 백성과 새로 귀부한 자들을 정성스럽게 보살피라고 명하는 까닭은, 대저 선철(先哲)의 말씀에, '한 사람에게 상을 내리면 힘쓰는 자가 많아지고, 한 사람에게 벌을 내리면 두려워하는 자가 많아진다.'라고 했기 때문이다. 지금 하늘의 보살핌으로 여러 나라가 이미 평정되었는데 유독 명나라가 아직 건재하니 상벌을 어찌 분명히 하지 않겠는가?」

又諭諸王·貝勒曰, 昔金熙宗及金主亮, 廢其祖宗時衣冠·儀度, 循漢人之俗, 遂服漢人衣冠, 盡忘本國言語. 迨至世宗, 始復舊制衣冠, 凡言語, 及騎射之事, 時諭子孫, 勤加學習. 如元王馬大郭, 遇漢人訟事, 則以漢語訊之, 有女直人訟事, 則以女直語訊之, 世宗聞之, 以其未忘女直之言，甚爲嘉許．此本國衣冠·言語不可輕變也．我國家以騎射爲業，今若不時親弓矢，惟耽宴樂，則田獵行陣之事必致疏曠，武備何由而得習乎．蓋射獵者，演武之法，服制者，立國之經．朕欲爾等時時不忘騎射，勤練士卒．凡出師田獵許服便服，其餘俱令遵照國初之制仍服朝衣．且諄諄訓諭者，非爲目前起見也．及朕之身豈有習於漢俗之理．正欲爾等識之於心，轉相告誡，使後世子孫遵守，毋變棄，祖宗之制耳．朕意如此，爾等宜各陳所見．和碩睿親王多爾衮等，皆跪奏曰，皇上諄諄誡諭，臣等更復何言，惟銘刻在心，竭力奉行而已．

또 여러 왕과 버일러들에게 유시했다.「옛 금나라의 희종(熙宗)과 금나라 군주 완안량(完顔亮)은 조상 때의 의관과 법도를 폐지하고 한인의 풍속을 좇아 끝내 한인의 의관을 입고 본국의 언어는 모두 잊었다. 세종(世宗) 때에 이르러 비로소 다시 옛 제도와 의관을 회복했고, 언어와 기사(騎射)를 자손들에게 부지런히 배우고 익히도록 자주 유시했다. 원왕(元王) 마대곽(馬大郭)[15]은 한인의 송사가 있으면 한어로 묻고 여진인의 송사가 있으면 여진어로 물었으므로 세종이 그것을 듣고 여진어를 잊지 않았음을 매우 칭찬했다. 이 나라의 의관과 언어는 가벼이 바꿀 수 없다. 우리나라는 기사(騎射)를 업으로 삼았는데, 지금 수시로 활쏘기를 하지 않고 오직 놀이만 즐기면 사냥과 전투를 필시 소홀히 할텐데 무술을 어떻게 익히겠는가? 활로 사냥하는 것은 무예를 연습하는 법도이고, 의복 제도는 나라의 도리를 세우는 것이다. 짐은 너희가 수시로 기사(騎射)를 부지런히 익혀 잊지 말고, 사졸을 훈련시키기를 바란다. 사냥을 나갈 때 편복(便服)을 입는 것을 허락하고

15 金章宗 完顔璟을 가리킨다. 馬大郭은 完顔璟의 여진어 이름 麻達葛의 다른 표기이고 元王은 세종에게 임명받은 봉작인 原王의 다른 표기이다.

그 나머지는 모두 국초(國初)의 제도에 따라 조의(朝衣)를 입게 하라. 또한 이렇게 간곡히 가르치는 것은 지금 보이는 것을 말하는 것이 아니다. 짐이 한인 풍속에 젖어 들 리가 있겠는가? 바로 너희가 이를 마음에 기억하고 서로 경계하고 후세의 자손들이 조상의 법도를 준수하여 바꾸거나 그치지 않게 해야 한다는 것이다. 짐의 뜻이 이와 같으니 너희는 마땅히 각자 소견을 개진하라.」

호쇼이 예친왕 도르곤 등이 모두 무릎 꿇고 아뢰었다. "황상께서 간곡히 계유(誡諭)하시니, 신들이 다시 무슨 말을 하겠습니까. 오직 마음에 새기고 힘을 다해 받들어 행할 따름입니다."

권35

숭덕 2년 윤4월 ~ 5월

崇德二年, 丁丑, 閏四月, 己亥朔

○ 숭덕 2년 정축년 윤4월 기해일 초하루(윤4.1).

○ 先是, 察喇孫牛彔下金特赫, 隨多羅武英郡王阿濟格, 往牛莊駐防, 因醉後, 砍傷喀喇古濟牛彔下球家二漢人, 執送法司, 鞫實擬死, 具奏. 上以其兄達蘭隨征朝鮮時攻南漢城陣歿, 免其死, 鞭一百.

○ 이전에 찰라순(calasun, 察喇孫) 니루 소속 긴터허(gintehe, 金特赫)는 도로이 무영군왕 아지거를 따라 우장(牛莊) 주둔지에 갔을 때, 술에 취해서 카라구지(karaguji, 喀喇古濟) 니루 소속 키오(kio, 球) 집의 두 한인(漢人)에게 칼을 휘둘러 상처를 입혔다. 체포하여 법사(法司)에 보내고, 진상을 심문하여 사형죄로 논의한 뒤 상주했다. 주상은 그의 형 달란(dalan, 達蘭)이 조선 원정에 종군했을 때에 남한산성을 공격하다 전사했기에 사형을 면제해 주고 채찍 100대를 때렸다.

○ 多羅武英郡王阿濟格, 遣內秘書院學士詹霸奏言, 在皮島, 得糧六百一十石, 大小礮六十七位, 其被傷與陣歿之人, 照常例加賞, 每二十兩者, 增十兩, 百兩者, 增五十兩.

○ 도로이 무영군왕 아지거는 내비서원학사 잠바를 보내어 상주하여 말했다. 「피도에서 식량 610석, 대포와 소포 67문을 얻었습니다. 그곳에서 부상당한 자와 전사한 자에게는 상례에 따라 포상을 추가해 주었는데, 20냥을 받은 자에게는 10냥을 더해 주고 100냥을 받은 자에게는 50냥을 더해 주었습니다.」

○ 庚子, 命戶部承政英俄爾岱 · 兵部承政伊孫, 集衆臣於篤恭殿, 傳上諭曰, 東京米價近頗昂貴. 多羅武英郡王所獲皮島米糧, 已令朝鮮船隻, 運至義州, 可令每牛彔下殷實之家有朝鮮馬驢騾者, 各出六頭, 運至東京, 賑濟貧苦無粟之民. 若不足, 令各牛彔下有糧之家, 均賣與本牛彔下人, 取其值, 或借給取息. 如再不足, 各旗王可周給之.

○ 경자일(윤4.2), 호부승정 잉굴다이 · 병부승정 이순에게 명하여 독공전에 중신들을 모으고 상유를 전달하게 했다. 「동경(東京) 쌀값이 근래에 상당히 올랐다. 도로이 무영군왕이 노획한 피도의 미곡은 조선 선박으로 의주까지 운송하게 했다. 각 니루 하의 부유한 집안 중에 조선의 말 · 노새 · 나귀가 있는 자들에게 6마리씩 내놓게 해서 미곡을 동경(東京)까지 운송하여 가난하고 곡식 없는 백성을 구휼하게 하라. 만약 부족하면 각 니루 하의 양식 있는 집에 명하여 모두 본 니루 소속 사람들에게 팔아서 값을 취하거나 빌려주어 이자를 취하게 하라. 만약 그래도 부족하면 각 기의 왕들이 원조하라.」

○ 癸卯, 宴朝鮮國王子李溰·李淏. 上御崇政殿, 諸王·貝勒·文武羣臣, 左右分列. 溰·淏, 行禮畢, 召進殿內, 命坐於右側多羅安平貝勒杜度之下. 時蒙古貢獸, 名齊赫特, 其形似騾, 有野駝, 其形似駝, 併黑狐皮, 俱令李溰·李淏觀之. 仍命通事傳諭曰, 此獸乃黃河外夏國所產, 或千百成羣, 頗爲難致. 此黑狐皮, 乃東海濱使犬國每年所貢. 因遠方罕見之物, 故令爾等觀之. 淏對曰, 此等異獸, 但於書史聞而知之, 今始得目覩, 以皇帝聖德, 普天之下, 凡珍奇之物無所不集. 臣以疎遠之人, 蒙皇上沿途恩養攜至, 今日何幸又得見奇物, 食異味也. 宴畢, 溰等率陪臣, 謝恩而退.

○ 계묘일(윤4.5), 조선국 왕자 이왕(李溰)·이호(李淏)에게 연회를 베풀었다. 주상이 숭정전에 들었고 여러 왕들과 버일러들, 문무 신하들이 좌우에 나누어 섰다. 이왕(李溰)·이호(李淏)가 예를 행한 후 주상은 숭정전 안으로 불러들이고 우측의 도로이 안평 버일러 두두의 아래에 앉게 했다. 이때 몽고에서 짐승을 공물로 올렸는데 이름은 치허터이(cihetei, 齊赫特)[1]이며 모습은 노새를 닮았다. 공물에 야생낙타가 있었는데 모습은 낙타를 닮았다. 또한 검은 여우가죽도 모두 이왕(李溰)·이호(李淏)에게 보여 주었다. 뒤이어 통사에게 전하게 했다. "이 짐승은 황하 밖의 하국(夏國)에서 나는데 수백 수천 마리가 무리를 이루고 살며 상당히 길들이기 어렵다. 이 검은 여우가죽은 동해 해변의 사견국(使犬國)에서 매년 공물로 올리는 것이다. 먼 곳에서 온 진귀한 것들이기에 너희에게 보여 준다." 이호가 대답했다. "이 진귀한 짐승들은 오로지 문헌에서 듣고 알았는데 지금 처음 보게 되었습니다.

1 치허터이(cihetei, 齊赫特)는 야생당나귀이다. 몽골어 치키테이čikitei에서 유래했고 한어로는 야라(野騾)라고 했다. 라틴어 학명은 Equus hemionus이다.

이는 황제의 성덕이 천하에 두루 미쳐 온갖 진기한 물품들이 모두 모여들기 때문입니다. 신은 외진 곳에서 온 사람으로서 오는 길 내내 황상의 보살핌을 입어 여기까지 왔는데, 오늘 요행히 진기한 것들을 구경하고 별미를 먹을 수 있었습니다." 연회가 끝나자 이왕 등은 배신들을 이끌고 사은하고 물러났다.

○ 丁未, 多羅武英郡王阿濟格, 遣敦拜奏言, 前奉上命, 令朝鮮安州·義州總兵官來朝, 朝鮮來報云, 有明國兵船二十隻至安州河口. 既知敵兵至, 二總兵官不便遣來, 因令安州總兵官往安州, 探明兵虛實. 據稱果有明兵船二十隻泊安州河口擧礮, 我朝鮮兵沿岸堵截, 但不知船上兵自何處來等語. 臣因復遣董納密等, 往探的實. 謹馳奏以聞. 臣在鳳凰城, 恭候上命.

○ 정미일(윤4.9), 도로이 무영군왕 아지거가 둔바이를 보내어 상주하여 말했다. 「이전에 주상의 명을 받들어 조선의 안주와 의주 총병관에게 내조하게 하니, 조선이 와서 보고했습니다. "명나라 병선 20척이 안주의 하구에 이르렀습니다. 적병이 온 것을 알고 두 총병관을 보내는 것이 불편해졌기 때문에 안주 총병관에게 안주로 가서 명나라 군대의 허실을 염탐하고 오게 했습니다. 그 보고에 의하면, 과연 명나라 군대의 전선 20척이 안주 하구에 정박하고 포를 쏘았고, 우리 조선병은 연안에서 길이 막혔습니다. 배 위의 군사들이 어디에서 왔는지 모릅니다." 신은 이 때문에 다시 둥나미 등을 보내어 확실한지 정탐하게 했습니다. 삼가 급히 보고합니다. 신은 봉황성에서 삼가 주상의 명을 기다리겠습니다.」

○ 庚戌, 黑龍江索倫部落博穆博果爾, 率八人來朝, 貢馬匹 · 貂皮.

○ 경술일(윤4.12), 흑룡강 솔론 부락 봄보고르(bombogor, 博穆博果爾)가 8명을 데리고 내조하여 말과 담비가죽을 공물로 바쳤다.

○ 壬子, 上以多羅武英郡王阿濟格與固山貝子碩託 · 扎喀納等, 自皮島還, 將至, 命和碩睿親王多爾衮 · 多羅饒餘貝勒阿巴泰率諸大臣出城十里許, 迎於渾河岸. 阿濟格以克捷立八纛, 拜天畢, 諸王 · 貝勒 · 貝子等互相抱見, 依次序坐, 宴畢入城.

○ 임자일(윤4.14), 주상은 도로이 무영군왕 아지거와 구사이 버이서 쇼토 · 자카나 등이 피도에서 돌아오므로 호쇼이 예친왕 도르곤과 도로이 요여 버일러 아바타이에게 대신들을 데리고 성의 10여 리 밖에 나아가서 혼하(渾河) 강가에서 맞이하게 했다. 아지거는 전투에서 승리했기에 깃발 8개를 세우고 하늘에 절하고, 이를 마치자 여러 왕 · 버일러 · 버이서 등이 서로 포견례(抱見禮)를 행하고 순서에 따라 앉았다. 연회가 끝나자 입성했다.

○ 癸丑, 上御崇政殿, 多羅武英郡王阿濟格, 率凱旋貝子 · 大臣朝見, 捧表跪進. 學士羅碩 · 胡球跪讀表文, 表曰, 多羅武英郡王阿濟格, 奉寬溫仁聖皇帝命, 率兵征明皮島, 蒙天眷佑, 仗皇上威福, 攻克明國皮島, 殺其主帥總兵沈世奎, 及將士萬餘, 奏凱而歸. 讀畢, 命羅碩 · 胡球立左側, 宣旨云, 寬溫仁聖皇帝諭多羅武英郡王及諸大臣等, 是皆爾等克承天眷戮力同心之所致也. 宣諭畢, 行三跪九叩頭禮. 阿濟格·碩託·扎喀納, 固山額眞阿山·葉臣·薩穆什喀等, 以次進前, 再行一叩頭禮, 抱上膝見, 復行三叩頭禮而退.

○ 계축일(윤4.15), 주상이 숭정전에 들었다. 도로이 무영군왕 아지거는 개선한 버이서와 대신들을 데리고 알현하고 표문을 받들어 무릎 꿇고 바쳤다. 학사 로쇼와 후키오는 무릎 꿇고 표문을 읽었다. 표문에서 말했다. 「도로이 무영군왕 아지거는 관온인성황제의 명을 받들어 군대를 이끌고 명나라의 피도를 정벌했습니다. 하늘의 도움을 받고 황상의 위복에 의지하여 명나라의 피도를 공격하여 함락하고, 그 주수(主帥)인 총병 심세규(沈世奎) 및 장수와 병사 1만여 명을 죽이고 개선하여 돌아왔습니다.」 읽은 후 주상은 로쇼와 후키오에게 좌측에 서서 지(旨)를 선포하게 했다. 「관온인성황제는 도로이 무영군왕과 여러 대신들에게 유시하니, 이는 모두 너희가 하늘의 보살핌을 받고 힘과 마음을 하나로 모은 덕택이다.」 주상이 선유를 마치자, 신하들은 삼궤구고두의 예를 행하였다. 아지거·쇼토·자카나와 구사어전 아산·여천·삼시카 등은 차례대로 앞으로 나와 다시 일고두(一叩頭)의 예를 행하고 주상의 무릎을 껴안고 알현하고 다시 삼고두(三叩頭)의 예를 행한 후 물러갔다.

○ 乙卯, 上率諸王獵於葉赫地方.

○ 을묘일(윤4.17), 주상이 여러 왕들을 이끌고 여허 지방에 사냥을 나갔다.

○ 丙辰, 上渡遼河行獵時, 有護軍統領哈寧噶 · 巴都禮等, 率獵人前後離伍行. 上怒責之曰, 爾等皆熟習畋獵之人, 凡獵必先整圍場, 然後併力合圍, 乃可獲獸. 今爾等漫無紀律, 或前或後, 何獸之可得耶. 此皆該管章京懦弱不能約束之所致. 今姑寬宥, 後再如此, 定治以重罪.

○ 병진일(윤4.18), 주상이 요하(遼河)를 건너서 사냥을 갔을 때, 호군통령 하닝가 · 바두리 등이 수렵인을 데리고 앞으로 나가거나 뒤로 빠지면서 행렬을 이탈했다. 주상이 노하여 이들을 꾸짖어 말했다. "너희는 모두 사냥에 익숙한 자들이다. 사냥은 먼저 포위열을 정돈하고 힘을 합쳐 포위해야 비로소 짐승을 잡을 수 있다. 그런데 지금 너희는 아무런 기율도 없이 앞으로 가거나 뒤로 가니 무슨 짐승을 잡을 수 있겠는가. 이는 모두 해당 관할 장긴이 나약하여 단속하지 못한 결과이다. 지금은 잠시 용서하지만 이후에 다시 이렇게 하면 반드시 중죄로 다스릴 것이다."

○ 癸亥, 先是, 往征朝鮮, 圍其國王, 時有援兵自外至, 管兵部多羅貝勒岳託率兵敗之. 時席爾圖 · 岳多貴奉岳託令, 領每牛彔護軍一人 · 每旗護軍校二人, 往駐岡上, 席爾圖 · 岳多貴進與敵戰, 岳多貴被創, 先還, 席爾圖率衆擊敗敵兵, 仍立岡上. 岳託遣人諭令回軍, 席爾圖隨令衆軍退, 而以身殿被傷墮馬死. 有席爾圖同牛彔人郭邁, 下馬呼曰, 將領死矣. 豈可棄其屍耶. 時本旗國舅阿什達爾漢牛彔下護軍校布當克勒聞之, 揚聲呼止衆軍, 令收席爾圖屍, 並砍其本旗巴彦牛彔下孫達里 · 俄莫克圖牛彔下薩木哈圖 · 邵塞牛彔下科費達三人. 而布當克勒並不待取屍, 仍率衆, 竟至貝勒駐營處. 及衆軍進擊敵兵,布當克勒又不前進, 徑渡石橋河, 向本營而去. 布當克勒, 應鞭一百, 貫耳鼻. 衆護軍, 亦應各鞭一百, 貫耳鼻. 孫達里 · 薩木哈圖 · 科費達, 既聞布當克勒呼止, 仍不用命, 應死. 護軍校達岱牛彔下尼勘 · 蘇爾都牛彔下佟嘉山 · 俄密納牛彔下喀塔, 亦論死. 奏聞, 上命孫達里 · 薩木哈圖 · 科費達 · 護軍校尼勘 · 佟嘉山 · 喀塔等六人, 俱免死, 各鞭一百, 貫耳鼻. 布當克勒及臨陣不前者四十一人, 俱免貫耳鼻, 各鞭一百.

○ 계해일(윤4.25), 「이전에 조선에 원정 가서 조선국왕을 포위했을 때 조선의 원병이 외부에서 왔으나, 병부를 관할하는 도로이 버일러 요토가 군대를 이끌고 원병을 패배시켰습니다.[2] 이때 시르투(sirtu, 席爾圖)와 요도고이(yodogoi, 岳多貴)가 요토의 명령을 받고 각 니루의 호군 1명과 각 기(旗)의 호군교(護軍校) 2명을 이끌고 언덕 위에 가서 주둔했습니다. 시르투와 요도고이는 진격하여 적과 싸웠으나, 요도고이는 상처를 입고 먼저 돌아왔고 시르투는 병사들을 이끌고 적병을 격파하고 그대로 언덕 위에 서 있었습니다. 요토가 사람을 보내 회군하라고 명하니 시르투는 병사들에게 철수를 명했으나 본인은 후미에서 오다가 상처를 입고 말에서 떨어져서 죽었습니다. 시르투와 같은 니루의 사람인 고마이(gomai, 郭邁)가 말에서 내려 "지휘관이 죽었는데 어찌 시신을 버리겠는가."라고 소리쳤습니다. 이때 본 기(旗)의 국구 아시다르한 니루 속하 호군교 부당커이러(budangkeire, 布當克勒)가 듣고 큰소리로 군대에 호령하여 멈추어 세우고 시르투의 시신을 거두라고 했습니다. 아울러 본 기(旗)의 바얀 니루 속하 순다리(sundari, 孫

2 조선에서 쌍령전투(雙嶺之戰)라고 부른 전투이다. 1637년 1월 3일 경기도 광주 쌍령에서 일어났다.

達里)·오목투 니루 속하 삼하투·쇼서(šose, 邵塞) 니루 속하 코피다(kofida, 科費達) 3명을 베었습니다. 부당커이러는 시신을 거두기를 기다리지 않고 그대로 병사를 이끌고 버일러가 주둔한 군영에 갔습니다. 군대가 적병을 향해 진격했을 때, 부당커이러는 전진하지도 않았고 곧장 석교하(石橋河)를 건너 본영으로 갔습니다. 부당커이러는 채찍 100대를 때리고 귀와 코를 뚫어야 합니다. 호군들도 각각 채찍 100대를 때리고 귀와 코를 뚫어야 합니다. 순다리·삼하투·코피다는 부당커이러가 불러서 멈추어 세웠는데도 명령을 듣지 않았으니 사형에 처해야 합니다. 호군교 다다이(dadai, 達岱) 니루 속하 니칸(nikan, 尼勘)·술두(suldu, 蘇爾都) 니루 속하 통기야산(tonggiyasan, 佟嘉山)·오미나(omina, 俄密納) 니루 속하 카타(kata, 喀塔)도 사형으로 논해야 합니다.」

상주하자 주상이 명하여 순다리·삼하투·코피다·호군교 니칸·통기야산·카타 등 6명은 모두 사형을 면제하고 각각 채찍 100대를 때리고 귀와 코를 뚫게 했다. 부당커이러와 전투 때에 전진하지 않은 41명은 모두 귀와 코를 뚫는 것은 면제하고 각각 채찍 100대를 때리게 했다.

○ 甲子, 有蒙古官沙濟達喇·郎蘇, 語御前侍衛等曰, 我等向隨察哈爾汗行獵, 皆在前騎射. 今何故不使在衆人之前, 乃令隨後行走耶. 上聞之, 諭和碩睿親王多爾袞·多羅貝勒岳託·豪格等曰, 自爾等以下貝子·大臣, 俱在繞圍行獵之數, 惟固倫額駙額哲在前馳射耳. 豈以舊人則令之在前, 新人則令之在後耶. 若果如此, 豈得謂一視同仁, 不分新舊乎. 但從來行獵舊例, 獸之逸於圍場外者, 反射之. 其逸奔圍場中者, 遶圍射之, 不得在前馳射也. 於是, 令護軍統領鞏阿岱·圖賴·諸大臣立於前, 而指示沙濟達喇·郎蘇曰, 鞏阿岱, 乃朕叔之子，朕之弟也．伊等尚不得在前逐射，但隨衆合圍．爾等有何功而欲在前馳射乎．爾旣云察哈爾汗善視，爾何不隨主而死耶．似此多疑妄議之人，必見踈於主恩所不及也．諸王・貝勒奏言，請以沙濟達喇・郎蘇，付臣等勘問，按法處之．上曰，此事，無可寬恕．爾等可於還京日議之．

○ 갑자일(윤4.26), 몽고 관원 샤지다라(šajidara, 沙濟達喇)・랑수(langsu, 郎蘇)가 어전시위들에게 말했다. "우리는 이전에 차하르 칸을 따라 사냥했는데, 모두 앞에서 말을 타고 활을 쏘았다. 그런데 지금은 어째서 사람들 앞에 있게 하지 않고 뒤따라 가게 하는가." 주상은 이 말을 듣고 호쇼이 예친왕(睿親王) 도르곤・도로이 버일러 요토・호오거 등에게 유시했다. "너희 이하 버이서와 대신들은 모두 몰이사냥이 있을 때마다 오직 구룬 어푸 에제이만이 앞에서 말을 달리고 활을 쏘았다. 어찌 옛 사람을 앞에 있게 하고 새 사람을 뒤에 있게 하는가. 만약 정말로 이렇다면 어찌 차별 없이 대하여 신구를 구분하지 않는다고 할 수 있는가. 다만 종래의 사냥에 관한 구례에 따르면, 사냥터 바깥으로 달아난 짐승은 활로 쏘지만, 포위하여 사냥터 안으로 달아난 짐승은 포위하여 활을 쏘되 앞에서 말을 달리고 활을 쏠 수는 없다." 그리고 호군통령 궁가다이・툴라이・여러 대신들은 앞에 서게 했고, 샤지다라・랑수를 가리키며 말했다. "궁가다이는 짐의 숙부의 아들이자 짐의 동생이다. 저들은 앞에서 짐승을 몰며 활을 쏠 수 없고 오직 무리를 따라 포위할 수 있을 뿐이다. 너희는 무슨 공이 있기에 앞에서 말을 몰고 활을 쏘려는가. 너는 차하르 칸이 너를 잘 대해 주었다고 말하면서 어째서 주인을 따라 죽지 않았는가. 이처럼 의심이 많고 함부로 남을 헐뜯는 자는 반드시 주인의 은혜가 미치지 못할 정도로 주인으로부터 멀어질 것이다." 여러 왕과 버일러들은 상주를 올려 말했다.

"청컨대 샤지다라 · 랑수를 신들에게 맡기시면 심문하고 법대로 처리하겠습니다." 주상이 말했다. "이 일은 용서할 수 없다. 그대들은 경사(京師)로 돌아가는 날 논의하라."

五月, 戊辰朔, 科爾沁國大妃來朝. 上於行獵所前往迎之. 是日, 駐蹕於伊馬和地方.

○ 5월 무진일 초하루(5.1), 코르친국 대비(大妃)가 내조했다. 주상은 사냥터에서 가서 맞이했다. 이날 이마호(imaho, 伊馬和) 지방에서 묵었다.

○ 己巳, 皇后聞大妃將至, 偕諸妃出營五里迎之. 上出營迎二里還, 御幄. 大妃朝見上, 上答禮. 次國舅祁他特, 率其弟三人, 行三跪九叩頭禮畢, 大妃詣皇后幄, 皇后出幄迎入. 於是, 國舅祁他特以所攜酒進獻, 上命祁他特及其弟三人於左側坐, 設大宴宴之. 上詣大妃前, 令固倫額駙額哲捧觴爲壽宴畢, 大妃至上前行禮謝, 上亦答禮, 大妃退以地近. 彼國令都察院承政國舅阿什達爾漢奏請皇上偕后妃 · 皇子等臨幸其家. 上曰, 朕亦欲往外姑家, 但天雨道路泥濘, 自此地即回京師, 俟冬時氷結, 士馬易行, 當再來此. 且將巡歷天所賜我地方也.

○ 기사일(5.2), 황후는 대비(大妃)가 온다는 소식을 듣고 여러 비(妃)들과 함께 숙영을 나가 5리 밖에서 맞이했다. 주상은 숙영을 나가 2리 밖에서 맞이하여 돌아와 장막에 들어갔다. 대비는 주상을 알현했고 주상은 답례했다. 다음으로 국구 키타트가 동생 3명을 데리고 삼궤구고두의 예를 행하였고 이를 마치자 대비는 황후의 장막에 들렀

다. 황후는 장막을 나와 맞이하고 들어갔다. 이에 국구 키타트가 가져온 술을 올리자 주상은 키타트와 그 동생 3명을 좌측에 앉히고 큰 연회를 베풀었다. 주상은 대비 앞에 나아가 구룬 어푸 에제이에게 술잔을 받들고 생일을 축하하게 했고, 이를 마치자 대비는 주상의 앞에 나가 예를 행하며 사례를 했고 주상도 답례했다. 대비는 옆으로 물러났다. 그 나라에서는 도찰원승정 국구 아시다르한에게 황상이 후비(后妃)와 황자 등과 함께 그 집에 오시라고 주청하게 했다. 주상이 말했다. "짐도 장모 댁에 가고 싶지만 비가 내리고 도로가 질퍽거려 이곳에서 경사로 돌아오려면 겨울에 얼음이 얼어 병사와 말이 다니기 편할 때까지 기다렸다가 돌아와야 한다. 또한 하늘이 나에게 주신 지방들을 순시해야 한다."

○ 庚午, 內秘書院學士詹霸來奏言, 朝鮮國王李倧遣陪臣左議政李聖求·懷恩君李得仁·蔡蔚侯, 率三百一十五人來進貢謝恩, 併求贖陣獲親屬.

○ 경오일(5.3), 내비서원학사 잠바가 와서 상언했다. "조선국왕 이종(李倧)이 보낸 배신(陪臣) 좌의정 이성구(李聖求)·회은군(懷恩君) 이득인(李得仁)·채위후(蔡蔚侯; 蔡裕後)가 315명을 데리고 와서 진공하고 사은하면서, 전쟁 중에 노획된 친속들을 풀어 주기를 청합니다."

○ 是日, 科爾沁國大妃恭請, 皇上·皇后·麟趾宮貴妃·永福宮莊妃, 幸其行幄. 大妃出營迎入, 上御座, 土謝圖親王巴達禮·卓禮克圖親王吳克善朝見, 率其諸臣列班, 行三跪九叩頭禮. 隨以所攜酒跪進上前, 進酒畢, 命巴達禮, 坐於右側和碩禮親王代善之下, 吳克善坐於左側. 於是, 大妃具盛筵獻上, 復獻雕鞍馬駝 · 牛羊 · 貂皮等物, 酌納之.

○ 이날 코르친국 대비(大妃)가 황상 · 황후 · 인지궁귀비(麟趾宮貴妃) · 영복궁장비(永福宮莊妃)에게 자신의 장막에 오라고 청했다. 대비는 숙영을 나가 맞이하여 들어왔다. 주상은 자리에 앉았고 투시예투 친왕 바다리와 조릭투 친왕 욱샨이 알현했는데, 여러 신하들을 데리고 열을 지어서 삼궤구고두의 예를 행하였다. 그리고 가져온 술을 주상 앞에 무릎 꿇고 바쳤다. 술을 바치자 주상은 바다리에게 우측 호쇼이 예친왕(禮親王) 다이샨 아래에 앉게 했고, 욱샨에게는 좌측에 앉게 했다. 이에 대비는 성대한 연회를 마련하여 주상에게 올렸고, 다시 조각한 안장을 갖춘 말 · 낙타 · 소와 양 · 담비가죽 등의 물품을 바치니 헤아려 받았다.

○ 辛未, 以大妃辭歸, 設大宴送之, 仍賜鞍馬 · 衣服 · 靴襪 · 綵緞 · 珊瑚數珠 · 嵌珠玉項圈 · 銀器等物, 大妃謝恩, 上答禮.

○ 신미일(5.4), 대비(大妃)가 돌아가고자 하니 큰 연회를 베풀어 배웅했고, 안장을 갖춘 말 · 의복 · 신발과 버선 · 비단 · 산호 염주 · 상감한 옥목걸이 · 은그릇 등의 물품을 하사했다. 대비는 사은하고 주상은 답례했다.

○ 壬申, 遣往烏朱穆秦 · 蒿齊忒 · 蘇尼特等部落使臣衛徵囊蘇 · 祁他特 · 塔布囊宜巴禮, 率蒙古使臣來朝兼貢駝馬.

○ 임신일(5.5), 우주무친 · 호오치트 · 수니트 등 부락에 파견한 사신 워이정 낭수 · 키타트 · 타부낭 이발리(ibali, 宜巴禮)가 데려온 몽고 사신이 내조하고 낙타와 말을 조공했다.

○ 乙亥, 科爾沁國土謝圖親王巴達禮 · 卓禮克圖親王吳克善, 具盛筵獻上, 復獻鞍馬 · 貂皮, 酌納之. 上命巴達禮坐於右側, 吳克善坐於左側, 設宴, 宴之.

○ 을해일(5.8), 코르친국 투시예투 친왕 바다리와 조릭투 친왕 욱샨이 성대한 연회를 마련하여 주상에게 올리고, 다시 안장을 갖춘 말 · 담비가죽을 바치니, 주상이 헤아려 받았다. 주상은 바다리를 우측에, 욱샨을 좌측에 앉게 하고 연회를 베풀어 주었다.

○ 丙子, 科爾沁國土謝圖親王巴達禮, 以賜儀仗, 具筵獻上, 同塞冷達爾漢巴圖魯獻馬匹, 俱不受, 仍賜巴達禮 · 吳克善等袍帽 · 弓矢 · 金器 · 鞍馬而遣之.

○ 병자일(5.9), 코르친국 투시예투 친왕 바다리가 주상이 의장을 하사한 일 때문에 연회를 마련하여 주상에게 바치고, 서령 다르한 바투루와 함께 말을 헌상했으나, 주상은 받지 않고, 바다리와 욱샨 등에게 겉옷과 모자 · 활과 화살 · 금그릇 · 안장을 갖춘 말을 하사하여 보냈다.

○ 壬午, 午刻, 上回鑾, 自地載門入還清寧宮, 出獵凡二十六日.

○ 임오일(5.15), 오시(午時)에 주상이 환궁하여 지재문을 통해 청녕궁에 들어갔다. 사냥을 나간 지 26일 만이었다.

○ 癸未, 初席特庫 · 吳巴海巴圖魯 · 噶爾糾等, 往追喀木尼漢部落逃人葉雷 · 舍爾特庫 · 巴古柰土古柰等. 至是, 還. 上命固山額眞出迎五里宴之入城. 席特庫等奏言, 臣席特庫 · 噶爾糾, 率二十二人, 躡逃人踪跡, 自多博科地方行至烏喇駐防邊城, 梅勒章京吳巴海, 率四十五人來. 會葉雷等, 盜科爾沁蒙古占巴喇馬并其部下之馬, 共八百匹. 又盜氷圖王馬并其部下之馬, 共四十五匹. 氷圖王下屬員 · 伊爾都齊貝勒下屬員 · 伊爾登下屬員 · 哈談巴圖魯下屬員, 有四五家散處者, 及出外採捕者約五十人, 皆被殺死. 氷圖王下十七人追及之逃人, 還擊殺死三人, 奪馬十七匹而去. 科爾沁國土謝圖親王兵二百五十人 · 塞古爾倫貝勒兵二百人, 追之不及而回. 臣等躡其踪跡追之, 途次見天鵝三, 爲科爾沁國人名俄爾多木者, 射中其一, 鵝帶箭而飛, 因逐取之, 鵝忽不見, 乃見逃人營中遺火, 遂星夜前追至溫多地方, 圍之已五越月矣. 諭令歸降, 不從, 遂攻入, 殺九十四人, 獲其家口八十七人 · 馬五十六匹. 問逃人之首葉雷安在, 答曰, 葉雷殺鹿爲食, 攜其妻子遁去矣. 臣席特庫 · 吳巴海, 即率兵前追, 葉雷偵知臣往, 遂殺其妻子, 逃入山中. 臣等追至, 環圍之, 復令彼歸順, 不聽, 縱矢交射, 忽一白狐躍起, 觸葉雷弓而馳, 狐戴弓竄去, 因射死葉雷. 葉雷弟兄, 率四十人, 攜妻子, 原欲來歸我國者, 道遇葉雷, 因留住一處, 亦皆殺之.

○ 계미일(5.16), 처음에 시터쿠 · 우바하이 바투루 · 가르기오(gargio, 噶爾糾) 등이 캄니간(喀木尼漢) 부락의 도망자 열러이(yelei, 葉雷) · 셔르터쿠(šerteku, 舍爾特庫) · 바구나이(bagūnai, 巴古柰) · 투구나

이(tugūnai, 土古柰) 등을 추격하고 돌아왔다. 주상은 구사어전에게 명하여 5리 밖에 나가서 맞이하고 연회를 열어 준 뒤 입성하게 했다. 시터쿠 등이 상주하여 말했다. "신 시터쿠와 가르기오는 22명을 데리고 도망자들을 뒤쫓아서 도보코(doboko, 多博科) 지방에서 울라 주방 변성으로 갔습니다. 머이런장긴 우바하이는 45명을 데리고 왔습니다. 이때 열러이 등은 코르친 몽고 잠발라(jambala, 占巴喇)의 말과 그 부하의 말 도합 800마리를 훔치고 빙투 왕의 말과 그 부하의 말 도합 45마리도 훔쳤습니다. 빙투 왕 속하 관원・일두치 버일러 속하 관원・일던 속하 관원・하탄 바투루 속하 관원 중에 흩어져 사는 45가(家)와 변외로 나가 수렵하며 살아가는 자 약 50명이 모두 피살되었습니다. 빙투 왕 속하 17명이 추적하여 잡은 도망자는 돌아오는 길에 3명을 때려죽였으며 말 17마리를 빼앗아 달아났습니다. 코르친국 투시예투 친왕의 병사 250명과 서구르런(segurlen, 塞古爾倫) 버일러의 병사 200명은 추적했으나 잡지 못하고 돌아왔습니다. 신들은 흔적을 따라 그들을 추적했는데 도중에 코르친국 사람들이 올도무(oldomu, 俄爾多木)라고 부르는 백조 3마리를 보았습니다. 한 마리를 쏘아서 맞추었는데 백조가 화살에 맞은 채로 날아가자 뒤쫓아서 잡으려 했으나, 홀연 백조는 보이지 않고 도망자들의 숙영지에 불이 나는 것이 보였습니다. 마침내 밤낮으로 달려 온도(ondo, 溫多) 지역까지 쫓아가서 포위한 지 5개월이 넘었습니다. 투항하여 귀순하라고 권유했으나 따르지 않아서, 마침내 공격해 들어가서 94명을 죽이고 가솔 87명과 말 56마리를 노획했습니다. 도망자의 괴수 열러이의 소재를 묻자 '열러이는 사슴을 잡아먹고 처자를 데리고 도망갔습니다.'라고 대답했습니다. 신 시터쿠와 우바하이가 병사를 이끌고 추격하니, 열러이는 신이 간다는 소식을 정탐하고 처자를 죽인 뒤에 산속으로 도망갔습니다. 신들이 뒤쫓아 가서 포위하고 다시 귀순을 명했지만 듣지 않기에 화살을 퍼부었는데, 홀연 흰 여우 한 마리가 뛰어오르더니 열러이의 활을 건드리고 달려갔습니다. 여우가 활을 가지고 숨어 버리자 활을 쏘아서 열러이를 죽였습니다. 열러이의 형제들은 40명과 처자를 데리고 왔으며, 우리나라에 내귀하려던 자들이 도중에 열러이를 만나 한곳에 모여 살았는데 역시 모두 죽였습니다."

○ 乙酉, 上御崇政殿, 文武陞轉各官謝恩, 次朝鮮國王子李溰·李淏因賜房舍食用諸物, 率衆謝恩, 次命朝鮮國謝恩使臣左議政李聖求等入, 次命阿祿烏朱穆秦下塞臣濟農·蒿齊忒部落沙克圖爾台吉·蘇尼特部落墨爾根台吉等使臣納莫渾津等入, 各以次立於左側, 李聖求等行三跪九叩頭禮, 文臣捧朝鮮國謝表, 跪上前宣讀.

○ 을유일(5.18), 주상이 숭정전에 들자 승진하고 전임한 문무 관원들이 사은했다. 다음으로 조선국왕의 아들 이왕(李溰)·이호(李淏)가 집과 음식 등의 물품을 하사받은 것에 대해 무리를 이끌고 사은했다. 다음으로 조선국의 사은사 좌의정 이성구(李聖求) 등을 들어오게 했고, 다음으로 아루 우주무친 속하의 세첸 지농·호오치트 부락의 샥투르 타이지(šaktur taiji, 沙克圖爾台吉)·수니트 부락의 머르건 타이지 등의 사신 나무 혼진(namu honjin, 納莫渾津) 등을 들어오게 하니 각기 차례대로 왼쪽에 섰다. 이성구(李聖求) 등이 삼궤구고두의 예를 행하자, 문신이 조선국의 사은표(謝恩表)를 받아 주상 앞에서 무릎 꿇고 낭독했다.

表曰, 朝鮮國王臣李倧上言. 欽蒙皇恩, 矜愍小邦, 宥釋前愆, 六師言旋, 再造疆場, 臣與一國臣民, 不勝感激. 謹奉表稱謝者, 臣倧誠惶誠恐, 稽首頓首. 伏以邱山釁重, 自干九伐之威, 天地仁深, 獲荷再造之澤, 驚魂甫定, 感涕隨零. 伏念臣猥以薄材守此偏壤, 慕大邦之高義. 雖幸托於帡幪, 襲先世之恆規, 未敢輕於去就, 終致玉帛之後至, 遂煩旌旆之遙臨. 孤城見朝暮之危, 闔境有摧殘之懼, 孽由己作, 寧辭斧鉞之加. 愛欲其生, 特展綏懷之畧, 既霑雷雨之渥, 復睹龍鳳之章, 風揮日舒, 所謂有征無戰. 海涵川納, 方知兩國一家, 枯木回春, 寒灰嘘暖. 玆蓋伏遇寬溫仁聖皇帝陛下, 神武不殺, 聖度能容, 膺景命而居尊, 瑤圖肇啟, 馭羣英以闢遠, 卉服咸賓, 爰俾傾覆之蹤, 亦被陶鎔之德. 臣敢不銘肝省咎, 滌慮圖新, 星共北辰仰宸, 儀而恒惕, 土全東社, 修職貢而罔渝. 臣無任望天仰聖, 激切屏營之至, 謹奉表稱謝以聞.

표문에서 말했다. 「조선국왕 신(臣) 이종이 상언합니다. 삼가 황은을 베풀고 소방(小邦)을 불쌍히 여겨서 이전의 잘못을 용서해 주셨고, 군대를 되돌려서 강역을 다시 살리셨습니다. 신은 나라의 신민들과 더불어 감격을 이기지 못하겠습니다. 삼가 표문을 받들어 사례를 올리는 신 이종은 실로 황공하여 머리 조아립니다. 삼가 생각건대 태산과 같은 흔단(釁端)을 거듭 만들어 구벌(九伐)[3]의 위엄을 스스로 불러들였으나 천지(天地)의 어짊이 깊어서 재조(再造)의 은혜를 입었으니, 놀란 혼백이 겨우 안정되고 감격스러워 눈물이 흐릅니다. 삼가 생각건대 신은 외람되이 부족한 자질로 이 구석진 땅을 지키면서 대방(大邦)의 높은 의리를 우러렀습니다. 비록 다행히 보호를 받게 되었음에

3 구벌(九伐)은 『周禮』「夏官・大司馬」에 의하면 천자의 토벌죄에 해당하는 제후가 범한 아홉 가지의 죄이다. 즉 자기가 강함을 믿고 약자를 능멸하는 것, 백성을 이유 없이 해치는 것, 거짓말로 이웃 나라를 위협하는 것, 정치를 잘못하여 백성들을 뿔뿔이 흩어지게 만드는 것, 왕명에 불복하는 것, 제후가 친족(親族)을 죽이는 것, 군주를 시해하거나 시해를 모의하는 것, 정령을 위반하는 것, 내란을 일으키고 패륜(悖倫)을 행하는 것이다.

도 선대의 사례를 이어서 감히 거취를 가볍게 하지 못하여, 결국 화호(和好)한 후에도 군사가 멀리서 오는 번거로움이 생겼습니다. 고립된 성에서 아침저녁으로 위태로움을 보고 나라 안이 피폐해지는 것을 두려워했지만, 재앙이 저로부터 말미암아 만들어졌으니 죽는다 해도 어찌 마다하겠습니까. 황상께서 생명을 아끼시어 평안하게 살리시는 방책을 특별히 베푸시고 비에 적시는 것 같은 은혜를 내리시고, 다시 용봉(龍鳳)의 글과 바람 같은 위령(威令)으로 시원하게 처리하시는 것을 보았습니다. 이른바 정벌은 있으나 싸움은 없고 바다는 강물이 들어오는 것을 받아들인다는 말처럼 두 나라가 일가(一家)이고, 고목에 봄이 돌아오고, 황량한 곳에 따뜻함이 찾아왔음을 알게 되었습니다. 이는 모두 관온인성황제 폐하께서 신령스러운 무위(武威)로 함부로 죽이지 않으시고, 성스러운 도량으로 용서하시고, 대명(大命)을 받아 존귀한 자리에 거(居)하시고, 나라의 운수를 열고 영재들을 부려 먼 곳을 개척하여 여러 곳이 모두 복종하고, 그리하여 기울어지고 엎어진 지난날을 살려 주시는 은덕을 입은 때문입니다. 신은 감히 마음에 새기고 허물을 반성하며 생각을 고쳐먹고 새로움을 도모하여, 별이 모두 북진(北辰)을 우러러 따르는 것과 같이 우러르고, 의례에 항상 조심하고, 동쪽 나라의 땅을 온전히 하여 직공(職貢)을 닦아 맹세를 어기지 않겠습니다. 신은 성상(聖上)을 우러르는 감격을 금할 수 없기에 삼가 표문을 올려 사례하여 아뢰옵니다.」

又進皇太子箋, 箋云, 朝鮮國王臣李倧上言. 欽蒙皇恩, 矜愍小邦, 宥釋前愆, 六師言旋, 再造疆場, 臣與一國臣民, 不勝感激, 謹奉箋稱謝者. 臣倧誠惶誠恐, 稽首頓首. 伏以至大無外, 既荷穹昊之仁, 繼明有臨, 特紆重雲之澤, 心脾含感, 頂踵知榮, 伏念臣蹄涔僻居, 蛙井陋識, 守先人之塗轍久矣. 執迷致王師之濯征, 安所逃命. 幸被青陽之煦, 復得東社之封. 玆蓋伏遇皇太子殿下, 譽洽溫文, 德備孝敬, 雷行電掃, 克贊服遠之圖, 秋殺春生, 咸懷字小之惠, 遂俾顚覆之餘, 亦預陶鎔之末. 臣敢不懲前毖後, 改舊遷新. 地偏要荒, 雖阻班於銅禁, 波深少海, 長寄心於龍樓. 臣無任瞻仰, 激切屛營之至, 謹奉箋稱謝以聞.

또한 황태자에게 보낸 전문(箋文)에서 말했다. 「조선국왕 신(臣) 이종이 상언합니다. 삼가 황은을 입어서 소방(小邦)을 불쌍히 여기시어 전일의 과실을 용서해 주셨고, 군대를 되돌려 강역을 다시 살려 주셨으니 신은 나라의 신민들과 함께 감격을 이기지 못하겠습니다. 삼가 감사의 표문을 올리며 신 이종은 실로 황공하여 머리 조아립니다. 삼가 생각건대 지극히 큰 것은 안과 밖이 나뉘지 않으니, 하늘의 어짊을 입어 천자의 밝은 뜻을 계승하십니다.[4] 특별히 거듭된 은혜를 입었으니 마음 깊이 감사히 여기며 머리부터 발끝까지 영광으로 여깁니다. 삼가 생각건대 신은 말발굽에 고인 물처럼 궁벽한 곳에서 살아서 우물 안 개구리의 비루한 식견을 갖고 옛사람의 도리를 지킨 지가 오래되었습니다. 어리석은 고집으로 제왕의 군대가 정벌하러 오기에 이르렀으니 도망칠 데가 어디에 있겠습니까. 다행히 봄과 같은 은혜를 입어 다시 동쪽 나라에 봉해짐을 얻었습니다. 이는 대개 황태자 전하의 명망이 온화함에 부합하시고, 덕(德)은 효성스러움과 공경함을 갖추셨으며, 천둥번개 같이 휩쓸어 능히 먼 곳을 복속시키는 계획을 도우시고, 가을에 죽이고 봄에 살리시어 작은 것을 어루만지는 은혜를 품어 마침내 저희를 전복되지 않게 해 주시고 보살피는 덕을 입게 해 주신 때문입니다. 신은 감히 지난 일을 경계하여 앞날의 일을 조심하지 못했고 옛것을 고쳐 새로운 것으로 바꾸지 못했습니다. 땅이 편벽된

4 원문의 繼明은 황제의 뜻을 계승한다는 의미이고 또한 황태자를 의미한다.

요황(要荒)이어서 비록 멀리 떨어지고 막혀 있어도 파도가 소해(少海)에 깊게 미치니 용루(龍樓)[5]에 늘 마음을 의지하고 있습니다. 신은 우러르는 감격을 금할 수 없기에 삼가 전문(箋文)을 올려 사례하여 아룁니다.」

讀畢, 李聖求等行三跪九叩頭禮, 退立右側. 次朝鮮鎭守義州總兵林慶業, 因領兵隨征明皮島有功, 朝見行禮. 次阿祿使臣納莫渾津 · 達爾漢班第 · 桑噶爾寨, 率衆行朝見禮, 文臣取表跪讀, 表曰, 寬溫仁聖皇帝恩澤遠播, 遐疆仰慕德化, 烏朱穆秦部落塞臣濟農 · 蒿齊忒部落沙克圖爾台吉 · 蘇尼特部落騰機思墨爾根台吉特遣使臣, 跪進馬二十四. 讀畢, 行三跪九叩頭禮. 次甲喇章京席特庫 · 梅勒章京吳巴海巴圖魯 · 牛彔章京噶爾糾, 以追殺逃人葉雷等還, 朝見上, 行三跪九叩頭禮, 依次坐各賜茶. 畢, 上還清寧宮.

읽은 후 이성구(李聖求) 등은 삼궤구고두의 예를 행하고 물러나 우측에 섰다. 다음으로 조선의 진수의주총병(鎭守義州總兵) 임경업이 병사들을 이끌고 명나라의 피도를 정벌할 때 공이 있어 알현하여 예를 행하였다. 다음으로 아루의 사신 나무 혼진 · 다르한 반디 · 상가르자이가 무리를 이끌고 조현례(朝見禮)를 행하고, 문신(文臣)이 표문을 받아 무릎 꿇고 읽었다. 표문에서 말했다. 「관온인성황제의 은덕이 멀리까지 퍼졌으니, 먼 곳에서 덕화(德化)를 흠모하여 우주무친 부락의 세첸 지농 · 호오치트 부락의 샥투르 타이지 · 수니트 부락의 텅기스 머르건 타이지(tenggis mergen taiji, 騰機思墨爾根台吉)가 특별히 사신을

5 용루(龍樓): 황태자 혹은 왕세자의 궁전.

보내 삼가 말 20마리를 바칩니다.」 읽은 후 삼궤구고두의 예를 행하였다. 다음으로 잘란장긴 시터쿠 · 머이런장긴 우바하이 바투루 · 니루장긴 가르기오(gargio, 噶爾糾)가 도망자 열러이(yelei, 葉雷) 등을 추격하여 죽이고 돌아와서 알현하고 삼궤구고두의 예를 행하였다. 순서대로 각각 차를 내린 후 주상은 청녕궁으로 돌아갔다.

○ 命禮部承政宴朝鮮陪臣李聖求等於禮部, 都察院承政宴阿祿部落貢使納莫渾津等於蒙古衙門.

○ 예부승정에게 명하여 예부에서 조선국 배신 이성구(李聖求) 등에게 잔치를 베풀어 주게 하고, 도찰원승정에게 명하여 몽고아문에서 아루 부락의 공물을 바친 사신 나무 혼진 등에게 잔치를 베풀어 주게 했다.

○ 丁亥, 內院諸臣撰擬宣諭朝鮮敕書進呈. 上覽畢諭曰, 爾等撰文, 毋得過爲誇大, 當順理措辭, 朕素不樂聞誇大之言. 彼明國之主, 自比於天, 輕視他人實甚, 身無德義, 徒事矜張, 究何益哉. 嗣後撰擬切宜詳愼, 毋得草率.

○ 정해일(5.20), 내원(內院)의 여러 신하들이 조선에 선유할 칙서를 지어서 올렸다. 주상이 열람을 마치고 유시했다. "너희는 글을 지을 때 지나치게 과장하지 말고 순리대로 지어야 한다. 짐은 평소에 과장하는 말을 듣는 것을 좋아하지 않는다. 저 명나라의 군주는 스스로를 하늘에 비유하면서 다른 사람을 경시하는 것이 매우 심하여 몸에 덕의(德義)가 없고 헛되이 부풀리는 것에 매달리니 결국 무슨 이득이 있

겠는가. 이후로 글을 지을 때는 주의 깊고 신중해야 하며 대충 해서는 안 된다."

○ 賞朝鮮國總兵林慶業, 綵緞·貂裘·鞍馬·銀兩, 以其從征皮島有功也. 是日, 賜宴於禮部, 遣還, 並令齎頒敕諭一道, 及白金千兩·紬緞百疋·馬二匹以賜其國王李倧. 敕曰, 寬溫仁聖皇帝敕諭朝鮮國王李倧. 近者島孽蕩平. 朕絶門庭之寇, 海氛掃淨, 爾無心腹之憂. 雖藉諸臣之宣力, 實賴藩服之攄誠, 助朕兵船用張撻伐, 勳勞聿著, 忠順可嘉. 宜頒恩錫, 以勵有邦. 爾之將士人等, 已經一體賞賚, 其麗民投寓各島者, 亦盡付安州陪臣柳琳訖. 玆特賜王銀幣·馬匹, 就令陪臣林慶業齎回, 爾可祗領. 尚宜時嚴烽瞭, 勿俾餘孽之復猖, 益著忠貞, 作我東藩而永固欽哉. 故諭.

○ 조선국 총병 임경업(林慶業)에게 상으로 채단(綵緞)·담비가죽옷·안장을 갖춘 말·은량(銀兩)을 주었는데, 그가 피도를 정벌할 때 따라가서 공을 세웠기 때문이다. 이날 예부에서 연회를 열어 주었고, 돌려보내면서 칙유 1통 및 백금 1,000냥, 주단(紬緞) 100필, 말 2마리를 가져가 국왕 이종에게 주게 했다. 칙유에서 말했다. 「관온인성황제가 조선국왕 이종에게 칙유한다. 근자에 섬의 무리가 모두 평정되었다. 짐이 문안에 들어온 도적을 절멸시켰고 바다의 재앙을 소탕했으니 그대 마음 속 근심이 사라졌다. 비록 여러 신하들이 힘써 준 덕분이지만 실제로는 번복(藩服)의 정성에 힘입은 바가 있어, 짐의 병선을 도와 정벌하는 데 공로가 두드러지니 충순함이 가상하다. 마땅히 은사(恩賜)를 내려 그 나라를 격려해야 한다. 그대의 장졸들에게는 이미 일체의 상을 주었고, 조선 백성으로 각 섬에 가서 살고 있는 자들도 안주(安州)의 배신(陪臣) 유림(柳琳)에게 모두 보냈다. 이에 특별히 왕에

게 은과 비단과 말을 내린다. 배신 임경업에게 가지고 돌아가게 했으니 그대는 잘 받으라. 때마다 엄히 봉화를 밝히고, 남은 천한 무리들이 다시 창궐하지 못하게 하여 충정을 더욱 드러내 보이고, 우리의 동번(東藩)으로서 영원히 공경하라. 이에 칙유한다.」

○ 癸巳, 召朝鮮國王子李溰·李淏進清寧宮, 賜宴.

○ 계사일(5.26), 조선국 왕자 이왕(李溰)·이호(李淏)를 불러 청녕궁에서 연회를 베풀었다.

○ 是日, 恭順王孔有德·懷順王耿仲明奉上命來, 質審攻取皮島事. 命內院大學士范文程, 禮部承政滿達爾漢·姜新, 迎至館舍宴之.

○ 이날 공순왕 공유덕·회순왕 경중명이 주상의 명을 받고 와서, 피도를 공격해 취한 일을 대면하여 이야기했다. 내원대학사 범문정, 예부승정 만다르한·강신(姜新)에게 명하여 관사(館舍)로 가서 맞이하며 연회를 열게 했다.

○ 乙未, 蒿齊忒部落巴琫土謝圖, 遣使臣阿穆寨巴克什等, 來朝兼貢馬匹. 召進清寧宮, 賜宴.

○ 을미일(5.28), 호오치트 부락의 바붕 투시예투(babung tusiyetu, 巴琫土謝圖)가 사신 아무자이 박시(amujai baksi, 阿穆寨巴克什) 등을 보내어 내조하고 말을 공물로 바쳤다. 청녕궁으로 불러서 연회를 베풀

었다.

○ 初, 固山貝子尼堪娶圖爾格所尚和碩公主之女爲妻, 無子. 恐尼堪另娶, 乃潛與隨嫁婦人孟姑濟·穗尼·寶齊黑定謀, 取一漢人僕婦新產之女, 詐爲己生以紿貝子尼堪, 尼堪與其母福金往產室視之, 其女生已多時, 且身甚燥, 於是甚疑之. 因迎其姊濟鼐格格, 與碩翁科羅巴圖魯勞薩至其家, 詰問之, 其妻對曰, 實吾所生. 又集孟姑濟·穗尼, 寶齊黑訊之亦云, 實格格所生. 而尼堪之妻母和碩公主與其夫圖爾格亦信寶齊黑之語, 以爲實格格所生. 尼堪又向孟姑濟之夫額爾得黑令再三詰問其妻, 亦不以實對. 貝子尼堪妻, 又紿尼堪曰, 若謂此女非我所生, 吾今又有孕, 屆期將產矣. 已而過所告之期不產, 於是尼堪曰, 此女洵非吾女也. 復令額爾得黑威脇其妻孟姑濟細詰之, 孟姑濟懼, 備以前所謀事實告. 尼堪乃奏聞, 上命刑部承政索海·郎球會訊之, 三婦皆吐實, 貝子尼堪妻仍稱是己所生, 今又懷孕, 刑部承政索海·郎球遣婦人往視之, 所言非實.

○ 이전에 구사이 버이서 니칸[6]은 투르거이와 결혼한 호쇼이 공주[7]의 딸을 아내로 취했는데 자식이 없었다. 니칸의 아내는 니칸이 다른 아내를 취할까 걱정하여 따라서 결혼한 부인들인 몽고지(monggoji, 孟

6 니칸(nikan, 1610-1652)은 누르하치의 장남 추영(cuyeng, 1580-1615)의 셋째 아들이다.

7 무쿠시(mukusi, 穆庫什, 1595-1659)를 가리킨다. 무쿠시는 누르하치의 넷째 딸로, 1608년 14살 때 해서여진 울라부의 버일러 부잔타이와 결혼했다. 1613년 누르하치의 공격을 받고 부잔타이가 여허로 도주한 후 후금의 개국공신 어이두(eidu, 額亦都)와 재혼했다. 1621년 어이두가 사망한 후 그의 여덟째 아들 투르거이(turgei, 圖爾格, 1596-1645)와 재혼했다. 1636년 호쇼이 공주에 봉해졌다.

姑濟)·수이니(suini, 穗尼)·보치허(bocihe, 寶齊黑)와 몰래 모의해서 한인 노비 여자가 낳은 딸을 자기가 낳았다고 버이서 니칸을 속였다. 니칸과 그 어머니 푸진이 출산한 방에 가서 보니 그 딸이 태어난 지 오래되었고 몸이 보송해서 매우 의심했다. 니칸의 누나 지나이 거거(jinai gege, 濟鼐格格)[8]와 송코로 바투루 로오사를 집으로 불러서 니칸의 아내를 힐문하게 하니, 니칸의 아내가 "정말로 제가 낳았습니다."라고 말했다. 또 몽고지·수이니·보치허를 모아 심문하니 역시 "정말로 거거가 낳았습니다."라고 말했다. 니칸의 장모 호쇼이 공주와 그 남편 투르거이 또한 보치허의 말을 믿고 실제로 거거가 낳았다고 여겼다. 니칸이 또 몽고지의 남편 어르더허(erdehe, 額爾得黑)에게 그의 아내를 두세 번 힐문하게 했으나 역시 사실대로 대답하지 않았다. 버이서 니칸의 아내가 또 니칸을 속여서 말했다. "만약 이 여자아이를 내가 낳지 않았다면, 내가 지금 또 임신했으니 기한을 지켜 아이를 낳을 것입니다." 그 후에 말한 기한이 지났는데도 아이를 낳지 않자 니칸은 "이 여자아이가 실로 내 딸이 아니구나."라고 말하고 다시 어르더허를 겁박하여 그의 아내 몽고지에게 사실을 힐문하게 했다. 몽고지가 두려워서 이전에 모의했던 사실을 이야기했다. 이에 니칸이 상주하니 주상은 형부승정 소오하이·랑키오에게 명하여 알아보게 했다. 세 부인은 모두 실토했으나, 버이서 니칸의 아내는 거듭 자기가 낳았다고 했고 지금 다시 임신했다고 했다. 형부승정 소오하이·랑키오가 부인을 보내 살펴보게 했는데 그 말이 거짓이었다.

---

8 지나이 거거: jinai gege, 濟鼐格格, 1616-1677. 누르하치의 장남 추영(cuyeng. 1580-1615)의 둘째 딸. 니칸의 누나. 여허의 부르항구(布爾杭古 ?-1632)와 결혼했고, 코르친의 바투루 군왕 만주시리와 재혼했다.

遂啟本部和碩鄭親王, 鄭親王令羅奇 · 何洛會之妻詳視, 察知懷孕果虛, 遂還奏於上乃集諸王 · 貝勒 · 貝子及大臣於篤恭殿, 議其罪. 貝子尼堪妻及同謀之三婦, 生女之僕婦, 僕婦之主母, 知情不擧之和碩公主與其夫圖爾格, 皆論死. 貝子尼堪, 爲妻蒙蔽, 不勝議政之任, 應罷其議政, 仍坐以應得之罪讞具, 上曰, 此案情罪重大, 牽累甚多, 萬一有誤, 悔何及乎. 遂再令索尼 · 布爾良 · 哈世屯率蘇達喇之妻 · 墨都之妻, 往驗是實. 於是貝子尼堪妻并同謀孟姑濟 · 穗尼 · 寶齊黑及孟姑濟母 · 莽吉圖之妻, 生女之僕婦并所生女, 俱伏法. 免和碩公主死, 革和碩公主名號, 斷離圖爾格, 歸其兄巴布泰弟巴布海贍養. 免圖爾格死, 革世職解固山額眞任, 仍令贖身. 以遏必隆欲庇護其母與妹欺隱之罪, 反告承政索海, 於和碩鄭親王前云, 索海係尼堪親戚, 不可令其審此事. 所告不實, 革遏必隆所襲其父昂邦章京職. 以貝子尼堪柔懦尚知自首, 免罪, 仍命在議政之列令其歷事.

이에 형부(刑部)의 호쇼이 정친왕에게 말하니 정친왕이 로키 · 홀로호이(holohoi, 何洛會)의 처에게 상세히 살피게 하여 임신이 정말로 거짓말이라는 것을 알게 되었다. 이에 주상에게 상주하고 여러 왕 · 버일러 · 버이서 및 대신들을 독공전에 모아서 죄를 의논했다. 버이서 니칸의 아내 및 함께 모의한 세 부인 · 딸을 낳은 노비 여자 · 노비 여자의 주인의 어머니 · 사실을 알고도 말하지 않은 호쇼이 공주와 그 남편 투르거이를 모두 사형죄로 논했다. 버이서 니칸은 아내를 위해 사건을 은폐했으니 의정(議政)의 임무를 맡을 수 없다 하여 의정에서 파직시키고 받아야 할 죄에 처해야 한다고 모두 아뢰었다.

주상이 말하기를, "이 사안은 정황과 죄가 중대하고 관련된 자가 매우 많으니, 만일 착오가 있으면 나중에 후회해도 소용없을 것이다."라고 하고 다시 소닌 · 부르건(burgen, 布爾良) · 하시툰(hasitun, 哈世屯)

에게 명하여 수달라(sudala, 蘇達喇)의 아내·머두(medu, 墨都)의 아내를 데리고 가서 살펴보게 한 결과 사실이었다. 이에 버이서 니칸의 아내 및 공모한 몽고지·수이니·보치허 및 몽고지의 모친·망기투(manggitu, 莽吉圖)의 아내, 딸을 낳은 노비 여자 및 그 소생의 딸을 모두 죽였다. 호쇼이 공주는 죽음을 면해 주고 호쇼이 공주 명칭을 박탈했으며 투르거이와 떨어트리고 그 오빠 바부타이·동생 바부하이에게 보내서 돌보게 했다. 투르거이는 죽음을 면해 주고 세습 구사어전 직에서 혁직하고 속신(贖身)[9]하게 했다. 어빌룬은 그 어미와 누이를 비호하여 숨기려 한 죄가 있고, 오히려 승정 소오하이를 무고하여 호쇼이 정친왕 앞에서 말하기를 "소오하이는 니칸의 친척이니 이 일을 알아보도록 해서는 안 됩니다."라고 했는데 사실이 아니었다. 어빌룬을 부친에게서 물려받은 암바장긴 직에서 혁직했다. 버이서 니칸은 성격이 유약하나 사실을 알고 자수했으므로 죄를 면해 주고, 계속 의정대신의 반열에 두어 맡았던 일을 하게 했다.

○ 半個牛彔章京來珠自軍中還, 不入盛京, 私過本屯, 攜其妻, 私往湯泉. 固山額眞古穆傳之, 再不至, 及自湯泉回又往本屯, 古穆遂告於本貝勒, 執送法司鞫實, 鞭五十, 革半個牛彔章京職, 罷牛彔任.

○ 반개니루장긴 라이주(laiju, 來珠)가 군중(軍中)으로부터 돌아와서 성경(盛京)에 들어가지 않고 사사로이 자기 마을을 지나며 그 아내를 데리고 마음대로 온천에 갔다. 구사어전 구무(gumu, 古穆)가 오라

---

9 贖身은 사형죄를 면해 주는 대신에 몸값을 취하는 것이다. 만주어로는 wara weilei joligan gaiha(죽일 죄의 몸값을 취했다)이다. 만주어 joligan은 속죄하기 위해 납부하는 몸값이다.

고 하는 명을 전했으나 또 다시 오지 않고 온천에서 다시 자기 마을로 갔다. 이에 구무가 본 기(旗)의 버일러에게 고발해서 법사(法司)로 보내 알아보게 하니 모두 사실이었다. 채찍을 50대를 때리고 반개니루장긴 직을 혁직했으며 니루의 임무에서 파직했다.

○ 初, 戶部取賽木哈牛彔下地三十晌, 給與本旗安肫牛彔下獵戶濟賴, 濟賴即其地築室居住. 賽木哈懷怒, 率人毀濟賴屋, 竝毆其家丁一人殞命, 又賽木哈多占壯丁地五百晌, 又唆其兄孟坦之子弼山所轄人丁訟弼山於法司, 及奉旨將人給與弼山, 賽木哈又抗拒不與. 本旗王責令交出賽木哈呼其本主貝勒號哭. 又出兵後遣鄂碩·喀木戚哈捉生, 本旗王向彼索馬, 賽木哈不與又不一往王府. 又隱匿本牛彔下二女, 不令部臣察看. 部臣羅奇·孫塔察出其一女, 已爲賽木哈之孫所聘, 乃取出嫁與顔代牛彔下人, 其一女及賽木哈孫女爲本旗王取去. 賽木哈謂孫塔曰, 我所聘孫媳, 嫁與他人, 我之孫女又爲王取去, 吾何以生爲. 又向羅奇言語多怨望. 事聞, 下刑部究審, 皆實, 上命以賽木哈交本旗王誅之.

○ 이전에 호부에서 사이무하(saimuha, 賽木哈) 니루 하의 토지 30상(晌)[10]을 취해서 본 기(旗) 안준(anjun, 安肫) 니루에 속한 사냥꾼인 질라이(jilai, 濟賴)에게 주었다. 질라이는 그 땅에 집을 지어 살았다. 사이무하는 화나서 사람을 이끌고 질라이의 집을 부수고 그 집의 일꾼 한 사람을 때려 죽였다. 또한 사이무하는 장정(壯丁)의 토지 500상(晌)을 점유했고, 또 그 형 뭉탄(mungtan, 孟坦)의 아들 비산(bisam 弼山)이 관할

10 晌은 만주어 이넝기(inenggi. 日) 혹은 치마리(cimari. 明日)를 한역한 용어로 하루에 파종할 수 있는 면적이다. 지역마다 면적이 다르지만 대략 6畝 정도였다.

하는 사람을 부추겨 비산을 법사에 고소하게 했으며 지(旨)를 받들어 사람을 비산에게 주고자 하니 사이무하는 저항하며 주지 않았다. 본 기(旗)의 왕이 책망하며 내놓게 하자 사이무하는 그 주인인 버일러를 부르며 통곡했다. 또한 출병한 후에 오쇼(ošo, 鄂碩) · 캄치하를 보내 포로를 잡게 하면서 본 기(旗)의 왕이 그에게서 말을 차출하려고 했으나 사이무하는 주지 않았고 또한 한 번도 왕부에 가지 않았다. 또한 본 니루 하의 여자 2명을 숨겨서 부(部)의 신하들이 찾지 못하게 했다. 부신(部臣) 로키 · 순타(sunta, 孫塔)가 그 가운데 한 여자를 찾아냈는데 이미 사이무하의 손자와 결혼해 있었다. 그 여자를 데려와서 얀다이(yandai, 顏代) 니루 하의 사람에게 시집보냈다. 그 한 여자와 사이무하의 손녀를 본 기(旗)의 왕이 데려갔다. 사이무하가 순타에게 말했다. "내가 맞이한 손자며느리는 다른 사람에게 시집갔고, 또 나의 손녀는 왕이 데려갔으니 내가 어찌 살겠는가." 또한 로키에게도 많은 원망의 말을 했다. 일을 듣고 형부(刑部)에게 자세히 살펴보게 했는데 모두 사실이었다. 주상은 사이무하를 본 기(旗)의 왕에게 맡겨 죽이게 했다.

○ 丁酉, 先是, 征朝鮮國時, 自王京遣章京尼堪 · 扈什布 · 季思哈 · 葉克書率外藩各部落蒙古兵, 出會寧往征瓦爾喀. 至是, 還奏言, 臣等奉命, 率蒙古兵征瓦爾喀. 謹率土謝圖親王一旗兵, 札薩克圖郡王一旗兵, 喇嘛斯希台吉一旗兵, 扎賴特部落達爾漢和碩齊貝勒一旗兵, 杜爾伯特部落塞冷一旗兵, 卓禮克圖親王一旗兵, 木寨一旗兵, 東果爾國舅一旗兵, 郭爾羅斯部落奔巴一旗兵, 古木一旗兵, 各二百人, 柰曼部落達爾漢郡王一旗兵, 敖漢部落固倫額駙班第, 并瑣諾木下兵, 扎魯特部落桑噶爾一旗兵, 內齊一旗兵, 各三百人, 阿祿穆章一旗兵, 吳喇忒部落杜巴貝勒一旗兵, 亦各二百人, 共十六旗並滿洲兵一百人, 通計三千七百人. 將出會寧有平壤巡撫 · 安州總兵率兵於吉木海地方立二營, 我兵擊敗之, 殺平壤巡撫及兵二千餘人, 獲馬千餘匹. 又有一巡撫與總兵二人, 率副使等官十員, 領兵二萬, 從安邊欲襲我後, 我兵設伏, 誘殺副使五員, 兵萬人, 獲馬千匹, 餘兵盡登山伐木立柵, 我兵圍之三日, 遂降.

○ 정유일(5.30), 이전에 조선국을 정벌할 때 왕경(王京)으로부터 장긴 니칸 · 후시부 · 기스하 · 역슈를 보내 외번 각 부락의 몽고병들을 이끌고 회령을 출발하여 와르카를 정벌하러 가라고 보냈다. 이때에 돌아와서 상주하여 말했다.

「신들은 명을 받들어 몽고병을 이끌고 와르카를 정벌하러 갔습니다. 삼가 투시예투 친왕의 1기(旗) 병사, 자삭투 군왕의 1기 병사, 라마스히 타이지의 1기 병사, 잘라이트 부락 다르한 호쇼치 버일러의 1기 병사, 두르베트 부락 서령의 1기 병사, 조릭투 친왕의 1기 병사, 무자이(mujai, 木寨)의 1기 병사, 동고르 국구의 1기 병사, 고를로스 부락 붐바(bumba, 奔巴)의 1기 병사, 구무의 1기 병사 각각 200명, 나이만 부락 다르한 군왕의 1기 병사, 아오한 부락 구룬 어푸 반디 및 소놈 속하의 병사, 자루트 부락 상가르의 1기 병사, 너이치(neici, 內齊)의 1기 병사 각각 300명, 아루 무장의 1기 병사, 우라트 부락 두바(duba, 杜巴) 버일러의 1기 병사 역시 각각 200명, 합쳐서 16기(旗)와 만주병 100명, 총 3,700명이었습니다.

회령으로 출발하려는데 평양순무 · 안주총병이 병사를 이끌고 길목해(吉木海; 金化)[11] 지방에 군영을 2개 세웠습니다. 이를 우리 병사가 공격하여 패퇴시키고 평양순무와 병사 2,000여 명을 죽이고 말 1,000여 마리를 획득했습니다. 또 순무 1명과 총병 2명이 부사(副使) 등 관

11 吉木海는 강원도 김화(金化)를 가리킨다.

원 10명을 데리고 병사 2만 명을 이끌고 안변(安邊)으로부터 우리의 후미를 치고자 했는데, 우리 병사가 매복해서 유인해 부사 5명, 병사 1만 명을 죽였고, 말 1,000마리를 획득했습니다. 남은 병사들은 모두 산으로 올라가 나무를 베어 목책을 세웠는데, 우리 병사가 3일 동안 포위하니 마침내 항복했습니다.

計投順官, 哈忙城巡撫·總兵·副使及各邊副使等, 共十五員. 各率本城軍民, 不戰而降, 所過城郭, 獻牛及緞疋·青布·麻布·白布·刀·紙·青黍皮. 隨分給蒙古十六旗, 及附入旗下蒙古, 共二十旗兵丁訖. 臣等在朝鮮境, 行兩月二十三日, 至四月十六日出境, 又行一月三日, 至五月十九日, 至烏喇地方, 科爾沁十旗兵, 即於烏喇境遣還, 二十九日, 至義爾門河, 其敖漢·柰曼部落·扎魯特兩部落及穆章·吳喇忒部落兵俱遣還.

투항한 관원을 헤아리니, 합망성(哈忙城; 咸興城)의 순무·총병·부사와 각변부사(各邊副使; 安邊府使)[12] 등 모두 15명이었습니다. 각기 본성의 군민을 이끌고 싸우지 않고 항복했으며, 성곽을 지날 때마다 소·비단·청포(青布)·마포(麻布)·백포(白布)·도(刀)·종이·청서피(青黍皮) 등을 바쳤습니다. 각기 몽고 16기(旗)와 편입한 기(旗) 속하의 몽고 총 20기의 병사에게 모두 나누어 주었습니다. 신들은 조선 경내에서 2개월 23일을 보냈고, 4월 16일에 경계를 나와서 또 1개월 3일을 행군하여 5월 19일에 울라 지방에 이르렀습니다. 코르친의 10기 병사는 울라의 경계에서 돌아가게 보냈습니다. 29일에 일문 강(ilmun

---

12 各邊副使는 安邊府使의 오기로 추정된다.

bira, 義爾門河)에 이르러 아오한 · 나이만 부락 · 자루트 두 부락 및 무장 · 우라트 부락의 병사를 모두 돌려보냈습니다.」

권36

숭덕 2년 6월

崇德二年, 丁丑, 六月, 戊戌朔.

○ 숭덕 2년 정축년 6월 무술일 초하루(6.1).

○ 辛丑, 遣朝鮮國謝恩陪臣李聖求·李得仁等還國. 設案於大清門外東階, 列頒賜李倧敕書儀物於案上. 李聖求等行三跪九叩頭禮, 跪領畢. 仍賜李聖求等鞍馬·貂皮·白金等物有差, 宴於館舍. 敕曰, 寬溫仁聖皇帝敕諭朝鮮國王李倧. 惟爾黽勉作忠, 洗心陳謝, 吐丹誠於表狀, 傾葵節於包茅, 王既堅事大之志. 朕爰弘字小之恩, 特賜王鞍馬·白金·貂皮等物, 以示優眷, 令陪臣李聖求齎還, 王其佩服休命, 益勵忠勤. 欽哉. 故諭. 又一敕曰, 寬溫仁聖皇帝敕諭朝鮮國王李倧. 王在南漢時, 感部臣英俄爾岱·馬福塔等往來道達之恩, 各餽銀二千兩, 通事三人各五百兩以酬之, 英俄爾岱·馬福塔奏朕方知. 伊等一則盡心爲主, 一則以向嘗往來, 欲保全爾國, 故身任役使, 傳達言語耳. 豈望報耶. 王如知感, 但存之於心可耳, 安用賄爲. 且我國從來不加兵於無罪之國, 惟有罪則興師征討. 凡攻城略地, 仰承天意, 秉義以行耳. 似此奉使諸臣, 豈有藉以納賄之理. 或間有一二越理私取之人, 朕亦安能知之. 然謂與諸臣以賄則事成, 不與以賄則事敗, 寧有此等事耶. 總之欲著忠誠, 全在小心正直, 恪守典常, 匪由通賄. 今兩國一家猜疑盡釋, 此後倘有貪婪之輩, 越理私索者, 不惟不可與王知之, 即當奏聞. 若知此等貪劣之人, 而不以奏聞, 亦非理也. 特諭.

○ 신축일(6.4), 조선에서 사은사(謝恩使)로 보낸 배신(陪臣) 이성구(李聖求)·이득인(李得仁) 등을 귀국하게 했다. 대청문(大淸門) 밖 동쪽 계단에 상을 차리고 이종(李倧)에게 내리는 칙서(敕書)와 의물(儀物)을 상 위에 진열했다. 이성구 등이 삼궤구고두의 예를 행하고 무릎 꿇고 받았다. 이어서 이성구 등에게 안장을 갖춘 말·담비가죽·백금 등의 물건을 차등 있게 하사하고 관사(館舍)에서 연회를 베풀어 주었다. 칙서에서 말했다. 「관온인성황제가 조선국왕 이종(李倧)에게 칙유(敕諭)한다. 너는 힘써 충성하고 마음을 바로잡아 사은하였으며 표문으로 진심을 드러내고 공물로 절개를 밝혔으니, 사대의 뜻을 굳건히 했다. 짐은 이에 작은 나라를 아끼는 큰 은혜로 특별히 왕에게 안장을 갖춘 말·백금·담비가죽 등의 물건을 하사하여 두터운 은혜를 보이고자 배신(陪臣) 이성구에게 가지고 돌아가게 하니 왕은 하늘의 명령을 마음에 새기고 더욱 충성하고 성실하기에 힘쓰라. 공경히 받들라. 이에 유시한다.」

또 하나의 칙서에서 말했다. 「관온인성황제가 조선국왕 이종(李倧)에게 칙유(敕諭)한다. 왕이 남한산성에 있을 때, 부신(部臣) 잉굴다이와 마푸타 등이 왕래하며 주선해 준 은혜에 감동하여 각각 은 2,000냥씩을 주었고 통사(通事) 3명에게는 각각 500냥씩 준 일을 잉굴다이와 마푸타가 짐에게 고하여서 이제 알게 되었다. 그들은 한편으로 마음을 다해 주인을 섬기고 한편으로 이전부터 왕래하여 너희 나라를 보전하고자 사신의 일을 맡아 말을 전달했을 뿐이다. 어찌 보답을 바랐겠는가? 왕이 은혜를 알고 감동했다면 마음에 담아두고만 있어도 되는데 어째서 뇌물을 썼는가? 우리나라는 예전부터 죄가 없는 나라에는 군대를 보내지 않고 오직 죄가 있는 나라만 군대를 일으켜 정벌했다. 모든 성을 공격하고 땅을 공략하는 것은 하늘의 뜻을 받들고 의에 따라 행하였다. 이와 같으니 사신으로 간 신하들이 어찌 자신의 임무를 빙자하여 뇌물을 받겠는가? 간혹 한두 명이 도리를 저버리고 사사로이 받는다 해도 짐이 어찌 알 수 있겠는가? 그러나 신하들에게 뇌물을 주면 일이 성공하고 뇌물을 주지 않으면 일이 실패한다고 여기니 어찌 이러한 일이 있을 수 있는가? 결국 충심을 드러내려면 오로지 신중하고 정직한 마음으로 전장(典章)을 준수해야지 뇌물을 거쳐서는 안 된다. 지금 양국은 한집안이 되어 시기와 의심을 모두 풀었다. 이후 탐욕스러운 무리가 도리를 저버리고 사사로이 요구하는 경우에 왕에게 알리지 않을 수 없으니 즉시 상주하라. 이러한 탐욕스러운 자를 알고도 상주하지 않으면 이 또한 이치가 아니다. 특별히 유시한다.」

○ 是日, 敘追殺喀木尼漢部落葉雷功, 並從前行間勞績. 超擢三等梅勒章京吳巴海, 爲三等昂邦章京, 一等甲喇章京席特庫, 爲一等梅勒章京, 牛彔章京噶爾糾爲三等甲喇章京. 賜科爾沁國俄爾多木號爲卓禮克圖庫魯克達爾漢, 納木號爲巴圖魯達爾漢, 科魯馬哈號爲卓禮克圖達爾漢, 卓禮克圖號爲卓禮克圖達爾漢. 復以伊等遠追葉雷, 全獲逃人, 勞績特著, 賜吳巴海 · 席特庫, 衣服 · 馬匹 · 奴僕 · 莊田, 噶爾糾馬匹 · 衣服, 俄爾多木甲冑 · 雕鞍 · 撒袋 · 弓矢 · 鞓帶 · 佩刀 · 帽 · 鞾 · 衣服 · 馬匹 · 緞布, 納木 · 卓禮克圖 · 科魯馬哈緞布, 仍命八家以次宴之. 又賞吳巴海等隨征士卒譚泰牛彔下胡虎納, 喇薩里牛彔下扈什塔, 恩格牛彔下塞勒布及龍託科·敦多惠, 并救出傳爾黑訥之圖喇善等, 銀兩·衣服有差. 增吳巴海敕辭曰, 追喀木尼漢部落葉雷時, 率寧古塔兵一百, 科爾沁國土謝圖親王·卓禮克圖親王兵六百人, 出邊行五十日至溫多地方, 追及葉雷並同叛之人皆殺之, 獲婦女幼小八十七人·馬五十六匹. 行六閱月至七月方還, 丕績懋著, 勤勞可嘉. 且駐防東邊寧古塔六年之久, 並無過犯嘉. 乃盡職故由三等梅勒章京, 超擢三等昂邦章京, 加世襲四次准襲十二次. 增席特庫敕辭曰, 往收固倫額駙時, 於入明邊之日, 遇敵兵十五騎, 殺九人, 生擒二人. 同碩翁科羅巴圖魯勞薩夜克長城, 率十五人, 敗敵騎兵八人步兵百人, 殺三十人, 獲馬八匹, 生擒一人. 入長城遇敵騎兵二人, 殺之獲馬而歸, 出邊日, 遇敵兵二千, 同圖爾格追擊擁於城門殺之, 自盛京往義州捉生獲十五人·馬二匹·牛二十頭. 隨睿親王·豫親王, 征山海關時, 率二十人前行, 於木城, 兩遇哨騎, 獲十四人·馬十一匹. 進邊之日, 率四十人, 遇哨卒八騎, 獲七人馬七匹. 率二十人, 往前屯衛設伏, 遇哨卒三騎, 皆獲之. 率二十人, 往山海關東偵探, 遇哨卒四騎, 皆獲之. 率五十人, 往山海關東設伏, 遇中前所兵, 出以計誘, 至同勞薩擊敗之. 率四十人, 往中後所偵探, 遇哨卒四騎皆獲之. 又追喀木尼漢部落葉雷時, 率前鋒護軍八人前行, 又率科爾沁國土謝圖親王·卓禮克圖親王兵六百人, 出邊五十日至溫多地方, 獲葉雷及同叛之人皆殺之, 獲婦女幼小八十七人·馬五十六匹. 行六閱月, 至七月方還, 勤勞可嘉, 故由一等甲喇章京, 超擢一等梅勒章京, 加世襲四次准襲八次. 增噶爾糾敕辭曰, 追喀木尼漢部落葉雷, 同吳巴海·席特庫, 率嚮導九人, 出邊五十日至溫多地方, 殺葉雷及同叛人等, 獲婦女幼小八十七人·馬五十六匹. 行六閱月, 至七月方還, 勤勞可嘉, 故由牛彔章京, 陞爲三等甲喇章京, 准再襲二次. 賜俄爾多木敕書曰, 喀木尼漢部落葉雷逃還本地時, 爾俄爾多木率右翼五旗兵百名，托果代率左翼五旗兵百名，同往追捕衆，因馬疲皆還．爾同托果代率右翼兵十名·左翼兵七名，追至黑龍江，留托果代率衆秣馬以待．爾至博穆博果爾處，率博穆博果爾追之，行一月追及留博穆博果爾離一程地駐宿．爾率十人乘夜步行潛入，驅出葉雷散馬，並所繫馬十三匹襲而取之，共獲馬一百七十四而還，行二十日，復至博穆博果爾處，托果代已率左翼七人先返．爾又率十人往約會之地，歷十七晝夜追，及吳巴海·席特庫同行至温多河，追獲逃人葉雷等皆殺之．有此勞績，是用錫爾敕書，賜爾卓禮克圖庫魯克達爾漢之號，免驛遞供應子孫世襲．自後無得仍稱其舊名．違者罪之．賜納木敕書曰，喀木尼漢部落葉雷逃還本地時，爾同吳巴海·席特庫追五十日至温多河，獲葉雷殺之，是用錫爾敕書，賜巴圖魯達爾漢之號，免驛遞供應子孫世襲．自後毋得仍稱其舊名，違者罪之．賜科魯馬哈·卓禮克圖敕書，亦如之．

○ 이날 캄니간 부락의 열러이를 추격하여 죽인 공적과 이전에 행한 노고와 공적을 서훈했다. 등급을 뛰어넘어 삼등 머이런장긴 우바하이를 삼등 암바장긴으로, 일등 잘란장긴 시터쿠를 일등 머이런장긴으로, 니루장긴 가르기오를 삼등 잘란장긴으로 삼았다. 코르친국 올도무(oldomu, 俄爾多木)에게 조릭투 쿨룩 다르한(joriktu kuluk darhan, 卓禮克圖庫魯克達爾漢) 칭호를, 나무(namu, 納木)에게 바투루 다르한 칭호를, 코로마하(koromaha, 科魯馬哈)에게 조릭투 다르한 칭호를, 조릭투에게 조릭투 다르한 칭호를 내렸다. 또 그들이 열러이를 먼 곳까지 추격했고 도망친 자들을 모두 사로잡아 노고와 공적이 특별히 드러났으므로 우바하이와 시터쿠에게 의복·말·노복·장전(莊田)을, 가르기오에게 말·의복을, 올도무에게 갑옷과 투구·조각한 안장·화살집·활과 화살·가죽띠·패도(佩刀)·모자·신발·의복·말·비단

과 면포를, 나무와 조릭투와 코로마하에게 비단과 면포를 하사했다. 이어서 팔가(八家)에 명하여 차례대로 연회를 베풀게 했다. 또 우바하이 등을 좇아서 정벌에 참가한 사졸인 탄타이 니루의 후후나(hūhūna, 胡虎納), 라사리(lasari, 喇薩里) 니루의 후시타, 엉거(engge, 恩格) 니루의 설러부(selebu, 塞勒布)·롱토코(longtoko, 龍託科)·돈도호이(dondohoi, 敦多惠)와 풀허너(fulhene, 傅爾黑訥)를 구출한 투라샨(turašan, 圖喇善)에게 은량(銀兩)과 의복을 차등 있게 상으로 주었다.

우바하이에게 칙서를 더해 내렸다.[1] 「캄니간 부락의 열러이를 추격할 때 닝구타의 병사 100명, 코르친국 투시예투 친왕·조릭투 친왕의 병사 600명을 이끌고 변경을 나선 지 50일 만에 온도(ondo, 溫多) 지방에 이르러 열러이와 함께 반역한 자들을 좇아 모두 죽이고 부녀자와 어린아이 87명·말 56마리를 얻었다. 나가서 6개월을 지내고 7월에 마침내 돌아왔으니 그 공적이 현저하고 노고가 가상하다. 또 동쪽 변방 닝구타에서 6년간이나 주방(駐防)하면서 과오와 범죄가 모두 없었으니 가상하다. 이에 직분을 다했으므로 삼등 머이런장긴에서 삼등 암바장긴으로 등급을 뛰어넘어 발탁하고, 세습 4번을 더하여 12번의 세습을 하게 한다.」

시터쿠에게 칙서를 더해 내렸다. 「이전에 구룬 어푸를 거두었을 때 명나라의 변경으로 들어가던 날 적병 15기를 만나서 9명을 죽이고 2명은 생포했다. 숑코로 바투루 로오사와 함께 밤에 장성을 넘어 15명을 이끌고 적의 기병 8명과 보병 100명을 패퇴시켜서 30명을 죽이고 말 8마리를 얻었으며 1명을 사로잡았다. 장성에 들어가 적의 기병 2명을 마주치자 그들을 죽이고 말을 얻어 돌아왔다. 변경으로 나가는 날에 적병 2,000명과 마주치자 투르거이와 함께 추격하여 성문에 이

1 "칙서를 더해 내렸다"는 "칙서를 다시 내려 원래의 습직 횟수를 더 늘려주었다"는 의미이다.

르기까지 몰아붙여 죽였다. 성경(盛京)에서 의주(義州)로 포로를 잡으러 가서 15명·말 2마리·소 20마리를 얻었다. 예친왕(睿親王)과 예친왕(豫親王)을 따라 산해관을 정벌하러 갔을 때, 20명을 이끌고 목성(木城)에 먼저 가서 두 차례 초탐하던 기병과 마주쳐서 사람 14명과 말 11마리를 얻었다. 변경으로 진군하던 날에 40명을 이끌다가 초탐하던 군졸 8기(騎)를 마주쳐 사람 7명과 말 7마리를 얻었다. 20명을 이끌고 전둔위(前屯衛)로 가서 매복하다가 초병 3기와 마주치자 모두 사로잡았다. 20명을 이끌고 산해관 동쪽으로 가서 정탐하다가 초병 4기와 마주치자 모두 사로잡았다. 50명을 이끌고 산해관 동쪽에 가서 매복하고 있다가 중전소(中前所)의 병사와 마주치자 유인할 계책을 내어 로오사와 함께 격퇴했다. 40명을 이끌고 중후소(中後所)로 가서 정탐하다가 초병 4기와 마주치자 모두 잡았다. 또 캄니간 부락의 열러이를 추격할 때, 전봉호군(前鋒護軍) 8명을 이끌고 앞서갔으며, 또한 코르친국 투시예투 친왕과 조릭투 친왕의 병사 600명을 이끌고 변경을 나선 지 50일 만에 온도(ondo, 溫多) 지방에 이르러 열러이 및 함께 반역한 자들을 사로잡아 모두 죽였으며, 부녀자와 어린아이 87명·말 56마리를 얻었다. 6개월을 지내고 7월에 마침내 돌아왔으니, 힘쓴 노고가 가상하므로 일등 잘란장긴에서 일등 머이런장긴으로 등급을 뛰어넘어 발탁하고, 세습 4번을 더하여 8번의 세습을 허가한다.」

가르기오에게 칙서를 더해 내렸다. 「캄니간 부락의 열러이를 추격할 때 우바하이와 시터쿠와 함께 길잡이 9명을 이끌고, 변경을 나선 지 50일 만에 온도(ondo, 溫多) 지방에 이르러 열러이 및 함께 반역한 자들을 죽이고 부녀자와 어린아이 87명·말 56마리를 얻었다. 6개월을 지내고 7월에 마침내 돌아왔으니 힘쓴 노고가 가상하므로 니루장긴에서 삼등 잘란장긴으로 승진시키고 2번 세습을 허가한다.」

올도무에게 칙서를 내렸다. 「캄니간 부락의 열러이가 도망쳐 본지(本地)로 돌아갔을 때, 너 올도무는 우익 5기(旗)의 병사 100명을 이끌고, 토고다이(togodai, 托果代)는 좌익 5기(旗)의 병사 100명을 이끌고 함께 가서 무리를 추적하여 체포하고 말이 지쳤기 때문에 모두 돌아왔다. 너는 토고다이와 함께 우익의 병사 10명, 좌익의 병사 7명을 이끌고 흑룡강에 이르렀고, 토고다이는 남아서 무리를 이끌고 말을 먹이며 기다렸다. 너는 봄보고르의 처소에 이르러 봄보고르를 데리고 추격했고, 1개월간 추격하면서 봄보고르는 하루 노정 떨어진 곳에서 머무르며 주둔했다. 너는 10명을 이끌고 야밤을 틈타 걸어서 잠입하여, 열러이의 풀어놓은 말과 매어 둔 말 13마리를 좇아가서 습격하여 취했다. 노획한 말이 모두 170마리였다. 20일을 가서 다시 봄보고르의 처소에 이르렀는데 토고다이가 좌익 7명을 이끌고 먼저 돌아왔다. 너는 또한 10명을 이끌고 약속한 장소로 가서 17일간 밤낮으로 추격하여 우바하이·시터쿠와 함께 온도 강(ondo, 溫多河)에 이르러 도망자 열러이 등을 추격하여 사로잡아 모두 죽였다. 이러한 공로가 있으므로 너에게 칙서를 내려 조릭투 쿨룩 다르한 명칭을 하사하고 역(驛)에서 운반하고 접대하는 의무를 면해 주고 자손에게 세습을 허락한다. 앞으로 이전의 이름을 부르면 안 된다. 어기면 처벌할 것이다.」

나무에게 칙서를 내렸다. 「캄니간 부락의 열러이가 도망쳐 본지(本地)로 돌아갔을 때, 너는 우바하이·시터쿠와 함께 50일간 추격하여 온도 강에 이르렀고 열러이를 사로잡아 죽였다. 이에 너에게 칙서를 내려 바투루 다르한 명칭을 하사하고, 역(驛)에서 운반하고 접대하는 의무를 면해 주고 자손에게 세습을 허락한다. 앞으로 이전의 이름을 부르면 안 된다. 어기면 처벌할 것이다.」

코로마하(koromaha, 科魯馬哈)와 조릭투(joriktu, 卓禮克圖)에게 하사한 칙서도 이와 같았다.

○ 敍從喀喇沁部落歸附各官功. 授阿玉石·額林臣爲三等甲喇章京,

布達禮・甘際泰・蘇朗・阿蘭・達什・巴特瑪・夸祁他特・吳塔齊爲牛彔章京, 俱仍管喀喇沁牛彔事. 阿玉石・額林臣・布達禮・甘際泰・蘇朗・阿蘭・達什・巴特瑪原係喀喇沁部落親屬, 夸祁他特・吳塔齊原係喀喇沁部落, 塔布囊蘇布地來歸時, 阿玉石率一百七十一人・額林臣率六十人・布達禮率一百三十人・甘際泰率四十人・蘇朗率六十八人・阿蘭率四十三人・達什率一百二人・巴特瑪率一百五人・夸祁他特率一百二十人・吳塔齊率八十九人, 同至, 故有是命.

○ 카라친국에서 귀부한 각 관원의 공에 따라 서훈했다. 아유시와 어린천은 삼등 잘란장긴으로 삼고, 부다리(budari, 布達禮)・간지타이(ganjitai, 甘際泰)・술랑(sulang, 蘇朗)・알란(alan, 阿蘭)・다시(dasi, 達什)・바트마・쿠와 키타트(kūwa kitat, 夸祁他特)・우타치는 니루장긴으로 삼아, 모두 이전과 같이 카라친 니루의 일을 관장하게 했다. 아유시・어린천・부다리・간지타이・술랑・알란・다시・바트마는 본래 카라친 부락의 친속이고 쿠와 키타트・우타치는 본래 카라친 부락 소속인데, 타부낭 수부디가 귀순했을 때 아유시는 171명, 어린천은 60명, 부다리는 130명, 간지타이는 40명, 술랑은 68명, 알란은 43명, 다시는 102명, 바트마는 105명, 쿠와 키타트는 120명, 우타치는 89명을 이끌고 함께 왔기에 이러한 명이 있었다.

○ 明千總王國亮率十一人, 從石城島來歸.

○ 명나라의 천총 왕국량(王國亮)이 11명을 이끌고 석성도(石城島)에서 귀순해 왔다.

○ 壬寅, 明都司胡應登率七人, 從鹿島來歸.

○ 임인일(6.5), 명나라의 도사(都司) 호응등(胡應登)이 7명을 이끌고 녹도(鹿島)에서 귀순해 왔다.

○ 是日, 遣來朝索倫部落博穆博果爾·褚庫尼等還, 賜以鞍馬·蟒衣·凉帽·玲瓏鞓帶·撒袋·弓矢·甲冑·緞布等物有差.

○ 이날 솔론 부락에서 내조한 봄보고르와 추쿠니(cukuni, 褚庫尼) 등을 돌려보낼 때, 안장을 갖춘 말·망의(蟒衣)·여름모자·정교하게 장식한 요대·화살집·활과 화살·갑옷과 투구·비단과 면포 등의 물건을 차등 있게 하사했다.

○ 癸卯, 先是, 貝勒莽古爾泰子光衮, 藏有五爪蟒緞一疋, 其妻令獻於上, 不從乃言, 吾豈久居於此者乎. 獻之何爲, 遂送其母處製爲已衣. 又聞多羅貝勒豪格房垣爲雷所擊, 笑謂其妻曰, 吾久居此者, 正欲得吾之仇人親見其若何耳. 昔屯朱戶不善逃, 故歸而自縊, 吾逃時, 豈屯朱戶比耶. 當至祖家莊屯掠取, 爲資生計耳. 又云, "因我等藍旗般富, 所以奪去", 無論醒醉, 常出是言, 爲其妻首告, 因命法司鞫之, 光衮與其妻質對皆實. 又光衮每夜招吳達海·戴屯, 奕棋私相計議. 且先籍沒時, 曾隱匿人二口, 爲家下蒙古婦人訐告審實. 上免其罪, 其隱匿二人亦准留, 吳達海·戴屯各鞭而釋之. 至是, 兩案竝議刑部和碩鄭親王濟爾哈朗·承政·參政等, 議光衮及其母與弟薩哈聯竝幼子皆擬死奏聞. 上命諸王·貝勒·貝子·議政大臣復行會議, 仍照前擬, 具奏. 上曰, 光衮著如議, 其幼子何知. 且係太祖孫可免死. 光衮之母及弟薩哈聯, 亦從寬免死. 席喇巴牛彔下吳達海·敦達禮牛彔下戴屯既經斷離, 復與舊主通宵奕棋, 同謀逃竄, 亦著處死. 光衮妻准攜己物, 還母家. 其餘家產, 仍給還光衮之母及其弟薩哈聯, 并幼子使居一處, 毋得出外行走. 所有馬匹, 俱賜饒餘貝勒阿巴泰. 又命承政郎球·索海傳諭光衮之母曰, 法司已議爾死罪, 特恩寬免, 爾可率領諸子擇一人, 主持家事, 經營生計, 以養餘年.

○ 계묘일(6.6), 이전에 버일러 망굴타이의 아들 구왕군(guwanggun, 光衮)이 오조망단(五爪蟒緞) 1필을 숨겨 두었는데 그의 아내가 주상에게 헌상하라고 했으나 그는 따르지 않고 말했다. "내 어찌 여기에서 오랫동안 살겠는가. 이것을 바쳐서 무엇하겠는가." 마침내 그 모친의 처소로 보내 자신의 옷으로 만들었다. 또 그는 도로이 버일러 호오거의 집 담장이 번개를 맞았다는 것을 듣고 웃으며 아내에게 말했다. "내가 오랫동안 이곳에 머무른 것은 바로 나의 원수가 어떠한지를 직접 보고자 함이다. 옛날에 툰주후(tunjuhu, 屯朱戶)가 도망치는 데 실패하여 돌아와서 스스로 목매어 죽었는데, 내가 도망간다면 어찌 툰주후에 비하겠는가. 마땅히 조가(祖家)의 장둔(莊屯)을 빼앗아 생계의 밑천으로 삼을 것이다." 또 "우리의 람기가 부유하므로 빼앗아 간 것이다."라고 술에 취했을 때나 아닐 때나 항상 말했다. 그의 아내가 직접 고발했으므로 법사(法司)에 명하여 국문하게 했다. 구왕군과 그 아내를 대질해 보니 모두 사실이었다. 또한 구왕군은 매일 밤 우다하이와 다이툰(daitun, 戴屯)을 불러 바둑을 두면서 몰래 의논했다. 또 앞서 적몰할 때 노예 2명을 숨긴 것을 집 안의 몽고 부인이 고발했는데 모두 사실이었다. 주상이 그 죄를 용서하여 숨겨 둔 2명을 그대로 남겨 두도록 했으며 우다하이와 다이툰은 각각 채찍질하고 석방했다.

이때에 형부 호쇼이 정친왕 지르갈랑 · 승정 · 참정 등이 함께 두 안건을 의논하여 구왕군 및 그 모친과 동생 사할리얀(sahaliyan, 薩哈聯)과 어린 아들 모두 사형에 처할 것으로 의논하여 상주했다. 주상이 여러 왕 · 버일러 · 버이서 · 의정대신에게 다시 의논하도록 했으나 이전에 의논한 대로 다시 상주했다. 주상이 말했다. "구왕군은 의논한 대로 할 것이나 그 어린아이가 무엇을 알겠는가? 또한 태조의 손자이니 사형을 면할 만하다. 구왕군의 모친과 동생 사할리얀 또한 관용을 베풀어 사형을 면해 줄 것이다. 시라바(siraba, 席喇巴) 니루의 우다하이와 둔다리(dundari, 敦達禮) 니루 하의 다이툰은 떼어 놓았었는데 다시 옛 주인과 밤새도록 바둑을 두며 함께 달아날 것을 의논했으니 사형에 처한다. 구왕군의 아내는 자신의 물건을 가지고 친정으로 돌아가게 하라. 그 나머지 가산은 구왕군의 모친과 동생 사할리얀에게 돌려주고, 아울러 어린 아들은 한곳에서 머무르며 바깥으로 나가지 못하게 하고 가지고 있는 말은 모두 요여 버일러 아바타이에게 하사하라." 또한 승정 랑키오와 소오하이에게 명하여 구왕군의 모친에게 유시를 전하여 말했다. 「법사(法司)가 너를 사형죄로 논의했으나 특별히 은혜를 베풀어 면해 준다. 너는 여러 아들들 가운데 한 명을 택하여 집안일을 전담시키고 생계를 운영하게 하여 여생을 살라.」

○ 甲辰, 召恭順王孔有德 · 懷順王耿仲明, 賜宴於淸寧宮.

○ 갑진일(6.7), 공순왕 공유덕 · 회순왕 경중명을 불러 청녕궁에서 연회를 베풀었다.

○ 丁未, 明百總李忠國自石城島率七人來歸. 有同舟二人不從, 忠國執之以獻.

○ 정미일(6.10), 명나라의 백총 이충국(李忠國)이 석성도(石城島)에서 7명을 데리고 귀순했다. 같은 배에 타고 있던 2명이 따르지 않자 이충국은 그들을 잡아 바쳤다.

○ 庚戌, 三等梅勒章京南褚有罪, 命其弟鎖爾和襲替, 仍准再襲六次.

○ 경술일(6.13), 삼등 머이런장긴 난추(nancu, 南褚)[2]가 죄가 있어 그 동생 솔호(solho, 鎖爾和)에게 대신 세습시키고 6번 습직을 허락했다.

○ 辛亥, 和碩睿親王多爾衮新娶和碩福金, 進清寧宮朝見, 具筵獻上.

○ 신해일(6.14), 호쇼이 예친왕 도르곤이 새로 호쇼이 푸진을 맞아들이고 청녕궁으로 나아가 알현하고 연회를 갖추어 주상에게 바쳤다.

○ 癸丑, 多羅貝勒豪格獻新瓜, 具筵於清寧宮進上.

○ 계축일(6.16), 도로이 버일러 호오거가 햇참외를 바치고 청녕궁에 연회를 갖추어 주상에게 올렸다.

2 난추와 솔호는 여허의 버일러 긴타이시의 아들 덜거르의 아들이다.

○ 是日, 命阿爾津爲帥, 偕俄莫克圖·譚拜·譚台柱·孟庫魯·喇瑪·尼堪·翁阿岱·張屯等, 率商人百餘及八家官員, 攜貨往歸化城貿易.

○ 이날 아르진을 장수로 삼아 오목투·탐바이·탄타이주(tantaiju, 譚台柱)·뭉쿠루(mungkuru, 孟庫魯)·라마(lama, 喇瑪)·니칸·웅가다이·장툰 등과 함께 상인 100여 명 및 팔가(八家)의 관원을 이끌고 재물을 가지고 귀화성(歸化城)으로 가서 교역하게 했다.

○ 甲寅, 上夜夢, 至興京謁皇考太祖. 太祖乘飛騎奔馳, 和碩禮親王代善, 追挽太祖之馬不及. 上忽至明國宮內, 見萬曆帝端坐, 上側立視之. 萬曆帝探囊出一絲絛, 其繐飾以珊瑚, 將欲授上. 上默念明主欲與珍玩, 何所不有. 受此何爲. 轉顧之間, 忽又非萬曆帝, 乃金代神像也, 出書一冊授上曰, 是汝先朝金國史書. 上受視之, 乃前代之書文字不盡可辨, 欲與文臣共相商榷執之, 行忽寤. 翼日清晨召內院儒臣, 語以夢. 儒臣對曰, 曩時, 皇上夢入朝鮮王宮, 遇朝鮮王以手擧之而起, 未幾, 果應所夢, 臣服朝鮮, 撫定其國, 爲我藩臣, 今將告捷於太廟. 夢見太祖, 是天申命於皇上, 示以先兆也. 至入明宮, 見明皇帝, 及金人授以前代史書, 蓋將代明興起, 故以曆數授我皇上也. 復召和碩親王·多羅貝勒·固山貝子·固山額眞·議政大臣等以夢語之, 諸王等對曰, 夢金人授金史於皇上, 可知曆數之攸屬矣.

○ 갑인일(6.17), 주상이 밤에 꿈을 꾸었는데, 흥경(興京)에 가서 황고 태조를 알현했다. 태조께서 날랜 말을 타고 내달리자 호쇼이 예친왕(禮親王) 다이샨이 좇아가서 태조의 말을 붙잡으려고 했으나 이르지

못했다. 주상은 갑자기 명나라 궁궐 안에 이르렀는데 만력제가 단정히 앉아 있는 것을 보고 곁에 서서 그를 바라보았다. 만력제가 주머니를 뒤져서 실가닥을 꺼내었는데 그 끈은 산호로 장식되어 있었고 주상에게 주려고 했다. 주상이 가만히 생각하기를 '명나라의 군주가 진귀한 물건을 주려고 하지만 내가 무엇이 없겠는가. 이를 받아 무엇하겠는가' 하며 돌아보니 홀연히 만력제가 사라지고 금대(金代)의 신상(神像)이 책 하나를 꺼내어 주상에게 주며 말했다. "너희 선조인 금나라의 사서(史書)이다." 주상이 받아서 그것을 보았으나 전대의 사서라 문자를 다 판독할 수 없어 문신(文臣)과 함께 그것에 대해 논의하고자 했는데 갑자기 잠에서 깼다. 다음날 아침에 내원(內院)의 유신(儒臣)을 불러 꿈에 대해 이야기했다. 유신이 대답했다. "지난번에 황상이 꿈에서 조선의 왕궁에 들어가서 조선왕을 만나 손으로 일으켜 세웠습니다. 얼마 후 과연 꿈에서 한 대로 조선을 신복(臣服)시키고 평정하여 우리의 번신(藩臣)으로 삼았으니 이제 태묘(太廟)에 승리를 고하십시오. 꿈에서 태조를 만나신 것은 하늘이 거듭 황상에게 명하여 징조를 보인 것입니다. 명나라의 궁궐에 들어가 명나라의 황제를 보고 금나라 사람이 전대(前代)의 사서(史書)를 준 것은 장차 명나라를 대신하여 홍기할 것이기 때문에 하늘의 뜻을 우리 황상께 준 것입니다." 다시 호쇼이 친왕 · 도로이 버일러 · 구사이 버이서 · 구사어전 · 의정왕대신 등에게 꿈에서 본 것을 말하니 여러 왕들이 대답하여 말했다. "금나라 사람이 황상께 금나라의 사서(史書)를 주는 꿈을 꾸셨으니 하늘의 뜻이 돌아가는 바를 알겠습니다."

○ 是日, 上諭諸王 · 羣臣曰, 頃者, 朝鮮之役, 軍中甚無紀律, 見利當前竟忘國憲. 朕向爾等屢行申飭者, 非欲自取之也. 今蒙上天眷佑, 凡財幣 · 牲畜 · 諸物咸備, 不可勝用, 胡可不知止足耶. 朕爲此言,亦非怵爾等以威也, 爾等非不知畏懼, 故違朕禁令, 但因黷貨之故, 往往藐法不顧, 爲可恨耳. 不知財貨乃身外之物, 多藏無益, 縱不義而富, 能有不死之術, 以長享之乎. 太祖時大臣今存者幾人, 蓋人生如寄, 何必過爲營謀. 子孫賢, 則自能顯達, 子孫愚, 雖積財遺之何益. 要以勉力功名, 使勳績垂於後世, 乃爲貴耳. 古語云, 天有四時, 地生萬物, 天下有民, 聖人牧之. 故春道生, 萬物榮, 夏道長, 萬物成, 秋道斂, 萬物盈, 冬道藏, 萬物靜. 盈則藏, 藏則復起, 莫知所終, 莫知所始, 莫進而爭, 莫退而遜. 守國如此, 則與天地合德. 皇考太祖創業垂統, 及朕嗣位以來, 統一蒙古, 收服朝鮮, 版圖式廓, 人民繁庶. 自今以後, 宜思所以宣布法紀, 修明典, 常爲保邦致治之計, 若當我國振興之際, 不勤修國政, 他日將欲修之, 恐無及矣. 嘗觀前代, 勵精圖治, 法制詳明者, 國祚必永, 怠忽政事, 廢弛紀綱者, 國勢必危. 蓋治國之道, 如築室然. 其址堅固, 庀材精良者, 必不致速毀, 世世子孫可以久居, 其或苟且成工者, 則不久圮壞. 梓材作誥, 古人所以諄諄垂誡也. 嗣後爾等, 勿徒財賄是耽, 各宜竭盡忠誠, 勗勷國事, 朝廷庶績咸熙, 則爾等勳名長保使子孫永守勿替, 豈不美哉.

○ 이날 주상이 여러 왕과 신하들에게 유시했다. “근래 조선과의 전쟁에서 군대의 기율이 매우 없었으며 눈 앞의 이익만을 보고 끝내 국법을 잊었다. 짐이 예전부터 너희에게 누차 신칙(申飭)한 것은 내가 취하고자 함이 아니다. 이제 하늘의 도우심을 입어 재물 · 가축 · 여러 물자가 모두 갖추어져서 다 쓰지 못할 정도인데 어찌 만족하고 그칠 줄을 모르겠는가. 짐의 이 말은 너희를 겁주어 위협하려는 것이 아니다. 너희가 두려움을 알지 못하여 금령을 어기는 것이 아니라 다만 재물을 탐하여 자주 법을 어기고 돌아보지 않음을 한스럽게 여길 뿐이다. 재물은 몸 밖의 물건으로 많이 가져도 무익한데 그것을 알지 못한

다. 불의한 짓을 저지르고도 재물이 있으면 죽지 않는 술법이 있어 오랫동안 누릴 수 있는가? 태조 때 대신으로 지금까지 살아 있는 자가 몇명인가? 인생은 잠깐인데 왜 반드시 지나치게 가지려고 하는가? 자손이 어질면 스스로 현달할 수 있지만 자손이 우매하면 비록 재산을 많이 쌓아 두더라도 무슨 이익이 있겠는가? 힘써 공명을 쌓으면 공적이 후세까지 드리워져서 귀해질 것이다. 옛말에 이르기를 '하늘은 사계절이 있고 땅은 만물을 낳는다. 천하에는 백성이 있으며 성인이 이를 다스린다. 그러므로 봄의 도는 낳는 것이라 만물이 생성하고, 여름의 도는 성장하는 것이라 만물이 자라나며, 가을의 도는 거두는 것이라 만물이 가득 차고, 겨울의 도는 감추는 것이라 만물이 고요하다. 차면 감추고 감추면 다시 일어나서 그 끝을 알지 못하고 그 시작을 알지 못하니 지나치게 나아가서 다투지도 말고 지나치게 물러나서 양보하지도 말라. 이처럼 나라를 지키면 천지와 더불어 덕을 함께하는 것이다.'[3]라고 했다.

황고 태조께서 창업하고 자손에게 전하시어 짐이 자리를 이어받은 이래 몽고를 통일하고 조선을 거두어 복속시켰으니 판도가 넓어지고 백성이 번성하고 있다. 지금부터 마땅히 법률과 기율을 선포하고 명전(明典)을 다듬어 항상 나라를 지키고 태평을 이룩하는 계책으로 삼고자 하니, 우리나라가 떨쳐 일어날 때 국정을 부지런히 닦지 않으면 훗날 이를 고치고자 해도 하지 못할까 두렵다. 미리 전대(前代)를 살펴보고 정성을 다해 다스림에 힘써 법제를 자세하고 분명하게 하면 국운이 반드시 영원할 것이고, 정사에 태만하여 기강이 해이해지면 국세(國勢)가 반드시 위태로울 것이다. 대개 국가를 다스리는 도리는 집을 짓는 것과 같다. 집터가 견고하고 훌륭한 재목을 갖추면 반드시 쉽

3 출전은『六韜三略』의「文韜 · 守國」.

게 무너지지 않고 자손 대대로 오랫동안 거주하고, 대충 만들면 흙으로 된 다리처럼 오래가지 못한다. 「재재(梓材)」[4]라는 고문(誥文)을 지은 것은 옛사람이 친절하게 타일러 경계하기 위함이다. 이후 너희가 한갓 뇌물에 탐닉하지 말고 각자 충성을 다하여 국사에 서두르면 조정의 모든 공적이 빛날 것이며 너희의 공훈이 자손들을 영원히 쇠락하지 않도록 오랫동안 지켜줄 것이니 어찌 아름답지 않겠는가?"

○ 賜明石城島·鹿島降人, 妻室·奴僕·驢騾·牛畜·衣服·房室·器皿等物, 有王登科·高公明·高公成·高有功, 言其兄弟在懷順王耿仲明部下, 命與之完聚.

○ 명나라의 석성도(石城島)와 녹도(鹿島)에서 항복해 온 사람들에게 부인·노복·나귀·노새·소·가축·의복·집·그릇 등의 물건을 하사하고, 왕등과(王登科)·고공명(高公明)·고공성(高公成)·고유공(高有功)은 그 형제가 회순왕 경중명의 부하로 있다고 하므로 그들과 한곳에 모여 살도록 했다.

○ 丙辰, 上親謁太廟, 以再征朝鮮, 臣服其國, 及克明皮島捷音祭告, 竝遣官祭告福陵. 祝文曰, 維崇德二年六月十九日吉旦, 孝子嗣皇帝皇太極敢昭告於皇考太祖承天廣運聖德神功肇紀立極仁孝武皇帝神位前曰, 我皇考鴻業光昭, 德威遐布, 削平諸國, 大畏小懷. 又往征明國, 盡得遼東廣寧之地, 威武奮揚, 聲靈赫濯, 肇茲大統, 貽厥丕基.

---

4 「梓材」는 『尙書·周書』의 편명. 무왕(武王)이 강숙(康叔)에게 치국(治國)의 도리를 가르친 내용이다.

臣自嗣皇考大位以來, 夙夜憂思, 兢兢業業, 恒以不克仰承皇考之志爲懼. 用是屢興師旅, 征討不庭, 蒙古諸部, 咸來歸附, 兵至明國燕京大同地方. 收撫人民, 攻克城堡, 縱橫馳突, 靡不如意, 明之君臣, 肝膽皆裂. 昔丁卯年, 遣兵征服朝鮮, 盟於天地, 兄事我國, 歲貢方物. 後因彼敗盟, 故臣復告天地皇考, 於去年十二月, 親統大軍往征. 朝鮮王李倧, 率其長子李湼, 及羣臣, 遁入南漢山城, 次子李淏·三子李㴭, 及其妻子, 遁匿江華島. 我兵圍南漢, 朝鮮八道兵將來援, 爲我兵擊斬甚衆. 又以舟師克取江華, 獲其王妃, 并李淏·李㴭, 及其妻孥, 與羣臣家屬. 朝鮮王李倧, 勢窮力屈, 率衆出城, 獻明國原賜冊印, 執左袒明國建言敗盟之臣洪翼漢·尹集·吳達濟, 縛詣軍前, 請罪乞降. 更兄弟之稱, 執藩臣之禮, 臣釋其前愆, 還其妻子, 令彼世守其國, 每歲進貢. 復以其二子李湼·李淏爲質, 誅洪翼漢·尹集·吳達濟, 以警其餘, 朝鮮既平, 又率朝鮮水師, 乘舟渡海, 攻克明國毛文龍所居皮島, 殺其總兵沈世奎·金日觀等, 及士卒甚衆, 海島遺孽, 悉經蕩平, 數月之間, 兩成大功, 此皆皇考在天之靈, 默爲保護, 故克臻此, 自今以往, 伏望皇考永綏福佑, 俾克篤前烈焉, 謹告.

○ 병진일(6.19), 주상이 몸소 태묘(太廟)에 배례하여 조선을 정벌해서 신복시키고 명나라의 피도(皮島)를 함락시킨 승전보를 제사 지내 고했다. 아울러 관리를 보내 복릉(福陵)에 제사 지내 고하게 했다. 축문에서 말했다. 「숭덕 2년 6월 19일 길일에, 효자 사황제(嗣皇帝) 홍타이지는 선황 태조승천광운성덕신공조기입극인효무황제(太祖承天廣運聖德神功肇紀立極仁孝武皇帝)의 신위 앞에서 감히 아뢥니다. 우리 선황께서는 커다란 업적이 빛나시고 덕과 위세가 멀리 퍼졌으며 여러 나라를 평정하시니 큰 적은 두려워하고 작은 적은 흠모했습니다. 또 명나라를 정벌하여 요동과 광녕 지역을 모두 얻으셨고 무위를 떨쳐

위세를 빛내셨으며 대통을 창건하시어 기틀을 남겨 주셨습니다. 신은 직접 선황의 대위를 이은 이래 밤낮으로 조심하고 항상 선황의 뜻을 우러러 따르지 못할 것을 두려워했습니다. 이에 누차 군대를 일으켜 복종하지 않는 자를 정벌했습니다. 몽고의 여러 부가 모두 귀부해 왔고 병사는 명나라 연경(燕京)과 대동(大同) 지방에 이르렀습니다. 인민을 거두어 보살피고 성과 보를 함락시키며 종횡으로 달리니 뜻대로 되지 않은 것이 없었고 명나라의 군신(君臣)들은 간담이 모두 찢어졌습니다. 이전 정묘년에 병사를 보내 조선을 정복했고, 천지에 맹세하여 우리나라를 형으로 섬기고 방물을 매년 공물로 보내기로 했습니다. 후에 그들이 맹세를 저버렸기 때문에 신은 다시 천지와 선황께 고하고 작년 12월에 직접 대군을 이끌고 정벌에 나섰습니다. 조선왕 이종(李倧)은 그의 장남 이왕(李溰)과 여러 신하들을 이끌고 남한산성에 숨었고, 둘째 아들 이호(李淏)와 셋째 아들 이요(李濬) 및 처자들은 강화도에 숨었습니다. 우리 병사들이 남한산성을 포위하자 조선 팔도의 병사들이 구원하러 오는 것을 우리 병사가 공격해 매우 많이 죽였습니다. 또 수군이 강화도를 함락시키고 왕비와 이호(李淏)·이요(李濬) 및 처자, 여러 신하의 가속들을 사로잡았습니다. 조선왕 이종은 형세가 궁하고 힘이 꺾여 무리를 이끌고 성을 나와 명나라가 본래 하사한 책서(冊書)와 인장(印章)을 바치고 명나라를 편들어 맹세를 저버릴 것을 건의한 신하 홍익한(洪翼漢)·윤집(尹集)·오달제(吳達濟)를 잡아서 우리 군 앞에 묶어서 데려와서 죄를 청하고 항복했습니다. 형제의 칭호를 바꾸어 번신(藩臣)의 예를 행하니 신은 이전의 과실을 용서하고 처자를 돌려주었으며 그로 하여금 나라를 대를 이어 지키게 하고 매년 공물을 바치게 했습니다. 또 그의 두 아들 이왕(李溰)과 이호(李淏)를 인질로 삼고 홍익한·윤집·오달제를 주살하여 남은 자들에게 경계하니 조선이 평정되었습니다. 또 조선의 수군을 이끌고 배를 타고 바다를 건너 명나라의 모문룡이 있는 피도(皮島)를 함락시키고 총병 심세규(沈世奎)·김일관(金日觀) 및 병졸들을 많이 죽여 해도(海島)의 잔당들이 모두 평정되었습니다. 몇 개월 사이에 양쪽에서 큰 공을 이루었으니, 이는 모두 하늘에 계신 선황의 영혼이 묵묵히 보호해 주셨기에 할 수 있었습니다. 지금 이후에도 선황께서 영원히 보살펴 주시어 이전의 공훈을 두텁게 해 주십시오. 삼가 고합니다.」

○ 是日, 賜貢駝馬之蒿齊忒部落巴琫土謝圖下那木寨·僧格德, 蘇尼特部落騰機思墨爾根台吉下僧古爾哲·阿巴圖, 烏朱穆秦部落車臣濟農下達爾漢班第·納木渾津, 及其從者, 緞布有差.

○ 이날 낙타와 말을 공물로 바친 호오치트 부락의 바붕 투시예투 속하 남사이(namsai, 那木寨)·성거더(senggede, 僧格德), 수니트 부락의 텅기스 머르건 타이지 속하 성구르저(senggurje, 僧古爾哲)·아바투(abatu, 阿巴圖), 우주무친 부락의 체첸 지농 속하 다르한 반디·나무혼진 및 그들의 종자에게 비단과 면포를 차등 있게 하사했다.

○ 丁巳, 兵部奏言, 征明皮島時, 陣亡四十人, 骸骨莫能辨識. 今就所收者, 合葬於通遠堡以聞. 上命禮部參政圖爾寨往祭. 祭文曰, 朕聞爾等四十人, 攻明皮島, 力戰隕身, 殊可憫惻. 遣官收集骸骨, 疑似莫辨. 故令安葬於一處, 用慰幽魂. 特命禮臣, 以楮帛羊酒致祭, 其歆承焉.

○ 정사일(6.20), 병부에서 상주했다. 「명나라의 피도(皮島)를 정벌할 때 전사한 40명은 유골을 식별할 수 없습니다. 지금 거둔 것을 통원보(通遠堡)에 합장했습니다.」 주상이 예부참정 투르자이(turjai, 圖爾

寨)에게 가서 제사 지내게 했다. 제문에서 말했다. 「짐이 듣건대, 너희 40명은 명나라의 피도(皮島)를 공격할 때 힘써 싸우다 죽었으니 몹시 가엽다. 관리를 보내 유골을 수습했으나 비슷하여 분간하기 어려우므로 한곳에 안장하여 혼령을 위로한다. 특별히 예부 신하에게 명하여 종이돈과 비단과 양(羊)과 술로 제사 지내게 하니 흠향하라.」

○ 是日, 朝鮮國王李倧, 以贖俘事, 遣辛奇榮, 率六百二十人齎疏來奏. 疏言, 本年四月十九日, 謹將欽依前旨, 委遣別差贖還俘口等情, 稟知該部, 冀蒙轉奏. 業已順付謝恩陪臣李聖求等, 前赴京師去後, 隨卽委差陪臣專任贖還之事, 一面告於京外士民, 凡失其父母兄弟妻子, 願爲贖還者, 各備價値, 隨使臣前往. 又恐被擄人中, 或有原無族屬, 無路自還者, 則羈孤無告之狀, 尤可矜惻, 著令戶曹勉措一千餘兩, 齎持前去, 庶幾小邦殘民, 得均蒙皇上曠蕩之德. 但大兵之餘, 民皆蕩析失業, 其能備價前往者, 不能萬分之一, 而所備價本, 亦未必稱足許贖之意, 此外皆赤身枵腹, 無路辦價. 但見逐日盈庭泣訴, 願以國賦充補贖出者皆是, 而臣方蕩覆無儲, 官給銀兩, 亦已些須, 將無以報稱皇上許贖之大恩, 臣誠歉然. 竊惟皇上恢廓大度, 丕布至仁, 旣已全活臣之性命, 俾得齒列藩服. 又念屬國民庶, 莫非皇朝赤子, 亟欲生養安全, 復其鄕土. 而事係軍賞, 有難擧衆全放, 特許本主贖還, 此亦出於方便普施之至意. 一國臣民, 無不刻骨知感. 顧此公私財力蕩竭, 如上所陳, 其能自辦親往者甚少, 又恐交易之際, 本主多索, 則哀此民庶, 竭削裝賫, 千里重趼, 不免空還, 則其於情事, 尤足矜恤. 今雖不敢望格外恩澤, 如蒙聖旨重申該部, 特許平價相易, 毋致伊輩狼狽空歸, 則國內願贖之人, 亦必隨力備價, 次第往贖, 而皇上仁恕拯濟之恩, 終始普霑, 小邦臣民歸附之誠, 至此尤切矣. 奏入. 上諭禮部曰, 朝鮮國王, 求爾部轉奏贖還俘口, 無非欲朕勒令士卒, 短價贖取之意, 此殆不可. 朕曾諭朝鮮國王, 我士卒所俘人口, 有欲贖還者, 當聽本主之便, 可謂曲體施恩矣. 今雖合爲一國, 而以價値艱難, 迫勒贖取, 殊爲不合. 曩因朝鮮有罪, 興師致討, 若將有功士卒, 血戰所得人口, 勒令贖還, 是以有罪者爲功, 有功者爲罪矣. 凡有國者, 宜罰有罪以賞有功, 豈可反取有功之俘獲, 以予罪人乎.

○ 이날 조선국왕 이종(李倧)이 노획된 자들을 속환하는 일로 보낸 신기영(辛奇榮; 辛啓榮)[5]이 620명을 이끌고 소(疏)를 가지고 와서 상주했다. 소(疏)에서 말했다. 「올해 4월 19일에 삼가 이전 성지(聖旨)에 따라 별도의 사신을 파견해서 포로를 속환하는 등의 사정을 해당 부(部)에 알리고 상주문이 전달되기를 바랐습니다. 사은배신(謝恩陪臣) 이성구(李聖求) 등이 이전에 경사에 갔다가 오는 편에 성지(聖旨)를 보내어서, 그 후 저희는 즉시 배신(陪臣)을 보내어 속환의 일을 전담하게 하고 한편으로 경성(京城)과 지방의 사민(士民)들에게 알려서 부모·형제·처자를 잃은 자 가운데 속환하기를 원하는 자는 각자 값을 준비하여 사신을 따라가게 했습니다. 또 사로잡힌 자들 중에 원래 가족이 없어서 스스로 돌아올 수 없는 자들이 있을까 우려되고 외롭고 고할 데 없는 상황은 더욱 측은하므로 호조(戶曹)에서 1,000여 냥을 마련하여 가지고 가게 했으니, 소방(小邦)의 가난한 백성들도 모두 황상의 큰 덕을 입을 수 있을 것입니다. 그러나 큰 전쟁의 여파로 백성들이 모두 흩어지고 생업을 잃어 값을 준비해 갈 수 있는 자는 만분의 일이 못되고, 준비한 값도 속환을 허락한 뜻에 미치지 못하며, 이 외에는 모두 헐벗고 굶주려 값을 치를 방법이 없습니다. 다만 날마다 조정에 읍소가 가득 차는 것을 보고, 국가 부세(賦稅)로 속환비를 보충하는 것이

5 辛奇榮은 贖還使로 파견된 辛啓榮을 가리킨다.

모두 옳다고 청합니다. 그러나 신은 탕진하여 저축한 것이 없고 관에서 은량을 지급한다 해도 소량에 불과하여 황상께서 속환을 허락해 주신 큰 은혜에 보답할 수 없음이 참으로 부끄럽습니다.

삼가 생각건대 황상의 넓은 도량과 크고 지극한 자애로 신의 목숨을 소생시키시고 번복(藩服)의 반열에 있게 하셨습니다. 또 속국의 백성을 황조의 백성과 다르지 않게 생각하셔서 기르고 안전하게 하여 향토를 회복하기를 바라십니다. 그리고 이 일은 군대의 포상(褒賞)에 관계된 것이어서 모든 무리를 전부 풀어 주기 어려운데도 특별히 본래 주인으로 하여금 속환하도록 하셨으니, 이 역시 임시방편으로 사람을 구하는 지극한 뜻에서 나온 것입니다. 한 나라의 신민으로서 뼈에 새기도록 은덕에 감격하지 않을 수 없습니다. 이 일을 돌아보면, 공사(公私)의 재력이 탕진되었고 위에서 진술한 바처럼 스스로 값을 치르러 직접 갈 수 있는 자가 매우 적으며, 또한 맞바꿀 때 주인이 속환비를 많이 요구하면 불쌍한 백성들이 가져간 값을 다 쓰고 천리길의 고난에도 빈손으로 돌아올까 우려되니 그러한 사정은 더욱 가련합니다. 지금 감히 각별한 은혜를 바랄 수는 없지만, 거듭 해당 부(部)에 성지(聖旨)를 내려 특별히 공정한 가격으로 맞바꾸게 허락하셔서 그들이 낭패를 보고 빈손으로 돌아오지 않게 해 주신다면 나라 안에 속환을 원하는 사람들도 반드시 힘써 값을 준비할 것이고 다음에 가서 속환할 것이니, 황상의 어질게 구제하는 은혜를 시종 널리 입게 되어 소방(小邦) 신민의 귀부하는 정성이 더욱 간절해질 것입니다.」

상주가 올라오자 주상이 예부에 유시했다. 「조선국왕이 너희 부(部)에 상주를 전달해서 포로를 속환하기를 원하는 것은, 짐이 사졸들에게 싼 값으로 속(贖)을 취하도록 강제로 명령하기를 바라는 뜻이니 이는 불가하다. 짐은 일찍이 조선국왕에게 유시하기를, 우리 사졸이 사로잡은 사람을 속환하려면 본래 주인의 뜻에 따라야 하니, 이는 곡진히 은혜를 베풀어준 것이라 할 수 있다고 했다. 지금 비록 합하여 하나의 나라가 되었으나 값을 준비하기 힘들다면서 속(贖)을 취하도록 압박하는 것은 매우 부당하다. 이전에 조선이 죄가 있어 군사를 일으켜 토벌하기에 이르렀는데, 만약 공이 있는 사졸들이 피를 흘리며 싸워 얻은 사람을 속환하라고 강제로 명령하면, 이는 죄가 있는 자는 공을 세우게 되고 공이 있는 자는 죄를 짓게 되는 것이다. 나라를 다스리는 자는 죄가 있으면 벌을 주고 공이 있으면 상을 주어야 하는데, 어찌 도리어 공이 있는 자가 사로잡은 것을 취해서 죄인에게 줄 수 있겠는가?」

○ 宴朝鮮陪臣辛奇榮等於禮部.

○ 조선의 배신(陪臣) 신기영(辛奇榮; 辛启榮) 등에게 예부에서 잔치해 주었다.

○ 戊午, 以皮島所獲緞疋, 賜固倫公主·和碩公主等有差.

○ 무오일(6.21), 피도(皮島)에서 얻은 비단을 구룬 공주·호쇼이 공주 등에게 차등 있게 하사했다.

○ 己未, 賜征朝鮮時, 歸附新滿洲巴圖魯麻福塔·葉辰, 及其妻, 竝部下人衆, 衣·帽·鞾·帶等物有差, 宴於禮部.

○ 기미일(6.22), 조선을 정벌할 때 귀부한 신만주(新滿洲) 바투루 마푸타·여천 및 그들의 부인, 아울러 부(部)의 속하 사람들에게 옷·모자·신·요대 등의 물품을 차등 있게 하사하고 예부에서 잔치해 주었다.

○ 庚申, 半個牛彔章京席翰獲罪, 以其弟綏哈襲替. 三等甲喇章京扈什布病故, 以其弟馬爾泰襲職, 仍准再襲二次. 牛彔章京穆成格病故, 以其弟韓楚漢襲職, 仍准再襲一次. 三等甲喇章京阿津病故, 以其子瑣諾木襲職, 仍准再襲三次. 半個牛彔章京托克屯珠病故, 以其子納布海襲職, 仍准再襲一次.

○ 경신일(6.23), 반개니루장긴 시한이 죄를 저질러 그의 동생 수이하(suiha, 綏哈)가 습직하여 대신하게 했다. 삼등 잘란장긴 후시부가 병사하여 그의 동생 마르타이(martai, 馬爾泰)에게 습직시키고 2번 습직을 허락했다. 니루장긴 무청거가 병사하여 그의 동생 한추한(hancuhan, 韓楚漢)에게 습직시키고 1번 습직을 허락했다. 삼등 잘란장긴 아진(ajin, 阿津)이 병사하여 그의 아들 소놈에게 습직시키고 3번 습직을 허락했다. 반개니루장긴 톡톤주가 병사하여 그의 아들 나부하이(nabuhai, 納布海)에게 습직시키고 1번 습직을 허락했다.

○ 辛酉, 多羅饒餘貝勒阿巴泰, 獻新瓜, 具筵於清寧宮進上.

○ 신유일(6.24), 도로이 요여 버일러 아바타이가 햇참외를 헌상하고 연회를 갖추어 청녕궁에서 주상께 올렸다.

○ 癸亥, 上御崇政殿, 召文武諸臣及護軍等, 宴之.

○ 계해일(6.26), 주상이 숭정전(崇政殿)에 와서 문무 신하들과 호군들을 불러 잔치했다.

○ 甲子, 奈曼部落達爾漢郡王子巴達理, 娶和碩禮親王代善女. 將還具筵於崇政殿進上, 竝獻駝馬. 却之.

○ 갑자일(6.27), 나이만 부락 다르한 군왕의 아들 바다리(badari, 巴達理)가 호쇼이 예친왕(禮親王) 다이샨의 딸과 결혼했다. 돌아와서 숭정전(崇政殿)에서 주상께 연회를 갖추어 올렸다. 아울러 낙타와 말을 헌상했으나 받지 않았다.

○ 是日, 以恭順王孔有德·懷順王耿仲明·智順王尚可喜, 協同武英郡王阿濟格, 攻克皮島, 各賜銀六百兩·綵緞·蟒衣·布疋·紅氈等物. 竝查明其部下陣亡各官, 賜卹其家, 共緞一百二十有五·銀六百二十有五·布六百二十有五. 諭孔有德等曰, 朝廷用人, 授以高爵厚祿, 使之安富尊榮者, 無非欲其感恩, 圖報贊襄治理, 有裨於國家而已. 朕與爾三王既以殊恩拔擢, 情同子弟, 封以王爵, 寵眷有加, 爾等宜感激奮勉, 恪守典常, 乃不勤思報効勉竭忠, 誠以輔助國政, 反縱所屬將士, 悖違法度, 恣意妄行, 朕甚不悅. 爾等有統率之任, 知他人有亂法者, 尚應責之, 乃身先作慝, 朕復何賴焉. 古語云, 爭小利者, 不受大益. 爾等何不勉圖大益, 而顧貪小利也. 嗣後行師, 務嚴飭將士, 毋蹈故轍, 以佐成大業, 其共勗之. 上以征朝鮮及皮島時, 王以下, 諸將以上, 多違法妄行. 命法司分別議罪. 議得, 和碩禮親王代善, 違制於二十護衛外, 多選十二員, 罪一. 既多選護衛, 復與所屬巴布賴同謀, 誣部臣車爾格, 令之多選, 罪二. 明知十二護衛, 冒免丁徭, 詭云不知, 罪三. 以戴翎之護衛, 詭稱使令下役, 罪四. 違制秣馬於朝鮮王京, 罪五. 在王京城時, 令八家家丁, 各收回本旗, 王乃妄遣家丁, 私往造船之處, 罪六. 代善應革親王爵, 罰銀一千兩. 所多選護衛十二名, 係專管牛彔所屬者, 竝牛彔撥出, 係內牛彔所屬者, 止將本族撥出. 其在王京所養馬匹, 及發往造船處人等, 俱入官. 上命集親王 · 郡王 · 貝勒 · 貝子 · 羣臣於篤恭殿會審, 復如前議奏聞, 上御崇政殿, 以代善罪狀, 宣諭親王 · 郡王 · 貝勒 · 貝子 · 羣臣, 悉宥之.

○ 이날 공순왕 공유덕 · 회순왕 경중명 · 지순왕 상가희가 무영군왕 아지거와 협동하여 피도(皮島)를 함락했기에 각각 은 600냥 · 채단(綵緞) · 망의(蟒衣) · 면포 · 붉은 모전(毛氈) 등의 물품을 하사했다. 아울러 그들 부(部)에 속한 전사한 관리들을 조사해 밝히고 그들의 가정을 구휼하고자 모두 비단 125필 · 은 625냥 · 포 625필을 하사했다. 공유덕 등에게 유시했다. 「조정에서 사람을 쓰는 데 높은 작위와 두터운 녹봉을 주어서 그를 편안하고 부유하고 존귀하게 하는 것은, 그가 은혜에 감동하여 국정을 도와서 보답하여 국가에 도움이 되게 하려는 것이다. 짐이 너희 세 왕을 특별한 은혜로 발탁하고 자제와 같이 생각하여 왕작에 봉해서 총애했으니, 너희는 감격하여 힘쓰고 규범을 삼가 지켜야 한다. 그런데 힘쓰고 충성을 다해서 진실로 국정에 도움이 되어 보답할 것을 생각하지 않고 도리어 소속 장수와 병사들이 법도를 어기고 멋대로 망령되이 행하게 했으니 짐은 매우 불쾌하다. 너희는 통솔의 책임이 있으므로 다른 사람이 법을 어지럽히는 것을 알면 질책해야 하는데 몸소 먼저 숨겨 주었으니, 짐이 누구에게 의지하겠는가? 옛말에 작은 이익을 다투면 큰 이익을 얻을 수 없다고 했다. 너희는 어찌 큰 이익을 도모하고자 힘쓰지 않고 작은 이익을 탐하는가? 이후 군사가 움직일 때 장수와 병사들을 엄히 신칙하여 전철을 밟지 않도록 하여 대업을 이루는 것을 보좌하는 데 함께 힘쓰라.」

주상이 조선과 피도를 정벌할 때, 왕 이하 장수 이상이 대부분 법을 어기고 망령되이 행하였다. 법사(法司)에 명해 분별해서 죄를 논의하게 했다. 법사에서 논의했다. 「호쇼이 예친왕(禮親王) 다이샨은 호위(護衛) 20명 외에 12명을 더 선발하여 제도를 어겼으니 첫째 죄입니다. 호위를 더 선발하고도 다시 속하의 바불라이와 공모해서 부신(部臣) 처르거이가 더 선발하게 했다고 무고했으니 둘째 죄입니다. 호위 12명이 정요(丁徭)를 모면하려 했음을 분명히 알고도 모른다고 기만하는 말을 했으니 셋째 죄입니다. 대령호위(戴翎護衛)[6]를 일 시키는 하역(下役)이라고 속였으니 넷째 죄입니다. 조선 왕경(王京)에서 말먹이를 줄 때 제도를 어겼으니 다섯째 죄입니다. 왕경성(王京城)에 있을 때 팔가(八家)의 가정(家丁)들을 각각 본 기(旗)로 돌아가게 했는데, 왕은 망령되게 가정(家丁)을 파견해 사사로이 배를 만드는 곳에 보냈으니 여섯째 죄입니다. 다이샨의 친왕 작위를 혁직하고 은 1,000냥을 벌로 취해야 합니다. 더 선발한 호위 12명은 전관니루(專管牛彔)에 속한 경우에는 소속된 니루들을 합쳐서 몰수하고, 내니루(內牛彔)에 속한 경우에는 그 일족만 몰수해야 합니다.[7] 왕경(王京)에 있을 때 기른 말들과 배를 만드는 곳에 보낸 사람들을 모두 관에 몰수해야 합니다.」 주상이 친왕·군왕·버일러·버이서·여러 신하들을 독공전(篤恭殿)에 모아 함께 심리하게 하니, 다시 앞의 논의대로 상주했다. 주상이 숭정전에 들어서 다이샨의 죄상을 친왕·군왕·버일러·버이서·여러

6 '戴翎護衛'는 官帽에 깃털(翎)을 단 護衛(侍衛)를 가리킨다. 숭덕 원년 5월에 侍衛와 什長(護軍校)의 관모에 깃털을 달고 철제의 조각한 금을 입힌 2개의 띠돈 있는 요대를 사용하는 규정을 만들었다.(『만문노당역주』3, p.1690) 이후 순치 18년에 王府의 一等護衛는 공작 깃털눈이 1개인 孔雀翎을 달고, 王府·貝勒府의 二等護衛·三等護衛도 똑같이 戴翎할 수 있도록 허락했다. (康熙朝『大淸會典』卷48, 禮部9, 儀制淸吏司9, 「冠服通例」의 凡戴翎條 참조).

7 "전관니루에 속한… 일족만 몰수해야 합니다"의 만문『청태종실록』 기록은 아래와 같다. "enculehe nirungge oci, niru suwaliyame, dorgi niru oci ini mukūn i teile be gaime,"(전관니루는 니루를 합치고 내니루는 그 일족만 취하고) 增井寬也, 「淸初ニル類別考」, 『立命館文學』 608号, 2008, p.116.

신하들에게 선유하고 모두 용서했다.

又議, 和碩鄭親王濟爾哈朗, 明知託博輝·溫塔·山津之子三人, 皆閒散無甲, 私令隨征, 罪一. 德爾得赫及額駙顧三台之子, 在披甲數外, 不令免役, 莽魁子, 在披甲數內, 乃令牛彔下人爲之代役, 因於額外, 以此三人自隨, 罪二. 濟爾哈朗, 應罰銀五百兩. 仍將專管顧三台·喇瑪兩牛彔, 及莽魁一族, 俱行撥出. 和碩睿親王多爾衮, 以國舅阿什達爾漢之姪·英俄爾岱之子, 閒散無甲者, 私令隨征, 多爾衮應罰銀二百兩. 多羅武英郡王阿濟格, 索視貝子碩託所隱匿有罪婦人三口, 留其一, 內院大臣希福·范文程·剛林, 諫阻之, 乃遣還, 又遣車爾格向睿親王多爾衮, 索取俘獲婦女, 罪一. 又索取恭順王孔有德婦人一口, 罪二. 又索布顏泰婦人一口, 阿爾納諾木齊婦人一口, 罪三. 又索本旗牛彔章京徐大禎所獲婦人, 連取四次, 未與, 後大禎已行, 又自鳳凰城遣人追之, 罪四. 阿濟格應罰銀一千四百五十兩. 多羅貝勒岳託, 多帶法篤之子, 罪一. 和碩豫親王多鐸遣報軍情, 不爲轉奏於上, 罪二, 圖贍有罪, 庇而免之, 罪三. 既見敵兵遣塔喇布, 迎敵與兵甚少, 致一人被殺, 罪四. 擅於王京牧馬, 罪五. 擅免羅洛科·黑訥之罪, 罪六. 吳巴海·托克托會·納木·喀喇·穆祜船不赴汛, 不即執問, 罪七. 岳託應革貝勒爵, 并解部任, 罰銀七百兩. 擅牧王京之馬匹, 入官, 仍賠陷陣一人.

또 논의했다. 「호쇼이 정친왕 지르갈랑은 토보호이 · 운타 · 산진의 아들 3명이 모두 한산무갑(閒散無甲)인 것을 분명히 알고도 사사로이 종군하게 했으니 첫째 죄입니다. 더르더허이와 어푸 구산타이의 아들이 피갑(披甲)의 정원 밖에 있는데도 역(役)을 면제하지 않았고 망쿠(mangkū, 莽魁)의 아들은 피갑의 정원 내에 있는데도 니루에 속한 타인에게 대신 역(役)을 부담시켰습니다. 이 때문에 정원 밖에 있는 이들 3명을 스스로 종군하게 했으니 둘째 죄입니다. 지르갈랑에게 벌은 500냥을 부과해야 합니다. 전관(專管)인 구산타이 · 라마(lama, 喇嘛)의 2개 니루 및 망쿠의 일족을 모두 몰수해야 합니다.

호쇼이 예친왕(睿親王) 도르곤은 국구(國舅) 아시다르한의 조카와 잉굴다이의 아들이 한산무갑(閒散無甲)인데도 사사로이 종군하게 했으니 벌은 200냥을 부과해야 합니다.

도로이 무영군왕 아지거는 버이서 쇼토가 숨긴 죄 있는 부녀자 3명을 찾아내 그중 1명을 구류했는데 내원(內院)의 대신 히퍼 · 범문정 · 가린이 간언하여 막아서 돌려보냈고, 또 처르거이를 예친왕(睿親王) 도르곤에게 보내 사로잡은 부녀자를 찾아내 취했으니 첫째 죄입니다. 또 공순왕 공유덕의 부인 1명을 찾아내 취했으니 둘째 죄입니다. 또 부얀다이의 부인 1명과 아라나 놈치의 부인 1명을 찾아내 취했으니 셋째 죄입니다. 또 본 기(旗) 니루장긴 서대정(徐大禎)이 사로잡은 부인을 찾아내 취하기를 4차례 하고 돌려주지 않다가, 후에 서대정이 가자 또 봉황성(鳳凰城)에서 사람을 보내 쫓아가게 했으니 넷째 죄입니다. 아지거에게 벌은 1,450냥을 부과해야 합니다.

도로이 버일러 요토는 파두의 아들을 추가로 데려갔으니 첫째 죄입니다. 호쇼이 예친왕(豫親王) 도도가 군대의 사정을 보고했는데 주상께 상주를 전하지 않았으니 둘째 죄입니다. 투잔이 죄가 있는데 비호하여 면책하게 했으니 셋째 죄입니다. 적병이 타라부(tarabu, 塔喇布)에게 가는 것을 보고도 대적할 병사를 매우 적게 내어 1명이 피살되는 데 이르렀으니 넷째 죄입니다. 멋대로 왕경(王京)에서 말을 풀어놓았으니 다섯째 죄입니다. 멋대로 롤로코(loloko, 羅洛科) · 허이너(heine, 黑訥)의 죄를 면해 주었으니 여섯째 죄입니다. 우바하이 · 톡토호이 · 나무 · 카라 · 무후의 배가 약속장소에 도달하지 않았는데 즉시 심문하지 않았으니 일곱째 죄입니다. 요토에게서 버일러 작위를 혁직하고, 부(部)의 직에서 해임하고, 벌은 700냥을 부과해야 합니다. 멋대로 왕경에서 풀어놓았던 말들은 관에 몰수하고 전투 중에 죽은 1명에 대해 배상시켜야 합니다.

多羅貝勒豪格, 將額數內甲士牛彔章京諾爾布 · 古祿之弟海色, 畢禮克圖三人, 私帶隨行, 豪格應罰銀一百五十兩. 固山貝子碩託, 隱匿江華島降民婦人, 止以二婦人告知和碩睿親王多爾袞, 多爾袞取以付英俄爾岱 · 馬福塔, 其碩託私與錫翰之婦人一口, 隱而不言, 罪一. 又欲多爾袞以所送婦人, 轉與多羅武英郡王阿濟格, 唆使成隙, 罪二. 私帶阿山之弟宜爾門 · 托惠, 皆閒散無甲之人, 罪三. 又薩壁翰 · 薩朱戶 · 費揚古, 首告碩託隱匿多羅貝勒岳託陣獲馬三十四匹, 罪四. 以死於皮島之厮卒六人, 詭稱甲士, 冒領賞賜, 罪五. 違例多遣五人往江華島, 取降民婦人二口匿之, 罪六. 隱匿他處逃婦一口, 與多爾袞所屬喀囊阿牛彔下巴陽蘇, 罪七. 碩託應罰銀二千兩, 其三牛彔屬員, 竝朝鮮 · 皮島兩處俘獲, 及所賜等物, 隱藏馬匹, 冒領銀兩, 皆入官. 固山貝子篇古, 當八家出略時, 本旗人丁, 隨往肆掠, 及令獻所獲物, 輒云無有, 罪一. 又本旗下四人, 隨各家出略, 不能稽察, 罪二. 在王京時, 已令八家家丁, 各收回本旗, 篇古擅差家丁, 私往造船處, 罪三. 和碩鄭親王濟爾哈朗下圖爾特, 於王京城內, 擅自收馬, 不行稽察, 罪四. 又於應帶披甲外, 將舒賽之子 · 嚴代之弟并未披甲席特庫之子, 私帶同行, 罪五. 篇古應罰銀二百兩.

도로이 버일러 호오거는 정원 내의 갑사(甲士)인 니루장긴 노르부 · 구루(guru, 古祿)의 동생 하이서 · 빌릭투 3명을 사사로이 수행하도록 데려갔으니 호오거에게 벌은 150냥을 부과해야 합니다.

구사이 버이서 쇼토는 강화도(江華島)에서 항복한 백성의 부인들을 숨기고 부인 2명만을 호쇼이 예친왕(睿親王) 도르곤에게 보고하니 도르곤은 이들을 취해서 잉굴다이 · 마푸타에게 주었는데, 쇼토는 사사로이 시한에게 준 부인 1명을 숨기고 말하지 않았으니 첫째 죄입니다. 또 도르곤이 보낸 부인을 도로이 무영군왕 아지거에게 전달해서 분란을 만들도록 부추겼으니 둘째 죄입니다. 사사로이 아산의 동생인 일먼(ilmen, 宜爾門) · 토호이(tohoi, 托惠)를 데려갔는데 모두 한산무갑(閒散無甲)인 사람들이었으니 셋째 죄입니다. 또 사비간 · 사주후(sajuhū, 薩朱戶) · 피양구(fiyanggū, 費揚古)는 쇼토가 도로이 버일러 요토가 전투 중에 얻은 말 34마리를 은닉한 것을 고발했으니 넷째 죄입니다. 피도(皮島)에서 죽은 쿠툴러 6명을 갑사(甲士)라고 속여 칭해서 거짓으로 상을 받았으니 다섯째 죄입니다. 규정을 어기고 5명을 더 강화도에 보내서 항복한 백성의 부인 2명을 취하고 이를 숨겼으니 여섯째 죄입니다. 다른 곳으로 도망간 부인 1명을 숨기고 도르곤 소속 카낭가 니루에 속한 바양수(bayangsu, 巴陽蘇)에게 주었으니 일곱째 죄입니다. 쇼토에게서 은 2,000냥을 벌로 취해야 하고, 그의 3개 니루 속원들과 조선과 피도(皮島) 두 곳에서 노획한 것, 그리고 하사했던 물품들과 숨겨둔 말, 거짓으로 받은 은량을 모두 관에 몰수해야 합니다.

구사이 버이서 피양구는 팔가(八家)가 노략할 때 본 기(旗)의 인정(人丁)이 따라가서 약탈한 물품을 바치게 하고 번번이 얻은 것이 없다고 했으니 첫째 죄입니다. 또 본 기(旗) 속하 4명이 각 가(家)의 노략에 따라간 것을 살피지 못했으니 둘째 죄입니다. 왕경(王京)에 있을 때 팔가(八家)의 가정(家丁)들을 각각 본 기(旗)로 돌아가게 했는데 피양구는 멋대로 가정(家丁)을 파견해 사사로이 배를 만드는 곳으로 보냈으니 셋째 죄입니다. 호쇼이 정친왕 지르갈랑 속하 투르터이(turtei, 圖爾特)가 왕경성(王京城) 안에서 멋대로 말을 풀어놓은 것을 살피지 못했으니 넷째 죄입니다. 또 데려가야 할 피갑(披甲) 외에 슈사이의 아들 · 얀다이(yandai, 嚴代)의 동생, 그리고 아직 피갑이 아닌 시터쿠의 아들을 사사로이 대동해 갔으니 다섯째 죄입니다. 피양구에게 벌은 200냥을 부과해야 합니다.

固山貝子博和託聞本牛彔下索克什出痘, 又經松阿里告之, 竟不聲明, 仍留在營, 與御營相近, 罪一. 明知牛彔章京克什圖閑散無甲, 與以馬匹, 攜往隨征及旋, 又先帶回留於平壤, 罪二. 博和託應革貝子爵, 罰銀三百兩. 索克什撥出當差. 薩木哈圖·佟八·柏永善於攻皮島時, 大臣巴牙爾圖·吳爾格前進陣亡, 薩木哈圖等同一隊伍臨陣, 退縮遁走, 應論死, 籍其家. 譚泰旗下塔布囊達雅齊, 率察哈爾蒙古前來, 私帶南褚厮卒三人, 三人匿取降民之妻. 其夫告於馬福塔, 馬福塔以婦人還給其夫, 執厮卒三人付達雅齊, 達雅齊私釋之. 又南褚家人赴和碩睿親王多爾袞處, 首告達雅齊隱匿人口十九名, 審實, 十九人方行釋遣. 上曾兩次親問達雅齊曰, 爾若明知帶來, 則以實告, 伊堅以不知誑奏. 達雅齊私攜厮卒, 搶掠降民, 又隱匿人口, 蒙上兩次親問, 仍敢欺罔, 應論死. 戶部參政馬福塔, 於應帶披甲外, 擅帶伊子同行, 罪一. 俘獲等物, 私先齎回, 罪二. 皮島進獻馬匹, 私自乘坐, 以致羸病, 罪三. 奪取降民鷹, 私與貝子碩託, 隨向碩託索袍帽, 及婦人一口, 併鍍金撒袋·弓矢, 罪四. 又令安州總兵與碩託交結, 罪五. 馬福塔應論死, 俘獲等物, 俱入官. 國舅阿布泰, 分兵征皮島時, 私遣厮卒二人前行, 希冀多獲. 又渡江時, 不候旗至先行, 罪一. 於應帶披甲外, 私帶其子尼牙漢及未披甲之孫阿古蘭隨征, 罪二. 阿布泰應罰銀一百五十兩, 前行二人及馬, 并朝鮮·皮島俘獲之物, 俱入官. 巴顏明知其兄阿布泰, 於披甲額外, 私帶伊子尼牙漢伊·孫阿古蘭同行, 不行諫阻. 又不首告, 罪一. 本牛彔編入蓋州駐防披甲內, 漢人爲撥什庫, 喀凱充作厮卒, 攜往隨征, 巴顏不行稽察, 罪二. 又明知阿布泰遣二厮卒前往皮島, 希圖多獲, 又復不阻不首, 罪三. 又私令厮卒三人, 隨衆兵往皮島, 又令厮卒三人, 由臨津江牧馬處, 詣漢軍營, 索其家人所獲財物, 罪四. 巴顏應革去二世職, 罰銀八十兩, 所遣去六人, 并馬匹·賞賜, 俱入官.

구사이 버이서 보호토는 본 기(旗) 니루 속하 속시(soksi, 索克什)가 천연두에 걸린 것을 보고받았고 또 숭가리를 지날 때 이를 고했는데도 끝내 제대로 알리지 않고 어영(御營)과 가까운 군영에 머물게 했으니 첫째 죄입니다. 니루장긴 커시투(kesitu, 克什圖)가 한산무갑(閒散無甲)[8]임을 분명히 알고도 말을 주고 정벌에 데려가고 돌아오게 했으며, 또 먼저 데리고 돌아와서 평양에 머물게 했으니 둘째 죄입니다. 보호토의 버이서 작위를 혁직하고 은 300냥을 부과해야 하고, 속시는 차역(差役)에서 빼야 합니다.

삼하투·동팔(佟八)·백영선(柏永善)이 피도(皮島)를 공격할 때, 대신 바야르투·우르거이(urgei, 吳爾格)가 전진하여 전투 중에 죽었는데 삼하투 등은 같은 대오에서 전투에 임하고도 물러나 도망쳤으니 사형죄로 논하고 가속을 적몰해야 합니다.

탄타이 기(旗)의 속하 타부낭 다야치는 차하르의 몽고병을 이끌고 왔는데, 사사로이 난추의 쿠툴러 3명을 데려왔고, 3명은 항복한 백성의 부인을 취해 숨겼습니다. 그녀의 남편이 마푸타에게 고발하니 마푸타가 부인을 남편에게 돌려주었고 쿠툴러 3명을 잡아 다야치에게 주었는데, 다야치는 멋대로 풀어 주었습니다. 또 난추의 가인(家人)이 호쇼이 예친왕(睿親王) 도르곤이 있는 곳에 와서 다야치가 19명을 은닉하고 있다고 고발했고, 조사하니 사실이어서 19명을 바로 풀어 주

8 만문본 『청태종실록』에는 uksin akū sula(갑옷이 없는 閒散)이라고 기록되어 있다.

었습니다. 주상께서 일찍이 두 차례 다야치에게 친히 묻기를, "네가 만약 데리고 온 자들을 분명히 안다면 사실대로 보고하라"라고 했는데도 그는 끝까지 모른다고 속여 상주했습니다. 다야치는 사사로이 쿠툴러를 데려와 항복한 백성을 약탈했고 또 사람을 숨겼고 주상께서 두 차례 친히 물으셨는데도 감히 속였으니 사형죄로 논해야 합니다.

호부참정 마푸타는 데려와야 할 피갑(披甲) 외에 멋대로 그의 아들을 데려와 동행하였으니 첫째 죄입니다. 노획한 물품 등을 사사로이 먼저 실어 돌려보냈으니 둘째 죄입니다. 피도(皮島)에서 바친 말을 멋대로 직접 타서 여위게 했으니 셋째 죄입니다. 항복한 백성의 매를 탈취해서 사사로이 버이서 쇼토에게 주었고, 쇼토에게서 겉옷과 모자, 부인 1명, 그리고 도금한 살대 · 활과 화살을 얻어 냈으니 넷째 죄입니다. 또 안주총병(安州總兵)에게 쇼토와 결탁하게 했으니 다섯째 죄입니다. 마푸타는 사형죄로 논해야 하고 노획한 물품 등은 모두 관에 몰수해야 합니다.

국구(國舅) 압타이는 병사를 나누어 피도를 정벌할 때 사사로이 쿠툴러 2명을 앞서 보내서 많이 노획하려고 했습니다. 또 강을 건널 때, 기(旗)가 도착하기를 기다리지 않고 먼저 갔으니 첫째 죄입니다. 데려와야 할 피갑(披甲) 외에 사사로이 그의 아들 니야한(niyahan, 尼牙漢)과 아직 피갑이 아닌 손자 아굴란(agulan, 阿古蘭)을 데리고 정벌에 종군하게 했으니 둘째 죄입니다. 압타이에게 벌은 150냥을 부과해야 하고, 먼저 갔던 2명과 말, 그리고 조선과 피도(皮島)에서 노획한 물품 등을 모두 관에 몰수해야 합니다.

바얀은 그의 형 압타이가 피갑(披甲) 정원 외에 사사로이 그의 아들 니야한과 그의 손자 아굴란(agulan, 阿古蘭)을 데리고 동행한다는 것을 분명히 알고도 간언하여 막지 않았고 또 고발하지도 않았으니 첫째 죄입니다. 본 기(旗)의 니루에 편입된 개주(蓋州) 주방의 피갑 내에서 한인을 보쇼쿠로 삼고 카카이(kakai, 喀凱)를 쿠툴러로 충원해서 정벌에 데리고 갔는데 바얀이 살피지 못했으니 둘째 죄입니다. 또 압타이가 2명의 쿠툴러를 먼저 피도(皮島)로 보내서 많이 노획하기를 바랐다는 것을 분명히 알고도 또다시 막지도 고발하지도 않았으니 셋째 죄입니다. 또 사사로이 쿠툴러 3명에게 여러 병사를 따라 피도(皮島)로 가게 했고, 또 쿠툴러 3명에게 임진강(臨津江)의 말을 먹이는 곳에서 한군 군영에 가게 하여 그들 가인(家人)이 얻은 재물을 요구하려 했으니 넷째 죄입니다. 바얀에게서 2개 세직(世職)을 혁직하고 벌은 80냥을 부과하며, 파견했던 6명과 말과 상으로 받은 물건을 모두 관에 몰수해야 합니다.

伊爾登渡江時, 不候旗至, 輒自前行, 應罰銀一百兩. 圖爾格於朝鮮王謁上時, 亂班釋甲, 應罰銀五十兩. 額駙古爾布什於朝鮮王謁上時, 亂班釋甲, 罪一. 帶未曾披甲之哈爾松阿子同行, 罪二. 古爾布什應罰銀七十兩. 額駙蘇納於朝鮮王謁上時, 亂班釋甲, 罪一. 擅離滿洲旗由捷徑而歸, 罪二. 蘇納應罰銀七十兩. 石廷柱旗下甲喇章京佟三縱本甲喇兵四十五人, 違律掠取降民, 罪一. 明知其家六人搶掠, 詭言不知, 罪二. 佟三應論死. 牛彔章京屯泰擅略降民, 罪一. 縱其家二人搶掠, 詭言不知, 罪二. 又云, 搶掠者俱牛彔下人, 并無其父家人, 巧言掩飾, 罪三. 屯泰應論死. 額駙達爾哈於朝鮮王謁上時, 亂班釋甲, 罪一. 比問時詭言, 竝未解甲, 止卸盔及甲袖, 罪二. 牛彔章京克什圖已編入冊, 尚未披甲, 攜往冒功, 罪三, 巴哈納弟海蘭在披甲數內, 以未出痘先歸, 不知稽察, 罪四. 又領兵出略時, 布爾騰牛彔下一厮卒亂行陷敵, 罪五. 本甲喇前行收取鄉村糧草及倉中米粟, 以倉中所餘米分給四甲喇, 多取一分, 徇情與兩貝勒家人, 罪六. 於上前言不飲酒, 出輒私飲, 詭言欺上, 罪七. 達爾哈應罰銀一百兩, 追奪賞賜.

일던(ilden, 伊爾登)은 강을 건널 때 기(旗)가 도착하는 것을 기다리지 않고 스스로 앞으로 나갔으니 벌은 100냥을 부과해야 합니다.

투르거이(turgei, 圖爾格)는 조선국왕이 주상을 알현할 때 반열을 어지럽히고 갑옷을 벗었으니 벌은 50냥을 부과해야 합니다.

어푸 구르부시(gurbusi, 古爾布什)는 조선국왕이 주상을 알현할 때 반열을 어지럽히고 갑옷을 벗었으니 첫째 죄입니다. 피갑(披甲)이 아닌 하르숭가(harsungga, 哈爾松阿)의 아들을 데리고 동행하였으니 둘째 죄입니다. 구르부시는 벌은 70냥을 부과해야 합니다.

어푸 수나(suna, 蘇納)는 조선국왕이 주상을 알현할 때 반열을 어지럽히고 갑옷을 벗었으니 첫째 죄입니다. 마음대로 만주 기(旗)를 떠나서 지름길로 돌아왔으니 둘째 죄입니다. 수나는 벌은 70냥을 부과해야 합니다.

석정주 기(旗) 속하의 잘란장긴 동삼(佟三)은 본 잘란의 병사 45명이 율(律)을 어기고 투항한 백성을 약탈하게 내버려두었으니 첫째 죄입니다. 그의 가인(家人) 6명이 약탈한 것을 알면서도 거짓으로 모른다고 했으니 둘째 죄입니다. 동삼(佟三)은 사형으로 논해야 합니다.

니루장긴 툰타이(tuntai, 屯泰)는 투항한 백성을 마음대로 약탈했으니 첫째 죄입니다. 그의 가인(家人) 2명이 약탈하는 것을 내버려두었고 모른다고 거짓말했으니 둘째 죄입니다. 또한 약탈한 자가 모두 니루 하의 사람이고, 그의 부친의 가인(家人)이 없다고 말하며 교묘한 말로 감추었으니 셋째 죄입니다. 툰타이는 사형으로 논해야 합니다.

어푸 다르한(darhan, 達爾哈)은 조선국왕이 주상을 알현할 때 반열을 어지럽히고 갑옷을 벗었으니 첫째 죄입니다. 심문할 때 거짓말을 꾸며대어 갑옷을 풀지 않았고 투구와 갑옷소매만 벗었다고 했으니 둘째 죄입니다. 니루장긴 커시투(kesitu. 克什圖)는 책(冊)에 편입되었지만 피갑(披甲)이 아니었는데 데리고 가서 공적을 거짓으로 꾸몄으니 셋째 죄입니다. 바하나(bahana, 巴哈納)의 동생 하일란(hailan, 海蘭)은 피갑(披甲) 정원 내에 있는데도 천연두를 앓지 않고 먼저 돌아온 사실을 제대로 살피지 않았으니 넷째 죄입니다. 또 병사를 이끌고 노략에 따라나섰을 때 불턴(bulten, 布爾騰) 니루 하의 쿠툴러가 제멋대로 행동하다가 적진에 빠졌으니 다섯째 죄입니다. 본 잘란의 병사가 앞으로 나가서 마을 식량 및 창고의 곡식을 수취하고 창고에 남은 쌀을 네 개의 잘란에게 나누어 주었는데 한 몫을 더 얻어서 정에 끌려 두 버일러의 가인(家人)에게 주었으니 여섯째 죄입니다. 주상 앞에서 술을 마시지 않겠다고 말한 후 나가서 바로 사사로이 술을 마시고 거짓으로 주상을 기만했으니 일곱째 죄입니다. 다르한은 벌은 100냥을 부과해야 하고 하사한 물건들을 삭탈해야 합니다.

葉臣於八家出略時, 本旗之人隨征肆掠, 及令彼察究, 竟不察明, 罪一. 譚泰牛彔下席翰帶一舊朝鮮人爲厮卒逃走, 不行察出, 罪二. 牛彔章京察達海·索必達二人, 未經披甲私自帶往, 冒領賞賜, 罪三. 擅帶本牛彔下閒散人託洛果之子隨征, 罪四. 兵部問皮島事情曾察與否, 詭言遣雍舜審訖, 其實未審, 又鑲黃旗託特退牛彔下塔爾布, 竝未登岸, 詭言登岸有功, 罪五. 葉臣應罰銀一百兩, 奪賜物入官.

여천(yecen, 葉臣)은 팔가(八家)가 나가서 노략할 때 본 기(旗)의 사람이 종군해서 제멋대로 약탈한 일을 그에게 조사하게 했으나 끝내 살피지 않았으니 첫째 죄입니다. 탄타이(tantai, 譚泰) 니루에 속한 시한(sihan, 席翰)이 구(舊) 조선인 한 명을 쿠툴러로 데려왔는데 도망간 것을 눈치채지 못했으니 둘째 죄입니다. 니루장긴 차다하이(cadahai, 察達海)·소비다(sobida, 索必達) 2명은 피갑(披甲)이 아닌 자를 몰래 데려가서 상을 사칭하여 받았으니 셋째 죄입니다. 본 니루 소속 한산(閑散)인 톨로고(tologo, 託洛果)의 아들을 제멋대로 데려가서 정벌에 종

균하게 했으니 넷째 죄입니다. 병부(兵部)가 피도(皮島)의 상황을 조사했는지 아닌지 물었을 때 거짓으로 용순(yongšon, 雍舜)을 파견하여 살펴보았다고 했는데 실제로 살피지 않았습니다. 또 양황기 토트토이(tottoi, 託特退) 니루 하의 타르부(tarbu, 塔爾布)는 함께 피도의 해안에 오르지 않았는데도 해안에 오른 공로가 있다고 거짓말을 했으니 다섯째 죄입니다. 여천은 벌은 100냥을 부과하고 하사한 물건들을 삭탈해서 관에 몰수해야 합니다.

梅勒章京碩翁科羅巴圖魯勞薩前至朝鮮王京, 不設哨卒於山城, 致朝鮮王遁去不知, 罪一. 本旗下六人亂行, 一人被殺, 罪二. 勞薩應罰銀七十兩, 革去一世職. 固山額眞恩格圖奉召不即至, 食畢始至, 罪一. 阿林牛彔下一厮卒於牧馬處亂行被殺, 罪二. 恩格圖應鞭一百. 護軍統領巴布賴, 前部臣集護軍統領等官傳論, 止許選用護衛二十員, 多者罪之. 巴布賴明知違例, 與和碩禮親王代善同謀, 於定額二十員之外多用十二員, 罪一. 既私選護衛, 乃誑稱部臣車爾格教之, 罪二. 且多選十二護衛, 有彼兄弟之子, 希圖免差, 與恩克同謀開豁人丁, 罪三. 又以入冊舊丁詭稱新丁, 罪四. 以戴翎護衛詭稱使令閒人, 罪五. 守山城時夜不披甲, 罪六. 藍泰牛彔下琫古及雅星阿之子先回, 不能覺察, 罪七. 布丹甲喇下固魯之厮卒奪取朝鮮降人食器, 不行察出, 罪八. 巴布賴應論死, 籍其家. 阿拉海以彼牛彔皆係覺羅, 有子弟十一人, 每人應免二丁, 乃額外多免十一丁, 罪一. 本甲喇私匿俘獲三人, 不行察出, 罪二. 阿拉海應罰銀五十兩.

머이런장긴 숑코로 바투루 로오사(šongkoro baturu loosa, 碩翁科羅巴圖魯勞薩)는 먼저 조선의 왕경성(王京城)에 도착한 후에 남한산성에 초병을 설치하지 않아서 조선국왕이 도망간 것을 몰랐으니 첫째 죄입니다. 본 기(旗) 속하 6명이 제멋대로 행동하다가 1명이 피살되었으니 둘째 죄입니다. 로오사는 벌은 70냥을 부과하고 1개의 세직을 혁직해야 합니다.

구사어전 엉거투(enggetu, 恩格圖)는 조서(詔書)를 받고 즉시 오지 않았고 식사를 마친 후에 비로소 도착했으니 첫째 죄입니다. 아린(arin, 阿林) 니루 하의 쿠툴러 한명이 말을 치는 곳에서 제멋대로 행동하다가 피살당했으니 둘째 죄입니다. 엉거투는 채찍 100대를 때려야 합니다.

호군통령 바불라이(babulai, 巴布賴)는 전에 부신(部臣)이 호군통령 등 관원을 모아서 호위(護衛)를 20명 뽑을 수 있고 더 뽑으면 죄로 삼는다는 유시를 전하여 들었습니다. 바불라이는 정례(定例)를 위반하는 것을 명백히 알면서도 호쇼이 예친왕(禮親王) 다이샨과 모의해서 정해진 20명 외에 12명을 더 뽑았으니 첫째 죄입니다. 사사로이 호위를 뽑았으면서 부신(部臣) 처르거이가 지시했다고 거짓말을 했으니 둘째 죄입니다. 규정 외에 더 뽑은 12명의 호위 중에 그 형제의 아들이 있었고, 차역을 면제받기 위해 엉커(engke, 恩克)와 모의해서 인정(人丁)의 수를 줄였으니 셋째 죄입니다. 또 책(冊)에 편입되어 있었던 구정(舊丁)을 신정(新丁)이라고 속였으니 넷째 죄입니다. 대령호위(戴翎護衛)를 일 시키는 한인(閒人)이라고 속였으니 다섯째 죄입니다. 산성을 지킬 때 밤에 갑옷을 입지 않았으니 여섯째 죄입니다. 란타이(lantai, 藍泰) 니루 하의 봉구(bonggū, 琫古) 및 야싱가(yasingga, 雅星阿)의 아들이 먼저 돌아갔는데 찾아내지 못했으니 일곱째 죄입니다. 부단(budan, 布丹) 잘란 하의 구루(guru, 固魯)의 쿠툴러가 조선에서 항복한 사람의 음식 그릇을 빼앗아 취했는데 알아채지 못했으니 여덟째 죄입니다. 바불라이는 사형으로 논해야 하고 가산을 몰수해야 합니다.

알라하이(alahai, 阿拉海)는 그의 니루가 모두 기오로(gioro, 覺羅)이므로 자제 11명에게 1인당 2정의 차역을 면해 주어야 하나 추가로 11

정의 차역을 면해 주었으니 첫째 죄입니다. 본 잘란에서 사사로이 노획한 사람 3명을 몰래 숨긴 것을 찾아내지 못했으니 둘째 죄입니다. 알라하이는 벌은 50냥을 부과해야 합니다.

管牛彔事庫拜爲本牛彔新滿洲喀拜所告, 言出兵回時, 索彼所得緞衣·閃緞被, 罪一. 征朝鮮時, 又奪喀拜所獲木匠夫婦及其一子, 罪二. 往略平壤時, 奪喀拜所獲馬一匹, 罪三. 取新滿洲牛一頭送貝勒不還, 罪四. 庫拜子哈爾達又奪喀拜所獲一女子, 罪五. 又島中獲人七名, 馬一匹, 庫拜令其兄子馬喇取去, 罪六. 違例令新滿洲捕獵殺六麅食之, 罪七. 本甲喇譚泰牛彔下席翰帶一舊朝鮮人爲厮卒逃走, 不行察出, 罪八. 其兄子馬喇往江華島時, 多帶厮卒一人, 不行察出, 罪九. 庫拜應論死. 半箇牛彔章京巴木布禮所管戰船一隻, 不到汛地, 罪一. 本牛彔下精珠係箇半牛彔章京, 閒散無甲, 私往冒功, 罪二. 巴木布禮應鞭一百, 貫耳鼻, 革職. 牛彔章京吳三台所管戰船一隻, 不到汛地, 罪一. 本旗下船二隻被水漂去, 罪二. 吳三台應鞭一百, 貫耳鼻, 革職. 牛彔章京袞出斯所管戰船一隻, 不到汛地, 應鞭一百, 貫耳, 准折贖, 革職. 牛彔章京阿爾糾所管戰船一隻, 不到汛地, 罪一. 又船陷泥中, 不行挽出, 自避於陸地, 罪二. 本旗兵見彼在後, 趣令前行, 仍堅臥不前, 罪三. 所管船二隻被水漂去, 罪四. 阿爾糾應論死.

니루의 일을 관리하는 쿠바이(kūbai, 庫拜)는 본 니루의 신만주 카바이(kabai, 喀拜)에게 고발당했습니다. 카바이가 말하기를, 출병을 갔다 온 후에 카바이가 얻은 비단옷과 섬단(閃緞) 이불을 달라고 했으니 첫째 죄입니다. 조선에 출정했을 때 카바이가 잡은 목수 부부와 아들 한 명을 빼앗았으니 둘째 죄입니다. 평양을 공략하러 갔을 때 카바이가 획득한 말 1마리를 빼앗았으니 셋째 죄입니다. 신만주의 소 1마리를 취해서 버일러에게 보내서 돌려주지 않았으니 넷째 죄입니다. 쿠바이의 아들 할다(halda, 哈爾達)는 또 카바이가 잡은 여자 1명을 빼앗았으니 다섯째 죄입니다. 또 섬에서 사람 7명과 말 1마리를 획득했는데 쿠바이가 형의[9] 아들 말라(mala, 馬喇)를 시켜 빼앗게 했으니 여섯째 죄입니다. 정례(定例)를 위반하여 신만주에게 고라니 6마리를 잡게 해서 먹었으니 일곱째 죄입니다. 본 잘란 탄타이(tantai, 譚泰) 니루 속하의 시한(sihan, 席翰)은 구(舊) 조선인 1명을 데려와 쿠툴러로 삼았으나 도망간 것을 알아채지 못했으니 여덟째 죄입니다. 그의 형의 아들 말라가 강화도에 갔을 때 쿠툴러 1명을 더 데리고 갔는데 알아채지 못했으니 아홉째 죄입니다. 쿠바이는 사형으로 논해야 합니다.

반개니루장긴 밤부리(bamburi, 巴木布禮)는 관리하는 전선 1척이 주둔지에 도착하지 않았으니 첫째 죄입니다. 본 니루 하의 징주(jingju, 精珠)는 1개 반 니루장긴이고 한산무갑(閒散無甲)인데 사적으로 가서 공적을 속여 보고했으니 둘째 죄입니다. 밤부리는 채찍 100대를 때리고 귀와 코를 뚫고 혁직해야 합니다.

니루장긴 우산타이(usantai, 吳三台)는 관리한 전선 1척이 주둔지에 도착하지 않았으니 첫째 죄입니다. 본 기(旗) 속하의 선박 2척이 물에 떠내려갔으니 둘째 죄입니다. 우산타이는 채찍 100대를 때리고 귀와 코를 뚫고 혁직해야 합니다.

니루장긴 군추스(guncus, 袞出斯)는 관리한 전선 1척이 주둔지에 도착하지 않았으니 채찍 100대를 때리고 귀를 뚫고 속(贖)을 취하고 혁직해야 합니다.

니루장긴 알기오(algio, 阿爾糾)는 그가 관리한 전선 1척이 주둔지에

9 쿠바이의 형은 쿠르찬(kūrcan, 庫爾纏, ?-1633)이다.

도착하지 않았으니 첫째 죄입니다. 또 선박이 진흙에 빠졌는데 끌어내지 않고 자신은 육지로 피했으니 둘째 죄입니다. 본 기(旗) 병사가 그가 뒤에 있는 것을 보고 앞으로 나아가도록 했는데 전진하지 않았으니 셋째 죄입니다. 관리하는 선박 2척이 물에 떠내려갔으니 넷째 죄입니다. 알기오는 사형으로 논해야 합니다.

甲喇章京穆祜署梅勒章京事往征朝鮮, 所管船及本旗二船俱不到汎地, 罪一. 本甲喇巴代牛彔下二人亂行被殺, 罪二. 穆祜應論死. 護軍參領喀賴所管船二隻俱不到汎地, 應論死. 管梅勒章京事納木所管船一隻及本旗船二隻俱不到汎地, 應論死. 甲喇章京管梅勒章京事吳巴海所管船一隻及本旗船二隻俱不到汎地, 罪一. 領每牛彔甲士三人往圍山城移營時, 未設首領, 以致三人亂行, 罪二. 沙爾虎達兵於山城擊敗敵人, 詭言不知, 罪三. 吳巴海應論死. 管梅勒章京事托克托會所管船一隻及本旗船二隻俱不到汎地, 罪一. 離滿洲旗另行, 罪二. 托克托會應論死. 毛墨爾根當貝子碩託以江華島降民之妻迎獻於和碩睿親王多爾袞時, 詐爲多羅武英郡王阿濟格之言, 往阻之, 應革職, 不許入王府, 罰銀五十兩, 發回牛彔當差. 兵部承政車爾格在皮島時, 滿洲及三順王兵分地駐劄, 車爾格混行違令, 罪一. 貝子碩託·希福以罷戰事奉命前往, 集衆曉諭, 車爾格託言風疾不至, 罪二. 臨陣士卒各有統轄, 車爾格不收後隊之兵, 以致損傷, 罪三. 諂事多羅武英郡王阿濟格, 向和碩睿親王多爾袞處代索婦女, 罪四. 車爾格應革職, 解承政及梅勒章京任, 罰銀百兩.

잘란장긴 무후는 머이런장긴의 일을 대리하여 조선을 정벌하러 가서 관리한 선박과 본 기(旗)의 선박 2척이 모두 주둔지에 도착하지 않았으니 첫째 죄입니다. 본 잘란의 바다이(badai, 巴代) 니루 하의 2명이 제멋대로 행동하다가 피살당했으니 둘째 죄입니다. 무후는 사형으로 논해야 합니다. 호군참령 카라이(karai, 喀賴)는 관리한 선박 2척이 모두 주둔지에 도착하지 않았으니 사형으로 논해야 합니다. 머이런장긴의 일을 대리한 나무(namu, 納木)는 관리한 선박 1척과 본 기(旗)의 선박 2척이 모두 주둔지에 도착하지 않았으니 사형으로 논해야 합니다.

잘란장긴으로서 머이런장긴의 일을 관할하는 우바하이(ubahai, 吳巴海)는 관리하는 선박 1척과 본 기(旗)의 선박 2척이 모두 주둔지에 도착하지 않았으니 첫째 죄입니다. 각 니루마다 갑사(甲士) 3명을 이끌고 남한산성을 포위하러 군영을 이동하여 갔을 때 지휘관을 세우지 않아 세 사람이 멋대로 행동하게 했으니 둘째 죄입니다. 샤르후다의 군대가 남한산성에서 적을 격퇴했다는 것을 모른다고 거짓말을 했으니 셋째 죄입니다. 우바하이는 사형으로 논해야 합니다.

머이런장긴의 일을 관할하는 톡토호이(toktohoi, 托克托會)는 관리한 선박 1척과 본 기(旗)의 선박 2척이 모두 주둔지에 도착하지 않았으니 첫째 죄입니다. 만주 기(旗)를 이탈해서 따로 행동했으니 둘째 죄입니다. 톡토호이는 사형으로 논해야 합니다. 모오 머르건(moo mergen, 毛墨爾根)은 버이서 쇼토가 강화도의 항복한 자의 부인을 호쇼이 예친왕 도르곤에게 바치려고 했을 때 도로이 무영군왕 아지거의 말이라고 속이고 가서 막았습니다. 혁직하고 왕부(王府)에 들어가는 것을 불허하고 벌은 50냥을 부과하고 니루에 보내서 노역을 부담해야 합니다.

병부승정 처르거이는 피도(皮島)에 있을 때, 만주 및 공유덕·경중명·상가희의 군대를 각 지역에 주둔시켰는데 명령을 어기고 멋대로 행동했으니 첫째 죄입니다. 버이서 쇼토·히퍼가 전쟁을 끝내는 일로 명을 받들고 앞에 나아가 사람들을 모아 효유(曉諭)할 때 처르거이는 풍질(風疾)이 있다는 핑계를 대고 가지 않았으니 둘째 죄입니다. 전투에 임한 병사는 각각 통솔·관할이 있는데 처르거이는 후미 부대를 거두지 않아서 손상을 입게 되었으니 셋째 죄입니다. 도로이 무영군왕 아지거에게 아첨하려고 호쇼이 예친왕 도르곤의 처소에 부녀자를 대신 잡아달라고 했으니 넷째 죄입니다. 처르거이는 혁직하고 승정 및 머이런장긴에서 해임하며 벌은 100냥을 부과해야 합니다.

固山額眞拜尹圖於朝鮮王謁上時, 亂班釋甲, 罪一. 屬下筆帖式希福之廝卒亂行, 致一人陷敵, 罪二. 碩翁科羅巴圖魯圖魯什子巴世泰不在冊內, 私往隨征冒功, 罪三. 不委人管領朝鮮通事, 以致二人被殺, 罪四. 拜尹圖應罰銀七十兩, 賠償通事二人. 固山額眞譚泰不將克宜福子未出痘先還之處查出, 罪一. 阿爾糾不諳造船, 委令監造, 以致違誤, 罪二. 阿爾糾旣不諳造船, 不更委能者, 仍遣不諳造船之喀山監造, 罪三. 往征朝鮮海島時, 除所部外, 多遣二人往, 罪四. 譚泰應罰銀百兩, 追奪賜物併所遣二人入官. 薩壁翰子吳達禮私帶蓋州駐防甲兵爲廝役, 應鞭一百. 薩壁翰失於覺察, 應革職, 鞭五十. 固山額眞阿山於朝鮮王謁上時, 亂班釋甲冑, 罪一. 擅違上命, 於掃除潔淨地方牧放本旗馬匹, 罪二. 車戚克墨爾根子係箇半章京, 不在披甲數內, 私往從征冒功, 不行察出, 罪三. 駐守山城時, 不委人管領牧放本旗馬匹, 混帶朝鮮人牧馬, 致朝鮮人殺傷卓羅牛彔下碩爾和子, 罪四. 郎球子 · 吳達海子 · 蘇爾馬子俱在騎兵數內, 以未出痘先還, 不行查出, 罪五. 車克牛彔下一卒擅自出營被殺, 罪六. 阿山應罰銀一百三十兩.

구사어전 바인투는 조선국왕이 주상을 알현할 때 반열을 어지럽히고 갑옷을 벗었으니 첫째 죄입니다. 속하 비트허시 히퍼의 쿠틀러가 제멋대로 행동하다가 한 사람이 적진에 빠졌으니 둘째 죄입니다. 숑코로 바투루 투루시(šongkoro baturu turusi, 碩翁科羅巴圖魯圖魯什)의 아들 바시타이(basitai, 巴世泰)는 책(冊)에 없는데 사사로이 종군해서 공적을 위조했으니 셋째 죄입니다. 사람을 시켜 조선 통사(通事)를 관리하지 않아서 두 사람이 피살당했으니 넷째 죄입니다. 바인투는 벌은(罰銀) 70냥을 납부하고 통사(通事) 두 사람에게 배상해야 합니다.

구사어전 탄타이는 커이푸(keifu, 克宜福)의 아들이 천연두를 앓지 않고 먼저 돌아온 것을 알아채지 못했으니 첫째 죄입니다. 알기오(algio, 阿爾糾)가 선박을 건조할 줄 모르는데 선박 건조를 감독하게 하여 일을 그르쳤으니 둘째 죄입니다. 알기오가 선박을 건조할 줄 모르는데 더 유능한 자에게 맡기지 않고 선박을 건조할 줄 모르는 카산(kasan, 喀山)에게 건조를 감독하게 했으니 셋째 죄입니다. 조선의 섬을 정벌하면서 부하 외에 두 사람을 더 파견했으니 넷째 죄입니다. 탄타이는 벌은 100냥을 부과하고 하사한 물건들을 삭탈하고 두 사람을 관에 몰수해야 합니다.

사비간(sabigan, 薩璧翰)의 아들 우다리(udari, 吳達禮)는 사사로이 개주(蓋州)에서 주둔한 갑병을 쿠틀러로 데려갔으니 채찍 100대를 때려야 합니다. 사비간은 알아채지 못했으니 혁직해야 하고 채찍 50대를 때려야 합니다.

구사어전 아산(asan, 阿山)은 조선국왕이 주상을 알현할 때 반열을 어지럽히고 갑옷과 투구를 벗었으니 첫째 죄입니다. 황상의 명령을 위반하고 깨끗하게 청소한 곳에서 본 기(旗)의 말을 방목했으니 둘째 죄입니다. 처치커 머르건(cecike mergen, 車戚克墨爾根)의 아들은 1개 반 니루장긴이자 피갑(披甲)의 정원 밖에 있는데 사사로이 종군하고 공적을 위조하는 것을 알아채지 못했으니 셋째 죄입니다. 남한산성에 주둔했을 때 사람에게 맡겨 본 기(旗)의 말을 방목하는 일을 관리하지 않고 조선인과 섞여 말을 방목하다가 조선인이 졸로(jolo, 卓羅) 니루하의 호쇼이의 아들을 살상하게 했으니 넷째 죄입니다. 랑키오(langkio, 郎球)의 아들 · 우다하이의 아들 · 수르마(surma, 蘇爾馬)의 아들은 모두 기병(騎兵) 정원 내에 있는데 천연두에 걸린 적이 없다는 이유로 먼저 돌아온 것을 알아채지 못했으니 다섯째 죄입니다. 처커(ceke, 車克) 니루 하의 한 병사가 멋대로 군영을 나가 피살당했으니 여섯째 죄입니다. 아산은 벌은 130냥을 부과해야 합니다.

固山額眞杜雷不將多濟里牛彔下五幼丁，未經披甲，私往隨征之處察出，罪一．藍塔子未經出痘，雅星阿子雖已出痘而不在披甲數內，從征先回，不行察出，罪二．雅布海既已被創，委之造船，以致違誤缺額，罪三．本旗兵隨八家肆掠，不行舉首，罪四．敦拜牛彔下一卒於山城亂行被殺，罪五．進王京城時不設首領，以致譚台柱牛彔下厮卒擄所俘朝鮮人往反，被其人殺而逃遁，罪六．杜雷應罰銀一百兩，追奪賞賜．格蘭牛彔下麻子擅遣其家二人及牛車一輛往本旗牛彔章京朱登科處，罪一．和碩禮親王代善回時，留麻子在後，與駱駝同來，乃與懷順王下沙守備，私往皮島，罪二．麻子應論死．牛彔章京格蘭失於覺察，應鞭七十．驍騎校和什應鞭一百，貫耳鼻．沙守備帶麻子私入皮島，應鞭一百．章京朱登科私受人口·牛車，應革職，鞭八十．

구사어전 둘러이는 도지리 니루 하의 유정(幼丁) 5명이 피갑(披甲)이 아닌데 사사로이 종군한 것을 알아차리지 못했으니 첫째 죄입니다. 란타(lanta, 藍塔)의 아들이 천연두를 앓지 않았고, 야싱가(yasingga, 雅星阿)의 아들은 천연두를 앓았지만 피갑의 정원 안에 없었는데도 종군했다가 먼저 돌아온 것을 알아채지 못했으니 둘째 죄입니다. 야부하이(yabuhai, 雅布海)가 다쳤는데도 선박을 건조하도록 맡겨서 그릇되고 모자라게 했으니 셋째 죄입니다. 본 기(旗) 병사가 팔가(八家)를 따라 약탈했는데 고발하지 않았으니 넷째 죄입니다. 둠바이(dumbai, 敦拜) 니루 하의 한 병사가 남한산성에서 제멋대로 행동하다가 피살당했으니 다섯째 죄입니다. 왕경성(王京城)에 들어갔을 때 지휘관을 두지 않아서 탄타이주(tantaiju, 譚台柱) 니루 하의 쿠툴러가 잡은 조선인을 돌아가게 하여 그가 죽이고 달아나게 했으니 여섯째 죄입니다. 둘러이는 벌은 100냥을 부과하고 하사한 물건들을 삭탈해야 합니다.

걸란(gelan, 格蘭) 니루 하의 마서(mase, 麻子)는 멋대로 가인(家人) 2명과 소가 끄는 수레 하나를 본 기(旗) 니루장긴 주등과(朱登科)의 처소에 보냈으니 첫째 죄입니다. 호쇼이 예친왕 다이샨이 돌아올 때, 마서를 뒤에 남겨 놓아 낙타와 함께 오도록 했는데 마서는 회순왕 예하의 사 수비(沙守備)와 함께 사사로이 피도(皮島)에 갔으니 둘째 죄입니다. 마서는 사형으로 논해야 합니다. 니루장긴 걸란은 알아차리지 못했으니 채찍 70대를 때려야 합니다. 효기교 호시(hosi, 和什)는 채찍 100대를 때리고 귀와 코를 뚫어야 합니다. 사 수비(沙守備)는 몰래 마서를 데리고 피도(皮島)에 들어갔으니 채찍 100대를 때려야 합니다. 장긴 주등과는 사사로이 인구와 수레를 받았으니 혁직하고 채찍 80대를 때려야 합니다.

固山額眞俄莫克圖於朝鮮王謁上時, 亂班釋甲胄, 罪一. 班師時不與滿洲旗一處牧馬, 以致馬斃, 擅離滿洲旗, 兼管造船之處, 在額駙蘇納處造船渡江, 及渡江又不隨滿洲旗, 仍與蘇納一旗同行, 罪二. 又棄達雅牛彔下甲士三人, 宜沙爾牛彔下甲士一人, 罪三. 俄莫克圖應罰銀五十兩, 追奪賞賜俘獲入官, 仍償所棄甲士四人. 固山額眞石廷柱於朝鮮王謁上時, 亂班釋胄, 罪一. 妄遣一家人與一瓦匠, 肆掠被殺, 罪二. 李明牛彔下人亂行, 致一人陷敵, 罪三. 縱本旗漢軍奪取山城降民財物, 罪四. 方奪物時軍士以刀背擊圖賴下一人, 墮水溺死, 不擧出爲首之人及該管章京等官, 罪五. 不應鳴角時擅令鳴角, 不應收兵忽然起行，致士卒損傷，罪六．又命范文程·剛林奏上，欲先發回漢軍俘獲之物，已而不遣，罪七．上命剛林撿察漢軍俘獲諸物，石廷柱違命渡江，令家人立柵以待後隊兵，罪八．出略人失期於十三日，方至隱匿，不舉，罪九．誑言圖瞻隱匿，進獻婦人十三口，罪十．石廷柱應解固山額眞任，罰銀二百兩，奪在朝鮮時賞賜，償被殺二人之家．

구사어전 오목투(omoktu, 俄莫克圖)는 조선국왕이 주상을 알현할 때 반열을 어지럽히고 갑옷을 벗었으니 첫째 죄입니다. 회군할 때 만주 기(旗)와 함께 같은 곳에서 말을 방목하지 않아서 결국 말을 죽게 했고, 만주 기(旗)를 멋대로 떠나 배를 만드는 곳을 겸하여 관할하다가 어푸 수나가 있는 곳에서 배를 만들어서 강을 건넜는데 또 만주 기(旗)를 따라가지 않고 계속 수나와 함께 하나의 기(旗)로 동행하였으니 둘째 죄입니다. 또 다야(daya, 達雅) 니루 하의 갑사(甲士) 3명과 이샤르(išar, 宜沙爾) 니루 하의 갑사 1명을 버렸으니 셋째 죄입니다. 오목투는 벌은(罰銀) 50냥을 부과하고 하사한 물건들을 관에 몰수하여 버려진 갑사 4명에게 배상해야 합니다.

구사어전 석정주는 조선국왕이 주상을 알현할 때 반열을 어지럽히고 갑옷을 벗었으니 첫째 죄입니다. 함부로 가인(家人) 1명과 기와장이 1명을 보내어 약탈하다가 피살당했으니 둘째 죄입니다. 이명(李明) 니루 하의 사람이 멋대로 행동하다가 한 사람이 적진에 빠졌으니 셋째 죄입니다. 본 기(旗)의 한군(漢軍)을 방임하여 남한산성에서 항복한 자의 재물을 빼앗도록 했으니 넷째 죄입니다. 재물을 빼앗았을 때 군사가 툴라이(tulai, 圖賴) 속하 1명을 칼등으로 쳐서 물에 빠져 죽었는데 주도한 사람과 해당 관할 장긴을 고발하지 않았으니 다섯째 죄입니다. 나팔을 불면 안 될 때 멋대로 나팔을 불었고, 회군하면 안 될 때 갑자기 출발시켜 사졸들이 상처를 입었으니 여섯째 죄입니다. 또 범문정 · 가린에게 황상께 상주하게 해서 한군이 획득한 재물을 미리 보내겠다고 해 놓고 보내지 않았으니 일곱째 죄입니다. 황상께서 가린에게 명하여 한군이 획득한 재물을 살펴보게 했을 때 석정주는 명령을 위반하고 강을 건너서 가인에게 책목(柵木)을 세우고 후대(後隊)를 기다리게 했으니 여덟째 죄입니다. 노략에 따라나섰던 사람이 13일을 늦었는데 은닉하고 고발하지 않았으니 아홉째 죄입니다. 투잔(tujan, 圖瞻)이 바쳐야 할 부인 13명을 숨겼다고 거짓말을 했으니 열째 죄입니다. 석정주를 구사어전에서 해임시키고 벌은 200냥을 부과하고 조선에서 하사한 물건을 빼앗아 피살당한 가족 2명에게 배상해야 합니다.

吳守進所統漢軍管甲喇各官 · 驍騎校及兵丁等, 於朝鮮山城降民下山時, 相遇於河岸, 混奪其物, 不行嚴禁, 應罰銀百兩, 追奪賞賜. 塞稜牛彔下驍騎校僧格德管步兵甲喇事, 攻皮島時, 巴牙爾圖 · 吳爾格皆衝敵陣, 僧格德不前, 及鞫訊猶詭辭抵飾, 臨陣退縮, 應論死. 高鴻中 · 金礪同達爾漢 · 金玉和乘大船四隻往攻皮島時, 巴牙爾圖 · 吳爾格等水師衝入敵陣, 高鴻中等不率水師隨前船進攻, 停泊觀望, 致前進兵士損傷, 又誑稱迷失道路, 高鴻中 · 金礪應論死, 籍其家. 達爾漢遇敵觀望不前, 致兵士損傷, 罪一. 在江華時, 部卒私出搶掠, 不行察出, 罪二. 和碩睿親王多爾衮掠得敵矢十一枝, 令之察報, 竟不察送而棄其矢, 罪三. 達爾漢應論死, 籍其家. 金玉和遇敵觀望不前, 致兵士損傷, 罪一. 不委章京管運紅衣礮車, 委一撥什庫, 因不能管理, 致佟三甲喇下王三奪取朝鮮降民之刀, 罪二. 金玉和應論死, 籍其家.

오수진(吳守進)은 관할하는 한군 잘란의 각 관원과 효기교와 병사들이 조선 남한산성에서 항복하여 산에서 내려온 사람들을 강기슭에서 만나서 재물을 빼앗았는데 금지하지 않았습니다. 벌은 100냥을 부과해야 하고 하사한 물건들을 삭탈해야 합니다. 서렁 니루 속하의 효기교 성거더(senggede, 僧格德)는 보병 잘란의 일을 관할했는데, 피도를 공격할 때 바야르투 · 우르거이는 모두 적진에 나갔는데 성거더는 나가지 않았습니다. 국문하니 오히려 거짓으로 덮어 숨겼습니다. 전투에 임하여 움츠리고 물러났으니 사형으로 논해야 합니다.

고홍중(高鴻中) · 김려(金礪)는 다르한(darhan, 達爾漢) · 김옥화(金玉和)와 함께 큰 배 4척에 타고 피도(皮島)에 갔을 때 바야르투 · 우르거이 등 수군이 적진에 들어갔는데 고홍중(高鴻中) 등은 수군을 이끌고 배와 함께 진격하지 않았고 배를 멈추어서 보고만 있다가 앞으로 나간 병사가 상처를 입게 했습니다. 또 거짓으로 길을 잃었다고 했으니 고홍중(高鴻中) · 김려(金礪)은 사형으로 논하고 가산을 몰수해야 합니다.

다르한은 적을 만났는데 앞으로 나가지 않고 보고만 있다가 병사들이 손상을 입었으니 첫째 죄입니다. 강화도에서 사졸이 사사로이 나가서 약탈한 것을 살펴보지 않았으니 둘째 죄입니다. 호쇼이 예친왕 도르곤이 약탈하여 적의 화살 11발을 얻었고 다르한에게 살펴서 보고하라고 했는데 결국 살펴서 보내지 않고 화살을 잃어버렸으니 셋째 죄입니다. 다르한은 사형으로 논하고 가산을 몰수해야 합니다.

김옥화(金玉和)는 적을 만났는데 앞으로 나가지 않고 보고만 있다가 병사들이 손상을 입었으니 첫째 죄입니다. 장긴에게 홍의포의 수레를 맡기지 않았고 보쇼쿠에게 맡겼는데 관리하지 못해서 동삼(佟三) 잘란 하의 왕삼(王三)이 조선의 항복한 자의 칼을 빼앗게 했으니 둘째 죄입니다. 김옥화(金玉和)는 사형으로 논하고 가산을 몰수해야 합니다.

黑訥攻皮島時，率水師十九人迎敵，十九人皆戰沒，黑訥獨以身免，訊之供云，我迎敵接戰時，遇羅洛科，又與同戰，矢盡，敵人乘勝追及，乃棄甲胄·衣服，急奔北邊磯上登岸，乘鑲黃旗船而出，股傷一處，胸中鳥鎗，手足各被石傷一處. 羅洛科攻皮島時，率水師八人迎敵，八人皆戰沒，羅洛科獨以身免，訊之供云，我迎敵時，竭力進戰，又與黑訥合戰，矢盡，手中傷，乃涉水而回，幾至陷溺，被雅什塔牛彔下木里庫乘船救出. 黑訥·羅洛科二人若同吳爾格·巴牙爾圖合擊敵軍，如何得出，不過左右衝脫耳. 念二人俱曾登岸臨陣，擬免死，鞭一百，貫耳鼻，革職，解牛彔任.

허이너는 피도(皮島)를 공격했을 때, 수군 19명을 이끌고 적을 맞이했는데 19명이 모두 전사했고 허이너만 살아남았습니다. 그를 심문하자 공술했습니다. "저는 적을 맞이했을 때 롤로코(loloko, 羅洛科)를 만났습니다. 그와 함께 전투했는데 화살이 다 떨어지고 적이 승기를 타고 추격했으므로 갑옷과 투구·옷을 버렸고 빨리 북쪽 기슭에 가서 양황기의 배를 타고 빠져나왔습니다. 허벅지에 상처 하나가 남았고 가슴에 총을 맞았고 손발에 각각 돌로 맞은 상처가 하나씩 남았습니다." 롤로코는 피도(皮島)를 공격했을 때, 수군 8명을 이끌고 적을 맞이했는데 8명이 모두 전사했고 롤로코만 살아남았습니다. 그를 심문하자 공술했습니다. "저는 적을 맞이했을 때 최선을 다하여 진격했습니다. 또 허이너와 함께 전투했는데 화살이 다 떨어졌습니다. 손을 다쳐서 물을 건너 돌아왔을 때 거의 빠져 죽을 뻔했습니다. 야시타(yasita, 雅什塔) 니루 하의 무리쿠(muriku, 木里庫)가 살려 주었습니다." 허이너·롤로코 두 사람이 우르거이·바야르투와 함께 적을 향해 진격했다면 어찌 나올 수 있겠습니까? 서로 봐주는 것에 불과합니다. 두 사람이 모두 기슭에 올라가서 전투한 것을 생각하여 사형은 면해 주고 채찍 100대를 때리고 귀와 코를 뚫고 혁직하고 니루 직에서 해임해야 합니다.

恭順王孔有德下王國英攻皮島時, 船長洪文魁戰沒, 國英觀望不登岸, 訊之供云, 我手於船內中傷, 洪文魁令我勿進, 故未登岸. 洪文魁率四十六人衝入敵陣, 皆戰沒, 我因洪文魁言不登岸, 令船退泊. 是實王國英中傷甚輕, 且引已死之人云不令彼登岸, 其言何據. 況洪文魁令四十六人皆已登岸, 彼中傷甚輕, 退縮觀望, 罪一. 不於分定汛地泊船, 輒自退回, 罪二. 王國英應論死, 籍其家.

공순왕 공유덕 속하 왕국영(王國英)이 피도(皮島)를 공격했을 때 선장 홍문괴(洪文魁)가 전사했는데 왕국영은 멀리서 보기만 하고 기슭에 오르지 않았습니다. 왕국영을 심문하자 공술했습니다. "저는 배 안에서 손을 다쳐 홍문괴가 저에게 나가지 말라고 했으므로 기슭에 오르지 않았습니다. 홍문괴는 46명을 이끌고 적진에 들어가서 모두 전사했습니다. 저는 홍문괴의 말 때문에 기슭에 오르지 않았고 배를 후퇴시켜 정박했습니다." 사실상 왕국영의 상처는 매우 가볍고 게다가 이미 죽은 사람이 기슭에 오르지 말라고 말했다는 것이 무슨 근거가 있겠습니까? 하물며 홍문괴는 46명에게 오르라고 명령했는데 왕국영은 가볍게 다쳤는데도 나가지 않고 보고만 있었으니 첫째 죄입니다. 정해진 주둔지에 배를 정박하지 않았고 멋대로 후퇴했으니 둘째 죄입니다. 왕국영은 사형으로 논하고 가산을 몰수해야 합니다.

智順王尚可喜下邢登科供云, 皮島之役, 我登岸擊敵被傷, 猶以小船送滿洲數人而出, 及問所送滿洲, 云, 自北邊磯上得出, 邢登科率船上二十八人, 立於磯上觀望, 皆未中傷而逃, 罪一. 誑言於彼岸救出中傷之人, 罪二. 邢登科應論死, 籍其家. 尙可喜下金甲喇章京·李牛彔章京乘大船登岸陣亡, 千總白萬魁·曹爲善與之同船, 率二十六人觀望不登岸, 誑稱乘小船前往, 身中一傷, 一部卒亦中傷, 天晩方回, 又於磯上救出八人. 及驗, 萬魁傷痕甚輕, 白萬魁·曹爲善俱應論死, 籍其家.

지순왕 상가희 속하 형등과(邢登科)가 공술하기를, "피도(皮島) 전투에서 저는 기슭에 올라 적을 격퇴하다가 상처를 입었습니다. 그런데도 작은 배로 만주 사람 몇 명을 보내고 탈출시켰습니다."라고 했습니다. 하지만 보내온 만주 사람에게 물어보니 답하기를, "저 스스로 북쪽 기슭으로 빠져나왔습니다. 형등과는 배 위의 28명을 이끌고 기슭에서 보고만 있다가 모두 상처를 입지 않고 도망갔습니다."라고 했습니다. 이것이 첫째 죄입니다. 거짓으로 기슭에서 상처 입은 사람을 구해 냈다고 했으니 둘째 죄입니다. 형등과는 사형으로 논하고 가산을 몰수해야 합니다.

상가희 속하 김(金) 잘란장긴·이(李) 니루장긴은 큰 배를 타고 기슭에 오르다가 전사했습니다. 천총 백만괴(白萬魁)·조위선(曹爲善)은 그들과 같은 배에 있었는데 26명을 이끌고 기슭에 오르지 않고 보고만 있었습니다. 또한 작은 배를 타고 나가서 몸에 한 곳의 상처를 입었고 병사 한 명도 다쳐서 늦어서야 비로소 돌아왔고 기슭에서 8명을 구해 냈다고 거짓말을 했습니다. 검사하여 확인해 보니 백만괴의 상처가 매우 가벼웠습니다. 백만괴·조위선은 모두 사형으로 논하고 가산을 몰수해야 합니다.

正紅旗宜希達以多羅貝勒岳託令獻所獲馬匹, 比晚方至, 令護軍校滿都戶謂內直甲喇章京鰲拜云, 我有事來獻馬匹. 鰲拜曰, 此暮夜就寢時, 非獻馬時也. 責滿都戶遣還, 少頃, 滿都戶復來告曰, 宜希達有急事, 令我來言, 鰲拜謂滿都戶曰, 宜希達如此執迷, 上已安寢, 欲令驚動秉燭觀馬耶. 可語宜希達即有急事, 令他人代奏, 我必不敢奏也. 次日, 上命錫翰 · 圖賴選馬十, 又傳諭索皂騮馬一, 三次遣人, 宜希達不與曰, 均之高麗馬也. 爾等欲取, 可將一馬換去. 宜希達專圖便己冒稱急事, 屢傳上安寢漠然不聽, 令鰲拜啓奏二次, 罪一. 及遣人取皂騮馬三次, 乃以互換爲辭不與, 罪二. 二事皆國所未有之大罪, 宜希達應論死.

정홍기 이히다(ihida, 宜希達)는 도로이 버일러 요토의 명을 받고 얻은 말을 바치러 늦은 시간에 왔습니다. 호군교 만두후(manduhū, 滿都戶)를 시켜서 내직(內直) 잘란장긴 오보이에게 말을 전하기를, "저는 말을 바치러 왔습니다."라고 말했습니다. 오보이는 "늦은 밤은 잠자는 시간이지, 말을 바치는 시간이 아니다."라고 말하고, 만두후를 꾸짖고 돌아가도록 했습니다. 잠시 후에 만두후가 다시 와서 아뢰기를, "이히다가 급한 업무로 저에게 가서 말씀드리도록 했습니다."라고 말했습니다. 오보이가 만두후에게 말하기를, "이히다가 이토록 고집스러운가. 황상이 이미 잠드셨는데, 소란스럽게 촛불을 들고 말을 보시라고 하겠는가. 이히다는 급한 일이 있다고 하면서 다른 사람에게 대신 상주하게 하는가. 나는 감히 상주하지 못하겠다."라고 했습니다. 다음날, 주상이 시한(sihan, 錫翰) · 툴라이(tulai, 圖賴)에게 명하여 말 10마리를 선발하게 하고 또 조류마(皂騮馬)[10] 1마리를 찾으라고 유시

10 皂騮馬는 배가 흰색이고 갈기와 꼬리는 검은색인 말이다.

를 전하여 세 차례 사람을 보냈는데, 이히다가 주지 않고 말했습니다. "모두 고려의 말이다. 너희가 취하고자 한다면 말 1마리를 바꾸어 가라." 이히다는 오로지 자신이 편하기를 도모하여 함부로 급한 일이라고 하면서 누차 주상께서 잠자리에 깊이 드셨다고 전해도 듣지 않고 두 차례나 오보이를 시켜 아뢰도록 했으니 첫째 죄입니다. 사람을 보내어 조류마(皀騮馬)를 세 번이나 취하려 했는데도 교환하자면서 주지 않았으니 둘째 죄입니다. 두 가지 일은 모두 나라에서 이전에 없던 큰 죄이니, 이히다는 사형죄로 논해야 합니다.

達陽阿先曾有旨留於朝鮮, 令護送新降麻福塔·葉辰巴圖魯家口. 時達陽阿以馬一匹·衣一領, 擅選哈約之女取之爲妻. 又巴爾泰牛彔下法一滿以馬一匹·婦人一口, 娶新降塔濟禮女爲妻. 阿喇喀牛彔下多西里以女子一口·布二十疋, 娶新降京古臣嫂爲妻. 達陽阿本牛彔下富蘭, 以馬一匹·衣三領, 聘新降代蘇奇妹爲妻. 達陽阿於朝鮮擅自娶妻外, 又徇隱他人娶降民婦女爲妻. 應鞭一百, 革職.

다양가(dayangga, 達陽阿)는 일찍이 조선에 머물며 새로이 항복해 온 마푸타(mafuta, 麻福塔)·여천(yecen, 葉辰) 바투루의 가구(家口)를 호송하라는 칙지를 받았습니다. 이때 다양가는 말 1마리·옷 1벌을 주고 제멋대로 하요(hayo, 哈約)의 딸을 뽑아 취하여 처로 삼았습니다. 또 바르타이(bartai, 巴爾泰) 니루의 파이만(faiman, 法一滿)이 말 1마리·부인 1명을 주고 새로 항복한 타지리(tajiri, 塔濟禮)의 딸과 혼인하여 처로 삼았습니다. 알카(alka, 阿喇喀) 니루의 도시리(dosiri, 多西里)는 여자 1명·면포 20필을 주고 새로 항복한 깅구천(ginggucen, 京古臣)의 형수와 혼인하여 처로 삼았습니다. 다양가 본 니루의 풀란(fulan, 富蘭)은 말 1마리, 옷 3벌을 주고 새로 항복한 다이수키(daisuki,

代蘇奇)의 누이를 처로 삼았습니다. 다양가는 조선에서 제멋대로 처를 취한 것 외에도 다른 사람들이 항복한 백성들의 부녀자를 처로 삼은 것을 사사로이 숨겨 주었으니 채찍 100대를 때리고, 혁직해야 합니다.

固山額眞阿代於出兵時, 獲刻絲被·蟒緞女衣·紫色衣·鍍金銀花等物, 皆隱匿不獻, 爲其家下漢人一婦首告. 鞫審時, 阿代之妻, 以諸物付其子尼雅漢家藏之. 阿代照二次竊盜鞭責貫耳例, 革固山額眞任. 懷順王耿仲明下梅勒章京梁德清於造船處, 搶掠降民. 應論死.

구사어전 아다이(adai, 阿代)는 출병했을 때 획득한, 실로 수를 새겨 넣은 이불·망단여의(蟒緞女衣)·자색의(紫色衣)·도금은화(鍍金銀花) 등의 물건을 모두 숨겨 두고 헌상하지 않았는데 그 집의 한인(漢人) 여자 하나가 고발했습니다. 국문하여 심리할 때, 아다이의 처가 여러 물건을 그의 아들 니야한(niyahan, 尼雅漢)에게 주어 집에 숨겨 두게 했습니다. 아다이는 두 차례 절도하면 채찍으로 때리고 귀를 뚫는 예에 따라 구사어전의 직임을 혁파해야 합니다. 회순왕 경중명 속하의 메이런장긴 양덕청(梁德淸)은 배를 만드는 곳에서 항복한 백성들을 약탈했으니 사형죄에 해당합니다.」

以其事奏聞. 奉上諭. 濟爾哈朗罰銀二百兩, 多爾衮罰銀一百兩, 岳託罰銀五百七十五兩, 豪格罰銀七十五兩, 碩託免三牛彔入官, 仍罰銀二千兩, 沒皮島俘獲, 及賜物竝隱藏馬匹入官. 其廝卒六人冒領之賞, 給與死者妻子, 原告薩璧翰·薩朱戶·費揚古全戶, 給與多羅饒餘貝勒阿巴泰. 博和託他案之罪俱寬免, 其私帶克什圖罰銀百兩. 達雅齊免死贖身, 俘獲賞賜俱入官. 馬福塔罰以應得之罪, 奪所俘. 佟三 · 屯泰俱免死, 贖身革職, 奪俘獲入官. 達爾哈罰銀一百兩, 勞薩罰以應得之罪. 恩格圖免鞭責, 罰銀五十兩. 巴布賴免死贖身, 解護軍統領及議政大臣任, 發回牛彔下. 當差庫拜免死, 解牛彔任, 罰銀一百兩. 阿爾糾鞭一百應貫耳鼻, 贖銀九兩, 革職解牛彔任. 穆祜 · 喀賴 · 納木 · 吳巴海 · 托克托, 會俱免死贖身, 革職解牛彔及梅勒章京任. 金礪 · 達爾漢 · 高鴻中有廣寧歸順功, 金玉和有開原投誠功, 王國英 · 邢登科 · 白萬魁 · 曹爲善有島中歸降功, 俱免死, 革職, 籍沒家產. 宜希達免死鞭一百, 解牛彔及部任, 後遇攻城, 令伊先登, 若不奮發効力, 定行正法. 阿代免革任, 其子侍衛尼雅漢鞭八十二貫耳, 准贖. 梁德淸免死贖身. 奪其俘獲, 餘如議.

논의를 상주한 후 주상의 유시를 받들었다. 「지르갈랑에게 벌은(罰銀) 200냥, 도르곤에게 벌은 100냥, 요토에게 벌은 575냥, 호오거에게 벌은 75냥을 부과하라. 쇼토는 3개의 니루를 빼앗아 관(官)에 몰수하고 이어서 벌은 2,000냥을 부과하며 피도(皮島)에서 얻은 노획을 몰수하고 하사한 물건과 숨겨 둔 말을 아울러 관에 몰수하라. 쿠툴러 6명이 거짓으로 받은 상(賞)은 죽은 자들의 처자에게 지급하고 원고(原告) 사비간 · 사주후(sajuhū, 薩朱戶) · 피양구(fiyanggū, 費揚古)는 모든 호(戶)를 도로이 요여 버일러 아바타이에게 지급하라. 보호토는 다른 죄안(罪案)은 모두 관대하게 면해 주고 사사로이 커시투(kesitu, 克什圖)를 데려간 것에 대해서는 벌은 100냥을 부과하라. 다야치는 사형을 면해 주고 속신(贖身)하게 하며 노획과 상으로 하사한 것을 모두 관에 몰수하라. 마푸타는 받아야 할 죄로 처벌하고 노획을 모두 빼앗으라. 동삼(佟三) · 툰타이(tuntai, 屯泰)는 모두 사형을 면해 주고 속신(贖身)하게 하며, 혁직하고 노획을 모두 빼앗아 관에 몰수하라. 다르한에게는 벌은 100냥을 부과하고, 로오사에게는 받아야 할 죄로 처벌하라. 엉거투는 채찍으로 때리기를 면해 주고 벌은 50냥을 부과하라. 바불라이는 사형은 면해 주고 속신(贖身)하게 하며 호군통령과 의정대신 직을 혁파하여 니루로 돌려보내라. 파견해 보냈던 쿠바이(kūbai, 庫拜)는 사형을 면해 주고 니루의 직에서 해임하며 벌은 100냥을 부과하라. 알기오(algio, 阿爾糾)는 채찍 100대를 때리고, 귀와 코를 뚫어야 하지만 은 9냥으로 속은(贖銀)하게 하고 혁직하여 니루의 직에서 해임하라. 무후(muhu, 穆祜)·카라이(karai, 喀賴)·나무(namu, 納木)·우바하이·톡토호이는 모두 사형을 면해 주고 속신(贖身)하게 하며 혁직하여 니루와 머이런장긴 직에서 해임하라. 김려(金礪)·다르한(darhan, 達爾漢)·고홍중(高鴻中)은 광녕(廣寧)에서 귀순해 온 공이 있고, 김옥화(金玉和)는 개원(開原)에서 투항해 온 공이 있으며 왕국영(王國英)·형등과(邢登科)·백만괴(白萬魁)·조위선(曹爲善)은 섬 안에서 귀순하여 항복해 온 공이 있으므로 모두 사형을 면해 주고 혁직하며 가산을 적몰하라. 이히다는 사형을 면해 주고 채찍 100대를 때리고 니루와 부(部)의 직에서 해임하라. 나중에 성을 공격할 때 이히다를 먼저 오르게 하고 만약 분발하여 힘쓰지 않으면 정법(正法)으로 처리할 것이다. 아다이는 혁임(革任)은 면해 주고 그의 아들 시위 니야한은 채찍 82대를 때리고 귀를 뚫되 속(贖)으로 대신하게 하라. 양덕청(梁德淸)은 사형을 면해 주고 속신(贖身)하게 하며 노획한 것을 모두 몰수하라. 나머지는 의논한 대로 처리하라.」

○ 乙丑, 智順王尚可喜家人李小子, 首告其主云, 皮島之役, 我得金二十兩·銀八百八十兩·紬緞六十四疋·緞衣一百六十領·人一百三十名·馬騾十二匹頭, 俱爲王取去, 一無所與, 亦不獻出歸公. 刑部奏聞. 上曰, 諸物豈王自得, 必散於衆兵耳. 彼新人不知, 故來首告.

此案不必審訊, 將原告發還本主.

○ 을축일(6.28), 지순왕 상가희의 가인(家人)인 이소자(李小子)가 그 주인을 고발하기를, "피도(皮島)의 전투에서 우리가 얻은 금 20냥 · 은 880냥 · 주단(紬緞) 64필 · 비단옷 160벌 · 사람 130명 · 말과 노새 12마리를 모두 왕이 가져가서 하나도 주지 않고 또한 공고(公庫)에 헌납하지도 않았습니다."라고 했다. 형부에서 상주하니 주상이 말했다. "여러 물건을 어찌 왕이 혼자 차지했겠는가. 반드시 여러 군병들에게 나누어 주었을 것이다. 그대는 신인(新人)이라서 알지 못하고 와서 고발한 것이다. 이 안건은 조사할 필요가 없다. 원고(原告)를 본래 주인에게 돌려보내라."

저자 소개

이훈

고려대학교에서 박사학위를 취득했다. 만주 지역과 만주족의 정체성에 대해 연구했다. 『만한사전』, 『만주족이야기』를 저술했고 「청대 건륭기 만주족의 근본지지 만들기」, 「청 초기 장백산 탐사와 황제권」, 「17세기 중엽 청-러시아의 충돌과 흑룡강 유역의 부족민」 등의 논문을 발표했다. 고려대학교 사학과 강사로 재직하고 있다.

김선민

듀크대학교에서 박사학위를 취득했다. 조선과 청의 변경 지역이 국경으로 전환되는 역사적 과정을 연구했고 만주의 환경사를 연구하고 있다. *Ginseng and Borderland: Territorial Boundaries and Political Relations Between Qing China and Choson Korea, 1636-1912*를 저술했고 「청대 길림의 팔기 관병과 호랑이 진공」, 「청대 길림지역의 기인과 토지 개간」 등의 논문을 발표했다. 고려대학교 민족문화연구원 교수로 재직하고 있다.

이선애

고려대학교에서 박사학위를 취득했다. 청대 만주-몽골의 관계를 연구했으며 「청대 몽골법 제정과 적용 양상—건륭 연간 재판사례 분석을 중심으로」, 「만문사료를 통해 본 후금시기 만·몽관계」, 「동맹의 代價에서 충성의 代價로—청대 외번몽고 봉작제도의 특징과 운영 양상」 등의 논문을 발표했다. 경상국립대학교 역사교육과 교수로 재직하고 있다.